U0958304

普通高等教育"十三五"规划教材
会 计 精 品 系 列

财务会计

（第五版）

徐文丽／主编
徐宗宇　曹雅姝／副主编

立信会计出版社
LIXIN ACCOUNTING PUBLISHING HOUSE

图书在版编目(CIP)数据

财务会计 / 徐文丽主编. —5 版. —上海：立信会计出版社，2021.1(2022.7 重印)

普通高等教育“十三五”规划教材. 会计精品系列

ISBN 978-7-5429-6696-4

Ⅰ. ①财… Ⅱ. ①徐… Ⅲ. ①财务会计—高等学校—教材 Ⅳ. ①F234.4

中国版本图书馆 CIP 数据核字(2021)第 008487 号

责任编辑　赵志梅

财务会计(第五版)

CAIWU KUAIJI

出版发行	立信会计出版社		
地　　址	上海市中山西路 2230 号	邮政编码	200235
电　　话	(021)64411389	传　　真	(021)64411325
网　　址	www.lixinaph.com	电子邮箱	lixinaph2019@126.com
网上书店	http://lixin.jd.com		http://lxkjcbs.tmall.com
经　　销	各地新华书店		

印　　刷	常熟市华顺印刷有限公司	
开　　本	710 毫米×960 毫米	1/16
印　　张	29	
字　　数	602 千字	
版　　次	2021 年 1 月第 5 版	
印　　次	2022 年 7 月第 2 次	
印　　数	3 101—6 200	
书　　号	ISBN 978-7-5429-6696-4/F	
定　　价	58.00 元	

第五版前言

为适应我国经济体制改革的深入发展，以及实现会计的国际趋同，我国财政部于2006年2月颁发了39项企业会计准则。与原企业会计制度相比，新企业会计准则无论在会计理念，还是在会计理论、会计方法等方面都有很大变化。“财务会计”课程涉及企业会计准则的内容最多。本着学以致用，理论联系实际，培养理论基础扎实、动手操作能力强、一专多能的会计专业人才的教学目标，我们对本教材的体系、结构和内容作了精心设计。

本教材被列入上海市重点课程建设项目。

本教材根据新企业会计准则要求，结合我们上海大学会计系教师多年积累的会计教学经验，全面系统地阐述了财务会计的基本理论、基本方法和基本操作技能，对企业的货币资金、存货、固定资产、无形资产、投资性房地产、金融资产、长期股权投资、负债、所有者权益、收入、费用和利润等的核算，以及外币折算和财务报告作了详尽的介绍。

根据近年来财政部颁发的《企业会计准则第14号——收入(修订)》和《企业会计准则第22号——金融工具确认和计量(修订)》等企业会计准则的修订稿，以及财政部、国家税务总局关于简并、调整增值税税率等税收新政的规定，本教材在第四版的基础上对相关内容作了相应的修改。

本教材可以作为高等院校会计专业教材，也可以作为企业会计工作者培训教材和自学参考书。

为突出各章学习要点，本教材每章内容后都配有多种题型的复习思考题，并附了参考答案。本教材的教学课件可按后附的“教学课件索取单”提供的途径，向立信会计出版社免费索取。

参加本教材编写的有：陶琼编写第一、第二、第三章；曹雅姝编写第四、第五、第六章；徐宗宇编写第七、第八章；陈可喜编写第九、第十、第十一章；徐文丽编写第十二、第十三、第十四、第十五章。最后，由徐文丽、徐宗宇、曹雅姝修改、总纂并定稿。

虽然我们按重点课程建设项目和精品课程建设的要求编写了本教材，但疏漏之处在所难免，恳请同行和读者批评指正。

编　　者

目　录

目　录

第一章　总　　论

本章教学要点

了解会计基本假设的内容、财务报告的目标和构成；掌握会计信息质量要求的具体应用，以及会计计量的基本要求；重点掌握会计要素的定义、确认条件，以及会计计量属性的应用原则。

第一节　会计基本假设

会计基本假设是企业会计确认、计量和报告的前提，是对会计核算所处时间、空间环境等所作的合理设定。它的确立为会计核算对象的确定、会计政策的选择、会计数据的收集创造了条件。

会计基本假设的内容取决于会计所处的客观经济环境。根据国际会计惯例，结合我国实际情况，我国《企业会计准则——基本准则》规定：会计基本假设包括会计主体假设、持续经营假设、会计分期假设和货币计量假设。

一、会计主体假设

会计主体是指会计确认、计量和报告的空间范围。一般来说，只要是独立核算的经济组织都可成为会计主体。会计主体可以是法人（如公司），也可以是非法人（如独资企业、合伙企业）；可以是一个特定的企业，也可以是企业内部独立核算的某一特定部分（如分公司）；可以是一个单一的企业，也可以是几个企业组成的集团等。

在会计主体假设下，企业应当对其本身发生的交易或者事项进行会计确认、计量和报告，反映企业本身所从事的各项生产经营活动。此假设的提出，为会计核算的开展提供了空间界定，并因此限定了财务报告（又称财务会计报告）所应包括和反映的事项及它们的属性，从而能使企业的财务状况、经营成果和现金流量得到独立的反映，使信息使用者因此获得有用的信息，并进一步作出合理的决策。

二、持续经营假设

持续经营是指会计主体会按预定的目标经营下去，而不会在可预计的将来破产、清算。

在持续经营假设下，企业进行会计确认、计量和报告应当以持续经营为前提。此假设的提出为会计核算的开展提供了时间界定。也就是说,会计主体所持有的资产将按照预定的用途在正常经营过程中被耗用、转让或出售,它所承担的债务也将如期获得清偿。持续经营假设为会计政策和估计方法选择提供了前提条件。

持续经营假设是基于市场经济环境下会计主体之间存在竞争,其经营持续时间具有不确定性而提出的。当有确凿证据证明企业已经不能再继续经营下去的,应改用破产清算会计进行处理,并在企业财务报告中作相应披露。换言之,持续经营假设只适用于正常运行状态下的会计主体,而不适用于终止经营的会计主体。

三、会计分期假设

会计分期是指将企业连续的生产经营活动人为地划分为若干首尾相接、间距相等的会计期间。会计分期的目的是为了能定期地反映企业的财务状况、经营成果和现金流量以及其他财务情况的信息,从而满足信息使用者决策的需要。

在会计分期假设下,企业应当划分会计期间,分期结算账目和编制财务报告。会计期间分为年度和中期。年度和中期均按公历起讫日期确定。中期是指短于一个完整的会计年度的报告期间。

会计分期假设是持续经营假设的一个必要补充,是对会计活动的时间界定所作的进一步假定。会计分期假设的提出,产生了本期与非本期的区别,出现了权责发生制和收付实现制两种计算损益的会计基础,也使不同类型的会计主体有了记账的基准,为正确计算收入、费用与损益提供了前提条件。

四、货币计量假设

货币计量是指会计主体在进行会计确认、计量和报告时以货币计量,反映会计主体的财务状况、经营成果和现金流量。

在货币计量假设下,企业会计应当以货币计量。只有采用货币计量,不同企业的会计信息以及一个企业不同期间的会计信息相互比较、分析、评价才有可能。以货币价值作为计量尺度,单位货币价值应该是稳定的,否则,尺度标准的公正性、客观性将受到损害。因此,假定货币价值稳定不变,是货币计量假设得以成立的一个重要前提。币值稳定不变的真正含义是:会计人员在正常的账务处理程序和账表体系中不考虑币值的变化。当然,若发生严重的通货膨胀时,该假设不成立,应改用物价变动会计或通货膨胀会计来进行会计业务的处理。

货币计量假设有一定的局限性。由于统一采用货币计量,在重视货币计量信息的同时,却忽视了有价值的非货币计量信息,有些对企业价值评估和营业状况了解有帮助的信息,如企业的研发能力、产品市场的占有率等,因难以用货币计量而不能提供,而大量非财务信息对信息使用者具有越来越重要的意义。为此,企业可以在财务报告中通过补充披露非财务信息方式来弥补货币计量假设的不足。

第二节 会计信息质量要求

会计信息质量要求是对企业财务报告中所提供的会计信息质量的基本要求，是使财务报告中所提供会计信息对使用者决策有用所应具备的基本特征，也是选择或评价具体会计准则、会计程序和方法的标准。根据《企业会计准则——基本准则》规定，我国会计信息质量要求主要包括可靠性、相关性、可理解性、可比性、实质重于形式、重要性、谨慎性和及时性。

一、可靠性

可靠性要求企业应当以实际发生的交易或事项为依据进行会计确认、计量和报告，如实反映符合确认和计量要求的各项会计要素及其他相关信息，保证会计信息真实可靠、内容完整。

可靠性要求包括三个要素，即客观性、真实性和完整性。客观性是指企业应当以实际发生的交易或者事项为依据进行会计确认、计量和报告；真实性是指企业应当如实反映其所应反映的交易或者事项；完整性是指企业应当在符合重要性和成本效益原则的前提下，保证会计信息的完整性。可靠性要求是充分发挥会计信息作用的重要保证，也是对会计核算工作和会计信息的基本品质要求。

二、相关性

相关性要求企业提供的会计信息应当与财务会计报告使用者的经济决策需要相关，有助于财务会计报告使用者对企业过去、现在或者未来的情况作出评价或者预测。

会计信息的价值在于与决策相关，有助于决策或者提高决策水平。这里所说的相关性主要是指会计信息的反馈价值和预测价值。会计信息的反馈价值是指有助于信息使用者评价企业过去的决策，证实或者修正过去的有关预测；会计信息的预测价值是指有助于信息使用者根据财务报告所提供的会计信息预测企业未来的财务状况、经营成果和现金流量。相关性与可靠性是会计信息的两个主要的品质特征，因为会计信息必须相关于决策，才有质量；会计信息必须具有可靠性，才能使信息使用者作出正确的决策。当然，相关性与可靠性之间也存在一定的矛盾，这就需要会计人员在两者的重要性之间进行权衡。

三、可理解性

可理解性要求企业提供的会计信息应当清晰明了，便于财务会计报告使用者理解和使用。

可理解性是决策者和信息有用性的连接点。企业编制财务报告、提供会计信息的主要目的是让使用者能够有效地使用会计信息，这就要求会计人员在保证会计信息质量的前提下，力求使会计信息简明易懂，以提高会计信息的有用性。同时，由于会计信息是一种专业性较强的信息产品,为此,要求会计信息使用者尽可能学习、了解和掌握一定的会计专业知识,以便能更有效地利用会计信息作出科学合理的决策。

四、可比性

可比性要求企业提供的会计信息应当具有可比性。具体包括以下两个方面的要求:

(1) 同一企业不同时期发生的相同或者相似的交易或者事项,应当采用一致的会计政策,不得随意变更。确需变更的,应当在附注中说明。当然,满足会计信息可比性的要求,并不表明不允许企业变更会计政策,企业按照规定或者会计政策变更后可以提供更可靠、更相关的会计信息时,就有必要变更会计政策,以向使用者提供更为有用的信息。

符合下列条件之一的企业可以变更会计政策: ① 法律或会计准则等行政法规、规章要求变更会计政策;② 变更会计政策后,能够更恰当地反映企业财务状况、经营成果和现金流量信息。

(2) 不同企业发生的相同或者相似的交易或者事项,应当采用规定的会计政策,确保会计信息口径一致、相互可比。换言之,对于相同或者相似的交易或者事项,不同企业应当采用一致的会计政策,以使不同企业按照一致的确认、计量和报告基础提供有关会计信息。

五、实质重于形式

实质重于形式要求企业应当按照交易或者事项的经济实质进行会计确认、计量和报告,不应仅以交易或者事项的法律形式为依据。

实质重于形式从制度层面确保了会计信息的真实性。在实务中,交易或者事项的法律形式并不总能完全真实地反映其实质内容。当法律形式不能准确表达交易或者事项的经济实质时,应透过法律形式,按交易或者事项的经济实质进行核算。例如,融资租入的固定资产应视同自有固定资产进行确认、计量和报告,就体现了实质重于形式的要求。

六、重要性

重要性要求企业提供的会计信息应当反映与企业财务状况、经营成果和现金流量等有关的所有重要交易或者事项。

重要交易或者事项的认定有赖于职业的判断。一般而言,企业应当根据其所处的环境和实际情况,从项目的性质和金额的大小两个方面来判断信息的重要性,进而作出相应的会计处理。

七、谨慎性

谨慎性要求企业对交易或者事项进行会计确认、计量和报告应当保持应有的谨慎,不应高估资产或者收益、低估负债或者费用。

由于企业的生产经营活动在市场经济环境中充满着各种风险和不确定性，因此，在会计核算中，会计人员在对企业所面临的不确定因素作出职业判断时，应当保持必要的谨慎，既不多计资产或收益，也不少计负债或费用。谨慎性要求反映了会计人员对其所承担的责任的一种态度，它可以在一定程度上降低管理当局由于对企业过于乐观而可能导致的危险。当然，如果企业故意低估资产或收益，或是故意高估负债或费用，将谨慎性的运用变为调整利润和成本、计提秘密准备金的手段，就违背了会计信息的可靠性和相关性要求，将使会计信息失真，并将误导信息使用者，使其作出错误的决策，这是企业会计准则所不允许的。

在会计实务中，资产减值准备的计提、加速折旧法的运用、或有事项的处理等都是谨慎性要求的具体体现。

八、及时性

及时性要求企业对于已经发生的交易或者事项，应当及时进行会计确认、计量和报告，不得提前或者延后。

根据及时性要求，在保证会计信息质量可靠性和相关性的基础上，还要保证会计信息的时效性，以便会计信息能够被及时、准确、有效地加以利用。要达到及时性要求，主要可从以下三个方面入手：一是收集会计信息要及时；二是处理会计信息要及时；三是传递会计信息要及时。这就意味着会计的日常核算工作和报表资料的提供要按规定的时限来进行。

第三节 会 计 要 素

会计要素也称财务报表要素，是指按照交易或者事项的经济特征所作的基本分类。它是确定财务报表结构和内容的依据，也是进行会计确认和计量的依据。只有对会计要素作出科学严格的定义，才能为会计确认、计量和报告奠定坚实的基础。

我国《企业会计准则——基本准则》规范了六大企业会计要素，即资产、负债、所有者权益、收入、费用和利润。其中，资产、负债和所有者权益是反映企业财务状况的会计要素，而收入、费用和利润是反映企业经营成果的会计要素。

一、资产

（一）资产的定义

资产是指企业过去的交易或者事项形成的、由企业拥有或者控制的、预期会给企业带来经济利益的资源。

（二）资产的特征

1. 资产预期会给企业带来经济利益

资产预期会给企业带来经济利益，是指资产具有直接或者间接导致现金和现金等价物流入企业的潜力。资产预期能为企业带来经济利益是资产的本质特征。预期不能带来经济利益的,就不能确认为企业的资产,即便企业过去为取得该项资源曾发生过种种耗费,也不能确认为资产,若已确认为资产的,也应从账面上剔除。比如,待处理财产损失或已没有任何价值的存货,它们已经不能给企业带来未来经济利益,就不能再作为资产出现在资产负债表中。

2. 资产应当为企业所拥有或控制

资产作为一种资源,应当为企业所拥有,或者即使不为企业所拥有,但应由企业所控制。拥有指企业享有某项资源的所有权,控制指企业已掌握了某项资源的实际未来利益和风险,如融资租入固定资产,按照实质重于形式的要求,也应当确认为企业的资产。企业拥有的或是控制的某项资产产生的利益只能归于该企业。换言之,资产对企业具有提供经济利益的能力,而这种能力是排他性的。

3. 资产由企业过去的交易或者事项形成

企业的资产必须是现实的资产,而不能是预期的资产。也就是说,只有过去发生的交易或者事项才能产生资产,企业预期在未来发生的交易或者事项不形成资产。这里所指的企业过去的交易或者事项包括购买、生产、建造行为或其他交易或者事项。例如,企业通过购买方式取得某项设备,该设备是企业的资产;但企业打算在将来购买一项设备,因其相关的交易或者事项尚未发生,预想购买的设备就不能作为企业的资产来确认。

(三) 资产的确认条件

符合资产定义的资源,在同时满足两个条件时,可确认为资产。

1. 与该资源有关的经济利益很可能流入企业

资产的一个重要特征就是预期会给企业带来经济利益,但与资源有关的经济利益能否流入企业或者能流入多少,这就具有一定的不确定性。所以,资产的确认应当与判断经济利益流入的不确定性程度结合起来。如果有证据表明,与资源有关的经济利益很可能流入企业,那么就应当将该资源确认为资产。

2. 该资源的成本或者价值能够可靠地计量

可计量性是所有会计要素确认的基本前提,只有当某项资源的成本或者价值能够以货币计量时,资产才能予以确认;反之,如果某项资源的成本或价值不能用货币加以计量,则企业就难以确认和计量它的价值,在未来转化为费用时也难以进行计量。

(四) 资产的分类

资产按流动性不同,可分为流动资产和非流动资产。

流动资产是指预计在一个正常营业周期中变现、出售或耗用,或者主要为交易目的而持有，或者预计在资产负债表日起1年内（含1年）变现的资产，以及自资产负债表日起1年内交换其他资产或清偿负债的能力不受限制的现金或现金等价物。流动资产包括库存现金、银行存款、交易性金融资产、应收及预付款项、存货、应收利息、应收股利、其他应收款等。

非流动资产是指流动资产以外的资产，包括可供出售金融资产、持有至到期投资、长期股权投资、投资性房地产、长期应收款、固定资产、在建工程、工程物资、无形资产、商誉、研发支出等。

（五）资产的列示

符合资产定义和资产确认条件的项目，应当列入资产负债表；符合资产定义但不符合资产确认条件的项目，不应当列入资产负债表。

二、负债

（一）负债的定义

负债是指企业过去的交易或者事项形成的、预期会导致经济利益流出企业的现时义务。

（二）负债的特征

1. 负债是企业承担的现时义务

现时义务是指企业在现行条件下已承担的义务。未来发生的交易或者事项形成的义务，不属于现时义务，不应当确认为负债。负债是企业承担的现时义务，这是负债的基本特征。

现时义务既包括法定义务，也包括推定义务。法定义务是依照国家的法律、法规产生的义务，它既包括由法律、法规直接规定的义务，如依法纳税的义务，也包括由于法定经济合同造成的义务，如购买合同中，依照合同规定付款的义务。推定义务则是指企业在特定情况下产生或推断出的责任，它可能是因企业为了维护自身信誉或进行正常业务而将承担的义务，如产品质量担保义务等。

2. 负债的清偿预期会导致经济利益的流出

企业在履行现时义务清偿负债时会导致经济利益流出企业，这是负债的一个本质特征。现时义务的履行可采取若干方式，如支付现金、转让其他资产、提供劳务、将负债转为资本等。

3. 负债由企业过去的交易或者事项形成

导致负债形成的交易或者事项必须已经发生，只有源于已经发生的交易或者事项所形成的现时义务，才是会计上所确认的负债。比如，赊购材料，材料已入库，但款项尚未支付，该交易形成的应付账款应确认为负债。企业筹划将在未来发生的签订合同等交易或者事项，不会形成负债。

（三）负债的确认条件

符合负债定义的义务，在同时满足两个条件时，可确认为负债。

1. 与该义务有关的经济利益很可能流出企业

由于履行现时义务所需流出的经济利益带有不确定性，尤其是与推定义务相关的经济利益往往需要依赖于大量的估计，所以，负债的确认应当与判断的经济利益流出的不确定性程度结合起来。如果有证据表明，与现时义务有关的经济利益很可能流出企业，那么就应该将该义务确认为负债。

2. 未来流出的经济利益的金额能够可靠地计量

负债作为一项会计要素，它的确认同样也需符合可计量性的要求。只有当未来流出的经济利益的金额能够可靠地计量时，负债才能予以确认。与法定义务有关的经济利益流出的金额，可以根据合同或者法律规定的金额予以确定；与推定义务有关的经济利益流出的金额，应根据履行相关义务所需支出的最佳估计数进行估计。考虑到经济利益的流出一般发生在未来期间，因此，对于未来流出的经济利益的金额在计量过程中通常需要考虑货币时间价值、风险等因素的影响。

（四）负债的分类

负债按流动性分类，可分为流动负债和非流动负债。

流动负债是指预计在一个正常营业周期中清偿，或者主要为交易目的而持有，或者自资产负债表日起1年内（含1年）到期应予以清偿，或者企业无权自主地将清偿推迟至资产负债表日后1年以上的负债。流动负债主要包括短期借款、应付票据、应付账款、预收账款、应付职工薪酬、应交税费、应付利息、应付股利、其他应付款等。

非流动负债是指流动负债以外的负债，主要包括长期借款、应付债券、长期应付款、专项应付款等。

（五）负债的列示

符合负债定义和负债确认条件的项目，应当列入资产负债表；符合负债定义、但不符合负债确认条件的项目，不应当列入资产负债表。

三、所有者权益

（一）所有者权益的定义

所有者权益，是指企业资产扣除负债后由所有者享有的剩余权益。公司的所有者权益又称为股东权益。

（二）所有者权益的来源构成

所有者权益的来源包括所有者投入的资本、直接计入所有者权益的利得和损失、留存收益等。

所有者投入的资本，是指所有者投入企业的资本部分，它既包括构成企业的注册资本部分或者股本部分，也包括投入资本超过注册资本或者股本的部分，即资本溢价或者股本溢价，这部分投入资本按照我国企业会计准则规定被确认为资本公积，并在资产负债表中的“资本公积”项目下反映。

直接计入所有者权益的利得和损失，是指不应计入当期损益、会导致所有者权益发生增减变动的、与所有者投入资本或者向所有者分配利润无关的利得或者损失。所谓利得是指由企业非日常活动所形成的、会导致所有者权益增加的、与所有者投入资本无关的经济利益的流入，如可供出售金融资产由于公允价值变动而获得的利得等；所谓损失是指由企业非日常活动所发生的、会导致所有者权益减少的、与向所有者分配利润无关的经济利益的流出。

留存收益，是企业历年实现的净利润留存于企业的部分，主要包括计提的盈余公积和未分配利润。

（三）所有者权益的特征

（1）除非发生减资、清算或分派现金股利，企业不需要偿还所有者权益。

（2）企业清算时，只有在清偿所有的负债后，所有者权益才返回给所有者。

（3）所有者凭借所有者权益能够参与企业利润的分配。

所有者权益作为企业所有者对企业净资产的所有权，它的数量及来源随着企业经营的性质及生产规模的变化而变动。

（四）所有者权益的确认条件

由于所有者权益反映了所有者对企业资产的剩余索取权，是企业资产中扣除债权人权益后的部分，因此，所有者权益的确认主要依赖于其他会计要素，尤其是资产和负债的确认。相应地，所有者权益金额取决于资产和负债的计量。

（五）所有者权益的列示

所有者权益项目应当列入资产负债表。

四、收入

（一）收入的定义

收入是指企业在日常活动中形成的、会导致所有者权益增加的、与所有者投入资本无关的经济利益的总流入。

（二）收入的特征

1. 收入是从企业日常活动中产生的

收入应当是企业在日常活动中产生的，而不是从偶发的交易或者事项中产生的。所谓日常活动，是指企业为完成其经营目标而从事的所有活动，以及与之相关的其他活动，如商业企业从事商品销售活动、金融企业从事贷款活动、工业企业制造和销售产品等。企业所进行的有些活动并不是经常发生的，如工业企业出售作为原材料的存货，但因与日常活动有关，也属于收入。但有些交易或者事项虽然也能为企业带来经济利益，但由于不属于企业的日常活动，所以，其流入的经济利益不属于收入而是利得,如工业企业出售固定资产净收益。

2. 收入应当表现为经济利益的流入

收入会导致经济利益的流入,但不能因此而认为企业经济利益的流入就是收入,企业经济利益的流入有时是由所有者投入资本引起的。因此,与收入相关的经济利益流入是与所有者投入资本无关的经济利益的总流入。此外,收入只包括本企业经济利益的流入,而不包括企业为第三方或者客户代收的款项,如增值税、代收利息等。

3. 收入最终会导致所有者权益的增加

该特征强调的是,与收入相关的经济利益的流入最终会导致所有者权益的增加,而不会导致所有者权益增加的经济利益的流入,不符合收入的定义,不应确认为收入,如企业从银行取得的借款导致了经济利益的流入,但该经济利益的流入并没有增加所有者权益,而是表现为企业所承担的现时义务的增加,因此,不应将其确认为收入,而应当视其为负债。

(三) 收入的确认条件

收入的确认除了应当符合定义之外,还应当满足相应的确认条件,即收入只有在经济利益很可能流入从而导致企业资产增加或者负债减少,且经济利益的流入额能够可靠计量时,才能予以确认。

(四) 收入的分类

收入按性质分,可以分为销售商品收入、提供劳务收入和让渡资产使用权等取得的收入。其中:销售商品收入是指企业通过销售商品实现的收入,这里的商品既包括企业为销售而生产的产品和为转售而购进的商品,也包括企业销售的其他存货,如原材料、包装物等。提供劳务收入是指企业通过提供劳务实现的收入,如企业通过提供咨询、培训、运输、产品安装等劳务所实现的收入。让渡资产使用权收入是指企业通过让渡资产使用权实现的收入,让渡资产使用权收入包括利息收入和使用费收入。这里利息收入主要是指金融企业对外贷款形成的收入,及同行业之间发生往来形成的利息收入;使用费收入主要是指企业转让资产的使用权形成的使用费收入,如企业对外出租设备收取的租金等。

收入按企业经营业务主次分,可以分为主营业务收入和其他业务收入。其中,主营业务收入是指企业为完成其经营目标所从事的经常性活动实现的收入。主营业务收入一般占企业总收入的比重较大,对企业的经济效益产生影响较大。不同行业企业的主营业务收入所包括的内容不同。比如:工业企业的主营业务收入主要包括销售产品、自制半成品、代制品、代修品,提供工业性劳务等实现的收入;商业企业的主营业务收入主要包括销售商品实现的收入;运输企业的主营业务收入主要包括对外提供各类运输服务所实现的营运收入等。其他业务收入是属于企业日常活动中次要交易实现的收入,它是指企业为完成其经营目标所从事的与经常性活动相关的活动实现的收入。其他业务收入一般占企业总收入的比重较小，且对象不固定，如工业企业出售多余的材料取得的收入、对外出租固定资产取得的租金收入、转让无形资产使用权实现的收入等。

(五) 收入的列示

符合收入定义和收入确认条件的项目，应当列入利润表。

五、费用

(一) 费用的定义

费用是指企业在日常活动中发生的、会导致所有者权益减少的、与向所有者分配利润无关的经济利益的总流出。

(二) 费用的特征

1. 费用是在企业日常活动中产生的

费用对日常活动的定义同收入对日常活动的定义。日常活动中所产生的费用包括销售成本、销售费用、管理费用、职工薪酬、固定资产折旧费等。而对于非日常活动中所形成的经济利益的流出不应确认为企业的费用，如企业处置固定资产发生的净损失不是费用，而是损失。

2. 费用会导致经济利益的流出

费用的发生会导致经济利益的流出，其表现形式为资产的减少或是负债的增加，但是，如果企业是为向所有者分配利润而导致经济利益流出的，则该流出不是费用，而是属于所有者权益的抵减项目。

3. 费用最终会导致所有者权益的减少

该特征所强调的是，与费用相关的经济利益的流出最终应当会导致所有者权益的减少，而不会导致所有者权益减少的经济利益的流出，不符合费用的定义，不应确认为费用。比如，企业用银行存款偿还一笔银行借款，该业务导致了企业经济利益的流出，但是该流出没有引起企业所有者权益的减少，而是表现为企业负债的减少，则该经济利益的流出不应作为费用予以确认。

(三) 费用确认的条件

费用的确认除了应当符合定义之外，还应当满足相应的确认条件，即费用只有在经济利益很可能流出从而导致企业资产减少或者负债增加、且经济利益的流出额能够可靠计量时，才能予以确认。

在费用确认过程中应注意以下三方面的问题：

(1) 企业为生产产品、提供劳务等发生的可归属于产品成本、劳务成本等的费用，应当在确认产品销售收入、劳务收入等时，将已销售产品、已提供劳务的成本等计入当期损益。

(2) 企业发生的支出不产生经济利益的，或者即使能够产生经济利益但不符合或者不再符合资产确认条件的,应当在发生时确认为费用,计入当期损益,如企业发生的业务招待费等。

(3) 企业发生的交易或者事项导致其承担了一项负债而又不确认为一项资产的,应当在发生时确认为费用,计入当期损益,如企业对外销售商品时提供的产品质量担保等。

(四) 费用的分类

费用按不同标准可以进行不同的分类。比如:若费用按经济性质分,可分为劳动对象方面的费用、劳动手段方面的费用和活劳动方面的费用三大类;若费用按经济用途分,可分为直接材料、直接人工、其他直接费用、制造费用、管理费用、财务费用和销售费用等。

(五) 费用的列示

符合费用定义和费用确认条件的项目,应当列入利润表。

六、利润

(一) 利润的定义

利润是指企业在一定会计期间的经营成果。利润是一项重要的经济指标。它可以及时反映企业在一定会计期间的经营业绩和获利能力,可以反映企业的投入产出效率和经济效益,有助于企业投资者和债权人等据此进行盈利预测、评价企业经营绩效、作出正确的决策。

(二) 利润的构成

利润包括收入减去费用后的净额、直接计入当期利润的利得和损失等。其中,收入减去费用后的净额反映的是企业日常活动的业绩;直接计入当期利润的利得和损失反映的是企业非日常活动的业绩;它是指应当计入当期损益、会导致所有者权益发生增减变动的、与所有者投入资本或者向所有者分配利润无关的利得或者损失,如企业处置固定资产发生的利得或者损失等。

(三) 利润的确认条件

根据利润的构成可见,利润的确认主要依赖于收入和费用以及利得和损失的确认,并且利润的金额取决于对收入和费用、直接计入当期利润的利得和损失金额的计量。

(四) 利润的列示

利润项目应当列入利润表。

第四节 会 计 计 量

会计计量是指为了在账户记录和财务报表中确认、计列有关财务报表要素,而以货币或其他度量单位确定其货币金额或其他数量的过程。

一、会计计量的要求

企业在将符合确认条件的会计要素登记入账并列报于会计报表及其附注（又称财务报表）时，应当按照规定的会计计量属性进行计量，确定其金额。

二、会计计量属性

计量属性是指所予计量的某一要素的特性方面或外在表现形式。会计计量属性反映的是会计要素金额的确定基础，它主要包括历史成本、重置成本、可变现净值、现值和公允价值等。

（一）历史成本

在历史成本计量下，资产按照购置时支付的现金或者现金等价物的金额，或者按照购置资产时所付出的对价的公允价值计量。负债按照因承担现时义务而实际收到的款项或者资产的金额，或者承担现时义务的合同金额，或者按照日常活动中为偿还负债预期需要支付的现金或者现金等价物的金额计量。

（二）重置成本

在重置成本计量下，资产按照现在购买相同或者相似资产所需支付的现金或者现金等价物的金额计量。负债按照现在偿付该项债务所需支付的现金或者现金等价物的金额计量。

（三）可变现净值

在可变现净值计量下，资产按照其正常对外销售所能收到现金或者现金等价物的金额扣减该资产至完工时估计将要发生的成本、估计的销售费用以及相关税费后的金额计量。

（四）现值

在现值计量下，资产按照预计从其持续使用和最终处置中所产生的未来净现金流入量的折现金额计量。负债按照预计期限内需要偿还的未来净现金流出量的折现金额计量。

（五）公允价值

在公允价值计量下，资产和负债按照市场参与者在计量日发生的有序交易中，出售资产所能收到或者转移负债所需支付的价格计量。

三、会计计量的标准

企业在对会计要素进行计量时，一般应当采用历史成本计量属性，如企业购置机器设备、购买原材料等存货类物资等，应当以购入资产时发生的实际成本作为资产计量的基础。

当然，历史成本计量属性在满足会计信息质量相关性要求上存在着一定的缺陷，这就有必要采用如公允价值等其他计量属性进行会计计量，以提高会计信息的有用性。由于重置成本、可变现净值、现值、公允价值等计量属性在应用中需要依赖于估计,因此,为了不影响会计信息的可靠性,《企业会计准则——基本准则》规定,除历史成本以外的其他计量属性在应用中应当保证所确定的会计要素金额能够取得并可靠计量。

第五节 财务会计报告

财务会计作为对外报告会计,其目的是为了在企业管理层和外部会计信息使用者之间存在会计信息不对称的情况下,通过向外部会计信息使用者提供有用的会计信息,帮助财务会计报告使用者作出相关决策。作为反映企业财务会计确认和计量的最终成果的财务会计报告是沟通企业管理层与外部会计信息使用者之间的纽带。财务会计报告,是指企业对外提供的反映企业某一特定日期的财务状况和某一会计期间的经营成果、现金流量等会计信息的文件。财务会计报告的目标定位十分重要,它决定着财务会计报告应当向谁提供有用的会计信息,应当保护谁的经济利益,决定着财务会计报告所要求会计信息的质量要求,决定着会计要素的确认与计量原则,它是财务会计系统的核心与灵魂。

一、财务会计报告目标

我国《企业会计准则——基本准则》规定,财务会计报告的目标是向财务报告使用者提供与企业财务状况、经营成果和现金流量等有关的会计信息,反映企业管理层受托责任履行情况,有助于财务报告使用者作出经济决策。具体包括两个方面的内容。

(一)向财务报告使用者提供决策有用的会计信息

向财务报告使用者提供决策有用的会计信息,满足会计信息使用者决策的要求是财务报告的主要目标。这里,财务报告使用者主要包括投资者、债权人、政府及其有关部门和社会公众等。如果企业在财务报告中提供的会计信息与财务报告使用者的决策无关,那么财务报告就失去了其编制的意义。

根据向财务报告使用者提供决策有用的会计信息这一目标的要求,财务报告所提供的会计信息应当如实反映企业所拥有或者控制的经济资源、对经济资源的要求权以及经济资源要求权的变化情况;如实反映企业的各项收入、费用、利得和损失的金额及其变动情况;如实反映企业各项经营活动、投资活动和筹资活动等所形成的现金流入和现金流出情况等,从而有助于现在的或者潜在的投资者正确、合理地评价企业的资产质量、偿债能力、盈利能力和营运效率等;有助于财务报告使用者根据相关会计信息作出理性的投资决策;有助于财务报告使用者评估与投资有关的未来现金流量的金额、时间和风险等。只有这样,市场才能得到最重要的会计信息的引导,资本的有序、合理流动才能得到保障,财务报告使用者的正当利益才能得到保护,社会资源也才能得到优化配置。

（二）反映企业管理层受托责任的履行情况

随着经济的发展，现代企业必然呈现“两权”分离，即所有权与经营权的分离。但是，两权分离造成委托人与受托人之间就公司的经济、财务信息等方面产生明显的信息不对称。作为受托方的企业管理层负有受托责任，对于投资者投入的资本和向债权人借入的资金所形成的各项资产有责任进行妥善的保管和合理、有效的运用。而作为委托方的企业投资者和债权人等需要及时或者经常性地了解企业管理层保管、使用资产的情况，以便于评价企业管理层的责任情况和业绩情况，并决定是否需要更换管理层，是否需要调整投资或者信贷策略等。所以，财务报告也应当反映企业管理层受托责任的履行情况，并借以评价企业的经营管理责任和资源使用的有效性。

二、财务会计报告的组成

财务会计报告包括财务报表和其他应当在财务会计报告中披露的相关信息和资料。

财务报表由报表本身及其附注两部分构成，报表是综合反映一定时期财务状况和经营成果的文件，是财务会计报告的主要组成部分，是企业向外传递会计信息的主要途径，它至少应当包括资产负债表、利润表、现金流量表、所有者权益变动表等报表；附注是财务报表的有机组成部分。

小企业编制的报表可以不包括现金流量表。

（一）资产负债表

资产负债表是指反映企业在某一特定日期的财务状况的会计报表。通过资产负债表可以了解企业的资产、负债和所有者权益的变动结果及其结构情况，了解企业是否有充裕的偿债能力和利润分配能力。

（二）利润表

利润表是指反映企业在一定会计期间的经营成果的会计报表。通过利润表可以了解企业在一定期间内利润的形成或亏损发生的情况，便于财务报告使用者了解企业的获利能力。

（三）现金流量表

现金流量表是指反映企业在一定会计期间的现金和现金等价物流入和流出的会计报表。通过现金流量表可以了解企业一定时期内现金流入和流出的原因，从而有助于财务报告使用者评价企业的现金流和资金周转情况。

（四）所有者权益变动表

所有者权益变动表是反映构成所有者权益的各组成部分当期的增减变动情况的会计报表。通过所有者权益变动表可以了解在一定时期内有关所有者权益变动的详细信息，如计入所有者权益的利得和损失对所有者权益金额变动的影响等。

（五）附注

附注是指对在财务报表中列示项目所作的进一步说明，以及对未能在这些报表中列示项目的说明等。通过附注，有利于财务报告使用者更好地理解与使用报表信息，并相应地作出正确的判断和合理的抉择。作为财务报告整体的一部分，附注是必不可少的。

各个单位要根据有关法律、行政法规、部门规章等的规定对外提供财务报告。

复习思考题

一、单项选择题

1. 在日常的会计核算中，为会计人员对各项交易或事项作出正确判断，对会计处理方法和会计处理程序提供依据的会计基本假设是(　　)。

A. 会计主体　　B. 持续经营
C. 会计分期　　D. 货币计量

2. 在会计基本假设中，企业计提固定资产折旧的主要依据是(　　)假设。

A. 会计主体　　B. 持续经营
C. 会计分期　　D. 货币计量

3. 将控股集团公司作为会计主体编制合并报表，体现了会计信息质量的(　　)要求。

A. 可比性　　B. 重要性
C. 谨慎性　　D. 实质重于形式

4. 企业将劳动资料划分为固定资产和低值易耗品，体现了会计信息质量的(　　)要求。

A. 可比性　　B. 重要性
C. 可靠性　　D. 实质重于形式

5. 会计核算方法一经确定，不得随意变更。如有变更，应在财务报告中说明理由以及说明对财务状况和经营成果所造成的影响。这是依据会计信息质量的(　　)要求。

A. 可理解性　　B. 重要性
C. 可比性　　D. 相关性

6. 会计信息应当满足财务报告使用者的经济决策的需要，这体现了会计信息质量的(　　)要求。

A. 可靠性　　B. 可理解性
C. 重要性　　D. 相关性

7. 下列各项中，不符合资产会计要素定义的是(　　)。

A. 尚待加工的半成品　　B. 购入某项专利权
C. 委托代销的商品　　D. 待处理财产损失

8. 下列各项中，不符合费用会计要素定义的是(　　)。

A. 销售费用　　B. 管理费用
C. 自然灾害损失　　D. 主营业务成本

9. 企业发生的下列各项经济业务，不影响其营业利润的是(　　)。
A. 销售商品的收入　　B. 出租固定资产的租金收入
C. 处置固定资产的净收益　　D. 出售材料的收入

10. 我国财务报告的基本目标是(　　)。
A. 满足国家宏观管理部门需要
B. 反映企业管理层受托责任的履行情况
C. 向财务报告使用者提供决策有用的信息
D. 反映企业真实的财务信息

二、多项选择题

1. 下列各项中，体现实质重于形式的有(　　)。
A. 将低值易耗品作为存货核算　　B. 融资租入设备视作自有资产核算
C. 商品售后回购不确认商品销售收入　　D. 计提固定资产折旧
E. 材料按计划成本进行日常核算

2. 下列各项中，体现会计信息质量谨慎性要求的有(　　)。
A. 采用加速折旧法对固定资产计提折旧
B. 将长期借款利息资本化
C. 对固定资产计提减值准备
D. 企业为减少本年度亏损而调减计提资产减值准备金额
E. 经营性租入的固定资产不确认为承租方的固定资产

3. 上市公司的下列行为中，不符合会计信息质量可比性要求的有(　　)。
A. 鉴于某项专利技术已经陈旧，将其账面价值一次性核销
B. 鉴于利润计划完成情况不佳，将固定资产折旧方法由原来的年数总和法改为直线法
C. 为了调节利润多计提资产减值准备
D. 根据国家统一的会计制度的要求，对长期股权投资提取减值准备
E. 与固定资产有关的经济利益预期实现方式有重大改变的，应当改变固定资产折旧方法

4. 下列各项中，应作为企业资产核算和反映的有(　　)。
A. 融资租出的设备　　B. 融资租入的设备
C. 经营租出的设备　　D. 经营租入的设备
E. 待处置的设备

5. 资产具有的特征包括(　　)。
A. 是由过去的交易或者事项引起的
B. 是企业拥有或控制的
C. 必须是投资者投入的或是向债权人借入的
D. 预期能够给企业带来经济利益

E. 必须是以实物形式存在的

6. 关于损失,下列说法中,不正确的有(　　)。

A. 损失是指由企业日常活动所发生的、会导致所有者权益减少的、与向所有者分配利润无关的经济利益的流出

B. 损失是指由企业非日常活动所发生的、会导致所有者权益减少的、与向所有者分配利润无关的经济利益的流出

C. 损失只能计入所有者权益项目,不能计入当期利润

D. 损失只能计入当期利润,不能计入所有者权益项目

E. 损失就是费用

7. 利润金额的确定主要取决于(　　)金额的计量。

A. 收入　　B. 费用

C. 直接计入当期利润的利得　　D. 直接计入当期利润的损失

E. 直接计入所有者权益的利得或损失

8. 根据《企业会计准则——基本准则》的规定,下列属于年度财务报告应包括的财务报表有(　　)。

A. 资产负债表　　B. 利润表

C. 利润分配表　　D. 现金流量表

E. 所有者权益变动表

9. 在我国会计实务中,会计信息使用者包括(　　)。

A. 投资人　　B. 国家税务机关

C. 企业内部管理者　　D. 债权人

E. 证券监管部门

10. 下列说法中,正确的有(　　)。

A. 财务报告应当是对外报告

B. 财务报告是满足内部管理需要、具有特定目的的报告

C. 财务报告应当综合反映企业整体的信息

D. 财务报告必须是一个系统的文件

E. 财务报告包括财务报表和其他应当在财务报告中披露的相关信息和资料

三、判断题

1. 会计假设决定了会计信息不可能是真实的。(　　)

2. 重要性要求在特定的会计主体内,就某一特定的时空范围内来考察,具有一定的相对性。(　　)

3. 某一项资源只要符合资产的定义就可确认为资产。(　　)

4. 在企业负债金额既定的情况下,企业本期净资产的增减额就是企业当期实现的利润额或发生的亏损额。(　　)

5. 利得和损失一定会影响所有者权益。(　　)

6. 企业在一定期间发生亏损，则企业在这一会计期间的所有者权益一定减少。 ( )

7. 资产负债表中列示的资产都是企业所拥有的资产。 ( )

8. 负债一般有确切的偿还期限，而所有者权益在企业持续经营期间无需偿还，除非终止经营，不得减少所有者权益。 ( )

9. 企业对会计要素进行计量时，只能采用历史成本计量属性。 ( )

10. 根据《企业会计准则——基本准则》的规定，小企业的会计报表可以不包括现金流量表。 ( )

四、名词解释

会计基本假设
会计主体
持续经营
会计分期
货币计量
会计信息质量要求
可靠性
相关性
可理解性
可比性
实质重于形式
重要性
谨慎性
及时性
资产
负债
所有者权益
收入
费用
利润
会计计量
历史成本
重置成本
可变现净值
现值
公允价值
财务报告

五、简答题

1. 企业会计各个要素的主要特征是什么？对于各要素的确认分别应当符合哪些条件？

2. 企业财务报告中提供的会计信息应当具备哪些质量要求？这些质量要求的具体含义是什么？

3. 何谓实质重于形式？试举例说明。

4. 何谓计量属性？我国企业会计准则中提出的会计计量属性主要有哪些？会计计量的标准是什么？

5. 企业编制财务报告的目标是什么？

6. 简述财务报告的主要组成内容。

第二章　货币资金

本章教学要点

了解我国有关现金管理和银行结算办法的制度规定；掌握各种银行存款结算办法的特点、处理程序；重点掌握库存现金、银行存款的清查及其他货币资金的账务处理。

第一节　库存现金

库存现金是指通常存放于企业财会部门、由出纳人员经管的货币，是企业流动性最强的货币性资产，具有货币性、通用性和无限制可流通性等基本特征。

一、库存现金的管理

库存现金管理是企业货币资金管理工作中的一项重要内容。企业应当严格遵守国家有关现金管理制度，严格审核各项现金收支凭证，监督现金使用的合法性和合理性，在规定范围内收支现金，并进行正确核算。

（一）库存现金使用范围的界定

根据国务院发布的《现金管理暂行条例》的规定，企业可用现金支付的款项有：

(1) 职工工资、津贴。

(2) 个人劳务报酬。

(3) 根据国家规定颁发给个人的科学技术、文化艺术、体育等各种奖金。

(4) 各种劳保、福利费用以及国家规定的对个人的其他支出。

(5) 向个人收购农副产品和其他物资的价款。

(6) 出差人员必须随身携带的差旅费。

(7) 结算起点以下的零星支出。

(8) 中国人民银行确定需要支付现金的其他支出。

不属于上述现金使用范围的各种货币支出，企业应当通过开户银行办理转账结算。

（二）库存现金限额的管理

库存现金限额是指为了保证企业日常零星开支的需要，允许单位留存现金的最高数额。为满足企业日常工作中零星开支的需要，并有效地控制现金使用、限制现金的流通范围，由企业的开户银行根据单位日常现金开支多少、与银行的距离远近、交通情况等，对开户单位申请保留的日常库存现金数额予以审核。所核定的库存现金限额一般不超过该单位3～5天正常零星开支所需，距银行较远的单位经核定可放宽至最多不超过15天正常零星开支所需。经核定的库存现金限额，开户单位必须严格遵守。需要增加或者减少库存现金限额的，应当向开户银行提出申请，由开户银行核定。

（三）库存现金收支的管理

企业应当按照《现金管理暂行条例》的规定加强现金收支管理。开户单位的现金收入应于当天营业终了前送存开户银行，当日送存确有困难的，由开户银行确定送存时间；开户单位对于应支付的现金，可以从本单位库存现金中支付或从开户银行提取并支付，但不得从本单位的现金收入中直接支付，即不得“坐支”现金，因特殊情况需要坐支现金的，应事先报经有关部门审查批准，并在核定的范围和限额内进行，收支的现金必须入账。开户单位从开户银行提取现金时，应如实写明提取现金的用途，由本单位财会部门负责人签字盖章，并经开户银行审查批准后予以支付。因采购地点不确定、交通不便、抢险救灾及其他特殊情况必须使用现金的单位，应向开户银行提出书面申请，由本单位财会部门负责人签字盖章，并经开户银行审查批准后予以支付。

此外，在库存现金收支过程中，不准用不符合财务会计制度的凭证顶替库存现金，即不得“白条顶库”；不准编造用途套取现金；不准互相借用现金；不准利用银行账户替其他单位和个人套取现金；不准将单位的现金收入按个人储蓄方式存入银行，即不得“公款私存”；不准保留账外公款，即不得设置“小金库”等。开户银行对于违反上述规定的单位，将按照中国人民银行的规定，予以警告或者罚款；情节严重的，可在一定期限内停止对该单位的贷款或者停止对该单位的现金支付。

二、库存现金的核算

库存现金的核算包括库存现金的序时核算和库存现金的总分类核算两个方面。

（一）库存现金的序时核算

库存现金的序时核算通过设置并登记现金日记账的方法进行。现金日记账是由出纳人员根据审核无误的收付款凭证，按照经济业务发生的先后顺序逐日逐笔进行登记。每日终了，出纳人员应计算现金日记账上当日的库存现金收付总额并结算结余额，将现金日记账的账面结余额与实际库存现金额核对相符；月度终了，现金日记账的余额应当与“库存现金”总账的余额核对，做到账账相符。

有外币库存现金的企业，应加设外币现金日记账。

(二) 库存现金的总分类核算

库存现金的总分类核算包括库存现金收入的总分类核算和库存现金支出的总分类核算。为了总括反映企业库存现金的收支和结余情况,企业应设置"库存现金"账户以满足核算的需要,该账户的借方登记库存现金的增加,贷方登记库存现金的减少,期末余额在借方,反映企业实际持有的库存现金的金额。企业有内部周转使用备用金的,可以单独设置"备用金"账户进行核算。

三、备用金的核算

备用金是指企业拨付给内部用款部门或职工个人为办理企业经济业务所需的日常零星开支的备用款项,如差旅费、零星办公费支出等。

在企业里,备用金业务的发生较为频繁,因此,应加以严格管理。备用金的管理办法有两种:一是定额备用金制,二是不定额备用金制。所谓定额备用金是指单位对经常使用备用金的内部各部门或工作人员根据其零星开支、零星采购等的实际需要而核定的一个现金数额,并保证其经常保持核定的数额。企业实行定额备用金制的,使用定额备用金的部门或工作人员应按核定的定额填写借款凭证,一次性领出全部定额现金,用后凭发票等有关凭证报销,财务部门将报销金额补充原定额,从而保证该部门或工作人员经常保持核定的现金定额。只有等到撤销定额备用金或调换经办人时才全部交回备用金。所谓不定额备用金又称临时备用金,是指单位根据内部各部门或工作人员临时的用款需要经批准并预付的备用款项。企业实行非定额备用金制的,使用非定额备用金的部门或工作人员应在用款后凭有关单据报销,财务部门根据用款凭证一次性审批报账,采用多退少补的方法予以结账。

备用金的管理不论采用何种方法,都应建立严格的备用金的预借、使用和报销的手续制度。

【例 2-1】 H公司维修科某年1月1日申请定额备用金1 500元,经审核批准,财务科开出现金支票。编制会计分录如下:

借:库存现金 1 500
　贷:银行存款 1 500

借:备用金——维修科 1 500
　贷:库存现金 1 500

【例 2-2】 维修科当年3月15日用备用金购置办公用品900元,凭发票到财务科报销,财务科审核后给予报销,补给现金900元。编制会计分录如下:

借:管理费用 900
　贷:库存现金 900

【例 2-3】 H公司供应科采购员李烨因赴外地采购生产用原料,向财务科预借差旅费 2 000 元。编制会计分录如下：

借：备用金——李烨　　2 000
　贷：库存现金　　2 000

【例 2-4】 10 天后采购员李烨出差回来，报销差旅费 2 100 元，财务科经审核后同意全额报销，并补付 100 元现金。编制会计分录如下：

借：管理费用　　2 100
　贷：库存现金　　100
　　备用金——李烨　　2 000

四、库存现金的清查

企业对于库存现金的清查一般采用实地盘点法，通过对库存现金的实地盘点确定现金的实存额，并与现金日记账进行核对，以保证账实相符，从而保护现金的安全和完整。

企业内部应定期和不定期地对库存现金进行清查。负责现金经管工作的出纳人员在每天营业终了时，应对库存现金进行盘点，并将实际盘点数与现金日记账当天记录的余额进行核对，做到日清月结，账款相符。

此外，企业还应组织单位有关负责人、部门负责人及相关人员组成清查小组，对库存现金进行定期清查或不定期清查，以加强对库存现金保管工作的监督。在清查中，如果发现有挪用现金、白条顶库的情况，应及时予以纠正；对于超限额留存的现金应及时送存银行。对于清查的结果应编制现金盘点报告单，以记录盘点的结果和对相关情况的说明。

按规定清查库存现金过程中发现账实不符时，应及时查明原因作出处理。属于单纯记账错误的，按规定的更正方法予以更正；属于有待进一步查明原因的现金短缺或溢余，应先通过“待处理财产损溢”账户核算，调整账面记录，使得账实相符，再按管理权限报经批准后视具体情况分别处理：如为现金短缺，属于有关人员失职造成应由相关责任人赔偿或由保险公司负责赔偿的部分，记入“其他应收款”账户，无法查明原因的，记入“管理费用”账户；如为现金溢余，属于应支付给有关人员或单位的，记入“其他应付款”账户；属于无法查明原因的，记入“营业外收入”账户。

【例 2-5】 H 公司在某日现金清查中发现，现金日记账账面余额为 600 元，实地盘点数为 550 元，账实不符的原因待查。编制会计分录如下：

借：待处理财产损溢　　50
　贷：库存现金　　50

如经查明，现金短缺是出纳员工作疏忽造成的，责成其赔偿。应作会计分录如下：

借：其他应收款——×××　　50
　贷：待处理财产损溢　　50

如经反复核查，现金短缺的原因不明，编制会计分录如下：

借：管理费用　　50
　贷：待处理财产损溢　　50

【例 2-6】 某单位在一次现金清查工作中，发现库存现金账面余额比实际库存现金数少 80 元，原因待查。编制会计分录如下：

借：库存现金　　80
　贷：待处理财产损溢　　80

核查后原因不明，经批准将该多余款转作营业外收入处理。编制会计分录如下：

借：待处理财产损溢　　80
　贷：营业外收入　　80

第二节　银 行 存 款

银行存款是指企业存放在银行或其他金融机构的各种款项。我国银行存款包括人民币存款和外币存款两种。

一、银行存款的管理

根据中国人民银行 1997 年 9 月 19 日颁布的《支付结算办法》的规定，凡是独立核算的单位都必须在当地银行开设结算账户，以办理存款、取款和转账等业务。企业在银行开立人民币存款账户的，应当遵守中国人民银行《人民币银行结算账户管理办法》的各项规定。

1. 银行存款开立账户的管理

银行结算账户按用途分为基本存款账户、一般存款账户、临时存款账户和专用存款账户四类。其中：基本存款账户是存款人办理日常转账结算和现金收付的账户，企业的工资、奖金等现金的支取只能通过该账户办理；一般存款账户是存款人在基本存款账户以外的银行借款转存、与基本存款账户的存款人不在同一地点的附属非独立核算单位开立的账户，企业可以通过该账户办理转账结算和现金缴存，但不能办理现金支取；临时存款账户是存款人因临时经营活动需要开立的账户，存款人可以通过该账户办理转账结算和根据国家现金管理的规定办理现金收付；专用存款账户是存款人因特定用途需要开立的账户，如为基本建设资金开立账户。企业在银行开立结算账户中，不得违反《人民币银行结算账户管理办法》的规定在多家银行机构开立基本存款账户；也不得在同一家银行的几个分支机构开立一般存款账户；存款人的账户只能办理存款人本身的业务活动，不得出租和转让账户。

企业在银行开设结算账户后，除按核定的限额保留库存现金外，超过限额的现金必须存入银行；除了在规定的范围内可以用现金直接支付的款项外，在经营过程中所发生的一切货币收支业务，都必须通过银行存款账户办理结算。

2. 银行结算纪律的规定

银行结算纪律是指通过银行办理转账结算的各单位或个人，在办理具体结算业务过程中应当遵守的行为规范。

企业应加强对银行存款的管理，严格遵守银行结算纪律，按国家法律、法规和《支付结算办法》的各项规定办理结算，具体要求如下：

(1) 不准签发没有资金保证的票据或远期支票，套取银行信用。

(2) 不准签发、取得和转让没有真实交易和债权债务的票据，套取银行和他人的资金。

(3) 不准无理拒绝付款，任意占用他人资金。

(4) 不准违反规定开立和使用账户。

二、银行存款的核算

银行存款的核算包括银行存款的序时核算和银行存款的总分类核算两个方面。

(一) 银行存款的序时核算

银行存款的序时核算是通过设置并登记银行存款日记账的方法来进行的。银行存款日记账应按不同的币种分别设置。银行存款日记账是由出纳人员根据审核无误的收付款凭证，按照经济业务发生的先后顺序逐日逐笔进行登记，按日加计本日收付合计数与结余数，并定期与银行核对账目，做到账实相符。通过对银行存款日记账的序时登记，可以及时反映企业银行存款的动态变化，监督银行存款的使用。

(二) 银行存款的总分类核算

银行存款的总分类核算包括银行存款收入的总分类核算和银行存款支出的总分类核算。为了总括反映企业银行存款的收支和结余情况，企业应设置“银行存款”账户，以满足核算的需要。该账户的借方登记银行存款的增加，贷方登记银行存款的减少，期末余额在借方，反映企业存放在银行或其他金融机构的各种款项。

三、银行存款的转账结算方式

银行转账结算是指单位之间的款项收付不用现金，而由银行从付款单位的存款账户划转到收款单位的存款账户的货币清算行为。为了规范银行转账结算工作，中国人民银行《支付结算办法》规定，企业发生的货币资金收付业务可以使用各种票据、信用卡和汇兑、托收承付、委托收款等结算方式，通过银行办理转账结算。

（一）银行本票

银行本票是由申请人先将款项交存银行，再由银行签发的、承诺自己在见票时无条件支付确定的金额给收款人或者持票人的票据。

银行本票见票即付，具有信誉高、支付能力强等特点，适用于单位和个人在同一票据交换区域的商品交易、劳务供应和其他款项的结算。

银行本票分为不定额本票和定额本票两种。不定额银行本票的金额用压数机压印；定额银行本票面额为 1 000 元、5 000 元、10 000 元和50 000 元。

银行本票可以用于转账，注明“现金”字样的银行本票可以用于支取现金。银行本票的提示付款期限自出票日起最长不得超过 2 个月。票据期限凡按月计算的，以应到期月份中与出票日相同的那一天为到期日(即对日)；到期月份无对日的，则以到期月份的月末一天为到期日；到期日为节假日时顺延。持票人超过提示付款期限不获付款的，在票据权利时效内向出票银行作出说明，并提供本人身份证件或单位证明，可持银行本票向出票银行请求付款。

企业使用银行本票进行交易款结算时，应向银行填写“银行本票申请书”，填明收款人名称、申请人名称、支付金额、申请日期等事项并签章。申请人或收款人为单位的，不得申请签发现金银行本票。出票银行受理银行本票申请书，收妥款项签发银行本票。用于转账的，在银行本票上划去“现金”字样。不定额银行本票用压数机压印出票金额，出票银行在银行本票上签章后交给申请人。申请人应将银行本票交付给本票上记明的收款人。付款企业取得银行本票和使用银行本票的业务在“其他货币资金”账户中核算，有关核算方法见本章第三节有关内容。

收款人收到银行本票，在向开户银行提示付款时，应在银行本票背面“持票人向银行提示付款签章”处签章，签章须与预留银行签章相同，并将银行本票、进账单送交开户银行。银行审查无误后即办理兑付手续，在第一联进账单上加盖“转讫”章作收款通知退回收款人。收款人根据银行盖章退回进账单的第一联和有关原始凭证可以进行相关会计处理，有关核算见本章第三节有关内容。收款人也可以将银行本票背书转让给被背书人。背书，是指在票据背面或者粘单上记载转让票据权利或授权他人一定的票据权利等事项并签章的票据行为。转让人称为背书人，被转让人称为被背书人。被转让人可以再加背书，再转让出去，如此，一张票据可以多次转让。

银行本票遗失不予挂失，持票人应注意保管，防止丢失。遗失不定额银行本票在付款期满后 1 个月，如确未被冒领，可由原申请人备函向签发银行说明情况后办理退款手续。

银行本票结算程序见图 2 - 1。

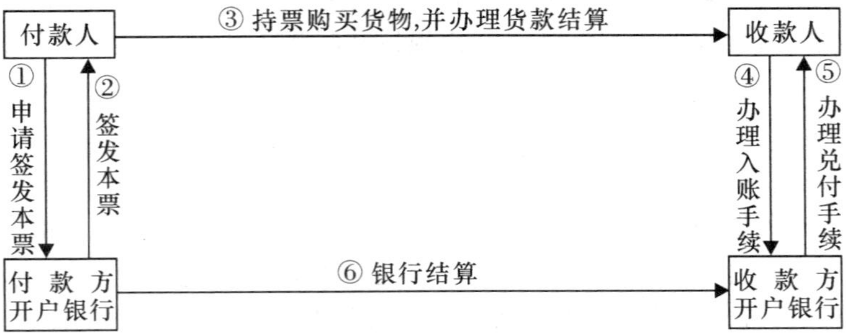

图 2-1　银行本票结算程序图

（二）支票

支票是单位或个人签发的，委托办理支票存款业务的银行在见票时无条件支付确定的金额给收款人或者持票人的票据。

支票是同城结算中应用较为广泛的一种结算方式，具有手续简便、收付款及时、支付能力强等特点。单位和个人在同一票据交换区域的各种款项结算，均可以使用支票。

支票由银行统一印制。支票上印有“现金”字样的为现金支票，现金支票只能用于支取现金。支票上印有“转账”字样的为转账支票，转账支票只能用于转账。支票上未印有“现金”或“转账”字样的为普通支票，普通支票可以用于支取现金，也可以用于转账。在普通支票左上角划两条平行线的，为划线支票，划线支票只能用于转账，不得支取现金。

支票的提示付款期限自出票日起 10 日，但中国人民银行另有规定的除外。超过提示付款期限提示付款的，持票人开户银行不予受理，付款人不予付款。转账支票在批准的地区内可以背书转让。

存款人领购支票，必须填写“票据和结算凭证领用单”并签章，签章应与预留银行的签章相符。存款账户结清时，必须将全部剩余空白支票交回银行注销。签发支票应使用碳素墨水或墨汁填写，中国人民银行另有规定的除外。支票的出票人预留银行签章是银行审核支票付款的依据，银行也可以与出票人约定使用支付密码，作为银行审核支付支票金额的条件。

支票的出票人签发支票的金额不得超过付款时在银行实有的存款金额，要防止签发空头支票。出票人签发空头支票、签章与预留银行签章不符的支票、使用支付密码地区支付密码错误的支票，银行将予以退票，并按票面金额处以 5%但不低于 1 000 元的罚款；持票人有权要求出票人赔偿支票金额 2%的赔偿金。对屡次签发空头支票的，银行将停止其签发支票。

签发的现金支票如遗失,可向开户银行申请挂失;签发的转账支票如遗失,开户银行不予受理,签发支票人只能请求开户银行和收款人协助防范。空白支票遗失,银行一律不予挂失,由遗失人自行联系处理。对于银行不受理挂失和挂失前已被冒领的支票所发生的一切责任和经济损失由丢失者自负,银行不承担责任。

企业签发支票,应根据支票存根及有关原始凭证编制银行存款付款凭证,进行账务处理,借记有关账户,贷记“银行存款”账户;收款人收到外单位签发的支票,经审查无误后,可向银行办理收款手续。办理收款时填写进账单连同支票送交银行,根据银行盖章退回的进账单第一联和有关原始凭证编制银行存款收款凭证,借记“银行存款”账户,贷记有关账户。

支票结算程序见图 2－2 和图 2－3。

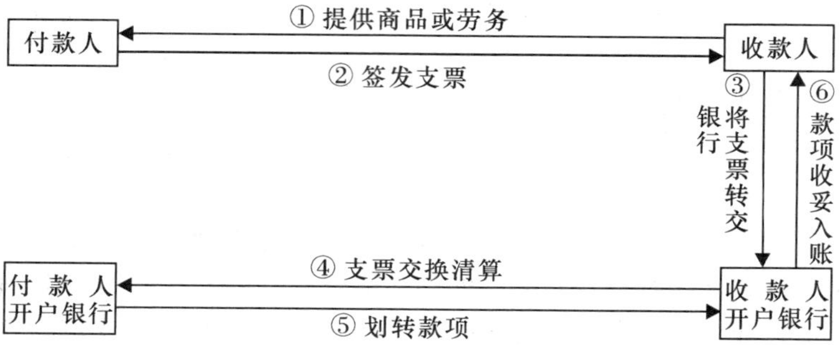

图 2－2 出票人交收款人办理转账程序图

图 2－3 出票人交本开户银行办理转账程序图

（三）银行汇票

银行汇票是汇款人将款项交存当地出票银行,由出票银行签发的,由其在见票时按照实际结算金额无条件支付给收款人或者持票人的票据。

银行汇票具有票随人到、使用灵活、兑现性强等特点。银行汇票结算方式适合单位和个人用于异地的各种款项结算（银行汇票的出票和付款，全国范围限于中国人民银行和各商业银行参加“全国联行往来”的银行机构办理），尤其适用于先收款后发货或钱货两清的商品交易。

银行汇票可以用于转账，填明“现金”字样的银行汇票也可以用于支取现金。银行汇票的提示付款期限自出票日起1个月。持票人超过期限向代理付款银行提示付款不获付款的，须在票据权利时效内向出票银行作出说明，并提供本人身份证件或单位证明，持银行汇票和解讫通知向出票银行请求付款。

申请人（汇款人）使用银行汇票，应向出票银行填写“银行汇票申请书”，填明收款人名称、汇票金额、申请人名称、申请日期等事项并签章，签章为其预留银行的签章。申请人或者收款人为单位的，不得在“银行汇票申请书”上填明“现金”字样。出票银行受理银行汇票申请书，收妥款项后签发银行汇票，并用压数机压印出票金额，将银行汇票和解讫通知一并交给申请人。申请人取得银行汇票，即可持银行汇票向填明的收款单位办理结算。

收款人收到银行汇票时，应在出票金额以内，根据实际需要的款项办理结算，并将实际结算金额和多余金额准确、清晰地填入银行汇票和解讫通知的有关栏内。未填明实际结算金额和多余金额或实际结算金额超过出票金额的，银行不予受理。银行汇票的实际结算金额低于出票金额的，其多余金额由出票银行退交申请人。收款人向开户银行提示付款时，应在汇票背面“持票人向银行提示付款签章”处签章，签章须与预留银行的签章相同，并将银行汇票和解讫通知、进账单送交开户银行。银行审查无误后办理转账。收款人也可以将银行汇票背书转让给被背书人，银行汇票的背书转让以不超过出票金额的实际结算金额为准。未填写实际结算金额或实际结算金额超过出票金额的银行汇票不得背书转让。

银行汇票不慎遗失时，如遗失的银行汇票是填明“现金”字样的，应立即向兑付银行、开户银行请求挂失；如遗失的银行汇票填明收款单位的，银行不予挂失，应与兑付银行、收款单位取得联系，请求协助防范；遗失的银行汇票在期满1个月后可办理退款。

企业向银行申请办理银行汇票和使用银行汇票的业务在“其他货币资金”账户核算。收款单位收到付款单位送来的银行汇票后，应在付款期内填写进账单，根据银行盖章退回的进账单第一联，进行相关业务处理，有关核算见本章第三节的相关内容。

银行汇票结算程序见图2-4。

（四）商业汇票

商业汇票是出票人签发的，委托付款人在指定日期无条件支付确定的金额给收款人或者持票人的票据。

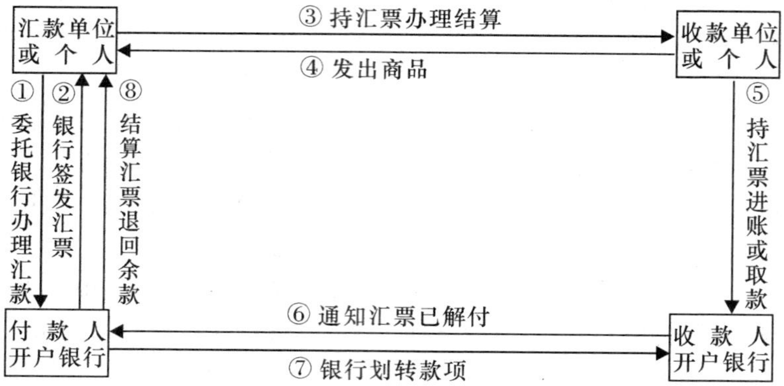

图 2-4　银行汇票结算程序图

商业汇票可以由付款人签发并承兑,也可以由收款人签发交由付款人承兑。商业汇票的承兑,是指汇票付款人承诺在汇票到期日支付汇票金额的票据行为。商业汇票经过承兑,信用较高。商业汇票结算方式适合单位和个人用于同城或异地的各种款项的结算,但在银行开立存款账户的法人以及其他组织之间,必须具有真实的交易关系或债权债务关系,才能使用商业汇票。

商业汇票的付款期限,最长不得超过 6 个月。商业汇票的提示付款期限,自汇票到期日起 10 日内。持票人应在提示付款期限内通过开户银行委托收款或直接向付款人提示付款。对异地委托收款的,持票人可匡算邮程,提前通过开户银行委托收款。持票人超过提示付款期限提示付款的,持票人开户银行不予受理。

存款人领购商业汇票,必须填写"票据和结算凭证领用单"并签章,签章应与预留银行的签章相符。存款账户结清时,必须将全部剩余空白商业汇票交回银行注销。

商业汇票可以在出票时向付款人提示承兑后使用,也可以在出票后先使用再向付款人提示承兑。指定日付款或者出票后定期付款的商业汇票,持票人应当在汇票到期日前向付款人提示承兑;见票后定期付款的汇票,持票人应当自出票日起 1 个月内向付款人提示承兑。汇票未按照规定期限提示承兑的,持票人丧失对其前手的追索权。所谓持票人的追索权,是指有权向其前手(背书人、出票人)要求偿付汇票金额、利息和其他费用的权利。付款人应当在自收到提示承兑的汇票之日起 3 日内承兑或者拒绝承兑。

商业汇票可以背书转让,符合条件的商业汇票的持票人可持未到期的商业汇票连同贴现凭证向银行申请贴现。所谓贴现又称贴息兑现,是指票据持票人将未到期的票据在背书后转交银行,经银行受理后,从票据的到期值中预扣按银行贴现率计算确定的贴息后,获取余款的一种票据转让行为。贴现银行可持未到期的商业汇票向其他银行转贴现，也可向中国人民银行申请再贴现。

商业汇票分为商业承兑汇票和银行承兑汇票两种。

1．商业承兑汇票

商业承兑汇票是由付款人签发并承兑，或是由收款人签发交由付款人承兑的票据。商业承兑汇票由银行以外的付款人承兑。

付款人承兑商业汇票，应当在汇票正面记载“承兑”字样和承兑日期并签章。付款人承兑商业汇票，不得附有条件；承兑附有条件的，视为拒绝承兑。付款人应于商业承兑汇票到期日之前准备好足够资金交存其开户银行，开户银行根据收到的到期商业承兑汇票将款项划转给收款人、被背书人或贴现银行。如果汇票到期，付款人的存款户余额不足支付，其开户银行将商业承兑汇票退还给收款人，由其自行处理。同时，银行按规定对付款人处以一定金额的罚款。如商业承兑汇票到期前已办理贴现，银行则将以贴现的商业承兑汇票退还给贴现人，并对贴现人执行扣款，扣款不足按逾期贷款处理，同时对付款人处以罚款。付款人存在合法抗辩事由拒绝支付的，应自接到通知日的次日起 3 日内作出拒绝付款证明送交开户银行，银行将拒绝付款证明和商业承兑汇票邮寄持票人开户银行转交持票人。

商业承兑汇票结算程序见图 2－5。

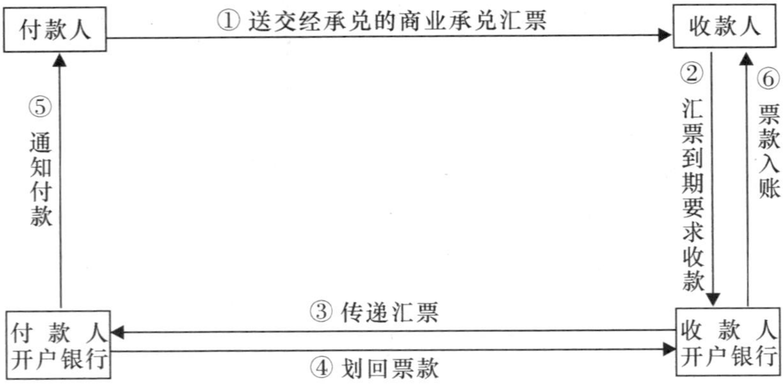

图 2－5　商业承兑汇票结算程序图

2．银行承兑汇票

银行承兑汇票是由在承兑银行开立存款账户的存款人签发，并由银行予以承兑的票据。银行承兑汇票由银行承兑。

银行承兑汇票的承兑银行，应按票面金额向出票人收取 5‰的手续费。银行承兑汇票的出票人应于汇票到期前将票款足额交存其开户银行，承兑银行应在汇票到期日或到期日后的见票当日支付票款。银行承兑汇票的出票人于汇票到期日未能足额交存票款时,承兑银行除凭票向持票人无条件付款外,对出票人尚未支付的汇票金额按照每天5‱计收利息。

银行承兑汇票结算程序见图2-6。

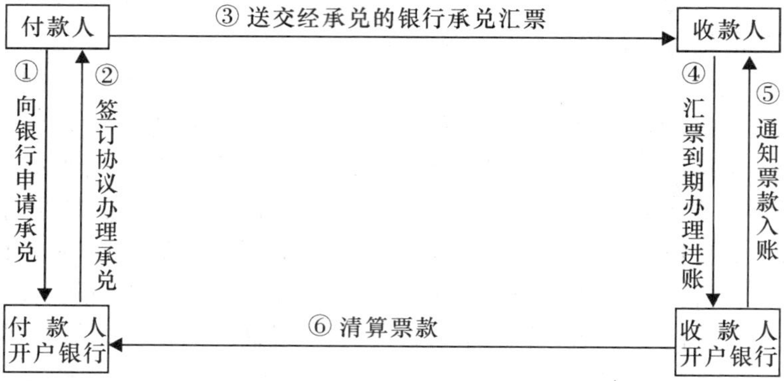

图2-6 银行承兑汇票结算程序图

企业进行商业汇票核算时,应设置"应收票据"和"应付票据"账户。购货单位签发商业汇票在向银行申请承兑经银行审核受理时,企业按规定缴纳的手续费,应借记"财务费用"账户,贷记"银行存款"账户。购货企业将已承兑的商业汇票交给销货单位时,应借记"材料采购"或"原材料""库存商品""应交税费——应交增值税(进项税额)"等账户,贷记"应付票据"账户。购货单位收到银行支付到期商业汇票的付款通知时,应借记"应付票据"账户,贷记"银行存款"账户。

销货单位收到购货单位已承兑的商业汇票时,借记"应收票据"账户,贷记"主营业务收入""应交税费——应交增值税(销项税额)"等账户。销货单位在汇票到期,将汇票及进账单送交开户银行办理转账时,借记"银行存款"账户,贷记"应收票据"账户。票据的贴现、背书转让业务处理可详见以后相关章节内容。

在商业汇票到期付款单位无力支付的情况下,商业承兑汇票和银行承兑汇票的会计处理各不相同。在采用商业承兑汇票下,汇票到期付款单位无力支付、银行将到期汇票退回时,付款单位应借记"应付票据"账户,贷记"应付账款"账户。收款单位则应借记"应收账款"账户,贷记"应收票据"账户。在采用银行承兑汇票下,汇票到期付款单位无力支付时,银行按协议仍然将票款兑付给持票人,同时对付款单位执行扣款,扣款不足部分作逾期贷款处理,这时付款单位应借记"应付票据"账户,贷记"银行存款""短期借款"账户。收款单位则借记"银行存款"账户,贷记"应收票据"账户。

采用商业汇票结算方式,购货单位可以延期付款,便于在资金暂时不足的情况下及时购进材料物资，保证生产经营的顺利进行；销售单位可以疏通商品渠道、扩大销售、促进生产，还可以在急需资金时向银行申请贴现，融通资金。采用商业汇票使企业之间的商业信用票据化，增强了约束力，有利于维护和发展社会主义市场经济。

为加强商业汇票管理，企业应建立应收(付)票据备查簿，逐笔登记商业汇票的种类、号数和出票日、票面金额、交易合同号和付款人、承兑人、背书人的姓名或单位名称、到期日、背书转让日、贴现日、贴现率和贴现净额以及收款日和收回金额、退票情况等资料，以利于日常分析安排资金，在应收票据到期时及时办理收款手续，在应付票据到期前调度好资金，保证承付。

（五）汇兑

汇兑是汇款人委托银行将其款项支付给收款人的结算方式。

汇兑结算方式是付款单位主动付款的一种结算方式，用于单位和个人异地之间各种款项的结算，如资金调拨、清理归欠、购进商品验收无误后的主动付款及先款后货的交易等均可使用。这种结算方式划拨款项简便、灵活。

汇兑结算方式按凭证传送方法不同，可分为信汇、电汇两种。信汇是指汇款人委托银行，通过邮寄方式将款项划转给收款人的方式。电汇是指汇款人委托银行通过电报将款项划给收款人的方式。这两种汇兑方式由汇款人自行选择使用。

汇款人采用汇兑结算方式汇出款项时，应填写银行印发的汇款凭证，列明收款单位名称、汇款金额及汇款的用途等项目，送达开户银行，汇款人开户银行受理汇款人签发的汇兑凭证，经审查无误后，应及时向汇入银行办理汇款，并向汇款人签发汇款回单。

汇入银行对开立存款账户的收款人，应将汇给其的款项直接转入收款人账户，并向其发出收账通知；未在银行开立存款账户的收款人，凭信汇、电汇的取款通知或“留行待取”的，向汇入银行支取款项，必须交验本人的身份证件，在信汇、电汇凭证上注明证件名称、号码及发证机关，并在“收款人签盖章”处签章；信汇凭签章支取的，收款人的签章必须与预留信汇凭证上的签章相符。

汇兑结算程序见图 2-7。

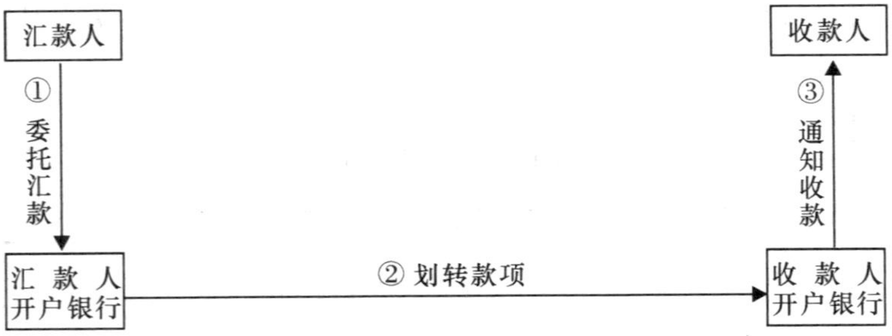

图 2-7　汇兑结算程序图

(六)委托收款

委托收款是指收款人委托银行向付款人收取款项的结算方式。

在委托收款结算方式下,单位和个人可凭已承兑商业汇票、债券、存单等付款人债务证明办理款项的结算。委托收款在同城、异地均可以使用。

委托收款结算方式按款项划回方式不同,可分邮寄和电报两种,由收款人选用。

收款人办理委托收款时,应向银行提交委托收款凭证和有关的债务证明。企业的开户银行受理委托收款后,将委托收款凭证寄交付款单位开户银行,由付款单位开户银行审核,并通知付款单位。付款方开户银行接到寄来的委托收款凭证及债务证明,审查无误后办理付款。

按照有关办法规定,付款人应在接到通知日的次日起 3 日内主动通知银行付款,如未通知银行,银行视同付款人同意付款并在第 4 日上午开始营业时,将款项划给收款人。银行在办理划款时,付款人存款账户不足支付的,应通过被委托银行向收款人发出未付款项通知书。按照有关办法规定,债务证明留存付款人开户银行的,应将其债务证明连同未付款项通知书邮寄被委托银行转交收款人。

付款人审查有关债务证明后,对收款人委托收取的款项需要拒绝付款的,可以办理拒绝付款。以银行为付款人的,应自收到委托收款及债务证明的次日起 3 日内出具拒绝证明连同有关债务证明、凭证寄给被委托银行,转交收款人。以单位为付款人的,应在付款人接到通知日的次日起 3 日内出具拒绝证明,持有债务证明的,应将其送交开户银行。银行将拒绝证明、债务证明和有关凭证一并寄给被委托银行,转交收款人。

委托收款结算程序见图 2-8。

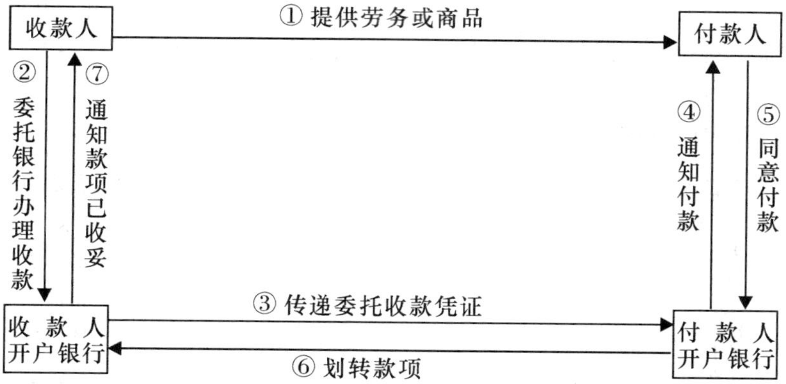

图 2-8 委托收款结算程序图

付款单位在付款期满同意付款时,根据收到银行转来的委托收款凭证的付款通知及有关原始凭证，编制银行存款付款凭证，借记有关账户，贷记“银行存款”账户。如果全部拒付，不作任何账务处理；部分拒付，则根据银行盖章退回的拒付理由书第一联，编制银行存款付款凭证。委托收款单位接到银行收账通知后，编制银行存款收款凭证，借记“银行存款”账户，贷记有关账户。

（七）异地托收承付

托收承付是根据购销合同由收款人发货后委托银行向异地付款人收取款项，由付款人向银行承认付款的结算方式。

采用异地托收承付结算方式应符合五个条件：一是使用托收承付结算方式的收款单位和付款单位，必须是国有企业、供销合作社以及经营管理较好，并经开户银行审查同意的城乡集体所有制工业企业。二是办理托收承付结算的款项，必须是商品交易，以及因商品交易而产生的劳务供应的款项。代销、寄销、赊销商品的款项，不得办理托收承付结算。三是收付双方使用托收承付结算必须签有符合《合同法》的购销合同，并在合同上订明使用托收承付结算方式。四是收款人办理托收，必须具有商品确已发运的证件（包括铁路、航运、公路等运输部门签发运单、运单副本和邮局包裹回执）或其他证明。五是托收承付结算每笔的金额起点为 10 000 元。新华书店系统每笔的金额起点为 1 000 元。

托收承付结算款项的划回方法，分邮寄和电报两种，由收款人根据需要选用。

收款人按照签订的购销合同发货后，委托银行办理托收。收款人开户银行接到托收凭证及其附件后，应当按照托收的范围、条件和托收凭证记载的要求认真进行审查，必要时，还应查验收款人与付款人签订的购销合同。凡不符合要求或违反购销合同发货的，不能办理。

付款人开户银行收到托收凭证及其附件后，应当及时通知付款人。通知的方法，可以根据具体情况与付款人签订协议，采取付款人来行自取、派人送达或对距离较远的付款人邮寄等方式。付款人应在承付期内审查核对，安排资金。付款人承付货款的方式分为验单付款和验货付款两种，由双方在签订合同时约定。验单付款是指付款人根据合同，对银行转来的托收结算凭证、发票账单、托运单及代垫运杂费等单据进行审查，确定无误后承认付款的一种承付方式。验单付款的承付期为 3 日，从付款人开户银行发出承付通知的次日算起（承付期内遇法定休假日顺延）。验货付款是指付款人待货物运达企业后进行检验，确定与合同完全相符才承认付款的一种承付方式。验货付款的承付期为 10 日（对收付双方在合同中明确规定，并在托收凭证上注明验货付款期限的，银行从其规定），从运输部门向付款人发出提货通知的次日算起。采用验货付款的，收款人必须在托收凭证上加盖明显的“验货付款”字样戳记。托收凭证未注明验货付款，经付款人提出合同证明是验货付款的，银行可按验货付款处理。付款人在承付期内，未向银行表示拒绝付款，银行即视作承付，并在承付期满的次日(法定休假日顺延)上午银行开始营业时,将款项主动从付款人的账户内付出,按照收款人指定的划款方式,划给收款人。

付款人在承付期满日银行营业终了时,如无足够资金支付,其不足部分,按逾期付款处理,根据逾期付款金额和逾期天数,按每天5‱计算逾期付款赔偿金,赔偿金的扣付列为企业销货收入扣款顺序的首位。付款人账户余额不足全额支付时,应排列在工资之前,并对该账户采取"只收不付"的控制办法,待一次足额扣付赔偿金后,才准予办理其他款项的支付。因此而产生的经济后果,由付款人自行负责。同时,付款人开户银行对付款人逾期未能付款的情况,应当及时通知收款人开户银行,由其转知收款人。

付款人在承付期内,如有下列情况存在,可向银行提出全部或部分拒绝付款:① 没有签订购销合同或购销合同未订明托收承付结算方式的款项。② 未经双方事先达成协议,收款人提前交货或因逾期交货付款人不再需要该项货物的款项。③ 未按合同规定的到货地址发货的款项。④ 代销、寄销、赊销商品的款项。⑤ 验单付款,发现所列货物的品种、规格、数量、价格与合同规定不符,或货物已到,经查验货物与合同规定或发货清单不符的款项。⑥ 验货付款,经查验货物与合同规定或与发货清单不符的款项。⑦ 货款已经支付或计算有错误的款项。不属于上述情况的,付款人不得向银行提出拒绝付款。付款人对以上情况提出拒绝付款时,必须填写"拒绝付款理由书"并签章,注明拒绝付款理由,涉及合同的应引证合同上的有关条款。属于商品质量问题,需要提出商品检验部门的检验证明;属于商品数量问题,需要提出数量问题的证明及其有关数量的记录;属于外贸部门进口商品,应当提出国家商品检验或运输等部门出具的证明。开户银行必须认真审查拒绝付款理由,查验合同。对于付款人提出拒绝付款的手续不全、依据不足、理由不符合规定和不属于以上七种拒绝付款情况的,以及超过承付期拒付和应当部分拒付申请为全部拒付的,银行均不得受理,应实行强制扣款。银行同意部分或全部拒绝付款的,应在拒绝付款理由书上签注意见。部分拒绝付款,除办理部分付款外,应将拒绝付款理由书连同拒付证明和拒付商品清单邮寄收款人开户银行转交收款人。全部拒绝付款,应将拒绝付款理由书连同拒付证明和有关单证邮寄收款人开户银行转交收款人。

异地托收承付结算程序见图2-9。

销货单位向银行办理托收业务后,根据托收结算凭证回单联进行账务处理,借记"应收账款"账户,贷记"主营业务收入""应交税费——应交增值税(销项税额)"等账户;以后,销货单位在收到银行转来收账通知时再进行账务处理,借记"银行存款"账户,贷记"应收账款"账户。购货单位承付后,根据托收结算凭证和发票账单等原始凭证进行账务处理,借记"材料采购"或"原材料""库存商品""应交税费——应交增值税(进项税额)"等账户,贷记"银行存款"账户。

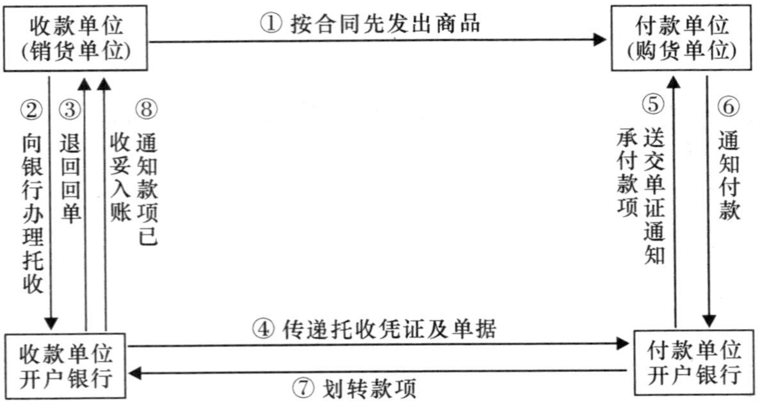

图 2-9 异地托收承付结算程序图

(八) 信用卡

信用卡是指商业银行向个人和单位发行的,凭以向特约单位购物、消费和向银行存取现金,且具有消费信用的特制载体卡片。

信用卡按使用对象分为单位卡和个人卡;按信誉等级分为金卡和普通卡。

信用卡同城、异地均可使用。凡在中国境内金融机构开立基本存款账户的单位可申领单位卡。单位卡可申领若干张,持卡人资格由申领单位法定代表人或其委托的代理人书面指定和注销,持卡人不得出租或转借信用卡。单位或个人申领信用卡,应按规定填制申请表,连同有关资料一并送交发卡银行。符合条件并按银行要求交存一定金额的备用金后,银行为申领人开立信用卡存款账户,并发给信用卡。企业交存的这部分备用金已经具有特定用途,从性质上讲,属于其他货币资金。其核算见本章第三节有关内容。

单位卡账户的资金一律从其基本存款账户转账存入,不得交存现金,不得将销货收入的款项存入其账户。严禁将单位的款项存入个人卡账户中。单位卡一律不得支取现金。单位卡不得用于 10 万元以上的商品交易或劳务供应款项的结算。

信用卡透支额,金卡最高不得超过 10 000 元,普通卡最高不得超过 5 000 元。信用卡透支期限最长为 60 日。信用卡透支利息,自签单日或银行记账日起 15 日内按日息 5‰计算,超过 15 日按日息 10‰计算,超过 30 日或透支金额超过规定限额的,按日息 15‰计算。透支计息不分段,按最后期限或者最高透支额的最高利率档次计息。持卡人使用信用卡不得发生恶意透支。所谓恶意透支是指持卡人超过规定限额或规定期限,并且经发卡银行催收无效的透支行为。

信用卡遗失,持卡人应立即持本人身份证件或其他有效证明,并按规定提供有关情况,向发卡银行或代办银行申请挂失。发卡银行或代办银行审核后办理挂失手续。

信用卡结算程序见图 2-10。

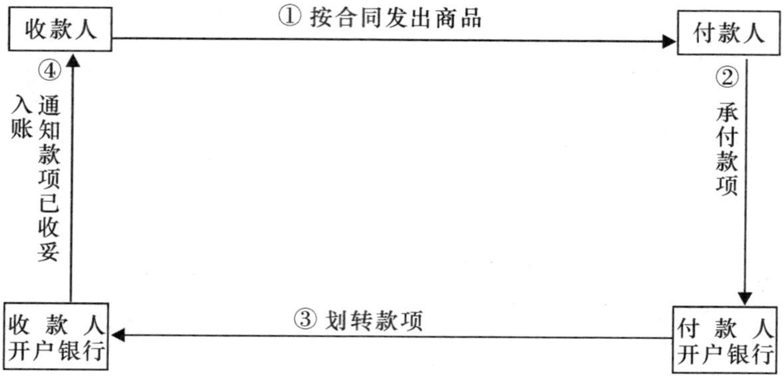

图 2-10 信用卡结算程序图

（九）信用证

信用证(简称 L/C)结算方式是开证银行应进口商的要求,向出口商开立信用证,出口商按照信用证规定的条件,开立以信用证指定付款人付款的汇票,开证银行承担付款责任,议付银行解付货款的结算方式。

信用证结算方式是银行信用介入国际货物买卖价款结算的产物。它的出现不仅在一定程度上解决了买卖双方之间互不信任的矛盾,而且还能使双方在使用信用证结算货款的过程中获得银行资金融通的便利,从而促进了国际贸易的发展。因此,信用证结算方式被广泛应用于国际贸易之中,以致成为当今国际贸易中一种主要的结算方式。

在信用证结算方式下,收款单位收到信用证后,即备货装运,签发有关发票账单,连同运输单据和信用证送交银行,根据退还的信用证等有关凭证编制收款凭证;付款单位在接到开证行的通知时,根据付款的有关单据编制付款凭证。

四、银行存款的清查

为了避免银行存款账目发生差错,查明银行存款的实有数,企业应当定期地同开户银行进行银行存款账目的核对清查,即将本单位的银行存款日记账与银行填制的“银行对账单”进行账实核对,以此来查证双方账面记录的正确性。在核对时,应将银行存款日记账与银行对账单进行逐笔核对,如发现有错记漏记情况,要及时更正,若在双方账面记录无误的情况下,双方的账面余额仍不相符,则是存在未达账项的缘故了。所谓未达账项,是由于企业和银行双方在记账时间上的不一致而引起的一方已经入账而另一方尚未入账的款项。

企业和银行之间可能会发生以下四个方面的未达账项：

（1）企业已记存款增加，而银行尚未记账。

（2）企业已记存款减少，而银行尚未记账。

（3）银行已记存款增加，而企业尚未记账。

（4）银行已记存款减少，而企业尚未记账。

对于未达账项，一般采用编制银行存款余额调节表的方法进行调整。即以双方各自账面余额为基础，各自加上对方已记增加而本单位尚未记账的事项，减去对方已记减少而本单位尚未记账的事项，最后双方的余额应该相等。用公式表示如下：

企业银行存款日记账余额＋银行已收入账企业尚未入账款项－银行已付入账企业尚未入账款项＝银行对账单余额＋企业已收入账银行尚未入账款项－企业已付入账银行尚未入账款项

【例 2－7】 某企业接到其开户行银行对账单，银行对账单余额为2 760 000元，企业银行存款日记账余额为2 700 000元。经核对发现如下未达账项：

（1）企业将一张转账支票246 000元送存开户银行，并已登记入账，银行尚未记账。

（2）企业因购买原材料开出转账支票一张，计198 000元，持票人尚未到银行办理转账，银行尚未记账。

（3）企业委托银行收取的一笔销货款120 000元，银行已收妥入账，企业因未收到收款通知而未入账。

（4）银行代企业办理结算的水费和电费分别为4 800元和7 200元。

根据上述资料，企业编制“银行存款余额调节表”如表2－1所示。

表2－1 **银行存款余额调节表** 单位：元

项目	金额	项目	金额
企业银行存款日记账余额	2 700 000	银行对账单余额	2 760 000
加：银行已收、企业未收	120 000	加：企业已收、银行未收	246 000
减：银行已付、企业未付		减：企业已付、银行未付	198 000
1. 水费	4 800		
2. 电费	7 200		
调节后余额	2 808 000	调节后余额	2 808 000

经调节后的银行存款余额相等，一是说明银行和企业双方账目记录没有差错，二是说明企业此时实际可以动用的银行存款额为2 808 000元。

银行存款余额调节表的作用，只是为了验证调节未达账项后企业与银行双方余额是否一致、有无记账错误，但不能据此进行账务登记。余额调节表中所调整的未达账项，待有关结算凭证到达，各方登记后，账面上自然会相等，不必进行任何处理。

第三节 其他货币资金

其他货币资金是指企业除库存现金、银行存款以外的各种货币资金。其他货币资金就其性质而言,与库存现金、银行存款一样同属于货币资金,但由于其存放地点和用途的不同,因而在会计上要单独核算。其他货币资金主要包括银行汇票存款、银行本票存款、外埠存款、信用卡存款、信用证保证金存款、存出投资款等。

为了反映和监督其他货币资金的收支和结存情况,企业应当设置"其他货币资金"账户,并可按其他货币资金的种类,如"银行汇票""银行本票""外埠存款""信用卡""信用证保证金""存出投资款"等进行明细核算。

一、银行汇票存款的核算

银行汇票存款是指企业为取得银行汇票,按照规定存入银行的款项。

汇款单位填写"银行汇票申请书"并将款项交存开户银行,取得汇票后,根据银行盖章退回的"银行汇票申请书"回单,编制付款凭证,借记"其他货币资金——银行汇票"账户,贷记"银行存款"账户。

汇款单位使用银行汇票支付款项后,应根据收到的发票账单及开户银行转来的银行汇票有关副联等凭证,经核对无误后进行会计处理,借记"材料采购"或"原材料""库存商品""应交税费——应交增值税(进项税额)"等账户,贷记"其他货币资金——银行汇票"账户。

银行汇票使用完毕,汇款单位应转销"其他货币资金——银行汇票"账户。对于银行汇票实际结算金额小于银行汇票汇款金额的差额,即多余款,汇款单位财务部门应根据签发银行转来的银行汇票第四联"多余款收账通知联"中列明的"多余金额"数编制银行存款收款凭证,即借记"银行存款"账户,贷记"其他货币资金——银行汇票"账户。

汇票因超过付款期限或其他原因未曾使用而退还款项时,汇款单位应借记"银行存款"账户,贷记"其他货币资金——银行汇票"账户。

收款单位收到银行汇票后,连同填制的进账单一并送交开户银行办理款项入账手续,根据进账单第一联及销货发票等,借记"银行存款"账户,贷记"主营业务收入""应交税费——应交增值税(销项税额)"等账户。

【例 2-8】 甲企业以银行汇票支付购买的材料款,汇票面额为10 000 元,增值税专用发票上注明的价款为 8 000 元,增值税额为1 040 元,材料已验收入库。收款人在银行汇票应收金额栏内填入 9 040 元,在多余金额栏内填入 960 元,连同进账单等凭证送交银行办理转账收款。银行汇票支付后的多余款由签发银行退交甲企业。应编制会计分录如下:

（1）甲企业以银行汇票支付购料款，材料已验收入库。

借：原材料　　8 000

　　应交税费——应交增值税（进项税额）　　1 040

　贷：其他货币资金——银行汇票　　9 040

（2）银行汇票多余款由签发银行退回甲企业。

借：银行存款　　960

　贷：其他货币资金——银行汇票　　960

（3）收款单位收到银行汇票后，根据进账单及销货发票等作会计核算。

借：银行存款　　9 040

　贷：主营业务收入　　8 000

　　　应交税费——应交增值税（销项税额）　　1 040

二、银行本票存款的核算

银行本票存款是指企业为取得银行本票、按照规定存入银行的款项。

付款单位向银行提交“银行本票申请书”并将款项交存银行，取得银行本票时，应根据银行盖章退回的“银行本票申请书”回单，编制付款凭证，借记“其他货币资金——银行本票”账户，贷记“银行存款”账户。

付款单位使用银行本票支付款项后，根据收到的发票账单等凭证，经核对无误后进行会计处理，借记“材料采购”或“原材料”“库存商品”“应交税费——应交增值税（进项税额）”等账户，贷记“其他货币资金——银行本票”账户。由于银行本票只办理全额结算，因此，如果实际购货金额大于银行本票金额，付款单位可用支票或现金补足款项；如果实际购货金额小于银行本票金额，则由收款单位用支票或现金退回多余的款项，付款单位应根据有关凭证，按照退回的多余款项编制银行存款或现金收款凭证，其会计处理为：借记“银行存款”或“库存现金”账户，贷记“其他货币资金——银行本票”账户。

如付款企业因本票超过付款期限等原因未曾使用而要求银行退还款项时，应填制进账单一式二联，连同本票一并交给银行，再根据银行收回本票时盖章退回的一联进账单，借记“银行存款”账户，贷记“其他货币资金——银行本票”账户。

收款单位收到银行本票后，连同填制的进账单一并送交开户银行办理款项入账手续，根据银行退回的进账单第一联及销货发票等编制银行存款收款凭证，借记“银行存款”账户，贷记“主营业务收入”“应交税费——应交增值税（销项税额）”等账户。

如结算中有多余，收款单位在收妥银行本票后可采用支票、现金等方式将多余款退回付款单位。

【例 2－9】　乙企业向银行申请取得银行本票 1 张，面额为20 000 元，以银行本票支付购买的材料款 16 000 元，增值税额为2 080 元，以现金方式收回差额 1 920 元，材料已验收入库。应编制会计分录如下：

(1) 乙企业向银行提交“银行本票申请书”并将款项交存银行，取得银行本票。

借：其他货币资金——银行本票	20 000	
贷：银行存款		20 000

(2) 企业使用银行本票支付款项后，根据收到的发票账单等凭证，经核对无误验收入库后进行会计处理。

借：原材料	16 000	
应交税费——应交增值税(进项税额)	2 080	
库存现金	1 920	
贷：其他货币资金——银行本票		20 000

(3) 收款单位收到银行本票后，根据进账单及销货发票进行会计处理。

借：银行存款	20 000	
贷：主营业务收入		16 000
应交税费——应交增值税(销项税额)		2 080
库存现金		1 920

三、外埠存款的核算

外埠存款是指企业为了到外地进行临时或零星采购，而汇往采购地银行开立采购专户的款项。

企业汇出款项时，须填写汇款委托书，加盖“采购资金”字样，委托开户银行办理汇款。汇入银行对汇入的采购款项，以汇款单位名义开立采购账户。该账户的存款不计利息、只付不收、付完清户，除了采购人员可从中提取少量现金外，一律采用转账结算。

企业将款项委托开户银行汇往采购地开立专户时，根据汇出款项凭证，编制付款凭证，借记“其他货币资金——外埠存款”账户，贷记“银行存款”账户。

外出采购员以外埠存款支付采购货款予以报销时，企业应根据供应单位发票账单等报销凭证，编制会计分录，借记“材料采购”或“原材料”“库存商品”“应交税费——应交增值税(进项税额)”等账户，贷记“其他货币资金——外埠存款”账户。

采购完毕，如外埠存款尚有剩余款项时，应根据银行的收款通知，编制收款凭证，借记“银行存款”账户，贷记“其他货币资金——外埠存款”账户。

四、信用卡存款的核算

信用卡存款是指企业为取得信用卡而存入银行信用卡专户的款项。

企业申领信用卡，按照有关规定应填制“信用卡申请表”，连同支票和有关资料一并送存发卡银行，并根据银行盖章退回的进账单第一联，借记“其他货币资金——

信用卡”账户，贷记“银行存款”账户。

企业用信用卡购物或支付有关费用，收到开户银行转来的信用卡存款的付款凭证及所附发票账单，经核对无误后进行会计处理，借记“管理费用”等账户，贷记“其他货币资金——信用卡”账户。

企业信用卡在使用过程中，需要向其他账户续存资金的，借记“其他货币资金——信用卡”账户，贷记“银行存款”账户。

企业的持卡人如不需要继续使用信用卡时，应持信用卡主动到发卡银行办理销户，销卡时，单位卡账户余额转入企业基本存款户，不得提取现金，借记“银行存款”账户，贷记“其他货币资金——信用卡”账户。

五、信用证保证金存款的核算

信用证保证金存款是指采用信用证结算方式的企业为开具信用证而存入银行信用证保证金专户的款项。

企业向银行申请开立信用证，应按规定向银行提交开证申请书、信用证申请人承诺书和购销合同，并将信用证保证金交存银行，再根据银行盖章退回的“信用证申请书”回单，借记“其他货币资金——信用证保证金”账户，贷记“银行存款”账户。

企业接到开证行通知，根据供货单位信用证结算凭证及所附发票账单，经核对无误后进行会计处理，借记“材料采购”或“原材料”“库存商品”“应交税费——应交增值税(进项税额)”等账户，贷记“其他货币资金——信用证保证金”账户。

如果企业收到未用完的信用证存款余额时，借记“银行存款”账户，贷记“其他货币资金——信用证保证金”账户。

六、存出投资款的核算

存出投资款是指企业已存入证券公司但尚未进行投资的资金。

企业向证券公司划出资金时，应按实际划出的金额，借记“其他货币资金——存出投资款”账户，贷记“银行存款”账户。

企业购买股票、债券等时，按实际发生的金额，借记“交易性金融资产”账户，贷记“其他货币资金——存出投资款”账户。

复习思考题

一、单项选择题

1. 下列项目中，不可以直接用库存现金支付的是(　　)。

A. 支付个人劳动报酬　　B. 向供销社收购农副产品

C. 出差预支差旅费　　D. 支付职工个人的医药费

2. 企业支付的银行承兑汇票手续费应计入(　　)。

A. 管理费用　　B. 财务费用

C. 营业外支出　　D. 其他业务成本

3. 异地托收承付结算方式下,每笔的金额起点(除新华书店系统外)为(　　)元。

A. 50 000　　B. 10 000

C. 100 000　　D. 5 000

4. 采用商业汇票结算时,承兑期限由交易双方商定,但最长不得超过(　　)个月。

A. 3　　B. 6

C. 9　　D. 2

5. 企业总务科报销定额备用金时,借记"管理费用"账户,贷记(　　)账户。

A. "备用金"　　B. "其他应收款"

C. "其他应付款"　　D. "库存现金"

6. 企业现金盘点过程中发生的短款,在原因未查明前,应借记(　　)账户,贷记"库存现金"账户。

A. "其他应收款"　　B. "营业外支出"

C. "待处理财产损溢"　　D. "应收账款"

7. 企业到外地采购时,可将资金汇往采购地银行开立采购专户。用采购专户存款采购物资时,应贷记的账户是(　　)。

A. "其他货币资金"　　B. "应付票据"

C. "材料采购"　　D. "银行存款"

8. 某公司将银行承兑汇票背书转让给其他企业,用于购买原材料,应借记"材料采购"账户,贷记(　　)账户。

A. "应付票据"　　B. "应收票据"

C. "应收账款"　　D. "银行存款"

9. 在收款人需要资金时可以将未到期的(　　)向银行申请贴现。

A. 银行本票　　B. 银行汇票

C. 转账支票　　D. 商业汇票

10. 某公司本月银行存款余额调节表调节后的银行存款余额为 173 000 元,未达账项有:银行代收款项 3 000 元,银行代付款项 1 000 元。企业本月银行存款日记账余额应是(　　)元。

A. 176 000　　B. 170 000

C. 171 000　　D. 174 000

二、多项选择题

1. 货币资金按存放地点及其用途的不同,可以分为(　　)。

A. 库存现金或银行存款　　B. 外埠存款

C. 商业汇票　　D. 存出投资款

E. 银行本票存款或银行汇票存款

2. 银行承兑汇票到期,若承兑申请人无力支付票款,应由(　　)。

A. 购销双方自行处理
B. 承兑银行付款
C. 申请人再申请延期付款
D. 银行对承兑申请人执行扣款和计收罚息
E. 收款方在会计处理上将应收票据款转入应收账款

3. 下列结算方式中,不受结算金额起点限制的有(　　)。
A. 银行汇票
B. 银行本票
C. 委托收款
D. 汇兑
E. 异地托收承付

4. 异地转账结算可采用(　　)等结算方式。
A. 委托收款
B. 转账支票
C. 商业汇票
D. 银行本票
E. 汇兑

5. 商业承兑汇票在具体办理时,同银行承兑汇票的不同之处在于(　　)。
A. 背书方法不同
B. 签发手续不同
C. 汇票到期时,付款人账户资金不足支付时处理方法不同
D. 转让方法不同
E. 承兑手续不同

6. 根据中国人民银行《支付结算办法》的规定,下列票据中,可以背书转让的有(　　)。
A. 银行承兑汇票
B. 转账支票
C. 商业承兑汇票
D. 银行本票
E. 现金支票

7. 商业汇票按承兑人不同,可以分为(　　)。
A. 商业承兑汇票
B. 银行汇票
C. 银行承兑汇票
D. 银行本票
E. 支票

8. 对于商业汇票,下列叙述中,正确的有(　　)。
A. 进行商品交易时可签发商业汇票
B. 企业之间提供劳务等非商品交易时,可签发商业汇票
C. 商业汇票允许背书转让
D. 商业汇票只能在异地使用
E. 付款人到期必须无条件支付款项给收款人或被背书人

9. 下列关于银行汇票的叙述中,正确的有(　　)。
A. 银行汇票的付款期限为 2 个月
B. 银行汇票具有票随人到、使用灵活、兑现性强等特点
C. 银行汇票适用于异地结算
D. 银行汇票金额起点为 1 000 元
E. 适用于先收款后发货或钱货两清的商品交易

10. 下列通过“其他货币资金”账户核算的有(　　)。

A. 人民币存款
B. 外币存款
C. 外埠存款
D. 信用证存款
E. 备用金

三、判断题

1. 在企业的所有资产中,货币资金的流动性最强。 ( )
2. 为简化现金存取手续,企业可以用收入的现金直接支付有关款项。 ( )
3. 商业汇票允许背书转让,但企业单位凭票据不一定进行商品交易。 ( )
4. 同城或异地的商品交易、劳务供应均可采用银行本票或银行汇票结算。 ( )
5. 企业采用代销、寄销或赊销方式销售商品的款项,不得采用托收承付结算方式结算货款。 ( )
6. 一切存入银行的款项都应通过"银行存款"账户核算。 ( )
7. 汇入采购专户的存款一律不准支取现金。 ( )
8. 异地的商品交易、劳务供应可采用支票结算方式。 ( )
9. 企业预借给职工的差旅费,应作为备用金处理。 ( )
10. 商业承兑汇票到期时,如果付款企业的存款不足支付货款,开户银行应将汇票退回收款企业,银行不负责付款。 ( )

四、名词解释

货币资金
库存现金
备用金
银行结算纪律
银行转账结算
银行本票
银行汇票
支票
商业汇票
汇兑异地托收承付
背书
贴现
信用卡
信用证
未达账项
其他货币资金
外埠存款
存出投资款

五、简答题

1. 简述库存现金管理的基本要求。
2. 什么是备用金? 备用金的管理办法有哪些? 在会计处理上有什么不同?
3. 简述银行存款管理的基本要求。
4. 银行转账结算方式有哪几种? 哪些适用同一票据交换地区结算? 哪些适用异地结算?
5. 银行存款清查中账实不符的原因是什么? 怎么处理?
6. 其他货币资金包括哪些内容? 应如何核算?

六、计算与分析题

习 题 一

（一）目的 练习银行存款余额调节表的编制。

（二）资料 某企业20×7年3月31日银行存款日记账的余额为463 500元，而银行对账单上所列本企业存款余额为476 050元，经逐笔核对后未发现记账方面的错误，但有下列未达账项存在：

(1) 企业托收的一笔销货款16 050元，银行于3月30日已收到入账，而企业尚未收到收款通知。

(2) 企业于3月31日开出的转账支票收购商品款15 000元已入账，而持票单位尚未到银行办理转账划款手续。

(3) 企业于3月29日收到甲公司的转账支票10 000元已入账并送存银行，而银行尚未记企业存款的增加。

(4) 企业应支付的本月电费8 500元，银行于3月31日已代为支付，而企业尚未收到付款通知。

（三）要求 根据上述资料，编制"银行存款余额调节表"。

习 题 二

（一）目的 练习其他货币资金的核算。

（二）资料 A公司20×7年4月有关其他货币资金经济业务如下：

(1) 4月2日，向银行申请并得到1张面额为60 000元的银行本票。

(2) 4月4日，委托银行将40 000元汇往外地建立采购专户。

(3) 4月6日，A公司持银行本票向M公司购买原材料，增值税专用发票上注明的价款为50 000元，增值税额为6 500元，M公司以现金3 500元退回多余款。材料已验收入库。

(4) 4月20日，采购员以采购专户存款购买材料，增值税专用发票上注明的价款为30 000元，增值税额为3 900元。材料已验收入库。

(5) 4月28日，接到银行通知，采购专户的剩余款项已划回。

（三）要求 根据上述资料，编制会计分录。

习 题 三

（一）目的 练习货币资金的核算。

（二）资料 某企业20×7年4月发生如下经济业务：

(1) 购买材料一批，增值税专用发票上注明材料价款为10 000元，增值税额为1 300元，企业签发并承兑一张面值为11 300元、3个月到期的商业汇票给销货方，材料已验收入库。

(2) 前期开出的商业承兑汇票46 400元到期，以银行存款支付。

(3) 用现金预支职工张灵差旅费2 000元。

(4) 供应科申请定额备用金800元，经审核批准，开出现金支票。

(5) 王燕报销差旅费960元，原预借现金1 000元，余款退回。

(6) 为方便商品采购，企业将200 000元存入外地银行。

(7) 供应科用备用金购买办公用品500元,经审核后给予报销,以现金支付,补足备用金定额。

(8) 企业因急需资金,将一张20万元的银行承兑汇票(不带息)向银行申请贴现,贴现息为900元,实际收到的款项金额为199 100元,暂存银行。

(9) 赵鸣报销医药费1 500元。

(10) 月末,清查现金时发现短款85元,原因不明。经研究决定,由出纳员孙易负责赔偿。

(三) 要求 根据上述经济业务,编制相应的会计分录。

第三章　存　　货

本章教学要点

了解存货的概念、分类、确认条件和盘存制度；掌握存货发出的计价方法，以及存货的简化核算方法；重点掌握材料按实际成本计价和按计划成本计价的账务处理，以及存货期末按成本与可变现净值孰低法计价的账务处理。

第一节　存货的确认和初始计量

一、存货的确认

（一）存货的概念及分类

存货是指企业在日常活动中持有以备出售的产成品或商品、处在生产过程中的在产品、在生产过程或提供劳务过程中耗用的材料和物料等。

从存货的定义中可以看出，存货有以下几方面的特征：一是存货是用于日常经营活动的，不是为非日常活动而持有的，如工业企业自行进行工程建造而储备的工程用料，就不能作为工业企业的存货看待，因为工程建造不属于工业企业的日常经营活动。二是企业持有存货的主要目的是为了出售，不论是用于直接出售，还是需经过进一步加工后才能对外出售，存货的这一特征就使存货明显区别于固定资产等非流动资产。比如，某汽车厂生产的货车，主要是为了对外出售，应作为企业的存货，如果企业将其中的一辆车留作自用，则该辆货车为企业的固定资产而不是存货，这也是存货最基本的特征。三是存货以一定的物质实体而存在，是一项有形资产，这一特征使得存货与无物资实体的无形资产、应收账款等相区分。

存货按来源不同，可分为原材料、在产品、半成品、库存商品、周转材料、委托代销商品以及委托加工物资等。

（1）原材料。它是指企业在生产过程中经加工改变其形态或性质并构成产品主要实体的各种原料及主要材料（通常将来自采掘业的自然资源和农副产品称为原料，如矿石、原棉等；将来自加工业的产品称为材料，如钢材、棉纱等）、辅助材料、外购半成品（外购件）、修理用备件（备品备件）、包装材料、燃料等。

(2) 在产品。它是指企业正在制造尚未完工的生产物,包括正在各个生产工序加工的产品和已加工完毕但尚未检验或已检验但尚未办理入库手续的产品。

(3) 半成品。它是指经过一定生产过程并已检验合格交付半成品仓库保管,但尚未制造完工成为产成品,仍需进一步加工的中间产品。

(4) 库存商品。它是指企业已完成全部生产过程并已验收入库,合乎标准规格和技术条件,可以按照合同规定的条件送交订货单位,或可以作为商品对外销售的产品以及外购或委托加工完成验收入库用于销售的各种商品。库存商品具体包括库存产成品、外购商品、存放在门市部准备出售的商品、发出展览的商品、寄存在外的商品、接受来料加工制造的代制品和为外单位加工修理的代修品等。

(5) 周转材料。它是指企业能够多次使用,逐渐转移其价值但仍保持原有形态而不确认为固定资产的材料,企业的包装物和低值易耗品都属于周转材料。

包装物是指为了本企业的商品而储备的各种包装容器,包括生产过程中用于包装产品、作为产品组成部分的包装物品、随同产品出售不单独计价的包装物品、随同产品出售单独计价的包装物品及出租或出借给购买单位使用的包装物品。常用的包装物如箱、桶、坛、瓶、袋等。

低值易耗品是指不能作为固定资产核算的各种用具物品,如工具、管理用具、玻璃器皿、劳动保护用品,以及在经营过程中周转使用的容器等。其特点是单位价值较低,或使用期限相对于固定资产较短,在使用过程中保持其原有实物形态基本不变。

(6) 委托代销商品。它是指企业委托其他单位代销的商品。

(7) 委托加工物资。它是指企业委托外单位加工的各种材料、商品等物资。

(二) 存货的确认条件

存货的确认除了要符合存货的定义外,还要同时满足两个条件才能予以确认。

1. 与该存货有关的经济利益很可能流入企业

存货作为企业一项重要的流动资产,除了应具备本身自有的特征外,还应该具备作为资产所应有的最重要的特征,即预期会给企业带来经济利益。因此,对其确认,关键是判断该存货是否很可能给企业带来经济利益或所包含的经济利益是否很可能流入企业。通常,存货的所有权是存货包含的经济利益很可能流入企业的一个重要标志。比如,企业已经付款,尚在运输途中的材料物资,其所包含的经济利益已能流入企业,应视为企业的存货予以确认。又如,已完成销售手续、所有权已经转移的存货,由于其不再给销售方企业带来未来的经济利益流入,因而不能再作为销售方企业的存货进行确认和核算,即使该存货尚未运离销售方企业,也不应作为企业的存货,而应作为代管存货处理,单独设置代管存货备查簿进行登记。

2. 该存货的成本能够可靠地计量

成本能够可靠计量是资产确认的一项基本条件。由于存货是资产的组成部分,因此,存货的确认也必须符合这一基本条件。存货的成本能够可靠地计量,必须以确凿、可靠的证据为依据,并要具有可验证性。如果存货成本不能可靠地计量,则不能确认为一项存货。比如,对于约定未来购入的材料,因购买企业并未发生实际的购货行为,不能可靠地确定其购料成本,为此,就不能确认为购买企业的存货。

二、存货的初始计量基础

存货的初始计量是指取得存货时的价值计量。

企业会计准则规定,存货应当按照成本进行初始计量。存货成本包括采购成本、加工成本和其他成本。

(一) 存货的采购成本

存货的采购成本包括购买价款、相关税费、运输费、装卸费、保险费以及其他可归属于存货采购成本的费用。

存货的购买价款是指企业购入的材料或商品的发票账单上列明的价款,但不包括按规定可以抵扣的增值税额。增值税是否计入存货成本,在不同情况下处理不同。比如,确认为一般纳税企业,购入存货并取得增值税专用发票时,可将专用发票上注明的增值税额不计入存货成本;确认为小规模纳税企业则不同,其购入存货时所支付的增值税一律计入存货成本。有关增值税的具体要求、规定、核算等内容详见以后相关章节内容。

存货的相关税费是指企业购买存货发生的进口关税、消费税、资源税和不能抵扣的增值税进项税额以及相应的教育费附加等应计入存货采购成本的税费。

其他可归属于存货采购成本的费用,是指采购成本中除上述各项以外的可归属于存货采购的费用,如在存货采购过程中发生的仓储费、包装费、运输途中的合理损耗、入库前的挑选整理费用等。这些费用能分清负担对象的,应直接计入存货的采购成本;不能分清负担对象的,应选择合理的分配方法,分配计入有关存货的采购成本。分配方法通常包括按所购存货的重量或采购价格的比例进行分配。

需要注意的是:对于采购过程中发生的物资毁损、短缺等,除合理的损耗应作为存货的"其他可归属于存货采购成本的费用"计入采购成本外,应区别不同情况进行会计处理:

(1) 从供应单位、外部运输机构等收回的物资短缺或其他赔款,应冲减物资的采购成本。

(2) 因遭受意外灾害发生的损失和尚待查明原因的途中损耗,不得增加物资的采购成本,应暂作为待处理财产损溢进行核算,在查明原因后再作处理。

商品流通企业在采购商品过程中发生的运输费、装卸费、保险费以及其他可归属于存货采购成本的费用等进货费用,应当计入存货采购成本,也可以先进行归集,期末根据所购商品的存销情况进行分摊。对于已售商品的进货费用,计入当期损益;对于未售商品的进货费用，计入期末存货成本。企业采购商品的进货费用金额较小的，可以在发生时直接计入当期损益。

（二）存货的加工成本

存货的加工成本是指在存货的加工过程中发生的追加费用，包括直接人工以及按照一定方法分配的制造费用。

直接人工是指企业在生产产品和提供劳务过程中发生的直接从事产品生产和劳务提供人员的职工薪酬。

制造费用是指企业为生产产品和提供劳务而发生的各项间接费用。

（三）存货的其他成本

存货的其他成本是指除采购成本、加工成本以外的，使存货达到目前场所和状态所发生的其他支出。比如，企业设计产品发生的设计费用通常应计入当期损益，但是为特定客户设计产品所发生的、可直接确定的设计费用应计入存货的成本。

鉴于存货的来源不同，其成本的构成内容也不尽一致。总体上，原材料、商品、低值易耗品等通过购买而取得的存货成本由采购成本构成；产成品、在产品、半成品等自制或需委托外单位加工完成的存货成本由采购成本、加工成本以及使存货达到目前场所和状态所发生的其他支出构成。

1. 实务中存货成本的确定原则

(1) 外购的存货，其成本是指采购成本，包括：买价、运杂费（包括运输费、装卸费、保险费、包装费、仓储费等）、运输途中的合理损耗、入库前的挑选整理费用（包括挑选整理中发生的工、费支出和挑选整理过程中所发生的数量损耗，并扣除回收的下脚废料价值），以及按规定应计入成本的税费和其他费用。

(2) 自制的存货，包括自制原材料、自制包装物、自制低值易耗品、自制半成品及库存商品等，其成本包括直接材料、直接人工和制造费用等各项实际支出。

(3) 委托外单位加工完成的存货，包括加工后的原材料、包装物、低值易耗品、半成品、产成品等，其成本包括实际耗用的原材料或者半成品的实际成本、支付的加工费、装卸费、保险费、委托加工的往返运输费等费用以及按规定应计入成本的税费。

(4) 投资者投入的存货，其成本应当按照投资合同或协议约定的价值确定，但合同或协议约定价值不公允的除外。

(5) 通过非货币性资产交换、债务重组和企业合并等取得的存货，其成本应当分别按照有关会计准则规定来确定。

(6) 通过提供劳务取得的存货，其成本按从事劳务提供人员的直接人工和其他直接费用以及可归属于该存货的间接费用确定。

2. 不应计入存货成本而应计入当期损益的费用

(1) 非正常消耗的直接材料、直接人工和制造费用，应在发生时计入当期损益，不应计入存货成本。例如,由于自然灾害而发生的直接材料、直接人工和制造费用,由于这些费用的发生无助于使该存货达到目前场所和状态,不应计入存货成本,而应确认为当期损益。

(2) 企业在存货采购入库后发生的储存费用,应在发生时计入当期损益。但是,在生产过程中为达到下一个生产阶段所必需的仓储费用也应计入存货成本。例如,酿酒业为使生产的某类酒达到规定的产品质量标准,在产品装瓶后必须存放一定时间才能最终在市场上销售,由此而发生的仓储费用,应计入酒的成本,而不应计入当期损益。

(3) 不能归属于使存货达到目前场所和状态的其他支出,应在发生时计入当期损益,不得计入存货成本。

三、存货取得按实际成本计价

存货取得按实际成本计价的特点是:从存货收发凭证到明细分类账和总分类账全部按实际成本计价。在存货按实际成本计价的情况下,不存在成本差异的计算与结转问题,日常反映不出存货成本是节约还是超支,从而不能反映和考核物资采购业务的经营成果。该计价法一般适用于规模较小、存货品种简单、采购业务不多的企业。

(一) 原材料的核算

材料按实际成本计价核算时,为了总括地反映企业材料资金的增减变化和占用情况,企业应设置"原材料"和"在途物资"等账户。

"原材料"账户核算企业库存的各种材料,包括原料及主要材料、辅助材料、外购半成品(外购件)、修理用备件(备品备件)、包装材料、燃料等的计划成本或实际成本。在按实际成本核算时,该账户的借方登记因外购、自制、委托加工完成、盘盈等而办理验收入库材料的实际成本;贷方登记因企业领用、对外销售、盘亏毁损等原因而减少的材料的实际成本;期末余额在借方,反映期末库存材料的实际成本。该账户可按材料的保管地点(仓库)、材料的类别、品种和规格等进行明细核算。

"在途物资"账户核算企业采用实际成本(或进价)进行材料、商品等物资的日常核算、货款已付尚未验收入库的在途物资的采购成本。该账户的借方登记企业购入的在途物资的实际成本;贷方登记验收入库的在途物资的实际成本;期末余额在借方,反映企业在途物资的采购成本。该账户可按供应单位和物资品种进行明细核算。

1. 外购原材料

企业外购的原材料,由于结算方式和采购地点的不同,原材料入库的时间与付款的时间可能一致,也可能不一致,相应的会计处理也有所不同。在实际工作中,主要有以下几种采购业务情况:

(1) 外购材料结算凭证与材料同时到达。企业在支付货款或开出、承兑商业汇票，材料验收入库后，应根据发票账单等结算凭证确定材料成本，借记“原材料”账户；根据取得的增值税专用发票上注明的税额(不计入材料采购成本)，借记“应交税费——应交增值税(进项税额)”账户(一般纳税人，下同)；按照实际支付的款项或应付票据面值，贷记“银行存款”或“应付票据”等账户。

(2) 已支付货款或已开出、承兑商业汇票，但材料尚未到达或尚未验收入库。企业应根据发票账单等结算凭证确定材料成本，借记“在途物资”“应交税费——应交增值税(进项税额)”账户，贷记“银行存款”或“应付票据”等账户；待材料到达、验收入库后，再根据收料单，借记“原材料”账户，贷记“在途物资”账户。

(3) 材料已到达并已验收入库，但发票账单等结算凭证未到，货款尚未支付。对于这类业务，为简化核算手续，在月份内发生的该项业务，可暂时不予进行会计处理，只将收到的材料在明细账中登记。待月末时，如发票账单等结算凭证仍未收到，按材料的暂估价值，借记“原材料”账户，贷记“应付账款——暂估应付账款”账户；次月初，作相反的会计分录予以冲回；待次月付款或开出、承兑商业汇票后，按正常程序，借记“原材料”“应交税费——应交增值税(进项税额)”账户，贷记“银行存款”或“应付票据”等账户。

(4) 采用预付货款方式采购材料。应在预付材料价款时，按照实际预付金额，借记“预付账款”账户，贷记“银行存款”账户；等到材料收到并验收入库时，根据发票账单等结算凭证，借记“原材料”“应交税费——应交增值税(进项税额)”账户，贷记“预付账款”账户；若预付不足，补付货款时，按补付的金额，借记“预付账款”账户，贷记“银行存款”账户；若有多付款退回时，借记“银行存款”账户，贷记“预付账款”账户。

需要说明的是，如果企业的预付账款业务不多，可以不设“预付账款”账户，其发生的预付账款业务，通过“应付账款”账户核算。

【例 3-1】 A 企业经税务部门核定为一般纳税人。外购甲材料 1 批，增值税专用发票上注明的材料价款为 600 000 元，增值税额为78 000元；对方代垫运输费1 000元，增值税额 90 元。材料已运达企业并验收入库，发票账单等结算凭证收到，全部款项已用银行转账支票付讫。A 企业应编制会计分录如下：

借：原材料——甲材料	601 000	
应交税费——应交增值税(进项税额)	78 090	
贷：银行存款		679 090

【例 3-2】 B 企业经税务部门核定为一般纳税人。购入乙材料 1 批，增值税专用发票上注明的材料价款为 200 000 元，增值税额为 26 000 元。发票账单等结算凭证已到，货款已经银行转账支付，但材料尚未运到。B 企业应在收到发票等结算凭证时，编制会计分录如下：

借：在途物资——乙材料　　200 000
　　应交税费——应交增值税（进项税额）　　26 000
　贷：银行存款　　226 000

【例 3－3】　C 企业经税务部门核定为一般纳税人。外购丙材料 1 批，材料已先运达企业，并验收入库，但相关的发票账单等结算凭证未到，货款尚未支付。当月末，C 企业应按暂估价入账，假定该批材料的暂估价为 150 000 元。

（1）月末，应编制会计分录如下：

借：原材料——丙材料　　150 000
　贷：应付账款——暂估应付账款　　150 000

（2）下月初，作相反的会计分录予以冲回：

借：应付账款——暂估应付账款　　150 000
　贷：原材料——丙材料　　150 000

2. 自制原材料

自制并已验收入库的原材料及生产中回收的废料，应根据材料交库单等凭证，按实际成本，借记“原材料”账户，贷记“生产成本”账户。

（二）库存商品的核算

为了反映和监督库存商品的增减变化及其结存情况，企业应当设置“库存商品”账户。该账户借方登记验收入库的库存商品成本，贷方登记发出的库存商品成本，期末余额在借方，反映各种库存商品的实际成本或计划成本。

对于库存商品采用实际成本核算的企业，当库存商品完成生产，并验收入库时，应按实际成本，借记“库存商品”账户，贷记“生产成本——基本生产成本”账户。

【例 3－4】　根据“商品入库汇总表”的记录，D 企业 6 月已完成对甲产品的生产，完工数量为 2 000 件，实际单位成本为 120 元，计 240 000 元，甲产品已验收入库。D 企业应编制会计分录如下：

借：库存商品——甲产品　　240 000
　贷：生产成本——基本生产成本（甲产品）　　240 000

（三）委托加工物资的核算

为了反映和监督委托加工物资增减变动及其结存情况，企业应设置“委托加工物资”账户。该账户借方登记委托加工发出材料的实际成本、支付的加工费用和运杂费等，贷方登记加工完成验收入库物资的实际成本，期末余额在借方，反映企业委托外单位加工尚未完成物资的实际成本。该账户可按加工合同、受托加工单位以及加工物资的品种等进行明细核算。

委托加工物资按实际成本计价核算的主要内容有以下几个方面。

1. 发出物资

企业发给外单位加工物资时,根据发出物资的实际成本,借记“委托加工物资”账户,贷记“原材料”“库存商品”等账户。

2. 支付加工费、运杂费等

企业向受托加工单位支付加工费、运杂费等时,应按企业接受加工劳务应负担的增值税,借记“应交税费——应交增值税(进项税额)”账户;按借贷差额,借记“委托加工物资”账户;按实际支付款,贷记“银行存款”等账户。

3. 缴纳消费税

需要缴纳消费税的委托加工物资,按照税法规定,由受托方在向委托方交货时代收代缴税款。委托加工应税消费品收回后,用于直接销售的,委托方应将受托方代扣代缴的消费税计入委托加工的应税消费品的成本,借记“委托加工物资”等账户,贷记“应付账款”“银行存款”等账户,等到该应税消费品全部加工完毕销售时,不再需要缴纳消费税;如果委托加工应税消费品收回后,用于继续加工的,且按规定准予抵扣的,委托方应按受托方代扣代缴的消费税额,借记“应交税费——应交消费税”账户,贷记“应付账款”“银行存款”等账户,等到该应税消费品全部加工完毕销售时,再予以抵扣。

4. 加工完成验收入库

企业收回委托外单位加工完成验收入库的物资和剩余的物资,按加工收回物资的实际成本和剩余物资的实际成本,借记“库存商品”等账户,贷记“委托加工物资”账户。

【例 3-5】 E 企业根据加工合同委托外单位加工材料 1 批,该批材料属应税消费品。发出的原材料成本为 120 000 元,支付的加工费为 42 000 元(不含增值税),消费税税率为 10%,材料加工完成后验收入库,加工费等已经支付。双方均为一般纳税人,适用的增值税税率为 13%。E 企业按实际成本核算原材料,应编制的会计分录如下:

(1) 发出委托加工材料。

借:委托加工物资	120 000	
贷:原材料		120 000

(2) 支付加工费和税金。

消费税的组成计税价格=(120 000+42 000)÷(1-10%)=180 000(元)

受托方代收代缴的消费税=180 000×10%=18 000(元)

应交增值税=42 000×13%=5 460(元)

若 E 企业收回加工后的材料用于继续生产应税消费品的，则会计分录如下：

借：委托加工物资	42 000	
应交税费——应交增值税（进项税额）	5 460	
——应交消费税	18 000	
贷：银行存款		65 460

若 E 企业收回加工后的材料直接用于销售的，则会计分录如下：

借：委托加工物资	60 000	
应交税费——应交增值税（进项税额）	5 460	
贷：银行存款		65 460

（3）加工完成收回委托加工材料。

若 E 企业收回加工后的材料用于继续生产应税消费品的，则会计分录如下：

借：原材料	162 000	
贷：委托加工物资		162 000

若 E 企业收回加工后的材料直接用于销售的，则会计分录如下：

借：原材料（或库存商品）	180 000	
贷：委托加工物资		180 000

四、存货取得按计划成本计价

计划成本法是我国制造业企业中广泛应用的一种存货计价方法。采用计划成本进行材料的日常核算，可以简化会计处理工作，并且通过实际成本与计划成本对比，有利于考核采购部门的业绩，促使其降低采购成本，节约支出。

存货取得按计划成本计价的特点是：从存货收发凭证到明细分类账和总分类账全部按计划成本计价，实际成本与计划成本的差异，在“材料成本差异”账户中进行核算。该计价方法一般适用于存货品种繁多、收发频繁的企业，如大中型企业中的各种原材料、低值易耗品的计价等。如果企业的自制半成品、产成品品种繁多的，或管理上需要分别核算其计划成本和成本差异的，也可以采用计划成本计价。

采用计划成本计价，要求事先对每一品种规格的存货制订计划成本，存货的计划成本一般由企业采购部门会同财务等有关部门共同制定，制定的计划成本应尽可能接近实际。存货计划成本的组成内容与其实际成本构成一致，包括买价、运杂费和有关的税金等。除一些特殊情况外，计划单位成本在年度内一般不作调整。

（一）原材料的核算

材料按计划成本计价核算时，企业应设置“原材料”“材料采购”和“材料成本差异”等账户。

“原材料”账户核算企业库存的各种材料，其借方登记验收入库材料的计划成本；贷方登记发出材料的计划成本；期末余额在借方，反映企业库存材料的计划成本。

“材料采购”账户核算企业采用计划成本进行材料日常核算而购入材料的采购成本。其借方登记采购材料的实际成本，贷方登记入库材料的计划成本；借方大于贷方表示成本超支，从该账户贷方转入“材料成本差异”账户的借方；贷方大于借方表示成本节约，从该账户借方转入“材料成本差异”账户的贷方；期末余额在借方，反映企业在途材料的采购成本。该账户可按供货单位和材料品种进行明细核算。

“材料成本差异”账户核算企业采用计划成本进行日常核算时材料计划成本与实际成本的差额。其借方登记入库材料等成本超支差异及发出材料应负担的节约差异；贷方登记入库材料等成本节约差异及发出材料应负担的超支差异；期末余额如在借方，反映企业库存材料等的实际成本大于计划成本的差异；期末余额如在贷方，反映企业库存材料等的实际成本小于计划成本的差异。该账户可按材料等类别或品种进行明细核算。

1. 外购原材料

按计划成本计价情况下，企业通过外购方式取得的材料要通过“材料采购”账户进行核算，材料的实际成本与计划成本的差异通过“材料成本差异”账户进行核算。企业支付材料价款和运杂费等，按应计入材料采购成本的金额，借记“材料采购”账户；按取得的增值税专用发票上注明的可抵扣进项税额，借记“应交税费——应交增值税(进项税额)”账户；按实际支付或应支付的金额，贷记“银行存款”“应付账款”等账户。

期末，企业应根据仓库转来的外购材料凭证，对已验收入库的材料按以下情况分别进行会计处理：

(1) 对于已经付款或已开出、承兑商业汇票的收料凭证，先应按实际成本和计划成本分别汇总，按计划成本，借记“原材料”等账户，贷记“材料采购”账户；再按计划成本与实际成本的差异，借记或贷记“材料成本差异”账户，即：若为实际成本大于计划成本的差异，借记“材料成本差异”账户，贷记“材料采购”账户；若为实际成本小于计划成本的差异，借记“材料采购”账户，贷记“材料成本差异”账户。

(2) 对于尚未收到发票账单的收料凭证，应按计划成本暂估入账，借记“原材料”等账户，贷记“应付账款——暂估应付账款”账户；下期初，作相反分录予以冲回，借记“应付账款——暂估应付账款”账户，贷记“原材料”账户。下期，按收到发票账单的收料凭证，借记“材料采购”账户，按取得的增值税专用发票上注明的可抵扣进项税额，借记“应交税费——应交增值税(进项税额)”账户，贷记“银行存款”“应付账款”等账户。

【例 3-6】 F 企业经税务部门核定为一般纳税人，其材料按计划成本计价核算。

某年3月发生材料外购业务如下：

（1）5日，购买甲材料1批，取得增值税专用发票上注明的价款为30 000元，增值税额为3 900元。另外，对方代垫运输费700元，增值税额63元。全部款项已用银行存款付讫，材料已验收入库。该批材料的计划成本为29 000元。应编制会计分录如下：

借：材料采购——甲材料　30 700
　应交税费——应交增值税（进项税额）　3 963
　贷：银行存款　34 663

（2）12日，购买乙材料1批，取得增值税专用发票上注明的价款为50 000元，增值税额为6 500元，企业已开出并承兑商业汇票结算货款，材料已到达并验收入库。该批材料的计划成本为52 000元。应编制会计分录如下：

借：材料采购——乙材料　50 000
　应交税费——应交增值税（进项税额）　6 500
　贷：应付票据　56 500

（3）15日，购入丙材料1批，材料已运到企业，并验收入库，发票账单尚未收到，货款并未支付。该批材料的计划成本为10 000元。月末，企业应编制会计分录如下：

借：原材料——丙材料　10 000
　贷：应付账款——暂估应付账款　10 000

4月初，作相反的会计分录予以冲回：

借：应付账款——暂估应付账款　10 000
　贷：原材料——丙材料　10 000

（4）20日，采用汇兑结算方式购入丁材料1批，发票账单已收取，增值税专用发票上注明的价款为60 000元，增值税额为7 800元，材料尚未入库。该批材料的计划成本为58 000元。应编制会计分录如下：

借：材料采购——丁材料　60 000
　应交税费——应交增值税（进项税额）　7 800
　贷：银行存款　67 800

（5）月末，汇总本月已付款或已开出并承兑商业汇票的入库材料的计划成本。应编制会计分录如下：

借：原材料——甲材料　29 000
　　　　——乙材料　52 000
　贷：材料采购——甲材料　29 000
　　　　　——乙材料　52 000

月末,结转本月已付款或已开出并承兑商业汇票的入库材料的材料成本差异,其实际成本为 80 700 元,材料成本差异额为 300 元(节约额)。应编制会计分录如下:

借:材料采购　　300
　贷:材料成本差异　　300

2. 自制原材料

自制并已验收入库的原材料及生产中回收的废料,按计划成本计价时,应根据材料交库单等凭证,按计划成本,借记"原材料"账户,贷记"生产成本"账户,并结转材料成本差异。

(二) 库存商品的核算

库存商品按计划成本计价时,其方法与原材料相似。库存商品实际成本与计划成本的差异,可单独设置"产品成本差异"账户核算。

(三) 委托加工物资的核算

委托加工物资如果采用计划成本计价的,其会计处理基本与实际成本核算相同,只是在核算发出委托加工材料和收回完成加工的物资两个环节上,还应同时结转材料成本差异,借记或贷记"材料成本差异"账户。

第二节　存货的发出计量

日常工作中,企业发出的存货,可以按实际成本计价,也可以按计划成本计价。如采用计划成本计价,会计期末即资产负债表日应将计划成本调整为实际成本。

一、存货发出按实际成本计价

(一) 发出存货成本的确定

企业的存货是不断流动的,有流入也有流出,就此形成了生产经营过程中的存货流转。存货流转指实物流转和成本流转两个方面。从理论上来说,存货的成本流转应与其实物流转相一致,但是,现实中,企业存货进出量大、品种繁多、单位成本又多变,这些因素使得存货的成本流转难以与其实物流转相一致。为此,出现了存货成本流转假设,其内涵是:同一种存货尽管单价不同,但均能满足销售或生产的需要,在存货被销售或耗用后,无需逐一辨别哪一批实物被发出,哪一批实物被留存。也就是说,成本的流转顺序和实物的流转顺序可以分离,只要按照不同的成本流转程序确定已发出存货的成本和库存存货的成本即可。

基于存货成本流转假设,产生了不同的发出存货成本的计算方法。对发出存货成本计算方法的不同选择,会对企业财务状况和盈亏情况产生不同的影响。其主要表现有三个方面:一是对企业的损益计算有直接影响,比如,期末存货计价过高或过低,会使得当期的收益可能因此而增加或是减少;二是对资产负债表有关项目(如流动资产总额、所有者权益等项目)的数额计算产生一定的影响;三是对计算所得税费用的数额有一定的影响。不同的计价方法,会使得当期销售成本的结转数额不同,从而使得企业当期利润的数额也随之而变动。因此,企业在确定发出存货成本的计算方法时,为达到会计信息质量的要求,一般情况下,一经确定就不得随意更改。如需变更,应在附注中予以说明。

按照企业会计准则的规定,企业应当根据各类存货的实物流转方式、企业管理的要求、存货的性质等实际情况,合理地确定发出存货成本的计算方法,以及当期发出存货的实际成本。企业确定发出存货成本的计算方法包括个别计价法、先进先出法、月末一次加权平均法、移动加权平均法等。对于性质和用途相同的存货,应当采用相同的成本计算方法确定发出存货的成本。

1. 个别计价法

个别计价法亦称个别认定法、具体辨认法、分批实际法,采用这一方法是假设存货具体项目的实物流转与成本流转相一致,按照各种存货逐一辨认各批发出存货和期末存货所属的购进批别或生产批别,分别按其购入或生产时所确定的单位成本计算各批发出存货和期末存货成本的方法。在这种方法下,是把每一种存货的实际成本作为计算发出存货成本和期末存货成本的基础。

采用个别计价法对存货进行计价,必须具备以下两个条件:

(1) 各批存货必须是容易辨认的。

(2) 各批存货必须备有详细的批号、数量及单位成本等记录。

采用个别计价法计算,发出存货的成本和期末存货的成本都较准确,符合实际情况。但在存货收发频繁的情况下,其发出成本分辨的工作量较大。因此,这种方法适用于一般不能替代使用的存货、为特定项目专门购入或制造的存货以及提供的劳务,如珠宝、名画等贵重物品。

2. 先进先出法

先进先出法是指以先购入的存货应先发出(销售或耗用)这样一种以存货实物流转假设为前提,对发出存货进行计价的一种方法。采用这种方法,先购入的存货成本在后购入存货成本之前转出,据此确定发出存货和期末存货的成本。

【例 3-7】 G 企业 20×7 年 9 月 M 存货明细账如表 3-1 所示。企业采用先进先出法计算发出存货和期末存货的成本。

表 3-1　　存货明细账

存货名称：M　　编号：　　类别：

数量计量单位：千克　　最高存货量：　　最低存货量：

20×7年		凭证号	摘要	收入			发出			结存		
月	日			数量	单价	金额	数量	单价	金额	数量	单价	金额
9	1	(略)	期初余额							150	25	3 750
	6		购入	450	30	13 500				150 450	25 30	3 750 13 500
	10		发出				150 250	25 30	3 750 7 500	200	30	6 000
	16		购入	300	35	10 500				200 300	30 35	6 000 10 500
	20		发出				200 200	30 35	6 000 7 000	100	35	3 500
	24		购入	100	40	4 000				100 100	35 40	3 500 4 000
9	30		本月发生额及余额	850		28 000	800		24 250	100 100	35 40	3 500 4 000

采用先进先出法，能随时计算出发出存货和库存存货的成本，但较繁琐；如果存货收发业务较多，且存货单价不稳定时，其工作量较大。在物价持续上升时，期末存货成本接近于市价，而发出成本偏低，会高估企业当期利润和库存存货价值；反之，会低估企业存货价值和当期利润。

3. 月末一次加权平均法

月末一次加权平均法是指以本月全部进货数量加上月初存货数量作为权数，去除本月全部进货成本加上月初存货成本，计算出存货的加权平均单位成本，以此为基础，计算本月发出存货的成本和期末存货成本的一种方法。其计算公式如下：

$$存货单位成本=\frac{月初库存存货的实际成本+\sum本月进货的实际成本}{月初库存存货数量+\sum本月进货数量}$$

本月发出存货成本=本月发出存货数量×存货单位成本

本月月末库存存货成本=月末库存存货的数量×存货单位成本

或　$$\begin{matrix}本月月末库\\存存货成本\end{matrix}=\begin{matrix}月初库存存货\\的实际成本\end{matrix}+\begin{matrix}本月收入存货\\的实际成本\end{matrix}-\begin{matrix}本月发出存货\\的实际成本\end{matrix}$$

【例 3-8】 沿用[例 3-7]的资料，计算月末一次加权平均法下发出存货成本和期末存货成本。

$$M存货的单位成本=\frac{3\ 750+(13\ 500+10\ 500+4\ 000)}{150+(450+300+100)}=31.75(元)$$

本月发出 M 存货成本＝800×31.75＝25 400(元)

月末库存 M 存货成本＝200×31.75＝6 350(元)

采用月末一次加权平均法，只在月末一次计算加权平均单价，比较简单，有利于简化成本计算工作，而且在市场价格上涨或下跌时所计算出来的单位成本平均化，对存货成本的分摊较为折中。但由于这种方法平时无法从账上提供发出和结存存货的单价及金额，因此，不利于存货成本的日常管理与控制。

4. 移动加权平均法

移动加权平均法是指以每次进货的成本加上原有库存存货的成本，除以每次进货数量加上原有库存存货的数量，据以计算加权平均单位成本，作为在下次进货前计算各次发出存货成本依据的一种方法。其计算公式如下：

$$\text{存货单位成本}=\frac{\text{原有库存存货的实际成本}+\text{本次进货的实际成本}}{\text{原有库存存货数量}+\text{本次进货数量}}$$

本次发出存货成本＝本次发出存货数量×本次发货前存货的单位成本

本月月末库存存货成本＝月末库存存货的数量×本月月末存货的单位成本

【例 3－9】 沿用[例 3－7]的资料，在明细账中采用移动加权平均法，计算发出存货成本和期末存货成本如表 3－2 所示。

表 3－2　　**存货明细账**

存货名称：M　　编号：______　　类别：______

数量计量单位：千克　　最高存货量：______　　最低存货量：______

20×7 年		凭证号	摘要	收入			发出			结存		
月	日			数量	单价	金额	数量	单价	金额	数量	单价	金额
9	1	(略)	期初余额							150	25.00	3 750
	6		购入	450	30	13 500				600	28.75	17 250
	10		发出				400	28.75	11 500	200	28.75	5 750
	16		购入	300	35	10 500				500	32.50	16 250
	20		发出				400	32.50	13 000	100	32.50	3 250
	24		购入	100	40	4 000				200	36.25	7 250
9	30		本月发生额及余额	850		28 000	800		24 500	200	36.25	7 250

采用移动加权平均法，能使企业管理当局及时了解存货的结存情况，计算的平均单位成本以及发出和结存的存货成本比较客观。但是，由于每次收货都要计算一次

平均单价，使得计算的工作量较大，不适用于收发货较频繁的企业。

（二）发出存货的核算

1. 发出原材料

企业各生产单位及有关部门领用的材料具有种类多、业务频繁等特点。为了简化核算，可以在月末根据“领料单”或“限额领料单”中有关领料的单位、部门等加以归类，编制“发料凭证汇总表”，据以编制记账凭证、登记入账。发出材料实际成本的确定，可以由企业从上述个别计价法、先进先出法、月末一次加权平均法、移动加权平均法等方法中选择。主要业务核算内容如下：

第一，企业生产经营领用原材料，按实际成本，借记“生产成本”“制造费用”“销售费用”“管理费用”等账户，贷记“原材料”账户。

【例 3-10】 H 企业月末根据领料单等编制“发料凭证汇总表”，根据“发料凭证汇总表”的记录，某月各生产单位和部门实际耗用丁材料成本为：基本生产车间领用 3 300 000 元，辅助生产车间领用 200 000 元，车间管理部门领用 50 000 元，企业各行政管理部门领用 30 000 元。应编制会计分录如下：

借：生产成本——基本生产成本	3 300 000	
——辅助生产成本	200 000	
制造费用	50 000	
管理费用	30 000	
贷：原材料——丁材料		3 580 000

第二，企业发出委托外单位加工的原材料，按实际成本，借记“委托加工物资”账户，贷记“原材料”账户。

第三，福利部门领用的原材料，按实际成本加上不予抵扣的增值税额等，借记“应付职工薪酬”账户；按实际成本，贷记“原材料”账户，不予抵扣的增值税额，贷记“应交税费——应交增值税(进项税额转出)”账户。根据增值税会计处理规定，如果企业购入货物时用途不明确或者购入货物后改变原定用途，那么，购入时已计入的“进项税额”应当转出，不能用来抵扣“销项税额”。

【例 3-11】 H 企业福利部门领用生产用原材料 62 000 元，该批材料购进时发生的进项税额为 8 060 元。应编制的会计分录如下：

借：应付职工薪酬	70 060	
贷：原材料		62 000
应交税费——应交增值税(进项税额转出)		8 060

第四，出售的原材料，企业应当按已收或应收的价款，借记“银行存款”或“应收账款”等账户；按实现的收入，贷记“其他业务收入”等账户；按应交的增值税，贷记“应交

税费——应交增值税(销项税额)”账户;月度末了,按出售原材料的实际成本,借记“其他业务成本”账户,贷记“原材料”账户。

【例 3-12】 H 企业对外销售 1 批原材料计 20 000 元,增值税额为 2 600 元,款项已收存银行。该批原材料的实际成本为 12 000 元。应编制的会计分录如下:

(1) 取得原材料销售收入。

借:银行存款	22 600	
贷:其他业务收入		20 000
应交税费——应交增值税(销项税额)		2 600

(2) 结转已销材料的实际成本。

借:其他业务成本	12 000	
贷:原材料		12 000

2. 销售库存商品

企业销售商品、确认收入时,借记“银行存款”“应收账款”“应收票据”等账户,贷记“主营业务收入”“应交税费——应交增值税(销项税额)”账户;同时,应结转其销售成本,借记“主营业务成本”等账户,贷记“库存商品”账户。

【例 3-13】 H 企业某月末汇总的发出商品中,当月已实现销售的甲产品有 300 件,乙产品有 500 件。其中,甲产品的单位实际成本为 120 元,乙产品的单位实际成本为 80 元。在结转已售产品的销售成本时,应编制会计分录如下:

借:主营业务成本	76 000	
贷:库存商品——甲产品		36 000
——乙产品		40 000

企业购入的商品如果是采用售价核算的(具体核算方法见本节第三部分内容),商品售价和进价的差额可通过“商品进销差价”账户核算。月末,应分摊已销商品的进销差价,将已销商品的销售成本调整为实际成本,借记“商品进销差价”账户,贷记“主营业务成本”账户。

二、存货发出按计划成本计价

存货发出按计划成本计价时,平时领用、发出的存货按计划成本计算,月份终了需要通过“材料成本差异”账户,将发出存货和期末存货的计划成本调整为实际成本。调整的基本公式如下:

$$实际成本=计划成本\pm成本差异$$

企业应按照存货的类别,如原材料、包装物、低值易耗品等,对材料成本差异进行明细核算。

（一）发出原材料的核算

1．结转发出材料的计划成本

月末，企业根据领料单等编制"发料凭证汇总表"结转发出材料的计划成本，按发出材料的用途，以计划成本，借记"生产成本""制造费用""销售费用""管理费用"等账户，贷记"原材料"账户。

2．结转发出材料应负担的成本差异

上述发出材料应负担的成本差异应通过"材料成本差异"账户进行结转，将发出材料的计划成本调整为实际成本，借记或贷记"生产成本""制造费用""销售费用""管理费用"等账户，贷记或借记"材料成本差异"账户。

材料成本差异应当按期(月)分摊，不得在季末或年末一次计算。发出材料应负担的成本差异，除委托外单位加工发出材料可按期初成本差异率计算外，应使用当期的实际差异率；期初成本差异率与本期成本差异率相差不大的，也可按期初成本差异率计算。计算方法一经确定，不得随意变更。材料成本差异率的计算公式如下：

$$\text{本月材料成本差异率}=\frac{\text{月初结存材料成本差异}+\text{本月收入材料成本差异}}{\text{月初结存材料计划成本}+\text{本月收入材料计划成本}}\times 100\%$$

【提示】 公式中"本月收入材料计划成本"不包括在途材料和暂估入账材料的计划成本。

或

$$\text{上月材料成本差异率}=\frac{\text{月初结存材料的成本差异}}{\text{月初结存材料的计划成本}}\times 100\%$$

$$\text{本月发出材料应负担的成本差异}=\text{发出材料的计划成本}\times\text{材料成本差异率}$$

经过材料成本差异的分配，本月发出材料应分配的成本差异从"材料成本差异"账户转出，属于月末库存材料应分配的成本差异保留在"材料成本差异"账户内，作为以计划成本计价的库存材料的调整项目，编制资产负债表时，存货项目中的材料存货，应当列示加(减)材料成本差异后的实际成本。

【例 3-14】 假定[例 3-10]中 H 企业采用计划成本计价，"发料凭证汇总表"上记录的耗用材料成本为计划成本。当月月初结存丁材料的计划成本为 2 000 000 元，成本差异为节约 204 000 元。当月入库丁材料的计划成本为 4 000 000 元，成本差异为超支 180 000 元。

月末，根据资料计算当月材料成本差异率：

$$\text{材料成本差异率}=\frac{-204\,000+180\,000}{2\,000\,000+4\,000\,000}\times 100\%=-0.4\%$$

分摊并结转发出丁材料的成本差异，应编制的会计分录如下：

借：材料成本差异——丁材料　　14 320
　贷：生产成本——基本生产成本　　13 200
　　　　　　——辅助生产成本　　800
　　　制造费用　　200
　　　管理费用　　120

期末，库存的“原材料——丁材料”账户的实际成本为：

$$\begin{matrix}\text{“原材料——丁材料”账} \\ \text{户的借方余额 2 420 000}\end{matrix} - \begin{matrix}\text{“材料成本差异”账} \\ \text{户的贷方余额 9 680}\end{matrix} = 2\,410\,320(\text{元})$$

【例 3 - 15】 H 企业委托外单位加工一批周转用密封箱，发出材料的计划成本为 30 000 元，材料成本差异率为 5%。应编制会计分录如下：

(1) 发出委托加工材料。

借：委托加工物资　　30 000
　贷：原材料　　30 000

(2) 结转发出材料应分摊的材料成本差异。

借：委托加工物资　　1 500
　贷：材料成本差异　　1 500

(二) 销售库存商品的核算

采用计划成本核算时，其方法与原材料核算相似，库存商品的实际成本与计划成本的差异通过设置“产品成本差异”账户来调整。

【例 3 - 16】 J 企业某月末汇总的发出商品中，当月已实现销售的甲产品有 600 件，其单位计划成本为 150 元。产品成本差异率为 1%。在结转已售产品的销售成本时，应编制会计分录如下：

借：主营业务成本　　90 900
　贷：库存商品——甲产品　　90 000
　　　产品成本差异　　900

三、存货的简化核算方法

企业通常还采用毛利率法和售价金额核算法等方法来核算发出存货和期末存货的成本。这些方法在商品流通企业较为常见。

(一) 毛利率法

毛利率法是指根据本期销售净额乘以上期实际(或本期计划)毛利率匡算本期销售毛利，并据以计算发出存货和期末存货成本的一种方法。其计算公式如下：

$$\text{毛利率} = \frac{\text{销售毛利}}{\text{销售净额}} \times 100\%$$

公式中：

$$销售净额=商品销售收入-销售退回与折让$$

$$销售毛利=销售净额\times毛利率$$

$$销售成本=销售净额-销售毛利$$

$$期末存货成本=期初存货成本+本期购货成本-本期销售成本$$

【例 3-17】 某批发企业 20×6 年 4 月初甲商品存货余额为100 000 元，本月购入 380 000 元，销货 520 000 元，销售退回与折让合计 1 200 元，第一季度该类商品毛利率为 24%，4 月份有关已销存货和月末存货成本的计算如下：

本月销售净额=520 000-1 200=518 800(元)

销售毛利=518 800×24%=124 512(元)

销售成本=518 800-124 512=394 288(元)

期末存货成本=100 000+380 000-394 288=85 712(元)

毛利率法是商业批发企业常用的计算本期商品销售成本和期末库存商品成本的方法。这是因为批发企业经营商品的品种繁多，若按每种商品计算并结转销售成本，势必加大工作量。况且，商品流通企业同类商品的毛利率大致相同。因此，采用毛利率法，商品明细账平时只记数量，不记金额，在确定商品销售成本时可按商品大类销售额计算，在大类商品账上结转成本，计算简便。这样，既能减轻工作量也能满足对存货管理的需要。

需要说明的是，如果是用上季度实际毛利率匡算本期销售毛利的，则每季末最后一个月要根据结存数量，采用其他计价方法先计算月末存货成本，然后再计算该季度的商品销售成本，用该季度的商品销售成本减去前两个月已结转的成本，计算第三个月应结转的销售成本，以此对前两个月的成本作调整。

（二）售价金额核算法

售价金额核算法是指平时商品的购入、加工收回、销售均按售价记账，售价与进价的差额通过“商品进销差价”账户核算，期末计算进销差价率和本期已销商品应分摊的进销差价，并据以调整本期销售成本的一种方法。其计算公式如下：

$$商品进销差价率=\frac{期初库存商品进销差价+本期购入商品进销差价}{期初库存商品售价+本期购入商品售价}\times100\%$$

$$本期销售商品应分摊的商品进销差价=本期商品销售收入\times商品进销差价率$$

$$本期销售商品的成本=本期商品销售收入-本期已销商品应分摊的商品进销差价$$

$$期末结存商品的成本=期初结存商品的成本+本期购入商品的成本-本期销售商品的成本$$

【例 3-18】 某商店 20×6 年 10 月初库存商品的进价成本为200 000 元，售价总额为 250 000 元，本月购进该商品的进价成本为900 000 元，售价总额为 1 350 000 元，本期销售收入为 1 280 000 元。计算期末该库存商品结存成本和本期销货成本。有关计算如下：

$$\text{商品进销差价率}=\frac{50\,000+450\,000}{250\,000+1\,350\,000}\times100\%=31.25\%$$

$$\text{本期销售商品应分摊的商品进销差价}=1\,280\,000\times31.25\%=400\,000(\text{元})$$

$$\text{本期销售商品的实际成本}=1\,280\,000-400\,000=880\,000(\text{元})$$

$$\text{期末结存商品的实际成本}=200\,000+900\,000-880\,000=220\,000(\text{元})$$

售价金额核算法主要适用于从事商业零售业务的企业，如百货公司、超市等，由于商业零售业经营的商品种类、品种、规格等繁多，而且要求按商品零售价格标价，采用其他成本计算结转方法均较困难，因此广泛采用这一方法。

在计算中，如果企业的商品进销差价率各期之间比较均衡，也可以采用上期商品进销差价率计算分摊本期的商品进销差价。年度终了，再对商品进销差价进行核实调整。

第三节 存货的期末计量

会计期末，为使资产负债表上“存货”项目的金额客观地反映企业期末存货的实际价值，应当正确计量期末存货的价值。而存货数量的确定与对存货期末计价原则的把握是影响期末存货计量正确性的两个关键因素。

一、存货期末数量的盘存方法

在会计上确定存货数量的方法有两种：一是实地盘存制；二是永续盘存制。

（一）实地盘存制

实地盘存制又称定期盘存制，是指会计期末通过对全部存货进行实地盘点，以确定期末存货的结存数量，并据以计算期末存货成本和发出成本的一种方法。这一方法在工业企业称为“以存计耗”或“盘存计耗”；在商品流通企业称为“以存计销”或“盘存计销”。

采用这种方法，企业平时在存货账面上只登记收入增加数，不登记发出减少数，也不逐日轧计结存数。在会计期末，按实地盘点确定的存货数量作为期末存货账户的结存数，然后分别乘以各项存货的盘存单价，计算出期末存货的总成本，再倒轧出本期已耗用或已销售存货的成本。其计算公式如下：

$$\text{期末存货结存成本}=\text{结存数量(实地盘点数)}\times\text{进货单价}$$

$$\text{本期耗用或销售成本}=\text{期初存货结存成本}+\text{本期存货购进或收入成本}-\text{期末存货结存成本}$$

实地盘存制的主要优点是简化了存货的日常核算工作。其主要缺点是:一是不能随时反映存货收入、发出和结存的动态,不便于存货的日常管理;二是由于采用以存计耗、以存计销方法倒轧出发出存货的成本,使得非正常的销售或耗用的存货损失、差错、贪污舞弊,甚至偷盗等原因引起的短缺,全部挤入耗用或销售成本之中,从而影响了耗用或销售成本计算的正确性,也削弱了对存货的控制。实地盘存制仅适用于那些自然损耗大、数量不稳定的鲜活商品。

(二)永续盘存制

永续盘存制又称账面盘存制,是指按存货的品名、规格设置明细账,根据凭证逐笔或逐日登记收入和发出的数量,并随时结算出账面结存数量的一种方法。其计算公式如下:

$$\text{本期耗用或销售成本}=\text{本期耗用或销售数量}\times\text{进货单价}$$

$$\text{期末存货结存成本}=\text{期初存货结存成本}+\text{本期存货购进或收入成本}-\text{本期耗用或销售成本}$$

采用这种方法,企业平时在存货账面上不仅要登记收入增加数,也要登记发出减少数,还要随时轧计结存数(月末一次加权平均法除外)。这样,通过账簿记录,可以完整地反映存货收入成本、发出成本和期末结存成本。采用永续盘存制,并不排除对存货的实物盘点,为了保证账实相符,企业需定期或不定期地进行实物的盘点,具体盘点次数视企业内部控制要求而定。

永续盘存制的主要优点是:一是由于各种存货明细账的记录可以随时提供每一种存货的收入、发出和结存情况,因此,有利于加强对存货的管理。同时,可以将账簿记录的结存量与相关存货核定的限额作比较,以了解库存储备的情况,及时合理地组织货源,加速资金周转。二是通过账面结存数与实际盘点数的核对,可以及时查明短缺及溢余的原因。其主要缺点是:存货的日常核算工作量较大。与实地盘存制相比,由于永续盘存制在对存货计划、控制、管理等方面具有显著的优越性,因此,这种方法为大多数企业所采用。

二、存货的期末计量原则和方法

(一)存货的期末计量原则

根据《企业会计准则第1号——存货》的规定,资产负债表日,存货应当按照成本与可变现净值孰低计量。存货成本高于其可变现净值的,应当计提存货跌价准备,其损失计入当期损益。

1. 成本与可变现净值孰低的含义

成本与可变现净值孰低是指对期末存货按照成本与可变现净值两者之中较低者

进行计价的方法。当成本低于可变现净值时，存货按成本计价；当可变现净值低于成本时，存货按可变现净值计价。存货成本是指期末存货的实际成本。如果企业在日常核算中采用计划成本法、售价金额核算法等核算方法确定存货成本的，则应调整为实际成本。可变现净值是指在日常活动中，存货的估计售价减去至完工时估计将要发生的成本、估计的销售费用以及相关税费后的金额。企业预计的销售存货现金流量，并不完全等于存货的可变现净值。因为，存货在销售过程中可能发生销售费用和相关税费，为达到预定可销售状态还可能发生加工成本等相关支出，这些支出构成现金流入的抵减项目。企业预计的销售存货现金流量，扣除这些抵减项目后，才能确定存货的可变现净值。

2. 存货减值迹象的判断

存货存在下列情况之一的，表明存货的成本高于其可变现净值，存货已发生减值，期末存货应按可变现净值计价，并计提存货的跌价准备：① 该存货的市场价格持续下跌，并且在可预见的未来无回升的希望；② 企业使用该项原材料生产产品的成本大于产品的销售价格；③ 企业因产品更新换代，原有库存原材料已不适应新产品的需要，而该原材料市场价格又低于其账面成本；④ 因企业所提供的商品或劳务过时或消费者偏好改变而使市场的需求发生变化，导致市场价格逐渐下跌；⑤ 其他足以证明该项存货实质上已经发生减值的情形。

存货存在下列情形之一的，表明存货的可变现净值为零：① 已霉烂变质的存货；② 已过期且无转让价值的存货；③ 生产中已不再需要，并且已无使用价值和转让价值的存货；④ 其他足以证明已无使用价值和转让价值的存货。

（二）存货的期末计量方法

1. 可变现净值的确定

当有迹象表明存货发生减值的，企业应于期末计算存货的可变现净值。

(1) 确定存货可变现净值应考虑的因素。企业确定存货可变现净值时，应当以取得的确凿证据为基础，并且考虑持有存货的目的、资产负债表日后事项的影响等因素。

其一，存货可变现净值的确凿证据。它是指对确定存货的可变现净值有直接影响的客观证明，如产成品或商品的市场销售价格、与产成品或商品相同或类似商品的市场销售价格、销货方提供的有关资料和生产成本资料等。

其二，持有存货的目的。从存货的定义中可以看出，企业持有存货的目的主要是两个：一是持有以备出售（这类存货又分为有合同约定的存货和没有合同约定的存货），如产成品、商品；二是将在生产过程或提供劳务过程中耗用，如材料等。企业持有存货的目的不同，确定存货的可变现净值的计算方法也不同。

其三，资产负债表日后事项等影响。这些事项应能够确定资产负债表日存货的存在状况,即在确定资产负债表日存货的可变现净值时,不仅要考虑资产负债表日与该存货相关的价格与成本波动,而且还应考虑未来的相关事项。

(2) 存货可变现净值计量基础的确定。对于企业持有的各类存货,在确定其可变现净值时,应区别以下三类不同情况来确定。

其一,在没有销售合同约定情况下,直接用于出售的商品存货(不包括用于出售的原材料),其可变现净值应当为在正常生产经营过程中,产成品或商品的一般销售价格(市场销售价格),减去估计的销售费用和相关税费等后的金额。

【例 3-19】 20×6 年 12 月 30 日,L 公司甲产品的账面价值为432 000 元,数量为 720 件,单位成本为 600 元。20×6 年 12 月 31 日,甲产品的市场销售价格为每件 795 元。L 公司没有签订有关甲产品的销售合同。销售这批甲产品可能发生的销售费用和相关税费为 10 000 元。计算确定甲产品的可变现净值。

分析:由于 L 公司没有签订甲产品的销售合同,因此,该批产品的可变现净值应以市场销售价格作为计量基础。

计算:甲产品的可变现净值=720×795-10 000=562 400(元)

其二,为执行销售合同或者劳务合同而持有的存货,其可变现净值应当以合同价格减去估计的销售费用和相关税费等后的金额确定。这里主要有以下三种情况:

第一种情况,企业与购买方签订了销售合同或劳务合同,并且销售合同订购的数量大于或等于企业持有的存货数量,在这种情况下,与该项销售合同直接相关的存货的可变现净值,应当以合同价格为计量基础。

【例 3-20】 20×6 年 10 月 7 日,M 公司与 A 公司签订了一份不可撤销的销售合同,双方约定,次年 1 月 12 日,M 公司应按每件售价840 元的价格向 A 公司提供甲产品 750 件。20×6 年 12 月 31 日,M 公司甲产品账面单位成本为 600 元,数量为 730 件,总成本为438 000 元。20×6 年 12 月 31 日,甲产品的市场销售价格为每件 800 元。销售甲产品可能发生的销售费用和相关税费为 20 000 元。计算确定甲产品的可变现净值。

分析:根据双方签订的销售合同,M 公司该批甲产品的销售价格已在合同中约定,且其库存量小于销售合同约定订购的数量。在这种情况下,该批产品的可变现净值应以合同价格作为计量基础。

计算:甲产品的可变现净值=730×840-20 000=593 200(元)

第二种情况,企业持有的同一项存货的数量多于销售合同或劳务合同订购数量的,应分别确定其可变现净值,并与其相对应的成本进行比较,分别确定存货跌价准备的计提或转回金额。超出合同部分的存货可变现净值,应当以一般销售价格为基础计算。

【例 3-21】 假设[例 3-20]M 公司甲产品的库存量为 780 件,每件的销售税费为 26 元，其他条件不变。计算确定甲产品的可变现净值。

分析：根据双方签订的销售合同，M 公司该批甲产品的销售价格已在合同中约定，但由于其库存量大于销售合同约定订购的数量，因此，对于销售合同约定数量内的甲产品的可变现净值仍以合同价格为计量基础；而对于超出部分的甲产品的可变现净值应以一般市场销售价格作为计量基础。

计算：销售合同约定数量内的甲产品的可变现净值＝750×(840－26)＝610 500(元)

超出部分的甲产品的可变现净值＝30×(800－26)＝23 220(元)

第三种情况，企业就其产成品或商品订立了销售合同，但销售合同所规定的标的物还没有被生产出来，企业持有的是专门用于生产该标的物的材料，则其可变现净值也应当以合同价格作为计量基础。

【例 3－22】　20×6 年 12 月 7 日，M 公司与 B 公司签订了一份不可撤销的销售合同，双方约定，次年 3 月 12 日，M 公司应按每件售价 640 元的价格向 B 公司提供乙产品 800 件。20×6 年 12 月 31 日，M 公司还没有生产乙产品，但持有专门用于生产 800 件乙产品的库存原材料，其账面价值(成本)为 150 000 元，市场销售价格总额为 120 000 元。将材料加工成乙产品尚需投入成本 320 000 元，估计销售乙产品可能发生的销售费用和相关税费为 30 000 元。

分析：根据双方签订的销售合同，M 公司该批乙产品的销售价格已在合同中约定，虽然 M 公司还没有生产乙产品，但持有专门用于生产乙产品的材料，且可生产的乙产品的数量不大于销售合同订购的数量。在这种情况下，计算生产乙产品的材料的可变现净值时，应当以销售合同约定的乙产品的销售价格总额作为计量基础。

计算：该批材料的可变现净值＝800×640－320 000－30 000＝162 000(元)

其三，用于出售的材料等，应当以市场价格(市场销售价格)减去估计的销售费用和相关税费等后的金额作为其可变现净值。

【例 3－23】　20×6 年，M 公司根据市场需求的变化，决定停止生产丙产品。为减少不必要的损失，决定将原材料中专门用于生产丙产品的外购 A 材料全部出售，20×6 年 12 月 31 日其成本为 800 000 元，数量为 16 吨。据市场调查，A 材料的市场销售价格为每吨 35 000 元，同时，销售 16 吨 A 材料可能发生的销售费用及税金为 8 000元。计算确定 A 材料的可变现净值。

分析：由于企业不再生产丙产品，因此，用于生产丙产品的 A 材料的可变现净值不能以丙产品的销售价格作为其计量基础，而应以 A 材料的市场销售价格作为计量基础。

计算：A 材料的可变现净值＝35 000×16－8 000＝552 000(元)

(3) 用于生产而持有材料的期末计量。用于生产而持有材料的期末计量，应当根据其生产的产成品成本与产成品可变现净值的情况加以确定。一般有以下两种情况：

第一种情况，如果用其生产的产成品的可变现净值高于产成品的生产成本，则该材料应当按照成本计量。

【例 3－24】 M 公司 20×6 年 12 月 31 日库存原材料——B 材料的账面价值(成本)为 200 000 元，市场购买价格总额为 180 000 元，假设不发生其他购买费用，用 B 材料生产的产成品——S 型钢管的可变现净值高于成本。确定 20×6 年 12 月 31 日 B 材料的价值。

分析：由于持有材料的目的是用于生产产品，而不是出售，该材料存货的价值将体现在用其生产的产品上。因此，在确定需要经过加工的材料存货的可变现净值时，需要用以其生产的产成品的可变现净值与该产品的成本进行比较。虽然资料中 B 材料的账面价值(成本)高于其市场价格，但由于用其生产的产成品 S 型钢管的可变现净值高于其成本，即用 B 材料生产的最终产品此时并没有发生价值减损。在这种情况下，即使 B 材料的账面价值(成本)高于其市场价格，也不应计提存货跌价准备，仍应按其原账面价值(成本)200 000 元列示在 M 公司 20×6 年 12 月 31 日资产负债表的“存货”项目之中。

第二种情况，若材料价格的下降等原因表明以其生产的产成品的可变现净值低于产成品成本的，则该材料应当按照可变现净值计量。其可变现净值为在正常生产经营过程中，以该材料所生产的产成品的估计售价减去至完工时估计将要发生的成本、估计的销售费用以及相关税费后的金额确定。

【例 3－25】 M 公司 20×6 年 12 月 31 日库存原材料——C 材料的账面价值(成本)为 480 000 元，市场购买价格总额为 440 000 元，假设不发生其他购买费用。由于 C 材料市场销售价格下降，市场上用 C 材料生产的产成品——Q 型钢管的市场销售价格也发生了相应下降，下降了 10%。由此造成 M 公司 Q 型钢管的市场销售价格总额由1 200 000 元下降为 1 080 000 元，但其生产成本仍为 1 120 000 元，将 C 材料加工成 Q 型钢管估计尚需投入 640 000 元，估计销售费用及税金为 50 000 元。确定 20×6年 12 月 31 日 C 材料的价值。

分析：

第一，计算用该原材料所生产的产成品的可变现净值。

Q 型钢管的可变现净值＝Q 型钢管的估计售价－估计销售费用及税金

＝1 080 000－50 000＝1 030 000(元)

第二，将用该原材料所生产的产成品的可变现净值与其成本进行比较。

Q 型钢管的可变现净值 1 030 000 元小于其成本 1 120 000 元，即 C 材料价格的下降表明以其生产的产成品——Q 型钢管的可变现净值低于成本，因此，C 材料应当按可变现净值计量。

第三，计算该原材料的可变现净值，并确定其期末价值。

$$\text{C材料的可变现净值}=\text{Q型钢管的估计售价}-\text{将C材料加工成Q型钢管尚需投入的成本}-\text{估计销售费用及税金}$$

$$=1\,080\,000-640\,000-50\,000=390\,000(\text{元})$$

由于 C 材料的可变现净值 390 000 元小于其成本 480 000 元，因此，C 材料的期末价值应为其可变现净值 390 000 元，即 C 材料应按 390 000 元列示在 M 公司 20×6 年 12 月 31 日资产负债表的“存货”项目之中。

2. 存货跌价准备的核算

资产负债表日，存货的成本高于可变现净值，企业应当计提存货跌价准备。

企业应当设置“存货跌价准备”和“资产减值损失”账户进行核算。

“存货跌价准备”账户核算存货的跌价准备。该账户贷方登记计提的存货跌价准备金额，借方登记转回和结转的存货跌价准备金额，期末余额一般在贷方，反映企业已计提但尚未结转的存货跌价准备。该账户可按存货项目或类别进行明细核算。

“资产减值损失”账户核算企业计提各项资产减值准备所形成的损失。该账户借方登记计提各项资产减值准备形成的损失；贷方登记有关资产价值恢复转回减值准备的损失金额；期末，该账户余额应转入“本年利润”账户，结转后该账户无余额。该账户可按资产减值损失的项目进行明细核算。

（1）存货跌价准备的计提。存货跌价准备通常应当按单个存货项目计提。企业应在每一资产负债表日，将每一项存货的成本与可变现净值逐一进行比较，按较低者计量存货，对于可变现净值小于成本的，根据两者的差额计提存货跌价准备，以后再与已计提数进行比较，若应提数大于已提数，应予补提。企业计提的存货跌价准备，应计入当期损益。

对于数量繁多、单价较低的存货，可以按照存货类别计提存货跌价准备。

与在同一地区生产和销售的产品系列相关、具有相同或类似最终用途或目的，且难以与其他项目分开计量的存货，可以合并计提存货跌价准备。

【例 3－26】　20×6 年 12 月 31 日，华源公司 A、B、C 三项存货的成本分别为 20 000 元、30 000 元、40 000 元，可变现净值分别为 22 000 元、29 000 元、39 500 元。该公司采用成本与可变现净值孰低法对期末存货进行计量，存货成本与可变现净值的比较采用单项比较法。假定“存货跌价准备”账户余额为零。确定在当日资产负债表中列示的存货金额。

分析：A 存货的成本 20 000 元低于其可变现净值 22 000 元，不需计提存货跌价准备。

B存货的成本30 000元高于其可变现净值29 000元,需计提存货跌价准备1 000元(30 000－29 000)。

C存货的成本40 000元高于其可变现净值39 500元,需计提存货跌价准备500元(40 000－39 500)。

可见,该公司对A、B、C三项存货计提的跌价准备总计为1 500元,在20×6年12月31日资产负债表中列示的存货金额为88 500元(20 000＋29 000＋39 500)。

【例3-27】 P公司采用成本与可变现净值孰低法对D存货进行期末计价。20×4年年末,D存货的账面成本为120 000元,由于市场价格下跌,预计可变现净值为100 000元,假定"存货跌价准备"账户余额为零。由此应计提的存货跌价准备为20 000元。应编制会计分录如下:

借:资产减值损失——计提的存货跌价准备	20 000	
贷:存货跌价准备		20 000

假定20×5年年末,D存货的种类、数量、账面成本和已计提的存货跌价准备均未发生变化,但由于市场价格的上升,使得该材料的预计可变现净值为115 000元,则D材料应计提的存货跌价准备为5 000元(120 000－115 000),当期应冲减已计提的存货跌价准备15 000元(20 000－5 000)。应编制会计分录如下:

借:存货跌价准备	15 000	
贷:资产减值损失——计提的存货跌价准备		15 000

期末对存货进行计量时,如果同一类存货,其中一部分是有合同价格约定的,另一部分则不存在合同价格,在这种情况下,企业应区分有合同价格约定的和没有合同价格约定的存货,分别确定其期末可变现净值,并与其相对应的成本进行比较,从而分别确定是否需要计提存货跌价准备。

【例3-28】 P公司期末存货采用成本与可变现净值孰低法计价。20×6年11月27日,P公司与Q公司签订销售合同:由P公司于20×7年3月11日向Q公司销售W型机器2 000台,每台20 000元。20×6年12月31日,P公司库存W型机器2 200台,单位成本16 000元,账面成本为35 200 000元。20×6年年末,W型机器市场销售价格为每台15 000元,预计销售税费均为每台900元。确定W型机器期末应计提的存货跌价准备数。

分析:由于P公司库存W型机器2 200台大于已经签订销售合同的数量2 000台,因此,销售合同约定数量2 000台,其可变现净值为38 200 000元(2 000×20 000－2 000×900),成本为32 000 000元,这部分存货不需计提存货跌价准备;超过部分的可变现净值为2 820 000元(200×15 000－200×900),相应的成本为

3 200 000 元，超过部分的可变现净值低于其成本，因此，W 型机器期末应计提存货跌价准备 380 000 元(3 200 000－2 820 000)。

(2) 存货跌价准备的转回。资产负债表日，以前减记存货价值的影响因素已经消失的，减记的金额应当予以恢复，并在原已计提的存货跌价准备金额内转回，转回的金额计入当期损益。

在核算存货跌价准备的转回时应注意两点：一是转回的存货跌价准备与计提该准备的存货项目或类别应当存在直接对应关系；二是应在原已计提的存货跌价准备金额内转回，即转回的金额以将存货跌价准备的余额冲减至零为限。

【例 3－29】 沿用[例 3－27]的资料，假定 20×6 年年末，D 存货的种类、数量、账面成本和已计提的存货跌价准备均未发生变化，但由于市场价格持续上升，市场前景明显好转，根据当时状态确定的 D 存货的可变现净值为 130 000 元。应编制会计分录如下：

借：存货跌价准备	5 000	
贷：资产减值损失——计提的存货跌价准备		5 000

(3) 存货跌价准备的结转。存货跌价准备的结转要分不同情况进行会计处理。

其一，如果是销售出去的，应随同存货一并结转。企业计提的存货跌价准备，如果其中有部分存货已经销售，则企业在结转销售成本时，应同时结转对其已计提的存货跌价准备。若是按单个存货项目计提存货跌价准备的，直接对应结转；若是按存货类别计提存货跌价准备的，也应按比例结转相应的存货跌价准备。

【例 3－30】 20×6 年年末，Q 公司库存 A 型机器 10 台，每台成本为 3 000 元，已经计提存货跌价准备为 6 000 元。20×7 年，Q 公司将库存的 10 台 A 型机器以每台 4 500 元的价格全部售出。假定不考虑可能发生的销售费用及税金的影响。应编制会计分录如下：

借：主营业务成本	24 000	
存货跌价准备	6 000	
贷：库存商品——A 型机器		30 000

其二，如果是生产领用，可不同时结转相应的存货跌价准备，待期末一并调整。

其三，如果是因债务重组和非货币性资产交换转出的存货，其对应的存货跌价准备应同时结转，但不冲减当期的资产减值损失，具体会计处理按债务重组和非货币性资产交换的原则进行。

三、存货的清查

企业的存货种类繁多，收发频繁。在日常收发保管过程中，可能因计量错误、计算差错、自然损耗、管理失职以及贪污、盗窃等原因，会造成账实不符，形成存货的盘盈盘亏。为此,企业必须对存货进行定期或不定期的清查,以保证存货的安全与完整。在清查中,对于存货的盘盈盘亏,应编制“存货盘存报告单”,将其作为存货清查的原始凭证,并据以编制记账凭证,以调整账目,使得账实相符。同时,还要及时查明原因,按照规定程序报批处理。

为了反映企业在财产清查中查明的各种存货的盘盈、盘亏和毁损情况,企业应当设置“待处理财产损溢”账户。该账户借方登记存货的盘亏、毁损金额及盘盈的转销金额,贷方登记存货的盘盈金额及盘亏、毁损的转销金额。企业清查的各种存货损溢,应在期末结账前处理完毕,期末处理后,该账户应无余额。该账户可按盘盈、盘亏、毁损的资产种类和项目进行明细账核算。

(一)存货盘盈的核算

企业发生存货盘盈时,应及时办理存货入账手续,调整存货的账面记录,按盘盈存货的计划成本或估计成本,借记“原材料”“库存商品”等账户,贷记“待处理财产损溢”账户;在按管理权限报经批准后,借记“待处理财产损溢”账户,贷记“管理费用”账户。

【例 3-31】 S公司财产清查中盘盈某种材料 300 千克,经查属于日常收发计量上的误差引起的。按每千克 15 元计划成本入账。应编制会计分录如下:

(1)批准处理前。

借:原材料	4 500	
贷:待处理财产损溢		4 500

(2)批准处理后。

借:待处理财产损溢	4 500	
贷:管理费用		4 500

(二)存货盘亏及毁损的核算

企业发生存货盘亏及毁损时,借记“待处理财产损溢”“存货跌价准备”(已计提存货跌价准备)账户,贷记“原材料”“库存商品”等账户。在按管理权限报经批准后应作如下会计处理:

(1)对于入库的残料价值,借记“原材料”等账户,贷记“待处理财产损溢”账户。

(2)对于应由保险公司和过失人赔款的部分,借记“其他应收款”账户,贷记“待处理财产损溢”账户。

(3)扣除残料价值和应由保险公司、过失人赔款后的净损失,借记“管理费用”(属于一般经营损失的部分)和“营业外支出”(属于非常损失的部分)账户,贷记“待处理财产损溢”账户。

按增值税会计处理规定,外购材料及材料投入后形成的在产品或库存商品发生因管理不善造成损失，要将进货时已支付的增值税的进项税额转出，连同遭受损失的存货成本一并记入“待处理财产损溢”账户中。

【例 3-32】 T公司在财产清查中盘亏某种材料500千克，计划单位成本为20元，该批材料的成本差异为超支100元。经查属于一般经营损失。假定该批存货未计提存货跌价准备。应编制会计分录如下：

（1）批准处理前。

借：待处理财产损溢　　10 000

　贷：原材料　　10 000

同时，分摊盘亏材料的成本差异。

借：待处理财产损溢　　100

　贷：材料成本差异　　100

（2）批准处理后。

借：管理费用　　10 100

　贷：待处理财产损溢　　10 100

【例 3-33】 W公司仓库中的甲材料因受自然灾害的影响遭受损失，实际成本为20 000元，进项税额为3 200元。根据保险责任范围及保险合同规定，应由保险公司赔偿16 000元。假定该批存货未计提存货跌价准备。应编制会计分录如下：

（1）批准处理前。

借：待处理财产损溢　　20 000

　贷：原材料　　20 000

（2）批准处理后。

由保险公司赔偿部分：

借：其他应收款　　16 000

　贷：待处理财产损溢　　16 000

材料毁损的净损失：

借：营业外支出　　4 000

　贷：待处理财产损溢　　4 000

【例 3-34】 某企业20×7年1月31日甲材料因管理不善发生损失，其账面成本（实际成本）为4 500元，已计提跌价准备500元。该批材料的进项税额为585元。应编制的会计分录如下：

借：待处理财产损溢　　4 585
　　存货跌价准备　　500
　贷：原材料——甲材料　　4 500
　　　应交税费——应交增值税(进项税额转出)　　585

【例 3－35】 沿用[例 3－34]的资料，经查甲材料损失是由于保管员失职造成的，责成由其赔偿全部损失的 80％，其余列支在管理费用中。

借：其他应收款　　3 668
　　管理费用　　917
　贷：待处理财产损溢　　4 585

复习思考题

一、单项选择题

1. 某工业企业为增值税一般纳税人。20×6 年 6 月，购进原材料 2 000 千克，增值税专用发票上注明的买价为 60 000 元，增值税额为7 800 元，该批材料在运输途中发生 1％的合理损耗，实际验收入库1 980 千克，在入库前发生挑选整理费 600 元。该批入库材料的实际总成本为(　　)元。

A. 59 400　　B. 59 994
C. 70 800　　D. 60 600

2. 某工业企业 20×5 年 3 月 1 日 A 材料账面实际成本为 54 000 元，结存数量 300 吨；3 月 2 日，购进 A 材料 300 吨，实际单价 200 元；3 月15 日，购进 A 材料 180 吨，实际单价 180 元；3 月 4 日和 18 日，各发出 A 材料 60 吨。如该企业按移动加权平均法计算发出材料的实际成本，则 20×5 年 3 月 31 日 A 材料账面余额为(　　)元。

A. 123 871.2　　B. 123 750
C. 124 800　　D. 123 600

3. 甲企业委托乙企业加工材料一批(属于应税消费品)。该材料发出时实际成本为 9 万元，支付的加工费为 7.2 万元(不含增值税)，消费税组成计税价格为 18 万元，消费税税率为 10％。材料加工完成并已验收入库，加工费用等已经支付。双方适用的增值税税率为 13％。该批委托加工材料收回后直接用于销售，甲企业应计入收回委托加工材料成本的金额为(　　)万元。

A. 19.224　　B. 18
C. 16.2　　D. 17.424

4. 材料按计划成本核算的企业，下列项目中，应记入“材料采购”账户贷方的是(　　)。

A. 材料的买价
B. 采购材料的运杂费
C. 结转采购入库材料成本的超支差异
D. 结转采购入库材料成本的节约差异

5. 下列各项支出中，增值税一般纳税人不计入存货成本的是( )。

A. 购入存货支付的买价
B. 购入存货时发生的增值税进项税额
C. 购买存货发生的运杂费
D. 入库前的挑选整理

6. 按计划成本进行日常材料核算的企业，对于月末尚未收到发票账单等单据，但材料已收到并入库的业务，应当( )。

A. 暂不进行账务处理，待单据收到时再记账
B. 按计划成本暂估入账，记入“原材料”账户
C. 按计划成本暂估入账，记入“材料采购”账户
D. 按合同价格暂估入账，记入“材料采购”和“材料成本差异”账户

7. 某工业企业原材料采用计划成本核算，20×7 年 7 月 1 日，“材料成本差异”账户的借方余额为 16 万元，“原材料”账户借方余额为 1 000 万元；本月购入原材料的实际成本为 1 900 万元，计划成本为 1 700 万元；本月发出原材料计划成本为 400 万元。则该企业 20×7 年 7 月 31 日原材料存货实际成本为( )万元。

A. 2 300
B. 2 484
C. 2 456.74
D. 2 309.6

8. 某商场期初存货 300 万元，本期进货 800 万元，本期销售收入1 000万元，上年度销售毛利率为 30%，则期末存货成本为( )万元。

A. 100
B. 300
C. 800
D. 400

9. 某商场采用售价金额核算法对库存商品进行核算。本月初库存商品的进价成本为 30 万元，售价总额为 45 万元；本月购进商品的进价成本为 40 万元，售价总额为 55 万元；本月销售商品的售价总额为 75 万元。该商场月末库存商品的实际成本为( )万元。

A. 17.5
B. 22.5
C. 70
D. 52.5

10. 20×6 年，佳乐公司根据市场需求的变化，决定停止生产 M 产品。为减少不必要的损失，将原材料中专门用于生产 M 产品的外购甲材料全部出售，20×6 年其成本为 400 万元，数量为 20 千克。据市场调查，甲材料的市场销售价格为 10 万元/千克(不含增值税)，同时销售 20 千克甲材料可能发生的销售费用及税金 2 万元(不含增值税)。20×6 年12 月 31 日，佳乐公司库存甲材料的账面价值为( )万元。

A. 200
B. 198
C. 180
D. 400

二、多项选择题

1. 下列项目中，应列入存货成本的有( )。

A. 意外灾害造成的原材料净损失
B. 进口原材料支付的关税
C. 生产过程中发生的制造费用
D. 原材料入库前的挑选整理费用
E. 运输途中合理的损耗

2. 下列项目中，增值税一般纳税人应计入收回委托加工物资成本的有( )。

A. 发出材料的实际成本

B. 支付的加工费

C. 支付的收回后直接销售的委托加工物资的消费税

D. 支付的收回后继续加工应税消费品的委托加工物资的消费税

E. 根据加工费计算的增值税额

3. 某工业企业发出存货的实物流转方式是先进先出,那么其发出存货的成本计价可采用的方法有(　　)。

A. 先进先出法

B. 月末一次加权平均法

C. 移动加权平均法

D. 毛利率法

E. 个别计价法

4. 本月材料成本差异率的计算公式中,本月收入材料的计划成本包括(　　)。

A. 外购入库材料的计划成本

B. 自制材料入库的计划成本

C. 车间领而未用退回仓库的材料的计划成本

D. 委托加工完毕验收入库材料的计划成本

E. 仓库盘盈材料的计划成本

5. 期末存货的多计,可能会(　　)。

A. 减少所有者权益

B. 增加所有者权益

C. 高估本期的利润

D. 低估本期的利润

E. 增加所得税

6. 某企业期末对存货进行定期检查并计提跌价准备,下列做法中,正确的有(　　)。

A. 待销售商品的成本低于可变现净值,未计提存货跌价准备

B. 待销售商品已发生跌价,但因该商品已经有订购合同且以合同价计算可变现净值高于成本,未计提存货跌价准备

C. 待加工材料账面成本高于市场售价,按两者的差额计提存货跌价准备

D. 如果某材料价格下降表明以其生产的产成品的可变现净值低于成本,按照该材料成本与其可变现净值的差额计提存货跌价准备

E. 如果某材料价格下降表明以其生产的产成品的可变现净值低于成本,按照产成品成本与其可变现净值的差额计提存货跌价准备

7. 企业的库存材料发生盘亏或毁损,报经批准后,根据不同的原因,分别记入(　　)账户。

A. "管理费用"

B. "制造费用"

C. "其他应收款"

D. "营业外支出"

E. "销售费用"

8. 对(　　)的存货,应将其账面价值全部转入当期损益。

A. 市价持续下跌,并且在可预见的未来无回升希望

B. 已霉烂变质

C. 已过期且无转让价值

D. 生产中已不再需要,并且已无转让价值

E. 其他足以证明已无使用价值和转让价值

9. 下列项目中，对计算存货可变现净值有影响的有（　　）。

A. 存货账面成本

B. 估计售价

C. 估计发生的销售费用

D. 至完工估计将要发生的加工成本

E. 估计发生的销售税金

10. 下列有关确定存货可变现净值基础的表述中，正确的有（　　）。

A. 无销售合同的库存商品以该库存商品的估计售价为基础

B. 有销售合同的库存商品且合同订购数量大于库存数量的以该库存商品的合同价格为基础

C. 有销售合同的库存商品且合同订购数量小于库存数量的以该库存商品的合同价格为基础

D. 用于出售的无销售合同的材料以该材料的市场价格为基础

E. 用于生产有销售合同产品的材料以该材料的市场价格为基础

三、判断题

1. 存货是企业的一项重要流动资产，它是在收到货物时确认的。（　　）

2. 企业外购存货所发生的由本企业负担的自然灾害损失，应计入入库存货的成本。（　　）

3. 采用计划成本进行材料日常核算，月末分摊发出材料应负担的成本差异节约额，应借记“材料成本差异”账户，若是成本差异超支额，应贷记“材料成本差异”账户。（　　）

4. “材料采购”账户的期末余额反映企业已购入但尚未验收入库的在途材料的计划成本。（　　）

5. 企业采用加权平均法计量发出存货的成本，在物价上涨时，当月发出存货的单位成本小于月末结存存货的单位成本。（　　）

6. 企业的存货，不论是以实际成本计价还是以计划成本计价，在资产负债表日，均应根据有关存货账户的借方余额填入资产负债表的“存货”项目内。（　　）

7. 如果同一类存货中，一部分有合同约定价格，另一部分没有合同约定价格，企业应分别确定相应部分的可变现净值，并与相对应的成本进行比较，从而分别确定是否需计提存货跌价准备，但计提的存货跌价准备可以相互抵销。（　　）

8. 成本与可变现净值中的可变现净值是指存货的估计销售价格。（　　）

9. 企业每期都应当重新确定存货的可变现净值，如果以前减记存货价值的因素已经消失，则减记的金额应当予以恢复，并在原已计提的存货跌价准备的金额内转回。（　　）

10. 存货的成本与可变现净值孰低法，从存货的整个周转过程来看，只起到调节不同会计期间利润的作用，并不影响利润总额的减少。（　　）

四、名词解释

存货　　　　存货成本流转假设

先进先出法　　月末一次加权平均法
移动加权平均法　　个别计价法
毛利率法　　售价金额核算法
委托加工物资　　成本与可变现净值孰低法
实地盘存制　　永续盘存制
可变现净值　　存货减值

五、简答题

1. 什么是存货？确认存货的条件是什么？存货的初始计量原则是什么？
2. 存货的成本包括哪些内容？不同方式取得的存货，其成本如何确定？
3. 发出存货的计价方法有几种？每种方法各有什么特点？
4. 比较实地盘存制与永续盘存制的特点、优缺点和适用性。
5. 存货简化核算的方法有哪些？它们各自的特点和适用性是什么？
6. 在哪些情况下表明存货发生减值？
7. 确定存货的可变现净值时应考虑哪些因素？举例说明如何计算确定存货的可变现净值。

六、计算与分析题

习　题　一

(一) 目的　练习存货发出计价方法的运用。

(二) 资料　某公司20×7年4月1日结存A材料1 500千克，每千克实际成本为10元；4月6日和4月18日，分别购入A材料4 500千克和4 000千克，每千克实际成本分别为12元和15元；4月8日和4月24日，分别发出A材料5 250千克和3 000千克。

(三) 要求　分别用先进先出法、月末一次加权平均法、移动加权平均法计算本月发出A材料的成本及月末结存A材料的成本。

习　题　二

(一) 目的　练习按实际成本计价的材料收发业务的核算。

(二) 资料　A企业为增值税一般纳税人。原材料按实际成本核算。该企业原材料包括甲、乙两种。20×7年3月1日原材料总账期初借方余额为343 800元，其中甲材料明细账期初借方余额为91 800元(1 800千克)，乙材料明细账期初借方余额为252 000元(9 000千克)。在途物资总账期初借方余额为52 020元，系2月份采购1 020千克甲材料的实际成本。

3月份，A企业有关材料收发业务如下：

(1) 2日，收到上月采购的甲材料1 020千克，材料已验收入库。

(2) 5日，采用汇兑结算方式购入甲材料1批，计3 000千克，材料价款为156 000元，增值税额为20 280元；另外，支付运输费3 000元，增值税额270元，材料尚未收到。

(3) 8日，采用托收承付结算方式购买乙材料1批，计900千克，增值税专用发票上注明的材料价款为28 200元，增值税额为3 666元；对方代垫运输费1 000元，增值税额90元。银行转来的结算凭证已到，款项尚未支付，材料已验收入库。

(4) 16日，5日从外地采购的甲材料运到。验收时实际数量为2 880千克，经查，短缺的120千克系由于供货方少发货，要求供货方退还多付款项。

(5) 18日，基本生产车间生产产品直接领用甲材料2 500千克，乙材料5 500千克。

(6) 20日，根据与某厂的购销合同规定，A公司收到该厂发运来的乙材料1 000千克，已验收入库。有关发票账单记载，该批材料的价款为28 000元，增值税额为3 640元；对方代垫运输费900元，增值税额81元。所欠款项以银行存款付讫（上月已预付30 000元）。

(7) 22日，从外地购入甲、乙两种材料。增值税专用发票上记载：甲材料600千克，买价为30 600元；乙材料800千克，买价为22 400元，增值税额为6 890元。另外，对方代垫运输费2 800元（按甲、乙材料的重量比例分摊），增值税额252元，全部款项已用转账支票付讫。

(8) 25日，22日购买的材料全部验收入库。

(9) 26日，基本生产车间一般领用甲材料200千克、乙材料300千克，企业管理部门领用乙材料300千克。

(10) 27日，采用委托收款结算方式购入甲材料300千克，材料已验收入库，但发票账单尚未收到，货款未付。

(11) 31日，企业于27日购入并已验收入库的甲材料的发票账单仍未收到，按每千克50元暂估入账。

(三) 要求

(1) 根据外购业务编制会计分录。

(2) 假定月末A企业根据领料单编制了发料凭证汇总表，要求编制月末一次结转发出材料成本的会计分录。发出的甲、乙材料按全月一次加权平均法分别计算单价（保留小数两位）。

(3) 根据3月初资料和3月份发生的业务登记"原材料"和"在途物资"总账和明细账（用T字形账户表示），并结出账户期末余额，进行总账和明细账的核对。

习　题　三

(一) 目的　练习按计划成本计价的材料收发业务的核算。

(二) 资料　A企业为增值税一般纳税人。原材料按计划成本核算。该企业原材料包括甲、乙两种，并将甲、乙两种原材料作为一类材料计算材料成本差异，甲材料单位计划成本为50元，乙材料单位计划成本为30元。20×7年3月1日，原材料总账期初借方余额为360 000元，其中甲材料明细账期初借方余额为90 000元（1 800千克），乙材料明细账期初借方余额为270 000元（9 000千克）。材料采购总账期初借方余额为52 020元，系2月份采购1 020千克甲材料的实际成本。材料成本差异账户的期初贷方余额为16 200元。

A企业3月份发生的经济业务，见习题二的(1)～(11)。

(三) 要求

(1) 根据外购业务编制会计分录。

(2) 假定A企业入库材料成本差异于月末一次结转，编制结转本月收入材料成本差异的会计分录。

(3) 假定月末A企业根据领料单编制了发料凭证汇总表，要求编制月末一次结转发出材料成本的会计分录，同时计算本月材料成本差异率，再编制本月发出材料应负担的成本差异额的会计分录。

(4) 根据3月初资料和3月份发生的业务登记"原材料""材料采购"和"材料成本差异"总账账户(用T字形账户表示)，并结出账户的期末余额。

习 题 四

(一) 目的 练习委托加工物资的核算。

(二) 资料 W企业为增值税一般纳税人，适用的增值税税率为13%，适用的消费税税率为10%。该企业委托其他单位(增值税一般纳税企业)加工材料1批(属于应税消费品)。发出原材料的成本为190万元，支付的不含增值税的加工费为80万元，支付的增值税为10.4万元。该批原材料加工完成并验收入库，加工费用等已经支付。该企业按实际成本对原材料进行日常核算。

(三) 要求

(1) W企业收回加工后的材料直接用于销售，编制W企业委托加工物资的发出、支付加工费用和收回委托加工原材料的会计分录。

(2) W企业收回加工后的材料用于继续生产应税消费品，编制W企业委托加工物资的发出、支付加工费用和收回委托加工原材料的会计分录。

习 题 五

(一) 目的 练习存货与可变现净值孰低法的核算。

(二) 资料 假定H公司20×6年12月10日与W公司签订的销售合同约定，20×7年3月2日，H公司应按每台31.5万元的价格(不含增值税)向W公司提供X型设备24台。20×6年12月31日库存X型设备28台，成本(不含增值税)为868万元，单位成本为31万元。20×6年12月31日X型设备市场销售价格为32万元/台。H公司销售部门提供的资料表明，向W公司销售的X型设备的单位销售费用为0.6万元/台(不含增值税)；向其他客户销售同型号的设备的单位销售费用为0.5万元/台(不含增值税)。

(三) 要求

(1) 确定20×6年12月31日H公司X型设备的可变现净值。

(2) 判断20×6年年末H公司对X型设备是否需要计提存货跌价准备？如果需要计提，请编制相应的会计分录。

习 题 六

(一) 目的 练习存货跌价准备的核算。

(二) 资料 B公司采用成本与可变现净值孰低法对S存货进行期末计价。20×4年年末S存货的账面成本为500 000元，20×4～20×6年各年年末S存货可变现净值分别为：475 000元、485 000元和550 000元。在20×4年年末之前"存货跌价准备"账户余额为零。假定以后两年内S存货的种类、数量和账面成本均未发生变化。

(三) 要求 编制20×4～20×6年每年年末计提或转回存货跌价准备的会计分录。

第四章　固 定 资 产

> **本章教学要点**
>
> 了解固定资产的分类方法、影响折旧的因素以及固定资产减值的判断标准；掌握固定资产的增加、折旧、后续支出、处置和清查的账务处理；重点掌握分期付款购买固定资产、自行建造固定资产、改扩建资本化后续支出、计提减值准备的账务处理。

第一节　固定资产的确认和初始计量

一、固定资产的确认

（一）固定资产的定义和特征

企业的经营，无论是商品的买卖、产品的产销，还是劳务的提供，均需要有土地、建筑物、设备、专利等资产以供日常经营用。这些供日常经营用而不出售的资产，将在较长时期中为企业提供经济利益，因此通常把它们称为长期资产或非流动资产。非流动资产中同时具有以下特征的有形资产称为固定资产：① 为生产商品、提供劳务、出租或经营管理而持有；② 使用寿命超过一个会计年度。

具体来说，作为企业的固定资产，其特征主要表现在以下三个方面：

（1）有实体存在，也即这些资产有看得见、摸得着的形体存在。这一特征将固定资产与其他诸如专利权、商标权等无形资产相区别。

（2）企业持有固定资产的目的是为了生产商品、提供劳务、出租或经营管理的需要，而不是直接用于出售。这一特征将固定资产与商品等流动资产区别开来。

（3）企业使用固定资产的年数较长，使用寿命超过一个会计年度、且在使用寿命内保持原实物形态基本不变。这一特征表明企业固定资产的收益期超过 1 年，因此，固定资产的支出不能一次性地在一个会计期间费用化，而只能随着损耗逐渐、分次地收回。这是对固定资产进行折旧的前提条件，也是固定资产明显区别于流动资产的特征。

（二）固定资产的确认条件

某一资产项目，如果要作为固定资产加以确认，除需要符合固定资产的定义以外,还必须同时满足以下条件。

1. 与该固定资产有关的经济利益很可能流入企业

资产最主要的特征是预期能给企业带来经济利益,如果某一项资产预期不能给企业带来经济利益,就不能确认为企业的资产。企业在确认固定资产时,需要判断该项固定资产所包含的经济利益是否很可能流入企业。如果某一固定资产包含的经济利益不是很可能流入企业,那么,即使其满足固定资产确认的其他条件,企业也不应将其确认为固定资产;如果某一固定资产包含的经济利益很可能流入企业,并同时满足固定资产确认的其他条件,那么,企业应将其确认为固定资产。

在实务工作中,判断某项固定资产包含的经济利益是否很可能流入企业,主要依据是与该固定资产所有权相关的风险和报酬是否转移到了企业。其中:与固定资产所有权相关的风险是指,由于经营情况变化造成的相关收益的变动,以及由于资产闲置、技术陈旧等原因造成的损失;与固定资产所有权相关的报酬是指,在固定资产使用寿命内直接使用该资产所获得的收入,以及处置该资产所实现的利得等。通常,取得固定资产的所有权是判断与固定资产所有权相关的风险和报酬转移到企业的一个重要标志。凡是所有权已属于企业,无论企业是否收到或持有该固定资产均应作为企业的固定资产。

但是,所有权是否转移,不是判断与固定资产所有权相关的风险和报酬是否转移到企业的唯一标志。企业虽然有时不能取得固定资产的所有权,但与固定资产所有权相关的风险和报酬实质上已转移给企业,那企业就能够控制该项固定资产所包含的经济利益流入企业。

比如,融资租入固定资产,企业虽然不拥有固定资产的所有权,但与固定资产所有权相关的风险和报酬实质上已转移到企业(承租方),此时,企业能够控制该固定资产所包含的经济利益,因此,满足固定资产确认的第一个条件。

在固定资产的确认过程中,企业购置的环保设备和安全设备等资产,虽然它们的使用不能直接为企业带来经济利益,但是有助于企业从相关资产获得经济利益,或者将减少企业未来经济利益的流出,对于这些设备,企业应将其确认为固定资产。例如,为净化环境或者满足国家有关排污标准的需要,企业专门购买的环保设备。这些设备的使用虽然不会为企业带来直接的经济利益,却有助于企业提高对废水、废气、废渣的处理能力,有利于净化环境,企业为此将减少未来由于污染环境而需要支付的环境净化费或者罚款,所以企业应将这些设备确认为固定资产。

构成固定资产的各组成部分,如果各自具有不同的使用寿命或者以不同的方式为企业提供经济利益,从而适用不同的折旧率或者折旧方法,则各组成部分实际上是以独立的方式为企业提供经济利益的,因此,企业应将各组成部分单独确认为固定资产。例如,飞机的引擎,如果其与飞机机身具有不同的使用寿命,从而适用不同的折旧率或折旧方法，则企业应将其单独确认为固定资产。

2. 该固定资产的成本能够可靠地计量

成本能够可靠地计量，是资产确认的一项基本条件。固定资产作为企业资产的重要组成部分，要予以确认，其为取得该固定资产而发生的支出也必须能够可靠地计量。如果固定资产的成本能够可靠地计量，并同时满足其他确认条件，就可以对固定资产加以确认；否则，企业不应加以确认。

企业在确认固定资产成本时，有时需要根据所获得的最新资料，对固定资产的成本进行合理的估计。比如，企业对于已达到预定可使用状态的固定资产，在尚未办理竣工决算时，需要根据工程预算、工程造价或者工程实际发生的成本等资料，按暂估价值确定固定资产的入账价值，待办理了竣工决算手续后再作调整。

另外，对于工业企业所持有的工具、模具、管理用具、玻璃器皿等资产，施工企业所持有的模板、挡板、架料等周转材料，以及地质勘探企业所持有的管材等资产，企业应当根据实际情况进行核算和管理。如果这些资产项目符合固定资产的定义及其确认条件，就应当作为固定资产进行核算和管理；如果这些资产项目不符合固定资产的定义或没有满足固定资产的确认条件，就不应当作为固定资产进行核算和管理，而应当作为流动资产进行核算和管理。

企业拥有的备品备件和维修设备通常确认为存货，但符合固定资产定义和确认条件的，如民用航空运输企业的高价周转件等，应当确认为固定资产。

（三）固定资产的分类

固定资产根据不同的管理需要和核算要求以及不同的分类标准，可以进行不同的分类，主要有以下几种分类方法。

1. 按固定资产的经济用途分类

按固定资产的经济用途分类，可分为生产经营用固定资产和非生产经营用固定资产。

(1) 生产经营用固定资产是指直接服务于企业生产、经营过程的各种固定资产，如生产经营用的房屋、建筑物、机器、设备、器具、工具等。

(2) 非生产经营用固定资产是指不直接服务于生产、经营过程的各种固定资产，如职工宿舍、食堂、浴室、理发室等使用的房屋、设备和其他固定资产等。

按照固定资产的经济用途分类，可以反映和监督企业生产经营用固定资产和非生产经营用固定资产之间以及生产经营用各类固定资产之间的组成和变化情况，借以考核和分析企业固定资产的利用情况，促使企业合理地配备固定资产，充分发挥其效用。

2. 按固定资产使用情况分类

按固定资产使用情况分类，可分为使用中固定资产、未使用固定资产和不需用固定资产。

(1) 使用中固定资产是指正在使用中的生产经营用和非生产经营用固定资产。由于季节性经营或大修理等原因暂时停止使用的固定资产,仍属于企业使用中的固定资产,企业以经营租赁方式租给其他单位使用的固定资产和内部替换使用的固定资产也属于使用中的固定资产。

(2) 未使用固定资产是指已完工或已购建的、尚未交付使用的新增固定资产,以及因进行改建、扩建等原因暂停使用的固定资产,如企业购建的尚待安装的固定资产、经营任务变更停止使用的固定资产等。

(3) 不需用固定资产是指本企业多余或不适用,需要调配处理的各种固定资产。

按照固定资产使用情况分类,有利于反映企业固定资产的使用情况及其比例关系,便于分析固定资产的利用效率,挖掘固定资产的使用潜力,促使企业合理地使用固定资产。

3. 按固定资产所有权分类

按固定资产所有权分类,可分为自有固定资产和租入固定资产。

(1) 自有固定资产是企业拥有的可供长期使用的固定资产。

(2) 租入固定资产是企业向外单位租入,供企业在一定时期内使用的固定资产。租入固定资产的所有权属于出租单位。租入固定资产可分为经营租入固定资产和融资租入固定资产。

这种分类的作用在于分析、考核固定资产的实有数额及其利用情况,分析考核租入和自有固定资产的经济效益。

4. 固定资产的综合分类

按固定资产的经济用途和使用情况等综合分类,可以把固定资产划分为以下七类:

(1) 生产经营用固定资产。

(2) 非生产经营用固定资产。

(3) 租出固定资产,即在经营租赁方式下出租给外单位使用的固定资产。

(4) 未使用固定资产。

(5) 不需用固定资产。

(6) 土地,即过去已经估价单独入账的土地。因征地而支付的补偿费,应计入与土地有关的房屋、建筑物的价值内,不单独作为土地价值入账。企业取得的土地使用权,应作为无形资产,而不作为固定资产。

(7) 融资租入固定资产,即企业以融资租赁方式租入的固定资产,在租赁期内,应视同自有固定资产进行管理。

由于企业的经营性质不同,经营规模各异,对固定资产的分类不可能完全一致。在实际工作中,企业大多采用综合分类的方法作为编制固定资产目录、进行固定资产核算的依据。

二、固定资产的初始计量

（一）固定资产初始计量基础

固定资产的初始计量是指固定资产初始成本的确定。固定资产应按成本进行初始计量。固定资产成本是指企业购建某项固定资产达到预定可使用状态前所发生的一切合理、必要的支出。这些支出既包括直接发生的价款、相关税费、运杂费、包装费和安装成本等，也包括间接发生的其他一些费用，如应承担的借款利息、外币借款折算差额以及应分摊的其他间接费用。对于特定行业的特定固定资产，确定其成本时，还应考虑预计弃置费用因素，如核电站核废料的处置等。

（二）固定资产初始成本的构成

固定资产的取得方式不同，其初始成本也各不相同。固定资产的取得方式主要包括外购、自行建造、投资者投入、融资租赁取得、非货币性资产交换取得、债务重组取得等。

1. 外购固定资产

外购固定资产的成本，包括购买价款、相关税费、使固定资产达到预定可使用状态前所发生的可归属于该项资产的运输费、装卸费、安装费和专业人员服务费等。

以一笔款项购入多项没有单独标价的固定资产，应当按照各项固定资产公允价值比例对总成本进行分配，分别确定各项固定资产的成本。

购买固定资产的价款超过正常信用条件延期支付，实质上具有融资性质的，固定资产的成本以购买价款的现值为基础确定。实际支付的价款与购买价款的现值之间的差额，除应予资本化的以外，应当在信用期间内计入当期损益。

2. 自行建造的固定资产

自行建造的固定资产的成本，由建造该项资产达到预定可使用状态前所发生的必要支出构成。符合资本化的借款费用应计入自行建造固定资产的成本。

3. 投资者投入的固定资产

投资者投入的固定资产的成本，应当按照投资合同或协议约定的价值确定，但合同或协议约定价值不公允的除外。

4. 融资租赁取得的固定资产

融资租赁取得的固定资产的成本，按租赁开始日租赁资产的公允价值与最低租赁付款额的现值两者中较低者，加上在租赁谈判和签订租赁合同过程中发生的，可归属于租赁项目的手续费、律师费、差旅费、印花税等初始直接费用作为租入固定资产的入账价值。

5. 非货币性资产交换取得的固定资产

非货币性资产交换取得的固定资产成本按如下原则确定：

(1) 非货币性资产交换具有商业实质且换入资产的公允价值能够可靠计量的,应当以换出资产的公允价值(但有确凿证据表明换入资产的公允价值更加可靠的除外)和应支付的相关税费作为确定换入固定资产的成本。如发生补价的,应当分别下列情况处理:

支付补价的,应当以换出资产的公允价值加上支付的补价和应支付的相关税费作为确定换入固定资产的成本。

收到补价的,应当以换出资产的公允价值减去收到的补价加上应支付的相关税费作为确定换入固定资产的成本。

(2) 非货币性资产交换不具有商业实质,或者虽具有商业实质但换入资产的公允价值不能可靠计量的,应当以换出资产的账面价值和应支付的相关税费作为换入资产的成本。如发生补价的,应当分别下列情况处理:

支付补价的,应当以换出资产的账面价值,加上支付的补价和应支付的相关税费,作为换入固定资产的成本。

收到补价的,应当以换出资产的账面价值,减去收到的补价并加上应支付的相关税费,作为换入固定资产的成本。

6. 债务重组取得的固定资产

债务重组取得的固定资产的成本,应当按收到固定资产的公允价值确定。

固定资产的入账价值中,还应包括企业为取得固定资产而缴纳的契税、耕地占用税、车辆购置税等相关税费。企业购置计算机硬件附带的、未单独计价的软件,应与所购置的计算机硬件一并作为固定资产管理。如涉及借款,还应考虑相关的借款费用资本化金额、外币借款折算差额等因素。

三、取得固定资产的核算

(一) 固定资产核算的账户

为了核算固定资产,企业一般需要设置“固定资产”“在建工程”“工程物资”“累计折旧”“固定资产清理”等账户核算固定资产取得、计提折旧、处置等情况。

“固定资产”账户用来核算企业固定资产的原价,借方登记企业增加的固定资产原价,贷方登记企业减少的固定资产原价,期末借方余额反映企业期末固定资产的账面原价。企业应当设置“固定资产登记簿”和“固定资产卡片”,按固定资产类别、使用部门和每项固定资产进行明细核算。

“在建工程”账户用来核算企业基建、更新改造等在建工程发生的支出,借方登记企业各项在建工程的实际支出,贷方登记完工工程转出的成本,期末借方余额反映企业尚未达到预定可使用状态的在建工程的成本。

“工程物资”账户用来核算企业为在建工程而准备的各种物资的实际成本。该账户借方登记企业购入工程物资的成本,贷方登记领用工程物资的成本,期末借方余额，反映企业为在建工程准备的各种物资的成本。

"累计折旧"账户属于"固定资产"的调整账户，用来核算企业固定资产的累计折旧，贷方登记企业计提的固定资产折旧，借方登记处置固定资产转出的累计折旧，期末贷方余额，反映企业固定资产的累计折旧额。

"固定资产清理"账户用来核算企业因出售、报废、毁损、对外投资、非货币性资产交换、债务重组等原因转出的固定资产价值以及在清理过程中发生的费用等，借方登记转出的固定资产价值、清理过程中应支付的相关税费、其他费用以及清理完毕后转出的清理净损失，贷方登记固定资产清理过程收回的出售固定资产的价款、残料价值和变价收入以及清理完成时转出的净收益，期末借方余额，反映企业尚未清理完毕固定资产的清理净损失。该账户应按被清理的固定资产项目设置明细账户，进行明细核算。

此外，企业固定资产、在建工程、工程物资发生减值的，还应当设置"固定资产减值准备""在建工程减值准备""工程物资减值准备"等账户进行核算。若企业购入有关固定资产超过正常信用条件延期支付价款、实质上具有融资性质的，还应设置"未确认融资费用"账户核算企业应当分期计入利息费用的未确认融资费用。

（二）取得固定资产的会计处理

1. 外购固定资产

企业外购固定资产的成本包括买价、进口关税等相关税费，以及为使固定资产达到预定可使用状态前发生的可直接归属于该资产的其他支出，如场地整理费、运输费、装卸费、安装费和专业人员服务费等。

外购固定资产分为需要安装的固定资产和不需要安装的固定资产四类。

1）购入不需要安装的固定资产。这是指企业购入的固定资产不需要安装就可以直接交付使用的情况。企业应按购入固定资产时实际支付的买价、运输费、专业人员服务费和其他相关税费等，借记"固定资产"账户，贷记"银行存款"等账户。支付可以抵扣的增值税，应借记"应交税费——应交增值税（进项税额）"账户。

【例 4-1】 某企业购入 1 台不需要安装就可投入使用的设备，取得的增值税专用发票上注明的设备价款为 20 000 元，增值税额为2 600元，发生的运输费为 436 元（其中可抵扣增值税 36 元），包装费为 200 元，全部款项以银行存款转账支付。该企业有关的会计处理如下：

借：固定资产	20 600	
应交税费——应交增值税（进项税额）	2 636	
贷：银行存款		23 236

2）购入需要安装的固定资产。这是指企业购入的固定资产需要经过安装才能交付使用的情况。企业购入固定资产时实际支付的买价、运输费、专业人员服务费和

其他相关税费等均应先通过"在建工程"账户核算,待安装完毕达到预定可使用状态时,再由"在建工程"账户转入"固定资产"账户。企业购入固定资产时,按实际支付的买价、运杂费和其他相关税费等,借记"在建工程"账户,贷记"银行存款"等账户;发生的专业人员服务费等,借记"在建工程"账户,贷记"银行存款"等账户;安装完毕达到预定可使用状态时,按其实际成本,借记"固定资产"账户,贷记"在建工程"账户。但购入机器设备支付的增值税,不构成固定资产成本,应记入"应交税费——应交增值税(进项税额)"账户的借方。

【例 4-2】 某企业购入 1 台需要安装的机器设备,取得的增值税专用发票上注明的设备价款为 300 000 元,增值税额为 39 000 元;支付的运输费为 4 000 元,增值税额为 360 元。款项已通过银行支付。安装设备时,领用原材料 1 批,价值为 15 000 元,购进该批原材料时支付的增值税进项税额为1 950元;应负担的安装工人的薪酬为5 450元。企业的会计处理如下:

(1) 支付设备价款、增值税、运输费。

借:在建工程	304 000	
应交税费——应交增值税(进项税额)	39 360	
贷:银行存款		343 360

(2) 领用本公司原材料,负担安装工人薪酬等费用。

借:在建工程	20 450	
贷:原材料		15 000
应付职工薪酬		5 450

(3) 设备安装完毕达到预定可使用状态。

借:固定资产	324 450	
贷:在建工程		324 450

3) 一揽子购入的固定资产。企业基于产品价格等因素的考虑,可能以一笔款项购入多项没有单独标价却可独立使用的固定资产。如果这些资产均符合固定资产的定义,并满足固定资产的确认条件,则应将各项资产单独确认为固定资产,并按各项固定资产公允价值的比例对总成本进行分配,分别确定各项固定资产的入账价值。

【例 4-3】 某企业用银行存款 15 000 000 元向另一企业购入 1 个生产车间,包括 1 幢厂房和 1 套已安装完毕的生产流水线。另外以银行存款支付场地整理费 100 000 元。该厂房和生产流水线均满足固定资产的定义及其确认条件,公允价值分别为13 260 000元、2 340 000元。厂房和流水线已达到预定可使用状态。

企业有关的会计处理如下:

(1) 确定应计入固定资产成本的金额。

应计入固定资产成本的金额＝15 000 000＋100 000＝15 100 000(元)

（2）确定厂房和生产流水线的价值比例。

厂房应分配的固定资产价值比例＝13 260 000÷(13 260 000＋2 340 000)×100%＝85%

生产流水线应分配的固定资产价值比例＝2 340 000÷(13 260 000＋2 340 000)×100%＝15%

（3）确定厂房和生产流水线各自的入账价值：

厂房入账价值＝15 100 000×85%＝12 835 000(元)

生产流水线入账价值＝15 100 000×15%＝2 265 000(元)

（4）作会计分录如下：

借：固定资产——厂房	12 835 000	
——生产流水线	2 265 000	
贷：银行存款		15 100 000

4）递延付款取得的固定资产。企业购买固定资产的价款有时可能会延期支付，在正常信用条件下，还往往不考虑利息因素。在购入固定资产时，按应计入固定资产的价值，借记“固定资产”“在建工程”账户，贷记“应付账款”“应付票据”等账户。但是，如果购买固定资产的价款超过正常信用条件延期支付，实质上具有融资性质的，固定资产的成本应当以购买价款的现值为基础确定。实际支付的价款与购买价款的现值之间的差额，应当在信用期间内采用实际利率法进行摊销，摊销金额除满足借款费用资本化条件应当计入固定资产成本外，均应在信用期间内确认为财务费用，计入当期损益。

【例 4－4】 20×1 年 1 月 1 日，A 公司与 B 公司签订 1 份购货合同，向 B 公司购入 1 台需要安装的机器设备，取得的设备价款为1 755 000元。合同约定，A 公司于 20×1 年至 20×5 年 5 年内，每年的 12 月 31 日支付 351 000 元，假定 A 公司 5 年期银行借款年利率为 8%(利率 8%，期限为 5 年的年金现值系数为 3. 993)。20×1 年 1 月 1 日购入时以银行存款支付的运输费为 4 000 元，安装费为2 000元，设备已安装完毕达到预定可使用状态。假定不考虑增值税因素，企业有关的会计处理如下：

（1）20×1 年 1 月 1 日，确定购入固定资产的成本。

购入固定资产的成本＝351 000×3. 993＋4 000＝1 401 543＋4 000＝1 405 543(元)

借：在建工程	1 405 543	
未确认融资费用	353 457	
贷：长期应付款		1 755 000
银行存款		4 000

支付安装费用:

借:在建工程　　2 000

　贷:银行存款　　2 000

安装完毕达到预定可使用状态:

借:固定资产　　1 407 543

　贷:在建工程　　1 407 543

(2) 确定未确认融资费用在信用期间的分摊额,见表 4-1。

表 4-1　　**未确认融资费用分摊表**　　单位:元

日　　期	分　期 付款额	分摊未确认 的融资费用	应付本金 减 少 额	应付本金余额
	(1)	(2)=期初(4)×8%	(3)=(1)-(2)	期末(4)=期初(4)-(3)
20×1 年 1 月 1 日				1 401 543.00
20×1 年 12 月 31 日	351 000	112 123.44	238 876.56	1 162 666.44
20×2 年 12 月 31 日	351 000	93 013.32	257 986.68	904 679.76
20×3 年 12 月 31 日	351 000	72 374.38	278 625.62	626 054.14
20×4 年 12 月 31 日	351 000	50 084.33	300 915.67	325 138.47
20×5 年 12 月 31 日	351 000	25 861.53 *	325 138.47	0
合　　计	1 755 000	353 457.00	1 401 543.00	

* 表示含尾数调整。

(3) 20×1 年 12 月 31 日支付款项、分摊未确认融资费用。

借:长期应付款　　351 000

　贷:银行存款　　351 000

借:财务费用　　112 123.44

　贷:未确认融资费用　　112 123.44

20×2 年至 20×5 年各年年末支付款项和分摊未确认融资费用的会计处理比照 20×1年 12 月 31 日的相关会计处理。

2. 自行建造固定资产

自行建造的固定资产,按建造该项资产达到预定可使用状态前所发生的必要支出,包括工程用物资成本、人工成本、缴纳的相关税费、应予资本化的借款费用以及应分摊的间接费用等,作为入账价值。

企业自行建造固定资产包括自营建造和出包建造两种方式，主要通过“工程物资”和“在建工程”账户进行核算。

1）自营方式建造固定资产。企业通过自营方式建造固定资产，其入账价值应当按照建造该项固定资产达到预定可使用状态前所发生的必要支出确定。这些支出包括直接材料、直接人工、直接机械施工费等。工程项目较多且工程支出较大的企业，应当按照工程项目的性质分别核算各工程项目的成本。

企业为在建工程准备的各种物资，应按实际支付的购买价款、运输费、保险费等相关税费，作为实际成本，并按各种专项物资的种类进行明细核算。

工程完工达到预定可使用状态后，应将该项工程完工达到预定可使用状态前所发生的必要支出结转，作为固定资产的入账价值。固定资产达到预定可使用状态后剩余的工程物资，如转作库存材料，按其实际成本或计划成本，转作企业的库存材料；若材料存在可抵扣的增值税进项税额，应按减去可抵扣增值税进项税额后的实际成本或计划成本，转作企业的库存材料。盘盈、盘亏、报废、毁损的工程物资，减去保险公司、过失人赔偿部分后的余额，分别情况处理：如果工程项目尚未达到预定可使用状态，计入或冲减所建工程项目的成本；如果工程项目已经达到预定可使用状态，计入当期营业外支出或营业外收入。

工程在达到预定可使用状态前，因必须进行试运转而形成的、能够对外销售的产品，其发生的成本，计入在建工程成本，销售或转为库存商品时，按实际销售收入或按预计售价冲减工程成本。所建造的固定资产已达到预定可使用状态，但尚未办理竣工决算的，应当自达到预定可使用状态之日起，根据工程预算、造价或者工程实际成本等，按暂估价值转入固定资产成本，待办理竣工决算手续后再作调整。

由于正常原因造成的单项工程或单位工程报废或毁损，减去残料价值和过失人或保险公司等赔款后的净损失或净收益，如果工程项目尚未达到预定可使用状态的，计入或冲减继续施工的工程成本；如果工程项目已经达到预定可使用状态的，属于筹建期间的，计入或冲减管理费用；不属于筹建期间的，直接计入当期营业外支出或营业外收入。

如为非正常原因造成的单项工程或单位工程报废或毁损，或在建工程项目全部报废或毁损，减去残料价值和过失人或保险公司等赔款后的净损失，属于筹建期间的，计入管理费用；不属于筹建期间的，直接计入当期营业外支出。

企业通过自营方式建造的固定资产，按建造该项资产达到预定可使用状态前所发生的必要支出，先通过“在建工程”账户核算；工程达到预定可使用状态交付使用时，再由“在建工程”账户转入“固定资产”账户。

【例 4-5】 某水泥厂准备自行建造 1 台大型设备，为此购入设备物资 1 批，取得的增值税专用发票上注明的价款为 800 000 元,增值税额为 104 000 元,款项以银行存款支付。工程开工后,先后领用设备物资 791 000 元(含增值税 91 000 元);领用生产用原材料 1 批,价值为 50 000 元,购进该批原材料时支付的增值税进项税额为 6 500 元;领用本企业生产的水泥 1 批,成本为 100 000 元;辅助生产车间为工程提供有关劳务支出为 40 000 元;应付工程人员的薪酬 72 500 元;以银行存款支付其他工程用费用 69 600 元。设备工程已达到预定可使用状态并交付使用。剩余设备物资转为该公司的存货,其所含的增值税进项税额可以抵扣。

该水泥厂的会计处理如下:

(1) 购入为设备工程准备的物资。

借:工程物资	800 000	
应交税费——应支增值税(进项税额)	104 000	
贷:银行存款		904 000

(2) 设备工程领用物资。

借:在建工程——设备	700 000	
贷:工程物资		700 000

(3) 设备工程领用生产用原材料。

借:在建工程——设备	50 000	
贷:原材料		50 000

(4) 设备工程领用自产的水泥。

借:在建工程——设备	100 000	
贷:库存商品		100 000

(5) 分摊辅助生产车间为设备工程提供劳务支出。

借:在建工程——设备	40 000	
贷:生产成本——辅助生产成本		40 000

(6) 计提设备工程人员薪酬。

借:在建工程——设备	72 500	
贷:应付职工薪酬		72 500

(7) 支付其他设备工程费用。

借:在建工程——设备	69 600	
贷:银行存款		69 600

(8) 设备工程达到预定可使用状态并交付使用。

借：固定资产——设备　　1 032 100
　贷：在建工程——设备　　1 032 100

(9) 剩余设备工程物资转作存货。

借：原材料　　100 000
　贷：工程物资　　100 000

2) 出包方式建造固定资产。出包方式建造固定资产是指企业通过招标等方式将工程项目发包给建造承包商，由建造承包商组织施工的建筑工程和安装工程。企业通过出包工程方式建造的固定资产成本，应按照支付的工程价款等计量，其工程的具体支出在承包单位核算，此时，"在建工程"账户实际成为企业与承包单位的结算账户，企业应当将与承包单位结算的工程价款作为工程成本，通过"在建工程"账户核算。企业按合同规定预付工程款时，借记"预付账款"账户，贷记"银行存款"等账户；按合理估计的发包工程进度和合同规定结算的进度款，借记"在建工程"账户，贷记"银行存款""预付账款"等账户。工程达到预定可使用状态时，借记"固定资产"账户，贷记"在建工程"账户。

【例 4-6】 20×7 年 2 月 8 日，A 公司将 1 幢新建厂房工程出包给某建筑公司承建，双方约定，建造厂房的价款为 8 000 000 元。合同签订日，按规定先向承包单位预付工程价款 1 000 000 元，以银行存款转账支付；20×7 年 6 月 30 日，按合理估计的发包工程进度和合同规定结算进度款 5 000 000 元，除冲减预付款外，其他款项通过银行转账支付；20×7 年 9 月 28 日，工程达到预定可使用状态后，收到承包单位的有关工程结算单据，补付工程款 3 000 000 元，以银行存款转账支付。

A 公司的会计处理如下：

(1) 20×7 年 2 月 8 日，预付工程款。

借：预付账款　　1 000 000
　贷：银行存款　　1 000 000

(2) 20×7 年 6 月 30 日，按合理估计的发包工程进度和合同规定结算进度款。

借：在建工程　　5 000 000
　贷：银行存款　　4 000 000
　　　预付账款　　1 000 000

(3) 20×7 年 9 月 28 日，补付工程款。

借：在建工程　　3 000 000

　贷：银行存款　　3 000 000

(4) 工程达到预定可使用状态。

借：固定资产　　8 000 000

　贷：在建工程　　8 000 000

3. 投资者投入固定资产

投资者投入的固定资产，应在办理了固定资产移交手续之后，按照投资合同或协议约定的价值作为入账价值，但合同或协议约定价值不公允的除外。

【例 4-7】 A 企业的注册资本为 20 000 000 元。20×7 年 1 月 18 日，A 企业接受甲公司以 1 台不需安装的设备进行投资。经双方协商，该台设备的价值为 3 390 000 元(其中，增值税额为 390 000 元)，占 A 企业注册资本的 10%。

假定不考虑其他相关税费。A 企业的会计处理如下：

借：固定资产　　3 000 000

　　应交税费——应交增值税(进项税额)　　390 000

　贷：实收资本——甲公司　　2 000 000

　　　资本公积——资本溢价　　1 390 000

4. 租入固定资产

租入固定资产按照其实质上是否转移与租赁资产所有权有关的全部风险和报酬，分为融资租赁和经营租赁。

1) 融资租赁。融资租赁是指在实质上转移了与资产所有权有关的全部风险和报酬的租赁。在判断租赁类型时，不应以租赁资产所有权是否转移给承租人为标准。企业与出租人签订的租赁合同应否认定为融资租赁合同，不在于租赁合同的形式，而应视出租人是否将租赁资产的风险和报酬转移给了承租人。如果实质上转移了与资产所有权有关的全部风险和报酬，则该项租赁应认定为融资租赁；如果实质上并没有转移与资产所有权有关的全部风险和报酬，则该项租赁应认定为经营租赁。

企业采用融资租赁方式租入的固定资产，虽然在法律形式上，资产的所有权在租赁期间仍然属于出租人，但由于资产租赁期基本上包括了资产的有效使用年限，承租企业实质上获得了租赁资产所提供的主要经济利益，同时承担与资产所有权有关的风险。因此，承租企业应将融资租入资产作为一项固定资产入账，同时确认相应的负债，并采用与自有固定资产相一致的折旧政策计提折旧。

为了与企业自有固定资产相区别，企业应对融资租入固定资产单设“融资租入固定资产”明细账户核算。企业应在租赁期开始日，按当日租赁资产的公允价值与最低租赁付款额的现值两者中较低者，加上在租赁谈判和签订租赁合同过程中发生的，可归属于租赁项目的手续费、律师费、差旅费、印花税等初始直接费用作为租入固定资产的入账价值，借记“固定资产——融资租入固定资产”或“在建工程”账户；按最低租赁付款额，贷记“长期应付款——应付融资租赁款”账户，按发生的初始直接费用，贷记“银行存款”等账户；按其差额，借记“未确认融资费用”账户。每期支付租金时，企业应按实际支付的租金金额，借记“长期应付款——应付融资租赁款”账户，贷记“银行存款”账户。如果支付的租金中包含有履约成本，还应同时借记“制造费用”“管理费用”等账户。每期分摊未确认融资费用时，按当期应分摊的未确认融资费用金额，借记“财务费用”账户，贷记“未确认融资费用”账户。租赁期满，如合同规定将租赁资产所有权转归承租企业，应进行转账，将固定资产从“融资租入固定资产”明细账户转入有关明细账户。

【例 4-8】　20×7 年 1 月 31 日，A 公司与丙租赁公司签订了 1 份设备融资租赁合同。租赁合同规定：起租日为 20×7 年 1 月 31 日；租赁期为 2 年；每年年末支付租金 500 万元；租赁期满，设备的估计残余价值为 30 万元，其中 A 公司担保余值为 20 万元，未担保余值为 10 万元。

该设备于 20×7 年 1 月 31 日运抵公司，当日投入使用；租赁内含利率为 5%（利率 5%，期限为 2 年，1 元的现值系数为 0.907，1 元的年金现值系数为 1.859），租赁开始日，该设备的公允价值为 1 000 万元。

A 公司租赁期开始日的会计处理如下：

最低租赁付款额的现值＝5 000 000×1.859＋200 000×0.907＝9 476 400（元）

融资租入固定资产的入账价值＝9 476 400（元）

未确认融资费用＝10 000 000＋200 000－9 476 400＝723 600（元）

借：固定资产——融资租入固定资产　　9 476 400
　　未确认融资费用　　723 600
　贷：长期应付款——应付融资租赁款　　10 200 000

支付租金、分摊融资费用、计提折旧的会计处理见后续课程。

2）经营租赁。如果一项租赁在实质上没有转移与租赁资产所有权有关的全部风险和报酬，那么该项租赁应认定为经营租赁。在经营租赁方式下，由于与租赁资产所有权有关的全部风险和报酬实质上没有转移给承租企业，因此，承租企业不需将所取得的租入资产的使用权资本化，相应地，也不必将所承担的付款义务列作负债。承租企业只需在预付租金时，借记“长期待摊费用”等账户，贷记“银行存款”“库存现金”等账户；确认各期租金费用时，借记“销售费用”“管理费用”等账户，贷记“长期待摊费用”“银行存款”等账户。

【例 4-9】　A 企业 20×7 年 1 月 1 日从一家租赁公司采用经营租赁方式租入 1

台生产设备,租赁期为 2 年。该生产设备价值为 500 000 元,预计使用年限为 5 年。租赁合同规定:租赁期开始日为 20×7 年 1 月 1 日,A 企业预付租金 100 000 元,第 1 年年末支付租金 80 000 元,第 2 年年末支付租金 120 000 元,款项全部通过银行转账支付;租赁期满,租赁公司收回生产设备,2 年的租金总额为 300 000 元。假设 A 企业在每年年末确认租金费用,并按时支付租金。

A 企业的会计处理如下:

(1) 20×7 年 1 月 1 日,预付租金。

借:长期待摊费用	100 000	
贷:银行存款		100 000

(2) 20×7 年 12 月 31 日。

借:制造费用	150 000	
贷:长期待摊费用		70 000
银行存款		80 000

(3) 20×8 年 12 月 31 日。

借:制造费用	150 000	
贷:长期待摊费用		30 000
银行存款		120 000

5. 存在弃置费用的固定资产

对于特定行业的特定固定资产,确定其成本时,还应考虑预计弃置费用因素,弃置费用通常是指根据国家法律和行政法规、国际公约等规定,企业承担的环境保护和生态恢复等义务,如石油、天然气企业油气水井及相关设施的弃置、核电站核设施的弃置和恢复环境等。弃置费用的金额较大,企业应当按照弃置费用的现值计算确定应计入固定资产的成本和相应的预计负债。在固定资产的使用寿命内,按照预计负债的摊余成本和实际利率计算确定的利息费用,应当计入财务费用。

一般工商企业的固定资产报废清理费,不属于弃置费用,应在实际发生时作为固定资产处置费用处理。

【例 4-10】 某企业为一家发电厂,20×6 年 12 月 31 日,1 座核电站已建成达到预定可使用状态并投入使用,预计可使用 10 年。根据有关法律,该核电站在使用寿命期满时应对核设施进行处理并恢复环境,预计发生弃置费用 1 500 000 元。该企业采用的折现率为 10%(利率 10%,期限为 10 年的现值系数为 0.386)。

该企业与弃置费用有关的会计处理如下:

(1) 20×6 年 12 月 31 日,将弃置费用的现值计入固定资产的原价。

弃置费用的现值＝1 500 000×0.386＝579 000(元)

借：固定资产　　579 000

　贷：预计负债　　579 000

(2) 20×7 年 1 月 1 日起 10 年内，按照预计负债的摊余成本和实际利率计算确定的利息费用，借记“财务费用”账户，贷记“预计负债”账户。

6. 其他方式取得固定资产

其他方式取得固定资产，如通过债务重组取得固定资产、通过非货币性资产交换取得固定资产等，分别按照债务重组、非货币性资产交换的会计处理原则进行核算。具体核算见后续课程。

第二节　固定资产的后续计量

一、固定资产折旧

(一) 固定资产折旧概念

固定资产作为一种经营用资产，可以在较长时期内提供服务，为企业带来经济利益，并且其服务潜能随着企业的不断使用或随着时间的推移会逐渐衰退直至消失。因此，固定资产的取得成本可以看作是为取得这些服务潜能或未来经济效益的成本，当固定资产的服务潜能消耗时，固定资产的成本就应转化为费用，与其产生的收益相配合以计算损益，这种成本转化过程，即是折旧过程。我国《企业会计准则第 4 号——固定资产》对折旧的定义是，“折旧，是指在固定资产使用寿命内，按照确定的方法对应计折旧额进行系统分摊”。

应计折旧额是指应当计提折旧的固定资产原价扣除其预计净残值后的余额；如已对固定资产计提减值准备，还应扣除已计提的固定资产减值准备累计金额。

1. 影响折旧的因素

(1) 固定资产的原价是固定资产取得时的历史成本，是可提折旧的最大数额。

(2) 预计净残值是指假定固定资产预计使用寿命已满并处于使用寿命终了时的预期状态，企业目前从该项资产处置中获得的扣除预计处置费用后的金额。

(3) 固定资产的减值准备是指固定资产在期末计量中已计提的固定资产减值准备累计金额。

(4) 固定资产的使用寿命是指企业使用固定资产的预计期间，或者该固定资产所能生产产品或提供劳务的数量。

2. 企业确定固定资产使用寿命主要应当考虑的因素

(1) 预计的生产能力或实物产量。

(2) 预计的有形损耗。有形损耗是指固定资产在使用过程中,因使用而磨损或因自然力的作用而引起的使用价值和价值的降低。这种物质上的变化也称物质损耗,如设备使用中发生磨损,房屋建筑物受到自然侵蚀等。

(3) 预计的无形损耗。无形损耗是指由于某种因素的影响,固定资产虽在物质形态上仍可使用,但从经济角度看已丧失使用的价值,如由于劳动生产率的提高或科学技术的进步而使固定资产无形中贬值、市场需求变化而使产品过时等。

(4) 有关资产使用的法律或者类似的限制。

企业应当根据固定资产的性质和使用情况,合理确定固定资产的使用寿命和预计净残值。固定资产的使用寿命、预计净残值一经确定,不得随意变更。

(二) 固定资产折旧范围

确定固定资产折旧的范围,一是要从空间范围上确定哪些固定资产应当提取折旧,哪些固定资产不应当提取折旧;二是要从时间范围上确定应提折旧的固定资产什么时间开始提取折旧,什么时间停止提取折旧。

除以下情况外,企业应对所有固定资产计提折旧:

(1) 已提足折旧仍继续使用的固定资产。

(2) 按照规定单独估价作为固定资产入账的土地。

固定资产提足折旧后,不论能否继续使用,均不再计提折旧;提前报废的固定资产,也不再补提折旧。所谓提足折旧,是指已经提足该项固定资产的应计折旧额。

已达到预定可使用状态的固定资产,如果尚未办理竣工决算的,应当按照估计价值暂估入账,并计提折旧;待办理了竣工决算手续后,再按照实际成本调整原来的暂估价值,但不需要调整原已计提的折旧额。

融资租入的固定资产,应当采用与自有应计提折旧资产相一致的折旧政策。能够合理确定租赁期届满时将会取得租赁资产所有权的,应当在租赁资产尚可使用年限内计提折旧;无法合理确定租赁期届满时能够取得租赁资产所有权的,应当在租赁期与租赁资产尚可使用年限两者中较短的期间内计提折旧。

企业对固定资产进行更新改造而停止使用时,应将更新改造的固定资产账面价值转入在建工程,不再计提折旧。更新改造项目达到预定可使用状态转为固定资产后,再按重新确定的折旧方法和该项固定资产尚可使用年限计提折旧。

因进行大修理而停用的固定资产,应当照提折旧,计提的折旧应计入相关资产的成本或当期损益。

企业一般应按月计提折旧,当月增加的固定资产,当月不计提折旧,从下月起计提折旧;当月减少的固定资产,当月仍计提折旧,从下月起不计提折旧。

(三) 固定资产折旧方法

企业应当根据固定资产所含经济利益预期实现方式选择折旧方法,可选用的折旧方法包括年限平均法、工作量法、双倍余额递减法和年数总和法。折旧方法一经选定，不得随意变更。

1. 年限平均法

年限平均法，是将固定资产的应计折旧额均衡地分摊到固定资产预计使用寿命内的一种方法。计算公式如下：

$$年折旧率=\frac{1-预计净残值率}{预计年使用寿命}\times 100\%$$

$$月折旧率=年折旧率\div 12$$

$$月折旧额=固定资产原价\times 月折旧率$$

【例 4－11】 某企业有设备 1 台，原价为 50 000 元，预计可使用 5 年，预计报废时的净残值率为 4%。该设备的月折旧率和月折旧额计算结果如下：

$$年折旧率=\frac{1-4\%}{5}\times 100\%=19.2\%$$

$$月折旧率=\frac{19.2\%}{12}=1.6\%$$

$$月折旧额=50\,000\times 1.6\%=800(元)$$

上述折旧率是按个别固定资产单独计算的，称为个别折旧率，即某项固定资产在一定期间的折旧额与该项固定资产原价的比率。固定资产折旧率还可按固定资产类别或全部固定资产计算，称为分类折旧率或综合折旧率。

分类折旧，应先把性质、结构和使用年限接近的固定资产归为一类，再按类计算平均折旧率，用该类折旧率对该类固定资产计提折旧，如将房屋建筑物划分为一类、将机械设备划分为一类等。采用分类折旧率计算固定资产折旧，其优点是计算方法简单，但准确性不如个别折旧率。

综合折旧率是指某一期间企业按全部固定资产计算的平均折旧率。与采用个别折旧率和分类折旧率计算固定资产折旧相比，采用综合折旧率计算固定资产折旧，其计算结果的准确性较差。

年限平均法是建立在固定资产的服务潜能随着它使用时间推移而等量减少的假设上的。按照年限平均法计算求得的折旧额，在固定资产的整个使用期，每期计入相关资产成本或当期损益的数额是相等的，因此这种折旧方法也叫直线法。它的优点是简单明了、计算容易，但它也存在着一些明显的局限性。首先，固定资产在不同使用年限提供的经济效益是不同的。一般来说，固定资产在其使用前期工作效率相对较高，所带来的经济利益也较多；而在其使用后期，工作效率一般呈下降趋势，因而所带来的经济利益也就逐渐减少。年限平均法不考虑这一事实，明显是不合理的。其次，固定资产在不同的使用年限发生的维修费用也不一样。固定资产的维修费用将随着其使用时间的延长而不断增大，而年限平均法没有考虑这一因素。因此，年限平均法比较适用于各个时期使用强度和使用效率大致相同的固定资产。

2. 工作量法

工作量法，是按固定资产所完成的实际工作量计提固定资产折旧额的一种方法。计算公式如下：

$$单位工作量折旧额=\frac{固定资产原价\times(1-预计净残值率)}{预计总工作量}$$

$$某项固定资产月折旧额=当月实际工作量\times单位工作量折旧额$$

【例 4 - 12】 某企业车队有运输卡车 1 辆，原价为 800 000 元，预计总行驶里程为 500 000 千米，预计报废时的净残值率为 5%，本月行驶 5 000 千米。该辆卡车的月折旧额计算结果如下：

$$单位里程折旧额=\frac{800\,000\times(1-5\%)}{500\,000}=1.52(元/千米)$$

$$本月折旧额=5\,000\times1.52=7\,600(元)$$

工作量法是建立在固定资产的服务潜能随着它使用程度的增加而相应减少的假设上的。它的优点是易于计算，简单明了，并使折旧的计提与固定资产的使用程度结合起来。但也有一定的缺点，如只重视固定资产的使用，而未考虑无形损耗对资产的影响等。此外，在实务中，预计固定资产的总工作量也非易事。

3. 加速折旧法

加速折旧法又称递减折旧法，是指固定资产在使用寿命期内计提的折旧额呈递减趋势的一类方法，也即在固定资产使用的早期多提折旧，后期少提折旧，每期计提的折旧额，随着固定资产使用时间的推移而逐渐递减。采用加速折旧法的理由主要有：① 固定资产的服务效用会随着固定资产使用时间的延长而逐渐衰退，如使用新设备比使用旧设备能生产出更多、质量更好的产品，新房屋出租比旧房屋出租可获取更多的租金等。为了使固定资产提供的效益能与其分摊的成本相配合，因此，在固定资产的使用早期应多提折旧。② 固定资产的维护修理费用会随着固定资产使用时间的延长而逐渐增加，前期多提折旧，后期少提折旧，可起到均衡固定资产使用成本的作用。③ 在收入一定的情况下，加速折旧法可递延纳税，获取财务收益。④ 加速折旧法在固定资产使用的早期，就将其价值的大部分通过折旧方式回收，可减少无形损耗带来的损失。

加速折旧法主要有双倍余额递减法和年数总和法。

(1) 双倍余额递减法。双倍余额递减法是根据每期固定资产的账面净值和确定的折旧率计算当期固定资产折旧额的一种方法。这种方法的折旧率是按残值为零时直线折旧率的两倍计算的。折旧率和折旧额的计算公式如下：

$$年折旧率=\frac{2}{预计使用年限}\times 100\%$$

$$月折旧率=年折旧率\div 12$$

$$固定资产月折旧额=月初固定资产账面净值\times 月折旧率$$

企业在选用双倍余额递减法计提折旧时，固定资产的预计净残值不能从其价值中抵减。因此，每年计提的固定资产折旧额是用两倍于直线法的折旧率去乘固定资产的账面净值。由于只要该项固定资产仍继续使用，其账面净值就不可能被冲销完毕，因此，在固定资产的使用后期，如果发现采用双倍余额递减法计算的折旧额小于采用直线法计算的折旧额时，就应改用直线法计提折旧。实务中为操作方便，采用双倍余额递减法计提折旧的固定资产，应当在固定资产折旧年限到期前两年内，将固定资产账面净值扣除预计净残值后的余额平均摊销。

【例 4－13】 承[例 4－11]，如果采用双倍余额递减法，该设备的年折旧率和折旧额计算结果如下：

$$年折旧率=\frac{2}{5}\times 100\%=40\%$$

每年应计提的折旧额如表 4－2 所示。

表 4－2 **折旧额计算表**（双倍余额递减法）

年 次	期初账面净值	年折旧率	年折旧额	累计折旧额	期末账面净值
1	50 000	40%	20 000	20 000	30 000
2	30 000	40%	12 000	32 000	18 000
3	18 000	40%	7 200	39 200	10 800
4	10 800		4 400 *	43 600	6 400
5	6 400		4 400	48 000	2 000

* 第 4、第 5 年的年折旧额 $=\frac{10\,800-50\,000\times 4\%}{2}=4\,400$（元）。

（2）年数总和法。年数总和法又称年限合计法，是将固定资产的原价减去预计净残值后的余额，乘以一个以固定资产预计尚可使用寿命为分子，以预计使用寿命年数总和为分母的逐年递减的分数计算每年折旧额的方法。其计算公式如下：

$$年折旧率=\frac{尚可使用年限}{预计使用寿命的年数总和}\times 100\%$$

或

$$年折旧率=\frac{预计使用寿命-已使用年限}{预计使用寿命\times(预计使用寿命+1)\div 2}\times 100\%$$

$$月折旧率=年折旧率\div 12$$

$$月折旧额=(固定资产原价-预计净残值)\times 月折旧率$$

【例 4-14】 承[例 4-11],如果采用年数总和法,该设备的年折旧率和折旧额计算结果如表 4-3 所示。

表 4-3 **折旧额计算表**(年数总和法)

年　次	应计提折旧额	年折旧率	年折旧额	累计折旧额	账面净值
					50 000
1	48 000	5/15	16 000	16 000	34 000
2	48 000	4/15	12 800	28 800	21 200
3	48 000	3/15	9 600	38 400	11 600
4	48 000	2/15	6 400	44 800	5 200
5	48 000	1/15	3 200	48 000	2 000

(四)固定资产折旧的会计处理

企业应按月计提折旧,一方面,计提的折旧应记入"累计折旧"账户,该账户只进行总分类核算,不进行明细分类核算。若需要查明某项固定资产的已提折旧,可以根据固定资产卡片上所记载的该项固定资产原值、折旧率和实际使用年数等资料进行计算;另一方面,应根据固定资产用途,分别计入相关的资产成本或当期费用,如企业自行建造固定资产过程中使用的固定资产,其计提的折旧记入"在建工程"账户,基本生产车间所使用的固定资产,其计提折旧应记入"制造费用"账户,并最终计入所生产的产品成本;企业管理部门所使用的固定资产,其计提折旧应记入"管理费用"账户;企业销售部门所使用的固定资产,其计提折旧应记入"销售费用"账户;经营租赁租出的固定资产,其计提折旧应记入"其他业务成本"账户等。

【例 4-15】 某企业 20×7 年 1 月份,固定资产计提折旧情况如下:生产车间厂房计提折旧 50 000 元,机器设备计提折旧 65 000 元;管理部门房屋建筑物计提折旧 45 000 元,运输工具计提折旧 35 000 元;销售部门房屋建筑物计提折旧 36 000 元,办公设备计提折旧 20 000 元。本月管理部门新购置 1 辆轿车,价值为 320 000 元,预计使用寿命为 5 年。企业本月计提折旧的会计处理如下:

借:制造费用——甲车间　　115 000
　　管理费用　　80 000
　　销售费用　　56 000
　贷:累计折旧　　251 000

在会计实务中，折旧的计算是通过编制折旧计算表进行的。在上月份应计折旧额的基础上，考虑上月份固定资产增减变动的情况进行调整。计算公式如下：

$$\text{本月应提折旧额}=\text{上月计提折旧额}+\text{上月增加固定资产应计提折旧额}-\text{上月减少固定资产应计提折旧额}$$

（五）固定资产预计使用寿命等的复核

1. 固定资产预计使用寿命和预计净残值的复核

在固定资产使用过程中，其所处的经济环境、技术环境以及其他环境有可能与预计固定资产使用寿命和预计净残值时发生很大的变化。例如，固定资产使用强度比正常情况大大加强，致使固定资产实际使用寿命大大缩短、预计净残值大大减少等。此时，如果不对固定资产预计使用寿命和预计净残值进行调整，原先确定的固定资产使用寿命和预计净残值必然不能反映出其为企业提供经济利益的期间及每期实际的资产消耗，据此提供的会计信息就很可能是不真实的，进而影响会计信息使用者作出恰当的经济决策。为了避免这种情况，企业至少应当于每年年度终了，对固定资产的使用寿命和预计净残值进行复核。如果固定资产使用寿命、预计净残值的预期数与原先的估计数有重大差异，则应当相应调整固定资产的使用寿命和预计净残值，并按照会计估计变更的有关规定进行会计处理。

2. 固定资产折旧方法的复核

在固定资产使用过程中，其包含的经济利益的预期实现方式有可能发生重大改变。如果固定资产给企业带来经济利益的方式发生重大变化，企业也应相应改变固定资产折旧方法。例如，某企业以前年度采用年限平均法计提固定资产折旧，在年度复核中发现，与该固定资产相关的技术发生很大变化，采用年限平均法计提折旧已很难反映该项固定资产给企业带来经济利益的方式，因此，企业决定变年限平均法为加速折旧法。此时，如果不对固定资产折旧方法进行调整，原先确定的固定资产折旧方法必然不能反映出其为企业提供经济利益的方式，据此提供的会计信息就很可能是不真实的，进而影响会计信息使用者作出恰当的经济决策。为了避免这种情况，企业至少应当于每年年度终了，对固定资产的折旧方法进行复核。如果与固定资产有关的经济利益预期实现方式有重大改变的，应当改变固定资产折旧方法，并按照会计估计变更的有关规定进行会计处理。

二、固定资产后续支出

企业的固定资产投入使用后，为了适应新技术发展的需要，或者为维护或提高固定资产的使用效能，往往需要对现有固定资产进行维护、改建、扩建或者改良。固定资产后续支出是指固定资产在使用过程中发生的更新改造支出、修理费用等。

（一）资本化的后续支出

固定资产的更新改造等后续支出，满足固定资产确认条件的，应当资本化，计入固定资产成本，如有被替换的部分，应同时将被替换部分的账面价值从该固定资产原账面价值中扣除，以避免将替换部分的成本和被替换部分的账面价值同时计入固定资产成本。

固定资产发生可资本化的后续支出时，企业应将该固定资产的原价、已计提的累计折旧和减值准备转销，将固定资产的账面价值转入"在建工程"账户，并停止计提折旧。固定资产发生的可资本化的后续支出，通过"在建工程"账户核算。在固定资产发生的后续支出完工并达到预定可使用状态时，再从"在建工程"账户转入"固定资产"账户，并按重新确定的使用寿命、预计净残值和折旧方法计提折旧。

【例 4－16】 某企业在 20×3 年 12 月购入 1 个生产车间，包括价值12 835 000元的 1 幢厂房和 1 套价值 2 265 000 元已安装完毕的生产流水线，当月投入使用。该企业采用年限平均法计提折旧。厂房的预计使用寿命为 25 年，预计净残值率为 10%；生产流水线的预计使用寿命为 10 年，预计净残值率为 4%。20×6 年 12 月，由于生产的产品非常畅销，原有的车间规模已不能满足生产的需要，企业决定对现有的车间和设备进行改造。有关生产车间改造的业务资料如下：

(1) 20×6 年 12 月 31 日，改造工程开工。企业购入厂房扩建用的物资 1 批，价款为 5 850 000 元，工程物资已验收入库；另购置 1 批设备以扩充生产线的生产能力，设备已购入，价款为 800 000 元，设备已收到，款项以银行存款转账支付，假定不考虑税费因素。

(2) 20×7 年 1 月 1 日，物资和设备已被工程领用。20×7 年 1 月 1 日至 20×7 年 3 月 31 日，现有生产线上有 1 台成本为 200 000 元设备已不适合使用(未单独入账)，拆除后可回收 80 000 元。另外，经过 3 个月的改造，发生如下有关支出：领用生产用原材料成本 23 400 元；辅助生产车间为改造工程提供的劳务支出为 35 000 元；发生有关人员薪酬 55 000 元；以银行存款支付其他费用 871 855 元。这些支出按厂房、设备的直接费支出比例进行分配。

(3) 20×7 年 3 月 31 日，该车间改造工程达到预定可使用状态后，大大提高了生产能力，厂房预计尚可使用 25 年、预计净残值率仍为 10%，生产线预计尚可使用 8 年、预计净残值率为 4%；折旧方法仍为年限平均法。

(4) 为简化计算，不考虑其他相关税费，公司按年度计提固定资产折旧。

企业对生产车间改造工程的会计处理如下：

(1) 20×6 年 12 月 31 日，改造工程开工。

首先，将厂房和生产线的账面价值转入在建工程。

$$\text{厂房的账面价值} = 12\,835\,000 - 12\,835\,000 \times \frac{1-10\%}{25} \times 3$$

$$= 12\,835\,000 - 1\,386\,180 = 11\,448\,820\text{(元)}$$

$$生产流水线的账面价值=2\ 265\ 000-2\ 265\ 000\times\frac{1-4\%}{10}\times3$$
$$=2\ 265\ 000-652\ 320=1\ 612\ 680(元)$$

借：在建工程——厂房　　11 448 820
　　　　　——生产流水线　　1 612 680
　累计折旧　　2 038 500
　贷：固定资产——厂房　　12 835 000
　　　　　　——生产流水线　　2 265 000

其次，购入工程物资和设备。

借：工程物资——厂房　　5 850 000
　　　　　——设备　　800 000
　贷：银行存款　　6 650 000

(2) 20×7 年 1 月 1 日，领用工程物资和设备。

借：在建工程——厂房　　5 850 000
　　　　　——生产流水线　　800 000
　贷：工程物资——厂房　　5 850 000
　　　　　　——设备　　800 000

(3) 20×7 年 1 月 1 日至 20×7 年 3 月 31 日，改造工程完工，达到预定可使用状态。

首先，拆除不适用的设备。

$$拆除设备的账面价值=200\ 000-200\ 000\times\frac{1-4\%}{10}\times3=142\ 400(元)$$

借：其他应收款　　80 000
　营业外支出　　62 400
　贷：在建工程——生产流水线　　142 400

其次，发生有关支出。

借：在建工程——待摊支出　　985 255
　贷：原材料　　23 400
　　生产成本——辅助生产成本　　35 000
　　应付职工薪酬　　55 000
　　银行存款　　871 855

再次，将待摊支出分配计入厂房和生产流水线。

$$厂房直接费支出=11\ 448\ 820+5\ 850\ 000=17\ 298\ 820(元)$$

生产流水线直接费支出＝1 612 680＋800 000－142 400＝2 270 280(元)

$$厂房应分摊的支出=985\ 255\times\frac{17\ 298\ 820}{17\ 298\ 820+2\ 270\ 280}=870\ 952(元)$$

$$生产流水线应分摊的支出=985\ 255\times\frac{2\ 270\ 280}{17\ 298\ 820+2\ 270\ 280}=114\ 303(元)$$

借：在建工程——厂房	870 952	
——生产流水线	114 303	
贷：在建工程——待摊支出		985 255

最后，改造工程达到预定可使用状态。

借：固定资产——厂房	18 169 772	
——生产流水线	2 384 583	
贷：在建工程——厂房		18 169 772
——生产流水线		2 384 583

(4) 20×7 年 4 月 1 日至 12 月 31 日计提的折旧额。

$$厂房的折旧额=18\ 169\ 772\times\frac{1-10\%}{25\times12}\times9=490\ 583.81(元)$$

$$生产流水线的折旧额=2\ 384\ 583\times\frac{1-4\%}{8\times12}\times9=214\ 612.46(元)$$

借：制造费用	705 196.27	
贷：累计折旧		705 196.27

(二) 费用化的后续支出

一般情况下，固定资产投入使用之后，由于磨损、各组成部分耐用程度不同，可能导致固定资产的局部损坏，为了维护固定资产的正常运转和使用，充分发挥其使用效能，企业将对固定资产进行必要的维护。发生固定资产维护支出只是确保固定资产的正常工作状况，它并不导致固定资产性能的改变或固定资产未来经济利益的增加。因此，应在发生时一次性直接计入当期费用，不再通过预提或者待摊的方式进行核算。

【例 4－17】 某企业对现有的 1 台办公设备进行修理，修理过程中领用原材料 1 批，价值为 5 000 元；应支付维修人员的薪酬为 2 000 元，以银行存款支付其他相关费用 1 000 元。企业的会计处理如下：

借：管理费用	8 000	
贷：原材料		5 000
应付职工薪酬		2 000
银行存款		1 000

在具体实务中，对于固定资产发生的下列各项后续支出，通常的处理方法如下：

(1) 固定资产修理费用，应当直接计入当期费用。

(2) 固定资产改良支出，应当计入固定资产账面价值。

(3) 如果不能区分是固定资产修理还是固定资产改良，或固定资产修理和固定资产改良结合在一起，则企业应当判断，与固定资产有关的后续支出，是否满足固定资产的确认条件。如果该后续支出满足固定资产的确认条件，则后续支出应当计入固定资产账面价值；否则，后续支出应当确认为当期费用。

(4) 固定资产装修费用，如果满足固定资产的确认条件，装修费用应当计入固定资产账面价值，并在“固定资产”账户下单设“固定资产装修”明细账户核算，在两次装修期间与固定资产尚可使用年限两者中较短的期间内，采用合理的方法单独计提折旧。如果在下次装修时，该项固定资产相关的“固定资产装修”明细账户仍有账面价值，应将该账面价值一次全部计入当期营业外支出。

(5) 融资租赁方式租入的固定资产发生的固定资产后续支出，比照上述原则处理。发生的固定资产装修费用等，满足固定资产的确认条件，应在两次装修期间、剩余租赁期与固定资产尚可使用年限三者中较短的期间内，采用合理的方法单独计提折旧。

(6) 经营租赁方式租入的固定资产发生的改良支出，应通过“长期待摊费用”账户核算，并在剩余租赁期与租赁资产尚可使用年限两者中较短的期间内，采用合理的方法进行摊销。

【例 4-18】 某企业 20×7 年 1 月 31 日对采用经营租赁方式租入的办公楼进行改良，发生如下有关支出：领用生产用材料成本 234 000 元；辅助生产车间为生产线改良提供的劳务支出为 5 000 元；发生有关人员薪酬65 000元，以银行存款支付的其他相关费用 6 000 元。20×7 年 3 月 31 日，办公楼改良工程完工，达到预定可使用状态交付使用。假定该办公楼预计尚可使用 25 年，租赁期为 5 年；采用直线法摊销；不考虑其他因素。企业的会计处理如下：

(1) 改良工程领用原材料。

借：在建工程	234 000	
贷：原材料		234 000

(2) 辅助生产车间为改良工程提供劳务。

借：在建工程	5 000	
贷：生产成本——辅助生产成本		5 000

(3) 计提工程人员薪酬。

借：在建工程　　65 000

　贷：应付职工薪酬　　65 000

(4) 支付其他费用。

借：在建工程　　6 000

　贷：银行存款　　6 000

(5) 改良工程达到预定可使用状态交付使用。

借：长期待摊费用　　310 000

　贷：在建工程　　310 000

(6) 20×7 年度摊销费用。

因生产线预计尚可使用 25 年，租赁期为 5 年，因此，应按租赁期 5 年摊销。

$$\begin{matrix}20\times7\text{ 年 4 月 1 日至}\\12\text{ 月 31 日摊销的费用}\end{matrix}=\frac{310\,000}{5\times12}\times9=46\,500(\text{元})$$

借：管理费用　　46 500

　贷：长期待摊费用　　46 500

第三节　固定资产的期末计量和处置

一、固定资产的期末计量

(一) 判断固定资产减值的主要迹象

为了客观、真实、准确地反映期末固定资产的实际价值，企业在编制资产负债表时，应合理地确定固定资产的期末价值。固定资产减值是指固定资产的可收回金额低于其账面价值。

企业在资产负债表日应当判断固定资产是否存在可能发生减值的迹象。如果固定资产存在减值迹象的，应该进行减值测试，估计固定资产的可收回金额，可收回金额低于账面价值的金额，计提相应的固定资产减值准备。

固定资产发生减值的迹象主要可从下列各方面进行判断：

(1) 固定资产的市价当期大幅度下跌，其跌幅明显高于因时间的推移或者正常使用而预计的下跌。在市场经济条件下，资产的市场价格是其价值的最为直观的表现形式。如果某一固定资产的市场价格大幅度下跌，并且预期在近期内不可能恢复，那么，这一固定资产就有可能发生了减值。

(2) 企业经营所处的经济、技术或者法律等环境以及固定资产所处的市场在当期或者将在近期发生重大变化，从而对企业产生不利影响。在市场经济条件下，企业产品的生产和销售总是依赖于一定的经营环境。当企业经营环境发生重大变化，将对企业固定资产产生重大的影响，如果这种影响是负面时，企业就应当测试固定资产是否发生减值。

（3）市场利率或者其他市场投资报酬率在当期已经提高，从而影响企业计算固定资产预计未来现金流量现值的折现率，导致固定资产可收回金额大幅度降低。

判断固定资产是否减值主要是比较固定资产账面价值是否高于其可收回金额，如果运用未来现金流量现值来计算固定资产可收回金额，则固定资产的未来现金流量与折现率将影响固定资产的可收回金额。如果以同期市场利率等作为计算固定资产可收回金额的折现率，则同期市场利率等的提高将降低固定资产的可收回金额。当同期市场利率大幅度提高，则表明以此计算的固定资产的可收回金额将大幅度降低，从而表明固定资产有可能发生减值。

（4）有证据表明固定资产已经陈旧过时或者其实体已经损坏。固定资产陈旧过时或者发生实体损坏，将大大影响固定资产的生产能力，如生产出大量不合格产品等，从而降低固定资产产生未来经济利益的能力，进而表明其可收回金额将降低，此时，固定资产就有可能发生了减值。

（5）固定资产已经或者将被闲置、终止使用或者计划提前处置。

（6）企业内部报告的证据表明固定资产的经济绩效已经低于或者将低于预期，如固定资产所创造的净现金流量或者实现的营业利润（或者亏损）远远低于（或者高于）预计金额等。

（二）资产可收回金额的计量

资产负债表日，固定资产如果存在减值迹象的，应当进行减值测试，估计资产的可收回金额。固定资产的可收回金额是根据其公允价值减去处置费用后的净额与资产预计未来现金流量的现值两者之间较高者确定。

企业估计可收回金额时，原则上以单项资产为基础进行估计。如果企业难以对单项资产的可收回金额进行估计的，应当以该资产所属的资产组为基础进行估计。同时，在估计资产可收回金额时，应当遵循重要性原则。

（1）以前报告期间的计算结果表明，资产可收回金额显著高于其账面价值，之后又没有消除这一差异的交易或者事项，资产负债表日可以不重新估计该资产的可收回金额。

（2）以前报告期间的计算与分析表明，资产可收回金额相对于某种减值迹象反应不敏感，在本报告期间又发生了该减值迹象的，可以不因该减值迹象的出现而重新估计该资产的可收回金额。比如，当期市场利率或市场投资报酬率上升，对计算资产未来现金流量现值采用的折现率影响不大的，可以不重新估计资产的可收回金额。

企业在估计固定资产的可收回金额时，通常需要同时估计该资产的公允价值减去处置费用后的净额和资产预计未来现金流量的现值。

固定资产的公允价值,是指在公平交易中,熟悉情况的交易双方自愿进行资产交换的金额,处置费用包括与资产处置有关的法律费用、相关税费、搬运费以及为使固定资产达到可销售状态所发生的直接费用等。

固定资产预计未来现金流量的现值,是指按照固定资产在持续使用过程中和最终处置时所产生的预计未来现金流量,选择恰当的折现率对其进行折现后加以确定的金额。预计固定资产未来现金流量的现值,应当综合考虑固定资产的预计未来现金流量、使用寿命和折现率等因素。

(三)固定资产减值损失的确定和会计处理

可收回金额的计量结果表明,固定资产的可收回金额低于其账面价值的,应当将固定资产的账面价值减记至可收回金额,减记的金额确认为资产减值损失,计入当期损益,同时计提相应的固定资产减值准备。固定资产减值损失应当在取得固定资产可收回金额后,根据可收回金额低于其账面价值的差额确定。固定资产的账面价值是指固定资产的原价扣减累计折旧和累计减值准备后的金额。

资产减值损失一经确认,在以后会计期间不得转回。但是遇到资产处置、出售、对外投资、非货币性交换换出、债务重组中抵债等情况,同时符合固定资产终止确认条件的,应同时结转已计提的固定资产减值准备。

企业应当设置"资产减值损失"和"固定资产减值准备"账户核算计提的固定资产减值损失。计提固定资产减值损失时,企业应按固定资产账面价值超过其可收回金额的部分,借记"资产减值损失——固定资产减值损失"账户,贷记"固定资产减值准备"账户。

【例 4-19】 某企业在年末对 1 台设备进行减值测试,该设备账面原价 120 000 元,累计已提折旧 40 000 元,以前尚未计提过减值准备;年末估计其可收回金额 50 000 元。可收回金额低于账面价值 30 000 元,应当确认相应的减值损失。企业的会计处理如下:

借:资产减值损失——固定资产减值损失	30 000	
贷:固定资产减值准备		30 000

资产减值损失确认后,减值资产的折旧或者摊销费用应当在未来期间作相应调整,以使该资产在剩余使用寿命内,系统地分摊调整后的资产账面价值(扣除预计净残值)。

在建工程减值准备的计提可比照固定资产进行减值损失的会计处理。

二、固定资产处置

企业在生产经营过程中,对那些不适用或不需用的固定资产,可以通过对外出售的方式进行处置;对那些由于使用而不断磨损直到最终报废,或由于技术进步等原因发生提前报废,或由于遭受自然灾害等非正常损失发生毁损的固定资产应及时进行清理。此外，企业因其他原因，如对外投资、债务重组、非货币性资产交换等而减少的固定资产，也属于固定资产处置。

固定资产满足下列条件之一的，应当予以终止确认：① 该固定资产处于处置状态；② 该固定资产预期通过使用或处置不能产生经济利益。

固定资产处置一般通过“固定资产清理”账户进行核算。

（一）固定资产出售、报废和毁损的会计处理

企业因出售、报废或毁损而进行处置的固定资产，应当将处置收入扣除账面价值和相关税费后的金额计入当期损益。固定资产的账面价值是固定资产成本扣减累计折旧和累计减值准备后的金额。其会计核算一般经过以下几个步骤。

1. 固定资产转入清理

出售、报废和毁损的固定资产转入清理时，按固定资产净额，借记“固定资产清理”账户；按已计提的累计折旧，借记“累计折旧”账户；按已计提的减值准备，借记“固定资产减值准备”账户；按固定资产原价，贷记“固定资产”账户。

2. 发生的清理费用

固定资产清理过程中发生的费用以及应交的税金，借记“固定资产清理”账户，贷记“银行存款”“应交税费”等账户。

3. 处置的变价收入

企业收回出售固定资产的价款、残料价值和赔偿收入等变价收入等，应冲减清理支出。按实际收到的出售价款以及残料变价收入等，借记“银行存款”“原材料”“其他应收款”等账户，贷记“固定资产清理”账户。如果出售的是机器设备，其增值税发票注明的增值税额，应贷记“应交税费——应交增值税（销项税额）”账户。

4. 结转清理净损益

固定资产清理完成后的净损益，属于出售、转让所产生的利得或损失，借记或贷记“固定资产清理”账户，贷记或借记“资产处置损益”账户；属于已丧失使用功能正常报废所产生的利得或损失，借记或贷记“固定资产清理”账户，贷记“营业外收入”账户或借记“营业外支出——非流动资产报废”账户；属于自然灾害等非正常原因造成的损失，借记“营业外支出——非常损失”账户，贷记“固定资产清理”账户。

【例 4－20】 某企业将 1 台不需用的设备出售，设备账面原值为60 000元，已提折旧 45 000 元，实际出售价格为 20 000 元，增值税额为 3 200 元，价款已收到存入银行。

这项经济业务应作会计分录如下：

（1）注销出售设备的账面价值，转入清理。

借：累计折旧	45 000	
固定资产清理	15 000	
贷：固定资产		60 000

(2) 收到出售设备的价款。

借:银行存款　　23 200
　贷:固定资产清理　　20 000
　　应交税费——应交增值税(销项税额)　　3 200

(3) 结转清理的净损益。

借:固定资产清理　　5 000
　贷:资产处置损益　　5 000

【例 4-21】 某企业有 1 台设备,因使用期满经批准报废。该设备原价为 200 000元,累计已计提折旧 180 000 元,已计提减值准备12 000元。在清理过程中,以银行存款支付清理费用 2 000 元,残料价值 1 500 元已验收入库。企业的会计处理如下:

(1) 固定资产转入清理。

借:固定资产清理　　8 000
　累计折旧　　180 000
　固定资产减值准备　　12 000
　贷:固定资产　　200 000

(2) 发生清理费用。

借:固定资产清理　　2 000
　贷:银行存款　　2 000

(3) 残料入库。

借:原材料　　1 500
　贷:固定资产清理　　1 500

(4) 结转清理净损失。

借:营业外支出——非流动资产报废　　8 500
　贷:固定资产清理　　8 500

(二) 其他方式减少的固定资产

企业持有待售的固定资产,应当对其预计净残值进行调整,使该项固定资产的预计净残值能够反映其公允价值减去处置费用后的金额,但不得超过符合持有待售条件时该项固定资产的原账面价值,原账面价值高于预计净残值的差额,应作为资产减值损失计入当期损益。持有待售的固定资产从划归为持有待售之日起停止计提折旧和减值准备。

其他方式减少的固定资产,如以固定资产清偿债务、投资转出固定资产、以非货币性交易换出固定资产等，分别按照债务重组、长期股权投资、非货币性资产交换的会计处理原则进行核算。

三、固定资产清查

企业应定期或者至少于每年年末对固定资产进行全面的清查，以保证固定资产核算的真实性，充分挖掘企业现有固定资产的潜力。固定资产的清查采用实地盘点方式。在固定资产清查过程中，如果发现盘盈、盘亏的固定资产，应填制固定资产盘盈盘亏报告表。清查发现固定资产的损溢，应及时查明原因，并根据企业的管理权限，经股东大会或董事会，或经理（厂长）会议或类似机构批准后，在期末结账前处理完毕。

（一）固定资产盘盈

企业在清查中盘盈的固定资产，应当作为前期差错处理。盘盈的固定资产，应按规定确定其入账价值：如果同类或类似固定资产存在活跃市场的，按同类或类似固定资产的市场价格，减去按该项资产的新旧程度估计的价值损耗后的余额作为入账价值；如果同类或类似固定资产不存在活跃市场的，按该项固定资产的预计未来现金流量的现值作为入账价值。企业应按确定的入账价值，借记“固定资产”账户，贷记“以前年度损益调整”账户；同时进行相应的账务处理。

【例 4－22】 某企业在财产清查过程中，发现 1 台未入账的设备，按同类或类似设备市场价格，减去按该项资产的新旧程度估计的价值损耗后的余额为 20 000 元（假定与其计税基础不存在差异）。该企业适用的所得税税率为 25%，按净利润的 10% 计提法定盈余公积。该企业应作会计处理如下：

（1）盘盈固定资产。

借：固定资产	20 000	
贷：以前年度损益调整		20 000

（2）计算应缴纳的所得税。

借：以前年度损益调整	5 000	
贷：应交税费——应交所得税		5 000

（3）结转为留存收益。

借：以前年度损益调整	15 000	
贷：利润分配——未分配利润		15 000

（4）调整提取盈余公积。

借：利润分配——未分配利润	1 500	
贷：盈余公积——法定盈余公积		1 500

(二) 固定资产的盘亏

对盘亏的固定资产,按其账面净额,借记“待处理财产损溢”账户;按已计提的累计折旧,借记“累计折旧”账户;按已计提的减值准备,借记“固定资产减值准备”账户;按固定资产原价,贷记“固定资产”账户。盘亏的固定资产报经批准转销时,借记“营业外支出——盘亏损失”账户,贷记“待处理财产损溢”账户。

【例 4-23】 某企业年末固定资产清查时盘亏设备 1 台,其账面原价为 50 000 元,已提折旧 45 000 元。经批准,该盘亏设备作为营业外支出处理。

该项业务应编制会计分录如下:

(1) 盘亏设备。

借:待处理财产损溢 5 000
　　累计折旧 45 000
　贷:固定资产 50 000

(2) 经批准转销。

借:营业外支出——盘亏损失 5 000
　贷:待处理财产损溢 5 000

复习思考题

一、单项选择题

1. 企业采用出包方式建造固定资产,按合同规定预付的工程款,应在(　　)账户中核算。

A. “预收账款”　　B. “应付账款”

C. “预付账款”　　D. “在建工程”

2. 融资租入固定资产在交付使用时(　　)。

A. 应作备查登记处理　　B. 应记入“固定资产”账户

C. 应记入“代管固定资产”明细账户　　D. 不需记账

3. 甲公司购入设备安装某生产线。该设备购买价格为 2 500 万元,增值税额为 325 万元,支付保险、装卸等费用 25 万元。该生产线安装期间,领用生产用原材料的实际成本为 100 万元,发生安装工人工资等费用 33 万元。该原材料的增值税税率为 13%。该生产线达到预定可使用状态时,其入账价值为(　　)万元。

A. 2 650　　B. 2 658

C. 2 675　　D. 3 100

4. 甲公司为增值税一般纳税人,采用自营方式建造一条生产线,实际领用工程物资 200 万元。另外领用本公司生产用材料一批,账面成本为 240 万元;发生的在建工程人员工资和应付福利费分别为 130 万元和 18.2 万元。该生产线已达到可使用状态，不考虑相关税费，则该生产线的入账价值为(　　)万元。

A. 622.2　　B. 648.2　　C. 666.4　　D. 588.2

5. 在建工程项目达到预定可使用状态前，试生产产品对外出售取得的收入应(　　)。

A. 冲减工程成本　　B. 计入营业外收入

C. 冲减营业外支出　　D. 计入其他业务收入

6. 某企业对一厂房进行改造，其原价为 300 万元，已提折旧 200 万元。改造过程中拆除部分建筑物，估计账面价值为 10 万元，变价收入为 8 万元，改造发生支出为 50 万元。该厂房改造完后原价为(　　)万元。

A. 142　　B. 252

C. 342　　D. 140

7. 以经营租赁方式出租的固定资产，其折旧应由(　　)。

A. 出租单位计提　　B. 租入单位计提

C. 出租和租入单位均计提　　D. 出租和租入单位均不计提

8. 下列固定资产中，不应当计提折旧的固定资产是(　　)。

A. 闲置未用的车库　　B. 大修理停用的设备

C. 已提足折旧继续使用的设施　　D. 出租给其他单位的设备

9. 固定资产报废清理的净损失应计入(　　)。

A. 管理费用　　B. 其他业务成本

C. 制造费用　　D. 营业外支出

10. 企业计提固定资产减值准备时，当贷记“固定资产减值准备”账户时，应借记(　　)账户。

A. “管理费用”　　B. “投资收益”

C. “资产减值损失”　　D. “营业外支出”

二、多项选择题

1. 下列项目中，构成固定资产价值的有(　　)。

A. 购入固定资产时支付的运输费

B. 支付的固定资产安装费

C. 支付的固定资产清理费

D. 为取得固定资产支付的车辆购置税

E. 固定资产达到预定使用状态后发生的借款利息

2. 在采用自营方式建造固定资产的情况下，下列项目中，应计入固定资产取得成本的有(　　)。

A. 建设期间发生的工程物资盘亏、报废及毁损净损失

B. 在建工程的职工薪酬

C. 工程领用本企业的商品实际成本

D. 工程达到预定可使用状态前因进行负荷联合试车所发生的净支出

E. 非正常原因造成的单项工程或单位工程报废或毁损的净损失

3. 下列有关固定资产成本的确定中，说法正确的有(　　)。

A. 投资者投入固定资产的成本，应当按照投资合同或协议约定的价值确定，但合同或协议约定价值不公允的除外

B. 融资租入的固定资产，承租人应当将租赁开始日租赁资产原账面价值与最低租赁付款额现值两者中较低者作为租入资产的入账价值

C. 核电站核设施企业固定资产预计的弃置费用应计入固定资产的成本

D. 企业以经营租赁方式租入的固定资产发生的改良支出，应予费用化

E. 企业通过自营方式建造固定资产，其入账价值应当按照建造该项固定资产达到预定可使用状态前所发生的必要支出确定

4. 计提固定资产折旧额，需要考虑的因素有(　　)。

A. 固定资产的原值

B. 固定资产的预计净残值

C. 固定资产的使用效益

D. 固定资产的预计使用年限(或预计产量)

E. 已计提的固定资产减值准备累计金额

5. 下列项目中，应计提折旧的有(　　)。

A. 不需用的机器设备

B. 上月新增的固定资产

C. 当月减少的固定资产

D. 融资租入的固定资产

E. 处于更新改造过程中的固定资产

6. 工业企业发生的下列经济业务，通过“固定资产清理”账户核算的有(　　)。

A. 出售固定资产的收入

B. 支付的固定资产清理费用

C. 固定资产盘盈

D. 报废固定资产的残值收入

E. 固定资产盘亏

7. 下列项目中，构成固定资产清理净损益的有(　　)。

A. 盘亏固定资产的原值与累计折旧的差额

B. 出售固定资产发生的运输费

C. 毁损固定资产的变价收入

D. 自然灾害造成的固定资产损失的保险赔偿款

E. 盘盈固定资产的净值

8. 下列有关固定资产的表述中，正确的有(　　)。

A. 固定资产改良期间不提折旧

B. 固定资产改良后需重新确定折旧因素，视为一项全新资产处理

C. 减值准备的计提不影响折旧因素的调整

D. 固定资产减值损失一经确认，在以后会计期间不得转回

E. 固定资产减值损失计提后，如以后固定资产价值回升，已计提的减值准备可以转回

9. 固定资产加速折旧方法有(　　)。

A. 工作量法
B. 双倍余额递减法
C. 年数总和法
D. 年限平均法
E. 盘存法

10. 下列有关固定资产核算的说法中,正确的有( )。
A. 建设期间发生的工程物资盘亏、报废及毁损净损失应当计入在建工程
B. 与固定资产有关的经济利益预期实现方式有重大改变的,应当调整固定资产使用寿命
C. 企业以经营租赁方式租入的固定资产发生的改良支出,应当转入“固定资产”账户
D. 与固定资产有关的后续支出,符合固定资产确认条件的,应当计入固定资产成本,同时应当终止确认被替换部分的账面价值
E. 由于正常原因造成的单项工程报废或毁损的净损失,在工程项目尚未达到预定可使用状态前,计入继续施工的工程成本

三、判断题

1. 购买固定资产的价款超过正常信用条件延期支付,实质上具有融资性质的,固定资产的成本以应支付的购买价款为基础确定。 ( )

2. 用于构建固定资产的长期借款,在固定资产达到预定使用状态可使用以后,办理竣工决算前,其利息支出应予以资本化。 ( )

3. 自行建造固定资产达到预定可使用状态前,该项目的工程物资盘盈应当计入当期营业外收入。 ( )

4. 采用出包方式建造的固定资产,预付承包单位的工程价款通过“预付账款”账户核算。 ( )

5. 已达到预定可使用状态、但尚未办理竣工决算的固定资产,应当按照估计价值确认为固定资产,并计提折旧;待办理了竣工决算手续后,再按实际成本调整原来的暂估价值,并调整原已计提的折旧额。 ( )

6. 固定资产折旧率是一定时期内固定资产的折旧额对固定资产净值的比率。 ( )

7. 当月增加的固定资产,当月不提折旧;当月减少的固定资产,当月照提折旧。 ( )

8. 快速折旧法,可使企业折旧总额减少,并带给企业延迟纳税的好处。 ( )

9. 由于固定资产大修理所需费用较多,发生也不均衡,因此对大修理费用可以采取待摊或预提的办法处理。 ( )

10. 企业将暂时不需用的固定资产出租给其他单位使用时,应视为在用固定资产,每月照提折旧。 ( )

四、名词解释

固定资产
固定资产成本
未确认融资费用
经营租赁
融资租赁
固定资产折旧
应计折旧额
预计净残值

年限平均法
加速折旧法
双倍余额递减法
固定资产清理
固定资产清查
工作量
年数总和法
固定资产后续支出
固定资产减值准备

五、简答题

1. 简述固定资产的主要特征。
2. 简述固定资产的确认条件。
3. 简述固定资产通过不同途径和方式取得时入账价值的确定。
4. 固定资产自营工程和出包工程的核算各有什么特点?
5. 经营租赁与融资租赁方式取得的固定资产在会计处理上有何区别?
6. 什么是固定资产折旧?折旧的计提范围和计算方法有哪些?
7. 确定固定资产的预计使用寿命,应考虑哪些因素?
8. 简述采用加速折旧法计提固定资产折旧的理由。
9. 不同形式的固定资产后续支出,应当如何进行会计处理?
10. 如何判断固定资产是否发生了减值?
11. 简述固定资产减值损失的确定和会计处理。
12. 中止确认的固定资产,如何确定其实现的损益?

六、计算与分析题

习 题 一

(一) 目的 练习固定资产取得业务的核算。

(二) 资料 某企业发生固定资产的相关业务如下:

(1) 购入不需要安装设备1台,已交付生产使用,发票注明买价40 000元,增值税税率为13%,发生运输费用3 700元,增值税税率为9%,均以银行存款支付。

(2) 购入需安装的全新设备1台,增值税专用发票注明买价为20 000元,增值税税率为13%,发生运输费用为1 500元,增值税税率为9%,价款和运输费用已通过银行转账付讫。安装过程中耗用材料成本为5 000元,购入时发生的增值税额为650元,发生工人工资为800元,该设备已安装完毕并交付生产使用。

(3) 接受甲公司投资的设备1台,该设备在甲公司的账面原价为50 000元,双方确认价为42 000元。

(4) 20×5年1月1日,向银行借款1 600 000元,用于自行建造1小型仓库,借款期限两年,年利率为6%。假定在固定资产尚未达到预定可使用状态前发生的利息支出全部予以资本化。

(5) 20×5年1月8日,仓库建造工程开工,以银行存款购入工程所需的材料物资共1 160 000元,材料入库。

(6) 从20×5年1月到20×5年12月止，仓库自建工程使用1月8日购入的全部材料物资，同时又领用为生产产品准备的某原材料，该原材料的成本为296 200元；工程应负担的工人薪酬为400 000元，以现金支付的其他费用为500元；年末计提长期借款利息为96 000元。

(7) 20×6年1月1日，该项工程达到预定可使用状态。

(8) 以出包方式进行建筑工程建设，按合同以银行存款预付工程价款为1 200 000元。

(9) 以上出包工程完工，实际造价为1 380 000元，企业以银行存款补付工程造价差额，工程达到预定可使用状态。

(10) 从乙公司融资租入1台设备，其原账面价值为430万元，租赁开始日公允价值为410万元，按出租人的内含利率折现的最低租赁付款额的现值为420万元，最低租赁付款额为500万元，以银行存款支付的初始直接费用为10万元。该设备已运达企业，当日投入使用。

(三) 要求 为上述业务编制会计分录。

习 题 二

(一) 目的 练习递延付款取得固定资产的核算。

(二) 资料 某企业20×7年1月1日从丙公司购入1台机器作为固定资产使用，该机器已收到交付使用。购货合同约定，机器的总价款为1 000万元，分3年支付。20×7年12月31日，支付500万元；20×8年12月31日，支付300万元；20×9年12月31日，支付200万元。假定该企业3年期银行借款年利率为6%(年利率6%，1年期复利现值系数为0.943，2年期复利现值系数为0.89，3年期复利现值系数为0.84)。

(三) 要求

(1) 计算购入机器的成本并编制购入机器的会计分录。

(2) 确定未确认融资费用在信用期间的分摊额(列表计算)。

(3) 编制20×8年12月31日支付款项、分摊未确认融资费用的会计分录。

习 题 三

(一) 目的 练习固定资产折旧的核算。

(二) 资料 某企业发生固定资产的相关业务如下：

(1) 企业1台设备原值为30 000元，预计使用年限5年，预计残值收入600元，预计清理费用200元。该固定资产采用年限平均法计提折旧。请计算该设备使用期间的月折旧额。

(2) 企业购进1套设备，购价(不含增值税)16 000元，运杂费1 000元，保险费500元，安装调试费2 500元，预计残值收入2 000元，预计使用年限5年。请用双倍余额递减法计算该设备的每年折旧额。

(3) 企业从国外购进A设备1台，到岸价600 000元，支付进口关税120 000元，国内运杂费8 000元，安装费12 000元，预计使用年限5年，预计残值收入20 000元。请用年数总和法计算A设备每年折旧额。

(4) 某企业固定资产的月分类折旧率分别为：机器设备1%，房屋建筑物0.5%，运输设备2%。上月份应计提折旧的固定资产总值如表4-4所示。

上月份厂部购入汽车1辆,原价120 000元;基本生产车间出售铣床1台,原价30 000元;本月份厂部又出售旧汽车1辆,原价70 000元,已提折旧20 000元。

表4-4　　某企业应计提折旧的固定资产总值

使用部门	原值			合计
	机器设备	房屋建筑	运输设备	
基本生产车间	5 000 000	2 000 000		7 000 000
辅助生产车间	300 000	100 000	50 000	450 000
企业管理部门		100 000	150 000	250 000
合计	5 300 000	2 200 000	200 000	7 700 000

(三)要求

(1) 根据资料(1)~(3),分别计算折旧额。

(2) 根据资料(4),计算本月份折旧额并编制计提折旧的会计分录。

习　题　四

(一)目的　练习固定资产后续支出的核算。

(二)资料　某企业发生如下有关固定资产业务:

(1) 20×6年3月31日,对某生产线进行改造。该生产线的账面原价为3 600万元。20×5年12月31日,该生产线减值准备余额为200万元。20×6年3月31日,累计折旧为1 000万元。

(2) 在改造过程中,领用工程物资310万元,发生人工费用100万元,以银行存款支付水电等其他费用120万元。在试运行中取得试运行净收入30万元存入银行。该生产线于20×6年12月20日改造完工并投入使用。

(3) 修理1台办公用设备,领用原材料3 000元,应负担修理人员工资1 000元,以现金支付其他修理费用350元。

(三)要求　根据上述业务,编制会计分录。

习　题　五

(一)目的　练习固定资产处置的核算。

(二)资料　某企业发生如下有关固定资产业务:

(1) 出售不需用机器1台,原值250 000元,已提折旧125 000元,实际售价为140 000元,增值税额为18 200元。价款已收到存入银行。

(2) 出售旧车1辆,原值150 000元,已提折旧50 000元,实际售价70 000元,款项尚未收到。

(3) 辅助生产车间报废设备1台,经批准予以清理,设备原值为90 000元,已提折旧63 000元。在清理过程中,以银行存款支付清理费用2 500元,残料变价收入5 000元存入银行。

(4) 收到出售旧汽车价款70 000元,存入银行。

(5) 因台风袭击,企业1幢仓库发生倒塌,提前报废,其原值为270 000元,已提折旧180 000元。清理过程中,残料变价收入15 000元,已经收存银行;另外,以银行存款支付清理费用5 600元。经保险公司理赔，可得到保险金 80 000 元。

(三) 要求 根据上述资料，编制会计分录。

习 题 六

(一) 目的 练习固定资产期末计价及清查的核算。

(二) 资料 某企业发生如下有关固定资产业务：

(1) 20×4 年 12 月 20 日，购入 A 生产线，达到预定可使用状态，其成本为 1 050 万元。企业采用年限平均法计提折旧，预计使用寿命为 10 年，预计净残值为 50 万元。假定固定资产按年计提折旧。

(2) 20×6 年 12 月 31 日，A 生产线预计的销售净价为 690 万元，预计未来现金流量现值为 670 万元。

(3) 20×6 年年末，在固定资产清查过程中发现：基本生产车间盘盈设备 1 台，市场同类设备的市价为 7 000 万元，估计折旧为 3 500 万元。假定企业适用的所得税税率为 25%，按净利润的 10% 计提法定盈余公积；另外，辅助生产车间盘亏设备 1 台，原值为 5 400 万元，已提折旧 1 800 万元，经上级主管批准，转作营业外支出。

(三) 要求

(1) 编制 A 生产线 20×4 年 12 月至 20×7 年 12 月的会计分录。

(2) 对 20×6 年年末固定资产清查编制会计分录。

第五章　无 形 资 产

本章教学要点

了解无形资产的种类、研究与开发阶段的区分、使用寿命的判断以及可收回金额的确定；掌握无形资产研究与开发支出的确认和计量、使用寿命的确定和摊销的后续计量方法，以及无形资产取得、摊销、计提减值准备及报废的账务处理；重点掌握分期付款购入、自行开发无形资产，以及出租、出售无形资产的账务处理。

第一节　无形资产的确认和初始计量

一、无形资产概述

（一）无形资产的概念和特征

无形资产，是指企业拥有或者控制的没有实物形态的可辨认非货币性资产。无形资产具有下列特征。

1. 不具有实物形态

无形资产往往是一种权利，由法律赋予，或具有超额的获利能力，有价值而无形体存在，不能触摸，它不像固定资产、存货等有形资产具有实物形体。

2. 具有可辨认性

资产满足下列条件之一的，符合无形资产定义中的可辨认性标准：

(1) 能够从企业中分离或者划分出来，并能单独或者与相关合同、资产或负债一起，用于出售、转移、授予许可、租赁或者交换。

(2) 源自合同性权利或其他法定权利，无论这些权利是否可以从企业或其他权利和义务中转移或者分离。

商誉的存在无法与企业自身分离，不具有可辨认性，不属本章规范的内容。

3. 属于非货币性长期资产

无形资产属于非货币性资产，这使其与库存现金、银行存款和应收款项相区别；无形资产的使用年限在1年以上，能够在多个会计期间为企业带来经济利益，因此，其价值将在各个受益期间逐渐摊销。

（二）无形资产的确认

作为无形资产，首先应当符合无形资产的定义，并同时满足以下条件时才能予以确认。

1. 与该无形资产有关的经济利益很可能流入企业

资产最基本的特征是产生的经济利益预期很可能流入企业。对无形资产而言，如果某一无形资产产生的经济利益预期不能流入企业，就不能确认为企业的无形资产；反之，其产生的经济利益很可能流入企业，并同时满足无形资产确认的其他条件，则应当将其确认为无形资产。通常情况下，无形资产产生的未来经济利益可能包含在销售商品、提供劳务的收入当中，或者企业使用该项无形资产而减少或节约了成本，或者体现在获得的其他利益当中。例如，企业外购一项专利技术用于产品的生产，这项专利技术的使用可以提高产品的质量，从而提高售价或销量以增加企业的收入，为企业带来经济利益。

在实务工作中，要确定无形资产产生的经济利益是否很可能流入企业，应当对无形资产在预计使用寿命内可能存在的各种经济因素作出合理估计，并且应当有明确证据支持。在进行这种判断时，需要考虑相关的因素。比如，企业是否有足够的人力资源、高素质的管理队伍、相关硬件设备等来配合无形资产为企业创造经济利益。最为重要的是应关注外界因素的影响，如是否存在相关的新技术、新产品冲击与无形资产相关的技术或利用其生产的产品的市场等。

2. 该无形资产的成本能够可靠地计量

成本能够可靠地计量是资产确认的一项基本条件。对于无形资产而言，这个条件显得十分重要。比如，一些高科技领域的高科技人才，假定其与企业签订了服务合同，且合同规定其在一定期限内不能为其他企业提供服务。在这种情况下，虽然这些高科技人才的知识在规定的期限内预期能够为企业创造经济利益，但由于这些高科技人才的知识难以准确或合理辨认，加之为形成这些知识所发生的支出难以计量，从而不能作为企业的无形资产加以确认。

（三）无形资产的种类

无形资产按不同的标准可以划分为不同的种类。例如，按其取得方式可分为外购无形资产和自行开发的无形资产；按其效益年限长短可分为具有一定使用年限的无形资产和使用年限不确定的无形资产等。企业的无形资产主要包括：专利权、非专利技术、商标权、著作权、土地使用权、特许权等。

1. 专利权

专利权是指国家专利主管机关依法授予发明创造专利申请人对其发明创造在法定期限内所享有的专有权利，包括发明专利权、实用新型专利权和外观设计专利权。它给予持有者独家使用或控制某项发明的特殊权利。《中华人民共和国专利法》明确

规定,专利人拥有的专利权受到国家法律保护。专利权具有以下特征:

(1) 垄断性,即专利权人享有独占其专利的权利,除非向专利权人购买专利或购买专利使用权,其他人不得使用该专利发明和创造。

(2) 地域性,即任何专利权受法律的保护都有一定区域限制,一国批准的专利权只受本国或所参加的国际专利联盟的成员国的法律保护,超出这个范围,专利权就失去效力。

(3) 时间性,即专利权受法律保护是有期限的,任何专利权超过法定期限后,便自行失效。

专利权是允许其持有者独家使用或控制的特权,但它并不保证一定能给持有者带来经济效益,如有的专利可能会被另外更有经济价值的专利所淘汰等。因此,企业不应将其所拥有的一切专利权都予以资本化,作为无形资产管理和核算。一般而言,只有从外单位购入的专利或者自行开发并按法律程序申请取得的专利,才能作为无形资产管理和核算。这种专利权可以降低成本,或者提高产品质量,或者将其转让出去获得转让收入。

2. 非专利技术

非专利技术即专有技术,或技术秘密、技术诀窍,是指先进的、未公开的、未申请专利、可以带来经济效益的技术及诀窍。主要内容包括:一是工业专有技术,即在生产上已经采用,仅限于少数人知道,不享有专利权或发明权的生产、装配、修理、工艺或加工方法的技术知识;二是商业(贸易)专有技术,即具有保密性质的市场情报、原材料价格情报以及用户、竞争对象的情况和有关知识;三是管理专有技术,即生产组织的经营方式、管理方式、培训职工方法等保密知识。非专利技术并不是专利法的保护对象,专有技术所有人依靠自我保密的方式来维持其独占权,可以用于转让和投资。

企业的非专利技术,有些是自己开发研究的,有些是根据合同规定从外部购入的。如果是企业自己开发研究的,应将符合无形资产确认条件的开发支出资本化,确认为无形资产。对于从外部购入的非专利技术,应将实际发生的支出予以资本化,作为无形资产入账。

3. 商标权

商标是用来辨认特定的商品或劳务的标记。商标权是指专门在某类指定的商品或产品上使用特定的名称或图案的权利。商标经过注册登记,就获得了法律上的保护。《中华人民共和国商标法》明确规定,经商标局核准注册的商标为注册商标,商标注册人享有商标专用权,受法律的保护。

企业自创的商标并将其注册登记,所花费用一般不大,是否将其资本化并不重要。能够给拥有者带来获利能力的商标,往往是通过多年的广告宣传和其他传播商标名称的手段，以及客户的信赖等树立起来的。广告费一般不作为商标权的成本，而是在发生时直接计入当期损益。按照《中华人民共和国商标法》的规定，商标可以转让，但受让人应保证使用该注册商标的产品质量。如果企业购买他人的商标，一次性支出费用较大的，可以将其资本化，作为无形资产管理。这时，应将购入商标的价款、支付的手续费及有关费用作为商标的成本。

4. 著作权

著作权又称版权，是指制作者对其创作的文学、科学和艺术作品依法享有的某种特殊权利。著作权包括两方面的权利，即精神权利（人身权利）和经济权利（财产权利）。前者指作品署名、发表作品、确认作者身份、保护作品的完整性、修改已经发表的作品等各项权利，包括发表权、署名权、修改权和保护作品完整权；后者指以出版、表演、广播、展览、录制唱片、摄制影片等方式使用作品以及因授权他人使用作品而获得经济利益的权利。

5. 土地使用权

土地使用权是指国家准许某一企业或单位在一定期间内对国有土地享有开发、利用、经营的权利。企业取得的土地使用权通常应确认为无形资产，但属于投资性房地产或者作为固定资产核算的土地使用权，应当按投资性房地产或固定资产的核算原则进行会计处理。

6. 特许权

特许权又称经营特许权、专营权，是指企业在某一地区经营或销售某种特定商品的权利或一家企业接受另一家企业使用其商标、商号、技术秘密等的权利。前者一般是指政府授权、准许企业使用或在一定地区享有经营某种业务的特权，如水、电等专营权，烟草专卖权等；后者指企业间依照签订的合同，有限期或无限期使用另一家企业的某些权利，如连锁店分店使用总店的名称等。作为无形资产特许权指的是后者。

商誉是企业合并成本大于合并取得被购买方各项可辨认资产、负债公允价值份额的差额，其存在无法与企业自身分离，不具有可辨认性，不属于本章所指的无形资产。

二、无形资产的初始计量

无形资产应当按照成本进行初始计量。企业取得无形资产的方式主要有购入、自行开发、投资转入等，取得的方式不同，其成本构成和会计处理也有所不同。

企业取得无形资产，应在“无形资产”账户进行核算。“无形资产”账户核算企业持有的无形资产成本，借方登记取得无形资产的成本；贷方登记出售无形资产等转出的无形资产成本；期末借方余额，反映企业无形资产的成本。该账户应按无形资产项目设置明细账户，进行明细核算。

（一）购入的无形资产

（1）外购无形资产的成本，包括购买价款、相关税费以及直接归属于使该项资产达到预定用途所发生的其他支出。其中，直接归属于使该项资产达到预定用途所发生的其他支出，是指无形资产达到预定用途所发生的专业服务费用、测试无形资产是否能够发挥作用的费用等。外购的无形资产，按应计入无形资产成本的金额，借记"无形资产"账户，贷记"银行存款"等账户。

【例 5-1】 某企业购入 1 项非专利技术，支付的买价为 100 000 元，另外支付相关税费 500 元，全部款项以银行存款支付。如果使用了该项非专利技术，预计可使企业产品的质量提高、成本降低，从而增加销量，提高销售利润率。企业应作会计处理如下：

借：无形资产——非专利技术　　100 500
　贷：银行存款　　100 500

企业取得的土地使用权，通常应当按照取得时所支付的价款及相关税费确认为无形资产。土地使用权用于自行开发建造厂房等地上建筑物时，土地使用权的账面价值不与地上建筑物合并计算其成本，而仍作为无形资产进行核算。但是，如果房地产开发企业取得的土地使用权用于建造对外出售的房屋建筑物的，其相关的土地使用权的价值应当计入所建造的房屋建筑物成本。

企业外购房屋建筑物所支付的价款中包括土地使用权以及建筑物的价值的，则应当对实际支付的价款按照合理的方法(例如，公允价值相对比例)，在土地使用权和地上建筑物之间进行分配；如果确实无法在土地使用权和地上建筑物之间进行合理分配的，应当全部作为固定资产，按照固定资产确认和计量的原则进行处理。

企业改变土地使用权的用途，停止自用土地使用权而用于赚取租金或资本增值时，应将其账面价值转为投资性房地产。

（2）购买无形资产的价款超过正常信用条件延期支付，实质上具有融资性质的，无形资产的成本以购买价款的现值为基础确定。实际支付的价款与购买价款的现值之间的差额，除按照借款费用的有关规定应予资本化的以外，应当在信用期间内采用实际利率法进行摊销，计入当期损益。即应按所购无形资产购买价款的现值，借记"无形资产"账户；按应支付的金额，贷记"长期应付款"账户；按其差额，借记"未确认融资费用"账户。

【例 5-2】 20×5 年 1 月 2 日，A 公司从 B 公司购买 1 项专利权，由于 A 公司资金周转比较紧张，经与 B 公司协议采用分期付款方式支付款项。合同规定，该项专利权总计 600 000 元，每年年末付款 200 000 元，3 年付清，不考虑其他相关税费。假定银行同期贷款利率为 6%，3 年期年金现值系数为 2.673。A 公司有关会计处理如下：

(1) 20×5 年 1 月 2 日，确定购入无形资产的成本。

无形资产成本＝200 000×2.673＝534 600(元)

未确认融资费用＝600 000－534 600＝65 400(元)

借：无形资产　　534 600
　　未确认融资费用　　65 400
　贷：长期应付款　　600 000

(2) 确定未确认融资费用在信用期间的分摊额如表 5－1 所示。

表 5－1　　**未确认融资费用分摊表**　　单位：元

日　　期	分　期 付款额	确　认　的 融资费用	应付本金 减 少 额	应付本金余额
	(1)	(2)＝期初(4)×6%	(3)＝(1)－(2)	期末(4)＝期初(4)－(3)
20×5 年 1 月 2 日				534 600.00
20×5 年 12 月 31 日	200 000	32 076.00	167 924.00	366 676.00
20×6 年 12 月 31 日	200 000	22 000.56	177 999.44	188 676.56
20×7 年 12 月 31 日	200 000	11 323.44 *	188 676.56	0
合　　计	600 000	65 400.00	534 600.00	

＊ 表示含尾数调整。

(3) 20×5 年 12 月 31 日，支付款项、分摊未确认融资费用。

借：长期应付款　　200 000
　贷：银行存款　　200 000

借：财务费用　　32 076
　贷：未确认融资费用　　32 076

20×6 年和 20×7 年年末支付款项和分摊未确认融资费用的会计处理比照20×5 年 12 月 31 日的相关会计处理进行。

(二) 自行开发的无形资产

对于企业自行进行的研究开发项目，应当区分研究阶段与开发阶段分别进行核算。

1. 研究与开发阶段的区分

(1) 研究阶段。研究是指为获取并理解新的科学或技术知识而进行的独创性的有计划调查。研究活动的例子包括：意在获取知识而进行的活动；研究成果或其他知识的应用研究、评价和最终选择；材料、设备、产品、工序、系统或服务的替代品的研究;新的或经改进的材料、设备、产品、工序、系统或服务的可能替代品的配置、设计、评价和最终选择等。研究阶段是探索性的,是为进一步的开发活动进行资料及相关方面的准备,已进行的研究活动将来是否会转入开发、开发后是否会形成无形资产等均具有较大的不确定性。在这一阶段不会形成阶段性成果。因此,研究阶段的有关支出,在发生时应当费用化计入当期损益。

(2) 开发阶段。开发是指在进行商业性生产或使用前,将研究成果或其他知识应用于某项计划或设计,以生产出新的或具有实质性改进的材料、装置、产品等。开发活动的例子包括:生产或使用前的原型和模型的设计、建造和测试;含新技术的工具、夹具、模具和冲模的设计;不具有商业性生产经济规模的试生产设施的设计、建造和运营;新的或经改造的材料、设备、产品、工序、系统或服务所选定的替代品的设计、建造和测试等。

相对于研究阶段而言,开发阶段应当是已完成研究阶段的工作,在很大程度上具备了形成一项新产品或新技术的基本条件。此时,如果企业能够证明开发支出符合无形资产的定义及相关确认条件,则可将其确认为无形资产。

2. 开发阶段相关支出资本化的条件

在开发阶段,可将有关支出资本化计入无形资产的成本,但必须同时满足以下条件:

(1) 完成该无形资产以使其能够使用或出售在技术上具有可行性。企业在判断无形资产的开发在技术上是否具有可行性,应当以目前阶段的成果为基础,并提供相关证据和材料,证明企业进行开发所必需的技术条件等已经具备,不存在技术上的障碍或其他不确定性。例如,企业已经完成了全部计划、设计和测试活动,这些活动是使资产能够达到设计规划书中的功能、特征和技术所必需的活动,或经过专家鉴定等。

(2) 具有完成该无形资产并使用或出售的意图。企业研发项目形成成果以后,是对外出售,还是使用并从使用中获得经济利益,应当由管理当局的意图而定。企业的管理当局应当能够说明其开发无形资产的目的,并具有完成该项无形资产开发并使其能够使用或出售的可能性。

(3) 无形资产产生经济利益的方式,包括能够证明运用该无形资产生产的产品存在市场或无形资产自身存在市场,无形资产将在内部使用的,应当证明其有用性。

很可能为企业带来未来经济利益是确认一项无形资产最基本的条件。就其能够为企业带来未来经济利益的方式来讲,如果有关的无形资产在形成以后,主要是用于生产新产品,企业应当对运用该无形资产生产的产品的市场情况进行可靠预计,应当能够证明所生产的产品存在市场,并能够带来经济利益的流入;如果有关的无形资产开发以后主要是用于对外出售的,则企业应当能够证明市场上存在对该类无形资产的需求，其开发以后存在外在的市场可以出售并能够带来经济利益的流入；如果无形资产开发以后，不是用于生产产品，也不是用于对外出售，而是在企业内部使用的，则企业应当能够证明其对企业的有用性。

(4) 有足够的技术、财务和其他资源支持，以完成该无形资产的开发，并有能力使用或出售该无形资产。这一条件主要包括三个方面。

第一，为完成该项无形资产的开发具有技术上的可靠性。开发无形资产并使其形成成果在技术上的可靠性，是继续开发活动的关键。因此，必须有确凿证据证明企业继续开发该项无形资产，有足够的技术支持和技术能力。

第二，财务和其他资源支持。财务和其他资源支持是能够完成相关无形资产开发的经济基础，因此，企业必须能够证明可以取得无形资产开发所必需的财务和其他资源，以及获得这些资源的相关计划。

第三，能够证明企业可以取得无形资产开发所必需的技术、财务和其他资源，以及获得这些资源的相关计划。如果企业自有资金不足以提供支持的，应当能够证明存在外部其他方面的资金支持，如银行等金融机构声明愿意为该无形资产的开发提供所需资金等。

(5) 归属于该无形资产开发阶段的支出能够可靠地计量。企业对于开发活动所发生的支出应当单独核算。例如，直接发生的开发人员工资、材料费以及相关设备折旧费等。在企业同时从事多项开发活动的情况下，所发生的支出同时用于支持多项开发活动的，应按照合理的标准在各项开发活动之间进行分配；无法合理分配的，应予费用化计入当期损益，不计入开发活动的成本。

无法区分研究阶段和开发阶段的支出，应当在发生时作为管理费用，全部计入当期损益。

3. 内部开发无形资产成本的计量

内部研发形成的无形资产的成本，由可直接归属于该资产的创造、生产并使该资产能够以管理层预定的方式运作的所有必要支出组成。可直接归属成本包括，开发该无形资产时耗费的材料、劳务成本、注册费、在开发该无形资产过程中使用的其他专利权和特许权的摊销，以及按照借款费用的处理原则可以资本化的利息支出。在开发无形资产过程中发生的，除上述可直接归属于无形资产开发活动之外的其他销售费用、管理费用等间接费用，无形资产达到预定用途前发生的可辨认的无效和初始运作损失，为运行该无形资产发生的培训支出等不构成无形资产的开发成本。

值得说明的是，内部开发无形资产的成本仅包括在满足资本化条件的时点至无形资产达到预定用途前发生的支出总和，对于同一项无形资产在开发过程中达到资本化条件之前已经费用化计入当期损益的支出不再进行调整。

4. 自行研究开发无形资产的会计处理

企业自行开发无形资产发生的研发支出，无论是否满足资本化条件，均应先在“研发支出”账户中归集。“研发支出”账户核算企业进行研究与开发无形资产过程中发生的各项支出，借方登记企业自行开发无形资产发生的研发支出，贷方登记研究开发项目达到预定用途形成无形资产后转入无形资产的研发支出及期末转入当期损益的研发支出，期末借方余额，反映企业正在进行中的研究开发项目中满足资本化条件的支出。

企业内部研究开发项目所发生的支出应区分研究阶段支出和开发阶段支出，企业自行开发无形资产发生的研发支出，不满足资本化条件的，借记“研发支出——费用化支出”账户，满足资本化条件的，借记“研发支出——资本化支出”账户，贷记“原材料”“银行存款”“应付职工薪酬”等账户。研究开发项目达到预定用途形成无形资产的，应按“研发支出——资本化支出”账户的余额，借记“无形资产”账户，贷记“研发支出——资本化支出”账户。期(月)末，应将“研发支出——费用化支出”账户归集的金额转入“管理费用”账户，借记“管理费用”账户，贷记“研发支出——费用化支出”账户。

【例 5-3】 某企业在 20×6 年 1 月 1 日开始自行研究开发 1 项新产品专利技术，该企业认为，研发该新产品具有可靠的技术和财务等资源的支持，并且研发成功后新产品在市场上有广阔的销路，可为企业带来巨大的收益。企业在研究开发过程中发生材料费 3 000 000 元、人工费 1 000 000 元，以及用银行存款支付的其他费用 2 000 000 元，总计6 000 000元，其中，符合资本化条件的支出为 3 960 000 元。20×6 年年末，该专利技术研发成功，已经达到预定用途。企业的会计处理如下：

(1) 20×6 年发生研发支出。

借：研发支出——费用化支出	2 040 000	
——资本化支出	3 960 000	
贷：原材料		3 000 000
应付职工薪酬		1 000 000
银行存款		2 000 000

(2) 20×6 年年末。

借：管理费用	2 040 000	
无形资产	3 960 000	
贷：研发支出——费用化支出		2 040 000
——资本化支出		3 960 000

(三) 投资者投入的无形资产

投资者投入无形资产的成本，应当按照投资合同或协议约定的价值确定，但合同或协议约定价值不公允的除外。

【例 5－4】　某企业 20×7 年 4 月 1 日接受 A 公司投入的土地使用权，该资产在 A 公司的账面价值为 3 000 万元，双方协议以评估价为投资价值确认标准。经评估，其公允价值为 4 500 万元。企业会计处理如下：

借：无形资产——土地使用权　　45 000 000
　贷：实收资本　　45 000 000

（四）其他方式取得的无形资产

非货币性资产交换、债务重组和政府补助取得的无形资产的成本，应当分别按照相关会计准则规定处理。

第二节　无形资产的后续计量

一、无形资产使用寿命的判断

企业应当于取得无形资产时分析判断其使用寿命。无形资产的使用寿命为有限的，应当估计该使用寿命的年限或者构成使用寿命的产量等类似计量单位数量；无法预见无形资产为企业带来经济利益期限的，应当视为使用寿命不确定的无形资产。

估计无形资产使用寿命应当考虑的相关因素：

(1) 该资产通常的产品寿命周期、可获得的类似资产使用寿命的信息。

(2) 技术、工艺等方面的现实情况及对未来发展的估计。

(3) 以该资产生产的产品或服务的市场需求情况。

(4) 现在或潜在的竞争者预期采取的行动。

(5) 为维持该资产产生未来经济利益的能力预期的维护支出，以及企业预计支付有关支出的能力。

(6) 对该资产的控制期限，使用的法律或类似限制，如特许使用期间、租赁期间等。

(7) 与企业持有的其他资产使用寿命的关联性等。

例如，企业以支付土地出让金的方式取得一块土地 50 年的使用权，如果企业准备持续持有，在 50 年期间内没有计划出售，则该项土地使用权预期为企业带来经济利益的期间为 50 年。

某些无形资产的取得源自合同性权利或其他法定权利，其使用寿命不应超过合同性权利或其他法定权利规定的期限。但如果企业使用资产的预期期限短于合同性权利或其他法定权利规定的期限的，则应当按照企业预期使用的期限来确定其使用寿命。例如,企业取得的某项实用新型专利权,法律规定的保护期限为10年,企业预计运用该项实用新型专利权所生产的产品在未来6年内会为企业带来经济利益。则该项实用新型专利权的预计使用寿命为6年。

如果合同性权利或其他法定权利能够在到期时因续约等延续,则仅当有证据表明企业续约不需要付出大额成本时,续约期才能够包括在使用寿命的估计当中。下列情况下,一般说明企业无须付出大额成本即可延续合同性权利或其他法定权利:有证据表明合同性权利或其他法定权利将被重新延续,如果在延续之前需要第三方同意,则还需有第三方将会同意的证据;有证据表明为获得重新延续所必需的所有条件将被满足,以及企业为延续持有无形资产所付出的成本相对于预期从重新延续中流入企业的未来经济利益相比不具有重要性。如果企业为延续无形资产持有期间而付出的成本与预期从重新延续中流入企业的未来经济利益相比具有重要性,则从本质上来看是企业获得的一项新的无形资产。

没有明确的合同或法律规定无形资产的使用寿命的,企业应当综合各方面情况,如企业经过努力,聘请相关专家进行论证、与同行业的情况进行比较以及参考企业的历史经验等,来确定无形资产为企业带来未来经济利益的期限。如果经过这些努力,仍确实无法合理确定无形资产为企业带来经济利益的期限的,才能将其作为使用寿命不确定的无形资产。例如,企业取得了一项在过去几年中市场份额领先的畅销产品的商标。该商标按照法律规定还有5年的使用寿命,但是在保护期届满时,企业可每10年以较低的手续费申请延期,同时有证据表明企业有能力申请延期。此外,有关的调查表明,根据产品生命周期、市场竞争等方面情况综合判断,该商标将在不确定的期间内为企业带来现金流量。综合各方面情况,该商标可视为使用寿命不确定的无形资产。又如,企业通过公开拍卖取得一项出租车运营许可权,按照所在地的规定,以现有出租车运营许可权为限,不再授予新的运营许可权,而且在旧的出租车报废以后,有关的运营许可权可用于新的出租车。企业估计在有限的未来,将持续经营出租车行业。对于该运营许可权,由于其能为企业带来未来经济利益的期限从目前情况来看,无法可靠地估计,因而应将其视为使用寿命不确定的无形资产。

二、无形资产的摊销方法

使用寿命有限的无形资产,应在其预计的使用寿命内采用系统合理的方法对应摊销金额进行摊销。应摊销金额是指无形资产的成本扣除残值后的金额。已计提减值准备的无形资产,还应扣除已计提的无形资产减值准备累计金额。

(一)无形资产摊销期和摊销方法的确定

无形资产的摊销期自其可供使用(即其达到预定用途)时起至终止确认时止。在无形资产的使用寿命内系统地分摊其应摊销金额,存在多种方法。这些方法包括直线法、生产总量法等。企业选择的无形资产摊销方法，应当能够反映与该项无形资产有关的经济利益的预期实现方式，并一致地运用于不同会计期间；无法可靠确定其预期实现方式的，应当采用直线法进行摊销。

（二）无形资产残值的确定

使用寿命有限的无形资产，其残值应当视为零，但下列情况除外：

（1）有第三方承诺在无形资产使用寿命结束时购买该无形资产。

（2）可以根据活跃市场得到预计残值信息，并且该市场在无形资产使用寿命结束时可能存在。

无形资产的残值，意味着在其经济寿命结束之前，企业预计将会处置该无形资产，并且从该处置中获得利益。估计无形资产的残值应以资产处置时的可收回金额为基础，此时的可收回金额是指在预计出售日，出售一项使用寿命已满且处于类似使用状况下，同类无形资产预计的处置价格（扣除相关税费）。残值确定以后，在持有无形资产的期间内，至少应于每年年末进行复核，预计其残值与原估计金额不同的，应按照会计估计变更进行处理。如果无形资产的残值重新估计以后高于其账面价值的，则无形资产不再摊销。

（三）无形资产摊销的会计处理

使用寿命有限的无形资产，应当在使用寿命内采用合理的摊销方法进行摊销。无形资产的摊销金额一般应当计入当期损益，但如果某项无形资产是专门用于生产某种产品或者其他资产，其所包含的经济利益是通过转入到所生产的产品或其他资产中实现的，则无形资产的摊销金额应当计入相关资产的成本。例如，某项专门用于生产过程中的无形资产，其摊销金额应构成所生产产品成本的一部分，计入该产品的制造费用。

企业摊销无形资产，应设置“累计摊销”账户，核算企业对使用寿命有限的无形资产计提的累计摊销。该账户属于“无形资产”的调整账户，贷方登记企业计提的无形资产摊销；借方登记处置无形资产转出的累计摊销额；期末贷方余额，反映企业无形资产的累计摊销额。

【例 5－5】 某企业从外单位购得 1 项商标权，支付价款 3 000 000 元，款项已支付，该商标权的使用寿命为 10 年，不考虑残值的因素，采用直线法摊销。企业会计处理如下：

（1）购入无形资产。

借：无形资产——商标权	3 000 000	
贷：银行存款		3 000 000

（2）按月计提无形资产摊销。

$$月摊销额=\frac{3\ 000\ 000}{10\times 12}=25\ 000(元)$$

借：管理费用——商标权摊销　　25 000

　贷：累计摊销　　25 000

【例 5－6】 承[例 5－3]，企业研发成功的新产品专利技术，成本为3 960 000元，用于新产品的生产。经注册，法律规定的保护期限为 10 年，企业预计运用该项专利权所生产的产品在未来 6 年内会为企业带来经济利益。

企业计提无形资产摊销的会计处理如下：

$$月摊销额=\frac{3\ 960\ 000}{6\times 12}=55\ 000(元)$$

借：制造费用——专利权摊销　　55 000

　贷：累计摊销　　55 000

根据可获得的相关信息判断，如果无法合理估计某项无形资产的使用寿命，应将其作为使用寿命不确定的无形资产进行核算。对于使用寿命不确定的无形资产，在持有期间内不需要进行摊销，但应当至少于每年年度终了进行减值测试。

三、无形资产使用寿命和摊销方法的复核

企业至少应当于每年年度终了，对无形资产的使用寿命及摊销方法进行复核，如果有证据表明无形资产的使用寿命及摊销方法不同于以前的估计，则对于使用寿命有限的无形资产，应改变其摊销年限及摊销方法，并按照会计估计变更进行处理。例如，企业使用的某项专利权，原预计使用寿命为 10 年，使用至第 2 年年末时，该企业计划再使用 2 年即不再使用。为此，在第 2 年年末，企业应当变更该项无形资产的使用寿命，并作为会计估计变更进行处理。又如，某项无形资产计提了减值准备，这可能表明企业原估计的摊销期限需要作出变更。

对于使用寿命不确定的无形资产，如果有证据表明其使用寿命是有限的，则应视为会计估计变更，应当估计其使用寿命并按照使用寿命有限的无形资产的处理原则进行处理。

第三节　无形资产的期末计量和处置

一、无形资产的期末计量

企业在资产负债表日应当判断无形资产是否存在可能发生减值的迹象。如果无形资产存在减值迹象的，应该进行减值测试，估计无形资产的可收回金额，可收回金额低于账面价值的金额，计提相应的无形资产减值准备。其减值测试的方法比照判

断固定资产减值的原则进行。

企业应当设置"资产减值损失"和"无形资产减值准备"账户核算计提的无形资产减值损失。计提无形资产减值损失时，企业应按无形资产账面价值超过其可收回金额的部分，借记"资产减值损失——无形资产减值损失"账户，贷记"无形资产减值准备"账户。

【例 5-7】 某企业在年末发现市场上有项新技术生产的产品销售较好，已对本企业的产品销售产生重大的不利影响，企业产品使用的专利技术，成本为 3 960 000元，使用寿命为 6 年，已使用 4 年；经减值测试，该专利权的可收回金额估计为 800 000 元。

企业确认减值损失的会计处理如下：

$$\text{专利权的账面价值}=3\,960\,000-\frac{3\,960\,000}{6}\times 4=1\,320\,000(\text{元})$$

$$\text{专利权的减值损失}=1\,320\,000-800\,000=520\,000(\text{元})$$

借：资产减值损失——无形资产减值损失	520 000	
贷：无形资产减值准备		520 000

无形资产减值损失一经确认，在以后会计期间不得转回。计提无形资产减值损失后，无形资产的摊销费用应当在未来期间作相应调整，以使该无形资产在剩余使用寿命内，系统地分摊调整后的账面价值。

二、无形资产出租

企业让渡无形资产使用权形成的租金和发生的相关费用，应当分别确认为其他业务收入和其他业务成本。

【例 5-8】 某企业将某专利权出租给 A 公司，每年获取租金收入 300 000 元。该专利权的账面价值为900 000元，剩余摊销年限为 4 年。该企业的账务处理如下：

（1）每年收取租金。

借：银行存款	300 000	
贷：其他业务收入		300 000

（2）摊销无形资产成本。

借：其他业务成本	225 000	
贷：累计摊销		225 000

三、无形资产出售

企业出售无形资产，应当将取得的价款与该无形资产账面价值的差额计入当期损益。

出售无形资产时,应按实际收到的金额,借记"银行存款"等账户,按已计提的累计摊销,借记"累计摊销"账户,已计提减值准备的,借记"无形资产减值准备"账户;按其账面余额,贷记"无形资产"账户;按其差额,借记或贷记"资产处置损益"账户。

【例5-9】 某企业将拥有的1项非专利技术出售,取得收入5 000 000元。该非专利技术的账面余额为4 500 000元,累计摊销额为2 500 000元,已计提的减值准备为1 000 000元。该企业的账务处理如下:

借:银行存款	5 000 000	
累计摊销	2 500 000	
无形资产减值准备	1 000 000	
贷:无形资产		4 500 000
资产处置损益		4 000 000

四、无形资产报废

如果无形资产预期不能为企业带来经济利益的,如该无形资产已被其他新技术所替代,则应将其报废并予转销,其账面价值转作当期损益。转销时,按已计提的累计摊销,借记"累计摊销"账户;已计提减值准备的,借记"无形资产减值准备"账户;按其账面余额,贷记"无形资产"账户;按其差额,借记"营业外支出"账户。

【例5-10】 某企业拥有的一项专利技术预期不能为企业带来经济利益,将其转销。该专利技术的账面余额为300 000元,累计摊销额为200 000元,已计提的减值准备为80 000元。

假定不考虑其他相关因素,企业的会计处理如下:

借:营业外支出——非流动资产报废	20 000	
累计摊销	200 000	
无形资产减值准备	80 000	
贷:无形资产		300 000

复习思考题

一、单项选择题

1. 企业在创造发明某项专利时,研究阶段所发生的各种有关的试验费用,应计入(　　)。
   A. 长期待摊费用　　B. 待摊费用
   C. 管理费用　　D. 无形资产的价值

2. 企业有偿取得的土地使用权,在土地上建造房屋建筑物时,应将其账面价值(　　)。

A. 继续进行摊销
B. 全部转入管理费用
C. 转入长期待摊费用
D. 全部转入开发成本或在建工程成本

3. 下列有关土地使用权的说法中,不正确的是(　　)。

A. 企业取得的土地使用权用于出租或增值目的时应将其转为投资性房地产
B. 房地产开发企业取得土地用于建造对外出售的房屋建筑物,相关的土地使用权应当计入所建造的房屋建筑物成本
C. 房地产开发企业取得土地用于建造对外出售的房屋建筑物,土地使用权与地上建筑物应当分别进行摊销和提取折旧
D. 企业外购房屋建筑物支付的价款,应当在地上建筑物与土地使用权之间进行分配

4. 20×7 年 3 月,甲股份有限公司提出一项新专利技术构想,经充分研究,认为研制成功的可能性极大,于 20×7 年 5 月开始研制工作,20×8 年 4 月研发成功。在研究阶段,企业支付了相关费用 800 万元;在开发阶段,发生了相关费用 2 000 万元,其中包含满足无形资产确认条件的支出 1 000 万元。该专利技术的入账价值为(　　)万元。

A. 800
B. 1 000
C. 2 000
D. 2 800

5. 甲股份有限公司的注册资本为 10 000 万元,20×7 年 6 月 15 日,接受乙公司以专利权进行投资。该专利权的账面价值为 4 200 万元,双方协议约定的价值为 4 400 万元(协议约定价值公允),占甲股份有限公司注册资本的 20%,另发生相关税费 220 万元。则该专利权入账价值为(　　)万元。

A. 4 000
B. 4 400
C. 4 420
D. 4 620

6. 转让无形资产所有权发生的损益应计入(　　)。

A. 其他业务收支
B. 营业外收支
C. 财务费用
D. 管理费用

7. 某公司从 20×4 年 1 月 1 日开始分摊某专利权的价值,该专利权的实际成本为 500 万元,摊销年限为 5 年。20×5 年 12 月 31 日,专利权预计可收回金额为 210 万元;20×6 年 12 月 31 日,预计可收回金额为 160 万元。则 20×6 年 12 月 31 日,专利权的账面价值为(　　)万元。

A. 160
B. 140
C. 200
D. 230

8. 某公司于 20×7 年 1 月 1 日以 120 万元的价格对外转让一项专利权。该项专利权系该公司于 20×4 年 1 月 1 日以 400 万元价格购入,购入时该专利权预计使用年限为 4 年,法律规定的有效使用年限为 6 年,采用直线法摊销。20×5 年年末,该专利权的可收回价值为 180 万元,该公司转让该专利权所获得的净收益为(　　)万元。

A. 15
B. 20
C. 30
D. 60

9. 当某项无形资产已丧失使用价值和转让价值时,应将其账面价值(　　)。

A. 全部转入当期损益
B. 全部计提减值准备

C. 加速进行摊销　　D. 转入长期待摊费用

10. 对出租的无形资产进行摊销时,其摊销的价值应计入(　　)。

A. 管理费用　　B. 其他业务成本

C. 营业外支出　　D. 销售费用

二、多项选择题

1. 无形资产具有的特征有(　　)。

A. 无物质形态　　B. 不可计量

C. 能在多个会计期间为企业带来经济效益　　D. 是为企业使用而非出售的资产

E. 能提供的未来经济效益具有高度的不确定性

2. 下列各项中,属于无形资产的有(　　)。

A. 政府特许的专营权　　B. 尚未注册的商标

C. 购入的非专利技术　　D. 购入的专利权

E. 企业自创的商誉

3. 下列说法中,正确的有(　　)。

A. 投资者投入的无形资产按合同协议约定的价值作为实际成本

B. 自行开发并按法律程序申请取得的无形资产,其依法取得时发生的注册费、聘请律师费等费用,直接计入当期费用

C. 购买无形资产的价款超过正常信用条件延期支付,实质上具有融资性质的,无形资产的成本以购买价款的现值为基础确定

D. 烟草专卖权可以作为无形资产入账

E. 使用寿命无限的无形资产应当按不超过10年的期限进行摊销

4. 下列表述中,不正确的有(　　)。

A. 无形资产的出租收入应确认为其他业务收入

B. 无形资产的成本应自取得当月按直线法摊销

C. 无形资产的后续支出应在发生时予以资本化

D. 无形资产的研究与开发费用应在发生时计入当期损益

E. 无形资产的出售收益计入营业外收入

5. 对使用寿命有限的无形资产,下列说法中,正确的有(　　)。

A. 其应摊销金额应当在使用寿命内系统合理地摊销

B. 其摊销期限应当自无形资产可供使用时起至不再作为无形资产确认时止

C. 其摊销期限应当自无形资产可供使用的下个月时起至不再作为无形资产确认时止

D. 无形资产的应摊销金额为其成本扣除预计残值后的金额,已计提减值准备的无形资产,还应扣除已计提的无形资产减值准备累计金额

E. 无形资产的摊销方法采用直线法

6. 对于无形资产摊销的会计处理,下列说法中,正确的有(　　)。

A. 使用寿命有限的无形资产的应摊销金额应当在使用寿命内系统合理地摊销

B. 企业应当自无形资产可供使用的次月起，至不再作为无形资产确认时止摊销无形资产

C. 无形资产的使用寿命与以前估计不同的，应当改变摊销期限

D. 无形资产的摊销方法与以前估计不同的，应当改变摊销方法

E. 使用寿命有限的无形资产，其残值一般应当视为零

7. 下列有关无形资产的说法中，正确的有(　　)。

A. 投资者投入无形资产的成本，应当按照投资合同或协议约定的价值确定，即使合同或协议约定价值不公允

B. 购买无形资产的价款超过正常信用条件延期支付，实质上具有融资性质的，无形资产的成本以购买价款为基础确定

C. 无形资产的应摊销金额为其成本扣除预计残值后的金额，已计提减值准备的无形资产，还应扣除已计提的无形资产减值准备累计金额

D. 无形资产的使用寿命及摊销方法与以前估计不同的，应当改变摊销期限和摊销方法

E. 自行开发并依法取得的无形资产，其入账价值为开发和申请过程中发生的所有支出

8. 下列应当计提无形资产减值准备的情况有(　　)。

A. 某项无形资产已被其他新技术所替代，使其为企业创造经济利益的能力受到重大不利影响

B. 某项无形资产的市价在当期大幅度下跌，并在剩余摊销年限内不会恢复

C. 某项无形资产已超过法律保护期限，但仍然有部分使用价值

D. 企业内部报告的证据表明无形资产的经济绩效已经低于或者将低于预期

E. 其他足以证明某项无形资产实质上已经发生了减值的情形

9. 企业自行开发项目开发阶段的支出，满足资本化条件的有(　　)。

A. 完成该无形资产以使其能够使用或出售在技术上具有可行性

B. 归属于该无形资产开发阶段的支出能够可靠地计量

C. 具有完成该无形资产并使用或出售的意图

D. 无形资产生产的产品存在市场或无形资产自身存在市场，无形资产将在内部使用的，可证明其有用性

E. 有足够的技术、财务和其他资源支持

10. 下列各项中，应计入自行开发并依法申请取得无形资产入账的有(　　)。

A. 研究费用　　B. 注册费用

C. 聘请律师费用　　D. 开发过程中发生的折旧费

E. 开发过程中发生的符合资本化条件的人工费用

三、判断题

1. 工业企业为建造生产车间而购入的土地使用权在生产车间正式动工建造之前应作为工程物资核算。(　　)

2. 企业已办过法律登记的专利权,即使不能给企业带来经济效益,仍应作为无形资产入账。 ( )

3. 已计入各期损益的研究与开发费用,在相关技术依法申请取得专利时,应予以转回并计入专利权的入账价值。 ( )

4. 企业自行开发无形资产发生的研发支出,不满足资本化条件的,应当计入当期损益。 ( )

5. 对于企业无法可靠确定与无形资产有关的经济利益的预期实现方式的,应当采用直线法摊销。 ( )

6. 一般情况下,使用寿命有限的无形资产,其应摊销金额为其成本扣除已计提的无形资产减值准备的累计金额。 ( )

7. 无法预见无形资产为企业带来经济利益期限的,应当视为使用寿命不确定的无形资产,不予计提减值准备。 ( )

8. 生产车间使用的专有技术等无形资产,其成本摊销应计入管理费用。 ( )

9. 不论是使用寿命确定的无形资产,还是使用寿命不确定的无形资产,企业都应当对其使用寿命进行复核。 ( )

10. 不能为企业带来经济利益的无形资产的账面价值应全部转入管理费用。 ( )

四、名词解释

无形资产　　专利权

非专利技术　　商标权

著作权　　土地使用权

特许权　　研究

开发　　无形资产减值准备

五、简答题

1. 简述无形资产的主要特征。
2. 无形资产通常包括哪些项目?企业将某个项目确认为无形资产应当满足哪些条件?
3. 企业自行开发无形资产时,如何区分研究阶段和开发阶段?
4. 简述开发阶段相关支出资本化的条件。
5. 预计无形资产使用寿命应当考虑哪些因素?
6. 对于使用寿命不确定的无形资产,应如何对其进行后续计量?
7. 无形资产与固定资产在会计核算上主要有哪些区别?

六、计算与分析题

习 题 一

(一) 目的 练习无形资产业务的核算。

(二) 资料 20×4 年 6 月 1 日,某企业决定自行研制、开发 1 项技术。该企业认为,研发该项技术具有可靠的技术和财务等资源的支持，研发成功后用于产品生产，可降低产品成本，为企业带来巨大的收益。有关资料如下：

(1) 20×4 年在研究开发过程中，发生材料费 20 000 元，人工费 50 000 元，用银行存款支付的其他费用 40 000 元，其中，符合资本化条件的支出为 90 000 元。

(2) 20×5 年 1 月 1 日，该专利技术研发成功，已经达到预定用途，以银行存款支付律师费 5 700 元，注册费 300 元。

(3) 该项专利权的法定保护期限为 10 年，企业预计该项专利权的使用寿命为 5 年，采用直线法于每年年末摊销。

(4) 20×7 年 3 月 1 日，企业以 60 000 元将此专利出售给 A 公司，款项已存银行。

(三) 要求　根据上述资料，编制相关的会计分录。

习　题　二

(一) 目的　练习无形资产业务的核算。

(二) 资料　某企业 20×3 年至 20×9 年发生无形资产的相关业务如下：

(1) 20×3 年 12 月 1 日，以银行存款 300 万元购入 1 项无形资产(不考虑相关税费)用于管理。该无形资产的预计使用寿命为 10 年，预计净残值为零，采用直线法摊销。

(2) 20×7 年 12 月 31 日，预计该无形资产的可收回金额为 142 万元。该无形资产发生减值后，原预计使用年限不变。

(3) 20×8 年 12 月 31 日，预计该无形资产的可收回金额为 129.8 万元，原预计使用年限不变。

(4) 20×9 年 1 月 1 日，将该无形资产对外出租，期限 1 年，取得价款 30 万元收存银行(不考虑相关税费)。

(三) 要求　根据上述资料，编制相关的会计分录。

习　题　三

(一) 目的　综合练习无形资产业务的核算。

(二) 资料　某企业发生的有关无形资产业务如下：

(1) 20×6 年 1 月，以银行存款 100 万元购入一项特许经营权(不考虑相关税费)。企业无法预见该特许经营权为企业带来经济利益的期限。

(2) 20×6 年 6 月，研发部门准备研究开发一项专有技术。在研究阶段，企业为了研究成果的应用研究、评价，以银行存款支付相关费用 300 万元。

(3) 20×6 年 8 月，上述专有技术研究成功，转入开发阶段。企业将研究成果应用于该项专有技术的设计，直接发生的研发人员工资、材料费以及相关设备折旧费等分别为 1 000 万元、900 万元和 400 万元，同时以银行存款支付了其他相关费用 100 万元。以上开发支出均满足无形资产的确认条件。

(4) 20×6 年 10 月，上述专有技术的研究开发项目达到预定用途，形成无形资产。企业预计该专有技术的使用寿命为 10 年。企业无法可靠确定与该专有技术有关的经济利益的预期实现方式。

(5) 20×7 年 12 月 31 日，由于市场上出现的一项新技术对企业的现有专利技术产生不利影响,经减值测试,该专有技术的可收回金额为900万元,预计尚可使用3年。

(6) 20×9年5月,企业研发的专有技术预期不能为企业带来经济利益,经批准将其报废并予以转销。

(三) 要求 根据上述资料,编制相关的会计分录。

第六章　投资性房地产

本章教学要点

了解投资性房地产的确认范围和条件、采用公允价值模式进行后续计量的前提条件，以及用途转换的条件；掌握投资性房地产的初始计量、后续计量方法，以及账务处理；重点掌握投资性房地产在采用不同计量模式下取得、用途转换、处置的账务处理。

第一节　投资性房地产的确认和初始计量

一、投资性房地产的概念和确认

（一）投资性房地产的概念

投资性房地产，是指为赚取租金或资本增值，或两者兼有而持有的房地产。投资性房地产主要包括：已出租的土地使用权、持有并准备增值后转让的土地使用权和已出租的建筑物。投资性房地产应当能够单独计量和出售。

1. 属于投资性房地产的项目

（1）已出租的土地使用权。已出租的土地使用权，是指企业通过出让或转让方式取得，并以经营租赁方式出租的土地使用权。企业计划用于出租但尚未出租的土地使用权，不属于此类。例如，A 企业与 B 企业签订了一项经营租赁合同，A 企业将其持有使用权的一块土地出租给 B 企业以赚取租金，为期 10 年。B 企业又将这块土地转租给 C 企业，以赚取租金差价，为期 3 年。本例中，对于 A 企业而言，自租赁期开始日起，这项土地使用权属于其投资性房地产。而对于 B 企业而言，这项土地使用权不能予以确认，也不属于其投资性房地产。

（2）持有并准备增值后转让的土地使用权。持有并准备增值后转让的土地使用权，是指企业通过出让或转让方式取得并准备增值后转让的土地使用权。但是，按照国家有关规定认定的闲置土地，不属于持有并准备增值的土地使用权。

（3）已出租的建筑物。已出租的建筑物，是指企业拥有产权并以经营租赁方式出租的房屋等建筑物。企业用于计划出租但尚未出租的建筑物，不属于此类。

企业将建筑物出租，按租赁协议向承租人提供的相关辅助服务在整个协议中不重大的,如企业将办公楼出租并向承租人提供保安、维修等辅助服务,应当将该建筑物确认为投资性房地产。

2. 不属于投资性房地产的项目

(1) 自用房地产,即为生产商品、提供劳务或者经营管理而持有的房地产,包括自用建筑物(固定资产)和自用土地使用权(无形资产)。例如,企业拥有并自行经营的旅馆饭店,其持有目的主要是通过提供客房服务赚取服务收入,该旅馆饭店不确认为投资性房地产。

(2) 作为存货的房地产,通常是指房地产开发企业在正常经营过程中销售的或为销售而正在开发的商品房和土地。

某项房地产,部分用于赚取租金或资本增值、部分用于生产商品、提供劳务或经营管理等自用,能够单独计量和出售的,其用于赚取租金或资本增值的部分,应当确认为投资性房地产;不能够单独计量和出售的,其用于赚取租金或资本增值的部分,不确认为投资性房地产。该项房地产自用的部分,以及不能够单独计量和出售的、用于赚取租金或资本增值的部分,应当确认为固定资产或无形资产。

(二) 投资性房地产的确认

将某个项目确认为投资性房地产,首先应当符合投资性房地产的定义,其次要同时满足投资性房地产的两个确认条件:

(1) 与该资产相关的经济利益很可能流入企业。

(2) 该投资性房地产的成本能够可靠地计量。

二、投资性房地产的初始计量

投资性房地产应当按照成本进行初始计量。不同渠道取得的投资性房地产,其成本构成有所不同。

企业应设置“投资性房地产”账户核算投资性房地产的价值,包括采用成本模式计量的投资性房地产和采用公允价值模式计量的投资性房地产。投资性房地产采用成本模式计量的,企业应当按照投资性房地产类别和项目进行明细核算;投资性房地产采用公允价值模式计量的,企业应当按照投资性房地产类别和项目并分别“成本”和“公允价值变动”进行明细核算。

(一) 外购的投资性房地产

对于企业外购的房地产,只有在购入房地产的同时开始对外出租(自租赁期开始日起,下同)或用于资本增值,才能称之为外购的投资性房地产。外购投资性房地产的成本,包括购买价款、相关税费和可直接归属于该资产的其他支出。企业外购取得的投资性房地产,按应计入投资性房地产成本的金额,借记“投资性房地产”账户,贷记“银行存款”等账户。

【例 6-1】 20×5 年 12 月,某企业购入某商务办公楼的 1 层用于出租,价款为

819 万元，款项以银行存款转账支付。该企业对投资性房地产采用成本模式进行后续计量。假定不考虑其他相关税费。企业的会计处理如下：

借：投资性房地产	8 190 000	
贷：银行存款		8 190 000

【例 6－2】 某企业购买 1 地块的使用权，购买价款为 3 000 万元，支付相关手续费 50 万元，款项全部以银行存款支付。企业购买后准备等其增值后予以转让。该企业对投资性房地产采用公允价值模式进行后续计量。该企业对此业务的有关账务处理如下：

借：投资性房地产——成本	30 500 000	
贷：银行存款		30 500 000

企业购入房地产，自用一段时间之后再改为出租或用于资本增值的，应当先将外购的房地产确认为固定资产或无形资产，自租赁期开始日或用于资本增值之日开始，才能从固定资产或无形资产转换为投资性房地产。

（二）自行建造的投资性房地产

企业自行建造（或开发，下同）的房地产，只有在自行建造或开发活动完成（即达到预定可使用状态）的同时开始对外出租或用于资本增值，才能将自行建造的房地产确认为投资性房地产。自行建造投资性房地产的成本，由建造该项房地产达到预定可使用状态前发生的必要支出构成。企业自行建造取得的投资性房地产，按应计入投资性房地产成本的金额，借记“投资性房地产”账户，贷记“在建工程”等账户。

【例 6－3】 某企业为了降低经营风险，于 20×6 年 1 月 1 日开始在企业拥有使用权的地块上自行建造 1 幢商务办公楼，准备用于招租。工程期为 1 年，于 20×6 年 12 月 31 日完工达到预定可使用状态并开始出租。工程期间发生人工费 800 万元，投入工程物资 5 850 万元，假定无相关税费。工程开工时，所占土地的土地使用权账面价值为 3 500 万元，在“无形资产”账户核算。企业的会计处理如下：

（1）工程领用物资。

借：在建工程	58 500 000	
贷：工程物资		58 500 000

（2）发生工程人员薪酬。

借：在建工程	8 000 000	
贷：应付职工薪酬		8 000 000

(3) 工程完工。

借:投资性房地产　　66 500 000
　贷:在建工程　　66 500 000

企业自行建造房地产达到预定可使用状态后一段时间才对外出租或用于资本增值的,应当先将自行建造的房地产确认为固定资产或无形资产,自租赁期开始日或用于资本增值之日开始,从固定资产或无形资产转换为投资性房地产。

(三) 以其他方式取得的投资性房地产

以其他方式取得的投资性房地产,其成本参照固定资产、无形资产的相关规定确定。

第二节　投资性房地产的后续计量

投资性房地产的后续计量有成本模式和公允价值模式两种。企业通常应当采用成本模式对投资性房地产进行后续计量,也可以采用公允价值模式对投资性房地产进行后续计量。但是,同一企业只能采用一种模式对所有投资性房地产进行后续计量,不得同时采用两种计量模式。

一、投资性房地产采用成本模式进行后续计量

企业通常应当采用成本模式对投资性房地产进行后续计量。采用成本模式进行后续计量的投资性房地产,可比照固定资产和无形资产进行后续会计处理:

投资性房地产按期(月)计提折旧或进行摊销,借记“其他业务成本”账户,贷记“投资性房地产累计折旧(摊销)”账户。

投资性房地产取得的租金收入,借记“银行存款”等账户,贷记“其他业务收入”等账户。

投资性房地产存在减值迹象的,应当适用资产减值的有关规定。经减值测试后确定发生减值的,应当计提减值准备,借记“资产减值损失”账户,贷记“投资性房地产减值准备”账户。

【例 6-4】 沿用[例 6-1]的资料,假定该企业购入的商务办公楼预计使用寿命为 30 年,预计净残值为零,采用年限平均法按年计提折旧。该项投资性房地产 20×6 年取得租金收入为 500 万元,已存入银行。假定不考虑其他相关税费。

企业 20×6 年的有关会计处理如下:

(1) 20×6 年计提折旧(假定按年计提)。

$$年折旧额=\frac{8\,190\,000}{30}=273\,000(元)$$

借：其他业务成本　　273 000

　　贷：投资性房地产累计折旧　　273 000

（2）取得租金收入。

借：银行存款　　5 000 000

　　贷：其他业务收入　　5 000 000

二、投资性房地产采用公允价值模式进行后续计量

（一）采用公允价值模式进行后续计量的前提条件

企业只有存在确凿证据表明投资性房地产的公允价值能够持续可靠取得，才可以采用公允价值模式对投资性房地产进行后续计量。企业一旦选择采用公允价值计量模式，就应当对其所有投资性房地产均采用公允价值模式进行后续计量。

采用公允价值模式进行后续计量的投资性房地产，应当同时满足下列条件：

（1）投资性房地产所在地有活跃的房地产交易市场。所在地，通常是指投资性房地产所在的城市。对于大中城市，应当为投资性房地产所在的城区。

（2）企业能够从活跃的房地产交易市场上取得同类或类似房地产的市场价格及其他相关信息，从而对投资性房地产的公允价值作出合理的估计。

同类或类似的房地产，对建筑物而言，是指所处地理位置和地理环境相同、性质相同、结构类型相同或相近、新旧程度相同或相近、可使用状况相同或相近的建筑物；对土地使用权而言，是指同一城区、同一位置区域、所处地理环境相同或相近、可使用状况相同或相近的土地。

（二）采用公允价值模式进行后续计量的会计处理

企业采用公允价值模式进行后续计量的，不对投资性房地产计提折旧或进行摊销，应当以资产负债表日投资性房地产的公允价值为基础调整其账面价值，公允价值与原账面价值之间的差额计入当期损益（公允价值变动损益）。即：资产负债表日投资性房地产的公允价值高于其账面余额的差额，借记“投资性房地产——公允价值变动”账户，贷记“公允价值变动损益”账户；公允价值低于其账面余额的差额，作相反的会计分录。

在公允价值模式下，投资性房地产取得的租金收入，确认为其他业务收入，借记“银行存款”等账户，贷记“其他业务收入”账户。

【例 6－5】 沿用[例 6－3]的资料，该项投资性房地产20×7年取得租金收入为1 500 万元，已存入银行，假定不考虑其他相关税费。由于该幢商务办公楼地处商业繁华区，所在城区有活跃的房地产交易市场，而且能够从房地产交易市场上取得同类房地产的市场报价，该企业决定采用公允价值模式对其进行后续计量。经复核，该商务办公楼20×7年 12 月 31 日的公允价值为 7 000 万元。

该企业 20×7 年的有关会计处理如下：

(1) 取得租金收入。

借:银行存款	15 000 000	
贷:其他业务收入		15 000 000

(2) 20×7 年 12 月 31 日,以公允价值为基础调整其账面价值。

借:投资性房地产——公允价值变动	3 500 000	
贷:公允价值变动损益		3 500 000

三、投资性房地产后续计量模式的变更

企业对投资性房地产的计量模式一经确定,不得随意变更。以成本模式转为公允价值模式的,应当作为会计政策变更处理,将计量模式变更时公允价值与账面价值的差额,调整期初留存收益。企业变更投资性房地产计量模式时,应当按照计量模式变更日投资性房地产的公允价值,借记"投资性房地产——成本"账户;按照已计提的累计折旧或累计摊销,借记"投资性房地产累计折旧(摊销)"账户;已计提减值准备的,还应同时借记"投资性房地产减值准备"账户;按原账面余额,贷记"投资性房地产"账户;按照公允价值与其账面价值之间的差额,贷记或借记"利润分配——未分配利润""盈余公积"等账户。

已采用公允价值模式计量的投资性房地产,不得从公允价值模式转为成本模式。

【例 6-6】 沿用[例 6-4]的资料,20×7 年 1 月 1 日,企业出租的商务楼,其所在地的房地产交易市场已比较成熟,具备了采用公允价值模式计量的条件,决定对该项投资性房地产从成本模式转换为公允价值模式计量。该商务楼购入时的成本为 819 万元,已计提折旧 27.3 万元,账面价值为 791.7 万元。20×7 年 1 月 1 日,该层商务楼的公允价值为 900 万元。假设该企业按净利润的 10%计提盈余公积。

企业的会计处理如下:

借:投资性房地产——成本	9 000 000	
投资性房地产累计折旧	273 000	
贷:投资性房地产		8 190 000
盈余公积		108 300
利润分配——未分配利润		974 700

第三节　投资性房地产的转换和处置

一、房地产的转换

(一) 房地产的转换形式及转换日

房地产的转换,实质上是因房地产用途发生改变而对房地产进行的重新分类。

企业有确凿证据表明房地产用途发生改变，且满足下列条件之一的，应当将投资性房地产转换为其他资产或者将其他资产转换为投资性房地产：

(1) 投资性房地产开始自用，即投资性房地产转为自用房地产。在此种情况下，转换日为房地产达到自用状态，企业开始将房地产用于生产商品、提供劳务或者经营管理的日期。

(2) 作为存货的房地产改为出租。通常指房地产开发企业将其持有的开发产品以经营租赁的方式出租，存货相应地转换为投资性房地产。在此种情况下，转换日为房地产的租赁期开始日。租赁期开始日是指承租人有权行使其使用租赁资产权利的日期。

(3) 自用建筑物或土地使用权停止自用改为出租，即企业将原本用于生产商品、提供劳务或者经营管理的房地产改用于出租，固定资产或土地使用权相应地转换为投资性房地产。在此种情况下，转换日为租赁期开始日。

(4) 自用土地使用权停止自用改用于资本增值，即企业将原本用于生产商品、提供劳务或者经营管理的土地使用权改用于资本增值，土地使用权相应地转换为投资性房地产。在此种情况下，转换日为自用土地使用权停止自用后确定用于资本增值的日期。

(二) 房地产转换的会计处理

1. 成本模式下转换的会计处理

在成本模式下，应当将房地产转换前的账面价值作为转换后的入账价值。

(1) 将采用成本模式计量的投资性房地产转为自用房地产时，应按该项投资性房地产在转换日的账面余额、累计折旧(摊销)、减值准备等，分别转入“固定(无形)资产”“累计折旧(摊销)”“固定(无形)资产减值准备”等账户。按其账面余额，借记“固定资产”或“无形资产”账户，贷记“投资性房地产”账户；按已计提的折旧或摊销，借记“投资性房地产累计折旧(摊销)”账户，贷记“累计折旧”或“累计摊销”账户；原已计提减值准备的，借记“投资性房地产减值准备”账户，贷记“固定资产减值准备”或“无形资产减值准备”账户。

【例 6-7】 20×7 年 3 月 31 日，某企业将原采用成本模式计量的 1 幢出租用办公楼收回，作为企业办公用房。截至 20×7 年 3 月 31 日，该办公楼账面原值为 900 万元，已计提折旧 500 万元，已计提减值准备 30 万元。企业有关会计处理如下：

借：固定资产	9 000 000	
投资性房地产累计折旧	5 000 000	
投资性房地产减值准备	300 000	
贷：投资性房地产		9 000 000
累计折旧		5 000 000
固定资产减值准备		300 000

(2) 将作为存货的房地产改为采用成本模式计量的投资性房地产时,应按该存货在转换日的账面价值,借记“投资性房地产”账户;已计提跌价准备的,还应借记“存货跌价准备”账户;按其账面余额,贷记“开发产品”等账户。

【例 6-8】 某房地产开发企业在 20×7 年 4 月 1 日,与 A 公司签订 1 项租赁协议,将自行开发的 1 幢楼房出租给 A 企业使用,起租日为 20×7 年 4 月 10 日,租期为 3 年。20×7 年 4 月 10 日,该楼房的账面余额为 10 500 万元。出租后采用成本模式进行后续计量。

该房地产开发企业 20×7 年 4 月 10 日的会计处理如下:

借:投资性房地产	105 000 000	
贷:开发产品		105 000 000

(3) 将自用的土地使用权或建筑物转换为以成本模式计量的投资性房地产时,企业应当按该项土地使用权或建筑物在转换日的原价、累计折旧、减值准备等,分别转入“投资性房地产”“投资性房地产累计折旧(摊销)”“投资性房地产减值准备”账户。按其账面余额,借记“投资性房地产”账户,贷记“固定资产”或“无形资产”账户;按已计提的折旧或摊销,借记“累计折旧”或“累计摊销”账户,贷记“投资性房地产累计折旧(摊销)”账户;原已计提减值准备的,借记“固定资产减值准备”或“无形资产减值准备”账户,贷记“投资性房地产减值准备”账户。

【例 6-9】 20×7 年 4 月 30 日,某企业将 1 块自用的土地使用权作为投资性房地产对外出租。经营租赁协议规定,起租日为 20×7 年 5 月 1 日,为期 3 年。20×7 年 5 月 1 日,该土地使用权的账面余额为5 000万元,已计提摊销 3 000 万元。假设该企业所在地区没有活跃的房地产交易市场。企业有关会计处理如下:

借:投资性房地产	50 000 000	
累计摊销	30 000 000	
贷:无形资产		50 000 000
投资性房地产累计摊销		30 000 000

2. 公允价值模式下转换的会计处理

(1) 采用公允价值模式计量的投资性房地产转换为自用房地产时,应当以其转换当日的公允价值作为自用房地产的账面价值,公允价值与原账面价值之间的差额计入当期损益。在转换日,按该项投资性房地产的公允价值,借记“固定资产”“无形资产”等账户;按该项投资性房地产的成本,贷记“投资性房地产——成本”账户;按该项投资性房地产的累计公允价值变动,贷记或借记“投资性房地产——公允价值变动”账户;按其差额,贷记或借记“公允价值变动损益”账户。

【例 6-10】 某企业 20×8 年 8 月 31 日,由于租赁期满,收回出租的商务楼,作为本企业办公自用。20×8 年 10 月 31 日，该商务楼正式投入自用。转换当日该商务楼的公允价值为 12 300 万元，账面成本为 10 150 万元，公允价值变动为增值 1 850 万元。企业的会计处理如下：

借：固定资产　　123 000 000
　贷：投资性房地产——成本　　101 500 000
　　　　　　　　——公允价值变动　　18 500 000
　　公允价值变动损益　　3 000 000

如果转换时其公允价值为 11 300 万元，则其会计处理如下：

借：固定资产　　113 000 000
　公允价值变动损益　　7 000 000
　贷：投资性房地产——成本　　101 500 000
　　　　　　　　——公允价值变动　　18 500 000

（2）作为存货的房地产转换为采用公允价值模式计量的投资性房地产时，应当按该项房地产在转换日的公允价值，借记“投资性房地产——成本”账户；原已计提跌价准备的，借记“存货跌价准备”账户；按其账面余额，贷记“开发产品”等账户。同时，转换日的公允价值小于账面价值的，按其差额，借记“公允价值变动损益”账户；转换日的公允价值大于账面价值的，按其差额，贷记“其他综合收益”账户。待该项投资性房地产处置时，因转换计入其他综合收益的部分应转入当期的其他业务成本，借记“其他综合收益”账户，贷记“其他业务成本”账户。

【例 6－11】 沿用[例 6－8]假定转换后采用公允价值模式进行计量。20×7 年 4 月 10 日，该幢楼房的公允价值为 11 000 万元。

该房地产开发企业 20×7 年 4 月 10 日的会计处理如下：

借：投资性房地产——成本　　110 000 000
　贷：开发产品　　105 000 000
　　其他综合收益　　5 000 000

（3）自用土地使用权或建筑物转换为采用公允价值模式计量的投资性房地产时，应当按该项土地使用权或建筑物在转换日的公允价值，借记“投资性房地产——成本”账户；按其账面余额，贷记“固定资产”或“无形资产”账户；按已计提的累计折旧或累计摊销，借记“累计折旧”或“累计摊销”账户；原已计提减值准备的，借记“固定资产减值准备”“无形资产减值准备”账户。同时，转换日的公允价值小于账面价值的，按其差额，借记“公允价值变动损益”账户；转换日的公允价值大于账面价值的，按其差额，贷记“其他综合收益”账户。待该项投资性房地产处置时，因转换计入其他综合收益的部分应转入当期的其他业务成本，借记“其他综合收益”账户，贷记“其他业务成本"账户。

【例 6-12】 某企业将 1 幢自用的厂房作为投资性房地产对外出租并采用公允模式对其进行后续计量。该厂房的账面原值为 1 000 万元,已计提折旧 400 万元,已计提减值准备 100 万元。转换当日该厂房的公允价值为 480 万元。

该厂房转换前的账面价值为 500 万元(1 000－400－100),公允价值 480 万元,小于账面价值 20 万元的差额计入公允价值变动损益。其会计处理如下:

借:投资性房地产——成本	4 800 000
累计折旧	4 000 000
固定资产减值准备	1 000 000
公允价值变动损益	200 000
贷:固定资产	10 000 000

如果转换当日该厂房的公允价值为 530 万元,则其公允价值大于账面价值的差额应计入资本公积。其会计处理如下:

借:投资性房地产——成本	5 300 000
累计折旧	4 000 000
固定资产减值准备	1 000 000
贷:固定资产	10 000 000
其他综合收益	300 000

二、投资性房地产的处置

当投资性房地产被处置,或者永久退出使用且预计不能从其处置中取得经济利益时,应当终止确认该项投资性房地产。

企业出售、转让、报废投资性房地产或者发生投资性房地产毁损时,应当将处置收入扣除其账面价值和相关税费后的金额计入当期损益(将实际收到的处置收入计入其他业务收入,所处置投资性房地产的账面价值计入其他业务成本)。

(一) 成本模式计量的投资性房地产处置

采用成本模式计量的投资性房地产处置时,应当按实际收到的金额,借记"银行存款"等账户,贷记"其他业务收入"账户;按该项投资性房地产的累计折旧或累计摊销,借记"投资性房地产累计折旧(摊销)"账户;按该项投资性房地产的账面余额,贷记"投资性房地产"账户;按其差额,借记"其他业务成本"账户。已计提减值准备的,还应同时结转减值准备。

【例 6-13】 某企业将 1 幢出租用厂房出售,取得收入 3 000 万元,款已存入银行。企业对该厂房采用成本模式计量,其账面价值为 2 500 万元,其中厂房的原值为 6 000 万元,已计提折旧 3 200 万元,计提减值准备 300 万元。假定不考虑相关的税费。则有关会计处理如下：

借：银行存款　　30 000 000
　贷：其他业务收入　　30 000 000

借：投资性房地产累计折旧　　32 000 000
　　投资性房地产减值准备　　3 000 000
　　其他业务成本　　25 000 000
　贷：投资性房地产　　60 000 000

（二）公允价值模式计量的投资性房地产处置

采用公允价值模式计量的投资性房地产处置时，应按实际收到的金额，借记“银行存款”等账户，贷记“其他业务收入”账户。按该项投资性房地产的账面余额，借记“其他业务成本”账户，贷记“投资性房地产（成本）”账户、贷记或借记“投资性房地产（公允价值变动）”账户；同时，按该项投资性房地产的公允价值变动，借记或贷记“公允价值变动损益”账户，贷记或借记“其他业务成本”账户。按该项投资性房地产在转换日计入其他综合收益的金额，借记“其他综合收益”账户，贷记“其他业务成本”账户。

【例 6 - 14】 某企业将 1 幢出租用厂房出售，取得收入 3 000 万元，款已存入银行。企业对该投资性房地产采用公允价值模式计量。处置当日，厂房的成本和公允价值变动明细账户分别为 2 500 万元和 200 万元（借方）。假定不考虑相关的税费。则有关会计处理如下：

借：银行存款　　30 000 000
　贷：其他业务收入　　30 000 000

借：其他业务成本　　27 000 000
　贷：投资性房地产——成本　　25 000 000
　　　　　　　　——公允价值变动　　2 000 000

借：公允价值变动损益　　2 000 000
　贷：其他业务成本　　2 000 000

【例 6 - 15】 沿用[例 6 - 11]，20×7 年 12 月 10 日，该幢楼房出售给承租方，出售款 12 000 万元已收存银行。假定不考虑相关的税费。企业的会计处理如下：

（1）出售。

借：银行存款　　120 000 000
　贷：其他业务收入　　120 000 000

借：其他业务成本　　110 000 000
　贷：投资性房地产——成本　　110 000 000

(2) 将转换时原计入其他综合收益的部分转入其他业务成本。

借:其他综合收益　　5 000 000

　贷:其他业务成本　　5 000 000

复习思考题

一、单项选择题

1. 下列属于企业投资性房地产的是(　　)。

A. 房地产开发企业将作为存货的商品房以经营租赁方式出租

B. 企业拥有并自行经营的饭店

C. 企业持有并计划用于出租的土地使用权

D. 企业开发完成后用于经营用的房地产

2. 下列项目中,不属于投资性房地产的是(　　)。

A. 已出租的建筑物

B. 持有并准备增值后转让的土地使用权

C. 已出租的土地使用权

D. 持有并准备增值后转让的房屋建筑物

3. 企业对成本模式进行后续计量的投资性房地产摊销时,应该借记(　　)账户。

A. “投资收益”　　B. “其他业务成本”

C. “营业外收入”　　D. “管理费用”

4. 关于企业租出并按出租协议向承租人提供保安和维修等其他服务的建筑物,是否属于投资性房地产的说法中,正确的是(　　)。

A. 所提供的其他服务在整个协议中不重大的,该建筑物应视为企业的经营场所,确认为自用房地产

B. 所提供的其他服务在整个协议中如为重大的,应将该建筑物确认为投资性房地产

C. 所提供的其他服务在整个协议中如为不重大的,应将该建筑物确认为投资性房地产

D. 所提供的其他服务在整个协议中无论是否重大,均不将该建筑物确认为投资性房地产

5. 存货转换为采用公允价值模式计量的投资性房地产,投资性房地产应当按照转换当日的公允价值计量。转换当日的公允价值小于原账面价值的差额通过(　　)账户核算。

A. “营业外支出”　　B. “公允价值变动损益”

C. “投资收益”　　D. “其他业务收入”

6. 关于投资性房地产后续计量模式的转换,下列说法中,正确的是(　　)。

A. 成本模式转为公允价值模式的,应当作为会计估计变更

B. 已采用公允价值模式计量的投资性房地产,不得从公允价值模式转为成本模式

C. 已采用成本模式计量的投资性房地产,不得从成本模式转为公允价值模式

D. 企业对投资性房地产的计量模式可以随意变更

7. 投资性房地产不论是成本模式计量还是公允价值模式计量，取得的租金收入，应记入(　　)账户。

A. “营业外收入”　　B. “投资收益”

C. “其他业务成本”　　D. “其他业务收入”

8. 甲公司将1幢自用的厂房作为投资性房地产对外出租，并采用公允价值模式对其进行后续计量。该厂房的账面原值为2 000万元，已计提折旧800万元，已计提减值准备200万元。转换当日，该厂房的公允价值为1 060万元。则该投资性房地产转换后的账面价值为(　　)万元。

A. 1 000　　B. 1 060

C. 1 200　　D. 2 000

9. 自用房地产或存货转换为采用公允价值模式计量的投资性房地产，投资性房地产应当按照转换当日的公允价值计量。转换当日的公允价值大于原账面价值的，其差额计入所有者权益。处置该项投资性房地产时，原计入所有者权益的部分应当转入(　　)账户。

A. “营业外收入”　　B. “投资收益”

C. “利润分配”　　D. “其他业务收入”

10. 公允价值模式计量的投资性房地产转换为自用房地产时，以转换日公允价值作为自用房地产的入账价值，公允价值与账面价值的差额，记入(　　)账户。

A. “营业外收入”　　B. “公允价值变动损益”

C. “其他综合收益”　　D. “其他业务成本”

二、多项选择题

1. 下列项目中，不属于企业的投资性房地产的有(　　)。

A. 企业以经营租赁方式出租的厂房　　B. 企业自行建造后用于出租的房地产

C. 企业生产经营用的土地使用权　　D. 企业以经营租赁方式出租的生产线

E. 持有并准备增值后转让的土地使用权

2. 下列项目中，属于投资性房地产的有(　　)。

A. 已出租的建筑物　　B. 持有并准备增值后转让的土地使用权

C. 已出租的土地使用权　　D. 持有并准备增值后转让的房屋建筑物

E. 计划用于出租但尚未出租的土地使用权

3. 将投资性房地产转换为其他资产或者将其他资产转换为投资性房地产，下列关于转换日确定的叙述中，正确的有(　　)。

A. 企业将原本用于出租的房地产改用于经营管理的自用房地产，则该房地产的转换日为房地产达到自用状态，企业开始将房地产用于经营管理的日期

B. 房地产开发企业将其持有的开发产品以经营租赁的方式出租，则该房地产的转换日为房地产的租赁期开始日

C. 企业将原本用于经营管理的土地使用权改用于资本增值，则该房地产的转换日应确定为自用土地使用权停止自用后的日期

D. 企业将原本用于生产商品的房地产改用于出租，则该房地产的转换日为承租人有权行使其使用租赁资产权利的日期

E. 企业将原本用于经营管理的房地产改用于出租，则该房地产的转换日为停止自用的日期

4. 下列关于投资性房地产转换后入账价值确定的说法中，正确的有(　　)。

A. 在成本模式下，应当将房地产转换前的账面价值作为转换后的入账价值

B. 采用公允价值模式计量的投资性房地产转换为自用房地产时，应当以其转换当日的公允价值作为自用房地产的入账价值

C. 采用公允价值模式计量的投资性房地产转换为自用房地产时，应当以其转换当日的账面价值作为自用房地产的入账价值

D. 自用房地产或存货转换为采用公允价值模式计量的投资性房地产时，投资性房地产按照转换当日的账面价值计价

E. 自用房地产或存货转换为采用公允价值模式计量的投资性房地产时，投资性房地产按照转换当日的公允价值计价

5. 下列有关投资性房地产会计处理的说法中，正确的有(　　)。

A. 采用公允价值模式计量的投资性房地产，不计提折旧或进行摊销，应当以资产负债表日投资性房地产的公允价值为基础调整其账面价值

B. 采用公允价值模式计量的投资性房地产转为成本模式，应当作为会计政策变更

C. 采用成本模式计量的土地使用权，期末应当计提土地使用权当期的摊销额

D. 存货转换为采用公允价值模式计量的投资性房地产，应当按照该项投资性房地产转换当日的公允价值计量

E. 采用成本模式计量的投资性房地产转为公允价值模式，应当作为会计政策变更

6. 下列有关投资性房地产初始计量的说法中，正确的有(　　)。

A. 企业购入房地产的同时开始对外出租，应当自租赁期开始日将其确认为投资性房地产

B. 企业购入房地产自用一段时间之后再改为出租，应当自租赁期开始日将其转换为投资性房地产

C. 企业自行开发的房地产只有在达到预定可使用状态的同时开始对外出租或用于资本增值，才能将其确认为投资性房地产

D. 企业自行建造房地产达到预定可使用状态后一段时间再准备对外出租或用于资本增值，应当在达到预定可使用状态时将其确认为投资性房地产

E. 企业自行建造房地产达到预定可使用状态后一段时间才对外出租，应当在租赁期开始日，将其转换为投资性房地产

7. 对于采用公允价值模式计量的投资性房地产在处置时，可能会涉及的账户有(　　)。

A. “其他业务收入”　　B. “其他业务成本”

C. “公允价值变动损益”　　D. “其他综合收益”

E. “营业外收入”

8. 下列关于出租的建筑物和土地使用权是否属于投资性房地产的说法中，正确的有(　　)。

A. 已出租的建筑物是以融资租赁方式出租的建筑物
B. 已出租的建筑物是指企业拥有产权的建筑物
C. 用于出租的土地使用权是指企业通过出让方式取得的土地使用权
D. 已出租的建筑物是以经营租赁方式出租的建筑物
E. 企业拥有并自行经营的饭店出租客房

9. 下列关于投资性房地产的后续计量模式的叙述中,正确的有(　　)。
A. 通常应当采用成本模式进行计量
B. 只有符合规定条件的,才可以采用公允价值模式进行计量
C. 同一企业只能采用一种模式对所有投资性房地产进行后续计量,不得同时采用两种计量模式
D. 已采用公允价值模式的可以转为成本模式
E. 已采用成本模式的在符合规定的条件下可以转为公允价值模式

三、判断题

1. 不论在成本模式下,还是在公允价值模式下,企业从投资性房地产取得的租金收入,均确认为其他业务收入。(　　)

2. 自用房地产转换为采用公允价值模式计量的投资性房地产,应当按照转换当日的公允价值计量。转换当日的公允价值与原账面价值的差额作为公允价值变动损益。(　　)

3. 企业出售、转让、报废投资性房地产或者发生投资性房地产毁损时,应当将处置收入扣除其账面价值和相关税费后的金额计入当期营业外收支。(　　)

4. 投资性房地产的计量模式有成本模式和公允价值模式,企业可以根据各个地区的具体情况分别采用成本模式和公允价值模式。(　　)

5. 投资性房地产可以根据情况,在成本模式与公允价值模式之间互换。(　　)

6. 企业自行建造房地产达到预定可使用状态后一段时间再准备用于资本增值的,应当先将自行建造的房地产确认为固定资产,自用于资本增值之日开始从固定资产转换为投资性房地产。(　　)

7. 企业对投资性房地产的计量模式一经确定,不得随意变更。以公允价值模式转为成本模式的,应当作为会计政策变更处理。(　　)

8. 企业将原本用于经营管理的土地使用权改用于资本增值,则投资性房地产的转换日应确定为自用土地使用权停止自用后的日期。(　　)

9. 同一企业可以同时采用两种计量模式对投资性房地产进行后续计量。(　　)

10. 成本模式转为公允价值模式应当作为会计估计变更,采用未来适用法进行处理。(　　)

四、名词解释

投资性房地产　　自用房地产
成本模式　　公允价值模式

五、简答题

1. 举例说明投资性房地产的范围。
2. 举例说明哪些房地产不属于投资性房地产。
3. 简述不同来源取得的投资性房地产的初始计量。
4. 投资性房地产采用成本模式进行后续计量和采用公允价值模式进行后续计量有何不同?
5. 投资性房地产采用公允价值计量的条件是什么?
6. 房地产的转换形式有哪些?如何确定转换日?

六、计算与分析题

习 题 一

(一) 目的 练习投资性房地产业务的核算。

(二) 资料 某企业20×6年至20×9年与投资性房地产有关的业务资料如下:

(1) 20×6年1月1日,购入1地块的使用权用于出租,买价1 030万元,全部款项以银行存款转账支付。购入的土地使用权在当月出租给A公司。企业对该投资性房地产采用成本模式进行后续计量。

(2) 企业购入的上述用于出租的土地使用权预计使用寿命为25年,预计净残值为0,采用直线法按年计提摊销。

(3) 该项土地使用权20×6年取得租金收入为100万元,已存入银行。假定不考虑其他相关税费。

(4) 20×9年1月1日,甲公司将原用于出租的土地使用权收回,准备建造办公楼自用。

(三) 要求 根据上述经济业务,编制会计分录。

习 题 二

(一) 目的 练习投资性房地产后续计量模式转换业务的核算。

(二) 资料 某企业20×7年至20×9年与投资性房地产有关的业务资料如下:

(1) 20×7年年初支付1 000万元购置了1栋办公楼,用于出租,属于投资性房地产,以成本模式计量。

(2) 企业与A公司签订经营租赁合同,从20×7年1月1日起该办公楼出租给A公司,租期2年,每年租金80万元,在年初一次性收取。该办公楼预计使用年限为25年,预计净残值为0,按年限平均法计提折旧。

(3) 20×8年1月1日,企业出租的办公楼,其所在地的房地产交易市场已比较成熟,具备了采用公允价值模式计量的条件,决定对该项投资性房地产从成本模式转换为公允价值模式计量。20×8年1月1日该投资性房地产的公允价值为1 100万元;20×8年年末该投资性房地产的公允价值为1 150万元。假设该企业按净利润的10%计提盈余公积。

(三) 要求 根据上述经济业务,编制会计分录。

习 题 三

(一) 目的 综合练习投资性房地产业务的核算。

(二) 资料　某企业对投资性房地产采用公允价值模式计量，假如不考虑相关税费，20×6 年至 20×9 年有关房地产的相关业务资料如下：

(1) 20×6 年 1 月，自行建造办公大楼。在建设期间，购进为工程准备的一批物资，价款为 1 638 万元。该批物资已验收入库，款项以银行存款支付。该批物资全部用于办公楼工程项目。企业为建造工程，领用本企业生产用的原材料一批，成本 194 万元，另应负担的在建工程人员薪酬 362 万元。

(2) 20×6 年 8 月，该办公楼的建设达到了预定可使用状态并投入使用。该办公楼预计使用寿命为 20 年，预计净残值为 94 万元，采用年限平均法计提折旧。

(3) 20×7 年 12 月，企业与 A 公司签订了租赁协议，将该办公大楼经营租赁给 A 公司，租赁期为 10 年，年租金为 240 万元，租金于每年年末结清。租赁期开始日为 20×8 年 1 月 1 日。

(4) 与该办公大楼同类的房地产在 20×8 年年初的公允价值为 2 200 万元，20×8 年年末的公允价值为 2 400 万元。

(5) 20×9 年 1 月，企业与 A 公司达成协议并办理过户手续，以 2 500 万元的价格将该项办公大楼转让给 A 公司，全部款项已收到并存入银行。

(三) 要求　根据上述经济业务，编制会计分录。

第七章 金融资产

本章教学要点

了解金融资产的定义、内容、分类及重分类；掌握金融资产的初始计量、后续计量，以及重分类的计量；重点掌握以摊余成本计量的金融资产、以公允价值计量且其变动计入其他综合收益的金融资产、以公允价值计量且其变动计入当期损益的金融资产，以及应收款项的账务处理。

第一节 金融资产的分类

一、金融资产的内容

金融资产是指企业持有的现金、其他方的权益工具以及符合下列条件之一的资产：

（1）从其他方收取现金或其他金融资产的合同权利。例如，企业的银行存款、应收账款、应收票据和贷款等均属于金融资产。但预付账款不是金融资产，因其产生的未来经济利益是商品或服务，不是收取现金或其他金融资产的权利。

（2）在潜在有利条件下，与其他方交换金融资产或金融负债的合同权利。例如，企业持有的看涨期权或看跌期权等。

（3）将来须用或可用企业自身权益工具进行结算的非衍生工具合同，且企业根据该合同将收到可变数量的自身权益工具。

（4）将来须用或可用企业自身权益工具进行结算的衍生工具合同，但以同定数量的自身权益工具交换同定金额的现金或其他金融资产的衍生工具合同除外。其中，企业自身权益工具不包括应当按照《企业会计准则第 37 号——金融工具列报》分类为权益工具的可回售工具或发行方仅在清算时才有义务向另一方按比例交付其净资产的金融工具，也不包括本身就要求在未来收取或交付企业自身权益工具的合同。

金融资产主要包括库存现金、应收账款、应收票据、贷款、垫款、其他应收款、应收利息、债权投资、股权投资、基金投资、衍生金融资产等。

二、金融资产的分类

（一）金融资产的初始分类

企业应当根据其管理金融资产的业务模式和金融资产的合同现金流量特征，对金融资产进行合理的分类。金融资产一般划分为以下三类：

（1）以摊余成本计量的金融资产。

（2）以公允价值计量且其变动计入其他综合收益的金融资产。

（3）以公允价值计量且其变动计入当期损益的金融资产。

金融资产的分类一经确定，不得随意变更。

1. 以摊余成本计量的金融资产

金融资产同时符合下列条件的，应当分类为以摊余成本计量的金融资产：

（1）企业管理该金融资产的业务模式是以收取合同现金流量为目标。

（2）该金融资产的合同条款规定，在特定日期产生的现金流量，仅为对本金和以未偿付本金金额为基础的利息的支付。

例如，银行向企业客户发放的固定利率的贷款，在没有其他特殊安排的情况下，贷款的合同现金流量一般情况下可能符合仅为对本金和以未偿付本金金额为基础的利息支付的要求。如果银行管理该贷款的业务模式是以收取合同现金流量为目标，则该贷款应当分类为以摊余成本计量的金融资产。

企业一般应当设置"银行存款""贷款""应收账款""债权投资"等账户核算分类为以摊余成本计量的金融资产。

2. 以公允价值计量且其变动计入其他综合收益的金融资产

金融资产同时符合下列条件的，应当分类为以公允价值计量且其变动计入其他综合收益的金融资产：

（1）企业管理该金融资产的业务模式既以收取合同现金流量为目标又以出售该金融资产为目标。

（2）该金融资产的合同条款规定，在特定日期产生的现金流量，仅为对本金和以未偿付本金金额为基础的利息的支付。

例如，企业持有的普通债券的合同现金流量是到期收回本金及按约定利率在合同期间按时收取固定或浮动利息的权利。在没有其他特殊安排的情况下，普通债券的合同现金流量一般情况下可能符合仅为对本金和以未偿付本金金额为基础的利息支付的要求。如果企业管理该债券的业务模式既以收取合同现金流量为目标又以出售该债券为目标，则该债券应当分类为以公允价值计量且其变动计入其他综合收益的金融资产。

企业应当设置"其他债权投资"和"其他权益工具投资"账户核算分类为以公允价值计量且其变动计入其他综合收益的金融资产。

3. 以公允价值计量且其变动计入当期损益的金融资产

按照上述 1 和 2 分类为以摊余成本计量的金融资产和以公允价值计量且其变动计入其他综合收益的金融资产之外的金融资产，企业应当将其分类为以公允价值计量且其变动计入当期损益的金融资产。例如,企业持有的普通股股票的合同现金流量是收取被投资企业未来股利分配以及其清算时获得剩余收益的权利。由于股利及获得剩余收益的权利均不符合本金和利息的定义,因此企业持有的普通股股票应当分类为以公允价值计量且其变动计入当期损益的金融资产。

企业应当设置"交易性金融资产"账户核算以公允价值计量且其变动计入当期损益的金融资产。企业持有的直接指定为以公允价值计量且其变动计入当期损益的金融资产,也在本账户核算。

(二) 金融资产的重分类

企业改变其管理金融资产的业务模式时,应当按照规定对所有受影响的相关金融资产进行重分类。金融资产(即非衍生债权资产)可以在以摊余成本计量、以公允价值计量且其变动计入其他综合收益和以公允价值计量且其变动计入当期损益之间进行重分类。

企业对金融资产进行重分类,应当自重分类日起采用未来适用法进行相关会计处理,不得对以前已经确认的利得、损失(包括减值损失或利得)或利息进行追溯调整。重分类日是指导致企业对金融资产进行重分类的业务模式发生变更后的首个报告期间的第一天。例如,甲上市公司决定于2×17年3月22日改变某金融资产的业务模式,则重分类日为2×17年4月1日(即下一个季度会计期间的期初);乙上市公司决定于2×17年10月15日改变某金融资产的业务模式,则重分类日为2×18年1月1日。

(三) 金融资产分类的特殊规定

权益工具投资的合同现金流量评估一般不符合基本借贷安排,因此只能分类为以公允价值计量且其变动计入当期损益的金融资产。然而在初始确认时,企业可以将非交易性权益工具投资指定为以公允价值计量且其变动计入其他综合收益的金融资产,并按规定确认股利收入。该指定一经作出,不得撤销。企业投资其他上市公司股票或者非上市公司股权的,都可能属于这种情形。

初始确认时,企业可基于单项非交易性权益工具投资,将其指定为以公允价值计量且其变动计入其他综合收益的金融资产,其公允价值的后续变动计入其他综合收益,不需计提减值准备。除了获得的股利(明确代表投资成本部分收回的股利除外)计入当期损益外,其他相关的利得和损失(包括汇兑损益)均应当计入其他综合收益,且后续不得转入当期损益。当金融资产终止确认时,之前计入其他综合收益的累计利得或损失应当从其他综合收益中转出,计入留存收益。

需要注意的是,企业在非同一控制下的企业合并中确认的或有对价构成金融资产的,该金融资产应当分类为以公允价值计量且其变动计入当期损益的金融资产,不得指定为以公允价值计量且其变动计入其他综合收益的金融资产。

第二节　金融资产的计量

一、金融资产的初始计量

企业初始确认金融资产，应当按照公允价值计量。对于以公允价值计量且其变动计入当期损益的金融资产，相关交易费用应当直接计入当期损益；对于其他类别的金融资产，相关交易费用应当计入初始确认金额。

交易费用是指可直接归属于购买、发行或处置金融工具的增量费用。增量费用是指企业没有发生购买、发行或处置相关金融工具的情形就不会发生的费用，包括支付给代理机构、咨询公司、券商、证券交易所、政府有关部门等的手续费、佣金、相关税费以及其他必要支出，不包括债券溢价、折价、融资费用、内部管理成本和持有成本等与交易不直接相关的费用。

企业应当根据《企业会计准则第 39 号——公允价值计量》的规定，确定金融资产在初始确认时的公允价值。公允价值通常为相关金融资产的交易价格。金融资产公允价值与交易价格存在差异的，企业应当区别下列情况进行处理：

(1) 在初始确认时，金融资产的公允价值依据相同资产或负债在活跃市场上的报价或者以仅使用可观察市场数据的估值技术确定的，企业应当将该公允价值与交易价格之间的差额确认为一项利得或损失。

(2) 在初始确认时，金融资产的公允价值以其他方式确定的，企业应当将该公允价值与交易价格之间的差额递延。初始确认后，企业应当根据某一因素在相应会计期间的变动程度将该递延差额确认为相应会计期间的利得或损失。该因素应当仅限于市场参与者对该金融资产定价时将予考虑的因素，包括时间等。

企业取得金融资产所支付的价款中包含的已宣告但尚未发放的债券利息或现金股利，应当单独确认为应收款项进行处理。

二、金融资产的后续计量

(一) 金融资产后续计量原则

金融资产的后续计量与金融资产的分类密切相关。企业应当对不同类别的金融资产，分别以摊余成本、以公允价值计量且其变动计入其他综合收益或以公允价值计量且其变动计入当期损益进行后续计量。

企业在对金融资产进行后续计量时，需要注意的是，如果一项以前被确认为金融资产并以公允价值计量，而现在它的公允价值低于零，企业应将其确认为一项负债。

对于按照公允价值进行后续计量的金融资产，其公允价值变动形成的利得或损失，除与套期会计有关外，应当按照下列规定处理：

(1) 以公允价值计量且其变动计入当期损益的金融资产的利得或损失，应当计入当期损益。

(2) 分类为以公允价值计量且其变动计入其他综合收益的金融资产所产生的所有利得或损失,除减值损失或利得和汇兑损益之外,均应当计入其他综合收益,直至该金融资产终止确认或被重分类。但是,采用实际利率法计算的该金融资产的利息应当计入当期损益。该金融资产计入各期损益的金额应当与视同其一直按摊余成本计量而计入各期损益的金额相等。

该金融资产终止确认时,之前计入其他综合收益的累计利得或损失应当从其他综合收益中转出,计入当期损益。

(3) 指定为以公允价值计量且其变动计入其他综合收益的非交易性权益工具投资,除了获得的股利(明确代表投资成本部分收回的股利除外)计入当期损益外,其他相关的利得和损失(包括汇兑损益)均应当计入其他综合收益,且后续不得转入当期损益。当其终止确认时,之前计入其他综合收益的累计利得或损失应当从其他综合收益中转出,计入留存收益。

企业只有在同时符合下列条件时,才能确认股利收入并计入当期损益:

(1) 企业收取股利的权利已经确立;与股利相关的经济利益很可能流入企业。

(2) 股利的金额能够可靠计量。

以摊余成本计量且不属于任何套期关系的一部分的金融资产所产生的利得或损失,应当在终止确认、重分类、按照实际利率法摊销或确认减值时,计入当期损益。

(二) 以摊余成本计量的金融资产

1. 实际利率

实际利率法是指计算金融资产的摊余成本以及将利息收入或利息费用分摊计入各会计期间的方法。

实际利率是指将金融资产在预计存续期的估计未来现金流量,折现为该金融资产账面余额所使用的利率。在确定实际利率时,应当在考虑金融资产所有合同条款(如提前还款、展期等)的基础上估计预期现金流量,但不应当考虑预期信用损失。

经信用调整的实际利率,是指将购入或源生的已发生信用减值的金融资产在预计存续期的估计未来现金流量,折现为该金融资产摊余成本的利率。在确定经信用调整的实际利率,应当在考虑金融资产的所有合同条款(例如提前还款、展期等)以及初始预期信用损失的基础上估计预期现金流量。

企业通常能够可靠估计金融资产(或一组类似金融资产)的现金流量和预计存续期。在极少数情况下,金融资产(或一组金融资产)的估计未来现金流量或预计存续期无法可靠估计的,企业在计算确定其实际利率(或经信用调整的实际利率)时,应当基于该金融资产在整个合同期内的合同现金流量。

合同各方之间支付或收取的、属于实际利率或经信用调整的实际利率组成部分的各项费用、交易费用及溢价或折价等，应当在确定实际利率或经信用调整的实际利率时予以考虑。

2. 摊余成本

金融资产的摊余成本，应当以该金融资产的初始确认金额经下列调整后的结果确定：

(1) 扣除已偿还的本金。

(2) 加上或减去采用实际利率法将该初始确认金额与到期日金额之间的差额进行摊销形成的累计摊销额。

(3) 扣除累计计提的损失准备。

3. 利息收入

企业应当按照实际利率法确认利息收入。利息收入应当根据金融资产账面余额乘以实际利率计算确定，但下列情况除外：

(1) 对于购入或源生的已发生信用减值的金融资产，企业应当自初始确认起，按照该金融资产的摊余成本和经信用调整的实际利率计算确定其利息收入。

(2) 对于购入或源生的未发生信用减值、但在后续期间成为已发生信用减值的金融资产，企业应当在后续期间，按照该金融资产的摊余成本和实际利率计算确定其利息收入。企业按照上述规定对金融资产的摊余成本运用实际利率法计算利息收入的，若该金融资产在后续期间因其信用风险有所改善而不再存在信用减值，并且这一改善在客观上可与应用上述规定之后发生的某一事件相联系(如债务人的信用评级被上调)，企业应当转按实际利率乘以该金融资产账面余额来计算确定利息收入。

(三) 已发生信用减值的金融资产

当对金融资产预期未来现金流量具有不利影响的一项或多项事件发生时，该金融资产成为已发生信用减值的金融资产。金融资产已发生信用减值的证据仅包括下列可观察信息：

(1) 发行方或债务人发生重大财务困难。

(2) 债务人违反合同，如偿付利息或本金违约或逾期等。

(3) 债权人出于与债务人财务困难有关的经济或合同考虑，给予债务人在任何其他情况下都不会作出的让步。

(4) 债务人很可能破产或进行其他财务重组。

(5) 发行方或债务人财务困难导致该金融资产的活跃市场消失。

(6) 以大幅折扣购买或源生一项金融资产，该折扣反映了发生信用损失的事实。

金融资产发生信用减值，有可能是多个事件的共同作用所致，未必是可单独识别的事件所致。

企业应当以预期信用损失为基础，对分类为以摊余成本计量的金融资产和以公允价值计量且其变动计入其他综合收益的金融资产进行减值会计处理并确认损失准备。

二、金融资产重分类的计量

(一) 以摊余成本计量的金融资产重分类的计量

(1) 企业将一项以摊余成本计量的金融资产重分类为以公允价值计量且其变动计入当期损益的金融资产的,应当按照该资产在重分类日的公允价值进行计量。原账面价值与公允价值之间的差额计入当期损益。

(2) 企业将一项以摊余成本计量的金融资产重分类为以公允价值计量且其变动计入其他综合收益的金融资产的,应当按照该金融资产在重分类日的公允价值进行计量。原账面价值与公允价值之间的差额计入其他综合收益。该金融资产重分类不影响其实际利率和预期信用损失的计量。

(二) 以公允价值计量且其变动计入其他综合收益的金融资产重分类的计量

(1) 企业将一项以公允价值计量且其变动计入其他综合收益的金融资产重分类为以摊余成本计量的金融资产的,应当将之前计入其他综合收益的累计利得或损失转出,调整该金融资产在重分类日的公允价值,并以调整后的金额作为新的账面价值,即视同该金融资产一直以摊余成本计量。该金融资产重分类不影响其实际利率和预期信用损失的计量。

(2) 企业将一项以公允价值计量且其变动计入其他综合收益的金融资产重分类为以公允价值计量且其变动计入当期损益的金融资产的,应当继续以公允价值计量该金融资产。同时,企业应当将之前计入其他综合收益的累计利得或损失从其他综合收益转入当期损益。

(三) 以公允价值计量且其变动计入当期损益的金融资产重分类的计量

(1) 企业将一项以公允价值计量且其变动计入当期损益的金融资产重分类为以摊余成本计量的金融资产的,应当以其在重分类日的公允价值作为新的账面余额。

(2) 企业将一项以公允价值计量且其变动计入当期损益的金融资产重分类为以公允价值计量且其变动计入其他综合收益的金融资产的,应当继续以公允价值计量该金融资产。

对以公允价值计量且其变动计入当期损益的金融资产进行重分类的,企业应当根据该金融资产在重分类日的公允价值确定其实际利率。同时,企业应当自重分类日起对该金融资产适用金融资产减值的相关规定,并将重分类日视为初始确认日。

第三节 金融资产的会计处理

一、以摊余成本计量的金融资产的会计处理

以摊余成本计量的金融资产的会计处理主要应解决该金融资产实际利率的计

算、摊余成本的确定、持有期间的收益确认及将其处置时损益的处理。

相关账务处理如下：

(1) 企业取得以摊余成本计量的债券投资时，应按该债券的面值，借记“债权投资——成本”账户，按支付的价款中包含的已到付息期但尚未领取的利息，借记“应收利息”账户，按实际支付的金额，贷记“银行存款”等账户，按其差额，借记或贷记“债权投资——利息调整”账户。

(2) 资产负债日，该投资为分期付息、一次还本债券的，应按票面利率计算确定的应收未收利息，借记“应收利息”账户，按其摊余成本和实际利率计算确定的利息收入，贷记“投资收益”账户，按其差额，借记或贷记“债权投资——利息调整”账户。

(3) 该投资为一次还本付息债券的，应于资产负债表日按票面利率计算确定的应收未收利息，借记“债权投资——应计利息”账户，按摊余成本和实际利率计算确定的利息收入，贷记“投资收益”账户，按其差额，借记或贷记“债权投资——利息调整”账户。

(4) 将该金融资产重分类为以公允价值计量且其变动计入其他综合收益的金融资产(以公允价值计量且其变动计入当期损益的金融资产)的，应在重分类日按其公允价值，借记“其他债权投资——成本(交易性金融资产——成本)”账户，按其账面余额，贷记“债权投资——成本、利息调整、应计利息”账户，按其差额，贷记或借记“其他综合收益(投资收益)”账户。已计提减值准备的，还应同时结转减值准备。

(5) 出售该投资时，应按实际收到的金额，借记“银行存款”等账户，按其账面余额，贷记“债权投资——成本、利息调整、应计利息”账户，按其差额，贷记或借记“投资收益”账户。已计提减值准备的，还应同时结转减值准备。

【例 7-1】 大华公司 20×4 年 1 月 2 日在债券市场上购买华业公司债券进行投资，并将其分类为以摊余成本计量的金融资产。债券面值为 1 000 000 万元，票面利率为 6.5%，期限为 5 年，每年年末付息，到期还本。购买时债券实际利率为 5%，公允价值为 1 064 942 元。

大华公司以溢价购买该债券，该溢价在 5 年内摊销。

大华公司的账务处理如下：

20×4 年 1 月 2 日：

借：债权投资——成本	1 000 000	
——利息调整	64 942	
贷：银行存款		1 064 942

采用实际利率法的溢价摊销如表 7-1 所示。

表 7-1　　债券溢价摊销计算表

年度	A	B	C	D
	实际利息收入(D×5%)	收到的利息收入	溢价摊销(A−B)	摊余成本(D+C)
				1 064 942
20×4 年 12 月 31 日	53 247	65 000	−11 753	1 053 189
20×5 年 12 月 31 日	52 659	65 000	−12 341	1 040 849
20×6 年 12 月 31 日	52 042	65 000	−12 958	1 027 891
20×7 年 12 月 31 日	51 395	65 000	−13 605	1 014 286
20×8 年 12 月 31 日	50 714	65 000	−14 286	1 000 000

20×4 年 12 月 31 日：

借：银行存款(应收利息)　65 000
　贷：债权投资——利息调整　11 753
　　投资收益　53 247

20×5 年 12 月 31 日：

借：银行存款(应收利息)　65 000
　贷：债权投资——利息调整　12 341
　　投资收益　52 659

假定 20×5 年 12 月 31 日，大华公司决定将该投资重分类为以公允价值计量且其变动计入其他综合收益的金融资产。此时，该项投资的摊余成本为 1 040 849 元，公允价值为 1 055 000 元。根据资料大华公司应作会计分录如下：

借：其他债权投资——成本　1 000 000
　　　　——利息调整　55 000
　贷：债权投资——成本　1 000 000
　　　　——利息调整　40 849
　　其他综合收益　14 151

二、以公允价值计量且其变动计入其他综合收益的金融资产的会计处理

企业对以公允价值计量且其变动计入其他综合收益的金融资产，相关账务处理如下：

(1) 企业取得该类金融资产为股票的，应按其公允价值与交易费用之和，借记“其他权益工具投资——成本”账户，按支付的价款中包含的已宣告但尚未发放的现金股利，借记“应收股利”账户，按实际支付的金额，贷记“银行存款”等账户。

企业取得该类金融资产为债券投资的，应按债券的面值，借记“其他债权投资——成本”账户，按支付的价款中包含的已到付息期但尚未领取的利息，借记“应收利息”账户，按实际支付的金额，贷记“银行存款”等账户，按差额，借记或贷记“其他债权投资——利息调整”账户。

(2) 资产负债表日，该投资为分期付息、一次还本债券投资的，应按票面利率计算确定的应收未收利息，借记“应收利息”账户，按摊余成本和实际利率计算确定的利息收入，贷记“投资收益”账户，按其差额，借记或贷记“其他债权投资——利息调整”账户。

该投资为一次还本付息债券投资的，应于资产负债表日按票面利率计算确定的应收未收利息，借记“其他债权投资——应计利息”账户，按摊余成本和实际利率计算确定的利息收入，贷记“投资收益”账户，按其差额，借记或贷记“其他债权投资——利息调整”账户。

(3) 资产负债表日，该类金融资产的公允价值高于其账面余额的差额，借记“其他权益工具投资(其他债权投资)——公允价值变动”账户，贷记“其他综合收益——其他权益工具投资公允价值变动(其他债权投资公允价值变动)”账户；公允价值低于其账面余额的差额作相反的会计分录。

(4) 将该类金融资产重分类为以摊余成本计量的金融资产的，应当将之前计入其他综合收益的累计利得或损失转出，调整该金融资产在重分类日的公允价值，并以调整后的金额作为新的账面价值，即视同该金融资产一直以摊余成本计量。该金融资产重分类不影响其实际利率和预期信用损失的计量。

将该类金融资产重分类为以公允价值计量且其变动计入当期损益的金融资产的，应当继续以公允价值计量该金融资产。同时，企业应当将之前计入其他综合收益的累计利得或损失从其他综合收益转入当期损益。

(5) 出售该类金融资产，应按实际收到的金额，借记“银行存款”等账户，按其账面余额，贷记“其他权益工具投资(其他债权投资)——成本、公允价值变动、利息调整、应计利息”账户，按应从所有者权益中转出的公允价值累积变动额，借记或贷记“其他综合收益——其他权益工具投资公允价值变动(其他债权投资公允价值变动)”账户，按其差额，贷记或借记“盈余公积——法定盈余公积”(10%)、“利润分配——未分配利润”(90%)账户。

【例 7-2】 大华公司 20×7 年 3 月 31 日购买华业公司普通股 3 000 000 元，并将其分类为以公允价值计量且其变动计入其他综合收益的金融资产。20×7 年 12 月 31 日，大华公司所持有的华业公司股票的公允价值为 2 950 000 元；20×8 年 12 月 31 日，大华公司所持有的华业公司股票的公允价值为 3 010 000 元；20×9 年 6 月 5 日，

大华公司将持有的华业公司股票出售了50%,收到价款1 600 000元。相关的会计处理如下:

(1) 20×7年3月31日,购入华业公司的股票,应按其公允价值计量:

借:其他权益工具投资——成本	3 000 000	
贷:银行存款		3 000 000

(2) 20×7年12月31日,按公允价值调整账面:

借:其他综合收益——其他权益工具投资公允价值变动	50 000	
贷:其他权益工具投资——公允价值变动		50 000

(3) 20×8年12月31日,按公允价值调整账面:

借:其他权益工具投资——公允价值变动	60 000	
贷:其他综合收益——其他权益工具投资公允价值变动		60 000

(4) 20×9年6月5日,出售华业公司50%的股票:

借:银行存款	1 600 000	
其他综合收益——其他权益工具投资公允价值变动	5 000	
贷:其他权益工具投资——成本		1 500 000
——公允价值变动		5 000
盈余公积——法定盈余公积		10 000
利润分配——未分配利润		90 000

三、以公允价值计量且其变动计入当期损益的金融资产的会计处理

以公允价值计量且其变动计入当期损益的金融资产的会计处理,着眼于该金融资产与金融市场的紧密结合性,反映该类金融资产相关市场变化对其价值的影响,进而对企业财务状况和经营成果的影响。

相关账务处理如下:

(1) 企业取得该类金融资产,按其公允价值,借记"交易性金融资产——成本"账户,按发生的交易费用,借记"投资收益"账户,按已到付息期但尚未领取利息或已宣告但尚未发放的现金股利,借记"应收利息"或"应收股利"账户,按实际支付的金额,贷记"银行存款"等账户。

(2) 该类金融资产持有期间被投资单位宣告发放的现金股利,或在资产负债表日按分期付息、一次还本债券投资的票面利率计算的利息,借记"应收股利"或"应收利息"账户,贷记"投资收益"账户。

(3) 资产负债表日,该类金融资产的公允价值高于其账面余额的差额,借记"交易性金融资产——公允价值变动"账户,贷记"公允价值变动损益"账户;公允价值低

于其账面余额的差额作相反的分录。

(4) 将该类金融资产重分类为以摊余成本计量的金融资产,应当以其在重分类日的公允价值作为新的账面余额。

将该类金融资产重分类为以公允价值计量且其变动计入其他综合收益的金融资产,应当继续以公允价值计量该金融资产。

(5) 出售该类金融资产,应按实际收到的金额,借记"银行存款"等账户,按该金融资产的账面余额,贷记"交易性金融资产"账户,按其差额,贷记或借记"投资收益"账户。同时,将原计入该金融资产的公允价值变动转出,借记或贷记"公允价值变动损益"账户,贷记或借记"投资收益"账户。

【例 7-3】 20×7 年 1 月 1 日,大华公司从二级市场支付价款 510 000 元(含已到付息期但尚未领取的利息 10 000 元)购入华业公司发行的债券,另发生交易费用 10 000 元。该债券面值 500 000 元,剩余期限为 2 年,票面年利率 4%,每半年付息一次,大华公司将其划分为以公允价值计量且其变动计入当期损益的金融资产。其他资料如下:

(1) 20×7 年 1 月 5 日,收到该债券 20×6 年下半年利息 10 000 元。

(2) 20×7 年 6 月 30 日,该债券的公允价值为 575 000 元(不含利息)。

(3) 2007 年 7 月 5 日,收到该债券半年利息。

(4) 20×7 年 12 月 31 日,该债券的公允价值为 550 000 元。

(5) 20×8 年 1 月 5 日,收到该债券 2007 年下半年利息。

(6) 20×8 年 3 月 31 日,大华公司将该债券出售,取得价款 590 000 元(含一季度利息 5 000 元)。

假定不考虑其他因素。

大华公司的账务处理如下:

(1) 20×7 年 1 月 1 日,购入债券:

借:交易性金融资产——成本	500 000	
应收利息	10 000	
投资收益	10 000	
贷:银行存款		520 000

(2) 20×7 年 1 月 5 日,收到该债券 20×6 年下半年利息:

借:银行存款	10 000	
贷:应收利息		10 000

(3) 20×7 年 6 月 30 日,确认债券公允价值变动和投资收益:

借：交易性金融资产——公允价值变动　　75 000
　贷：公允价值变动损益　　75 000

借：应收利息　　10 000
　贷：投资收益　　10 000

（4）20×7 年 7 月 5 日，收到该债券半年利息：

借：银行存款　　10 000
　贷：应收利息　　10 000

（5）20×7 年 12 月 31 日，确认债券公允价值变动和投资收益：

借：公允价值变动损益　　25 000
　贷：交易性金融资产——公允价值变动　　25 000

借：应收利息　　10 000
　贷：投资收益　　10 000

（6）20×8 年 1 月 5 日，收到该债券 2007 年下半年利息：

借：银行存款　　10 000
　贷：应收利息　　10 000

（7）20×8 年 3 月 31 日，将该债券予以出售：

借：应收利息　　5 000
　贷：投资收益　　5 000

借：银行存款　　585 000
　　公允价值变动损益　　50 000
　贷：交易性金融资产——成本　　500 000
　　　　　　　　　　——公允价值变动　　50 000
投资收益　　85 000

借：银行存款　　5 000
　贷：应收利息　　5 000

四、应收款项的会计处理

应收款项应当以摊余成本进行计量。一般企业的应收款项，通常应设置“应收账款”“应收票据”“长期应收款”“其他应收款”等账户核算。

与应收款项相关的主要账务处理如下。

1. 应收账款

应收账款是指企业因销售商品、提供劳务等经营活动，应向购货单位或接受劳务单位收取的款项，包括代购货单位垫付的包装费、运杂费。它一般应于收入实现时予以确认。按应收金额，借记“应收账款”账户，按确认的营业收入，贷记“主营业务收入”等账户；按增值税专用发票上注明的增值税额，贷记“应交税费——应交增值税（销项税额）”账户；收回应收账款时，借记“银行存款”等账户，贷记“应收账款”账户。

【例 7-4】 甲公司赊销一批商品给乙公司，商品已发出，增值税专用发票上注明的商品价款为 300 000 元，增值税销项税额为 39 000 元。相关商品销售符合收入确认的条件，货款尚未收回。甲公司应作会计处理如下：

（1）销售实现时：

借：应收账款——乙公司	339 000	
贷：主营业务收入		300 000
应交税费——应交增值税（销项税额）		39 000

（2）收回货款时：

借：银行存款	339 000	
贷：应收账款——乙公司		339 000

企业的应收账款改用应收票据结算，在收到承兑的商业汇票时，借记“应收票据”账户，贷记“应收账款”账户。

【例 7-5】 甲公司收到丙公司交来承兑的商业汇票一张，面值 100 000 元，用以偿还其前欠货款。甲公司应作会计处理如下：

借：应收票据——丙公司	100 000	
贷：应收账款——丙公司		100 000

资产负债表日，企业应当根据合同应收的所有合同现金流量与预期收取的所有现金流量之间的差额，及全部现金短缺的现值，计算应计提的坏账准备。对于应收账款发生减值的，按应减记的金额，借记“信用减值损失”账户，贷记“坏账准备”账户；本期应计提坏账准备大于其账面余额的，应按其差额计提；应计提的坏账准备小于其账面余额的差额，作相反的会计分录。对于确实无法收回的应收账款，按管理权限报经批准后作为坏账的，应借记“坏账准备”账户，贷记“应收账款”账户。已确认并转销的应收账款以后又收回的，应按实际收回的金额，借记“应收账款”账户，贷记“坏账准备”账户；同时，借记“银行存款”账户，贷记“应收账款”账户。

【例 7-6】 某企业实行坏账准备金制度，20×6 年年末应收账款余额 9 000 000 元，经减值分析认为应收账款发生减值 50 000 元（假定“坏账准备”期末余额为贷方 20 000 元）；20×7 年年末补提确认减值损失 40 000 元；20×8 年年末，转回减值利得 25 000 元。该公司应作的会计处理如下：

20×6 年 12 月 31 日：

借：信用减值损失(50 000－20 000)　　30 000
　贷：坏账准备　　30 000

20×7 年 12 月 31 日：

借：信用减值损失　　40 000
　贷：坏账准备　　40 000

20×8 年 12 月 31 日：

借：坏账准备　　25 000
　贷：信用减值损失　　25 000

2. 应收票据

应收票据是用来核算企业因销售商品、提供劳务等而收到的开出、承兑的商业汇票。企业收到商业汇票，应按其票面金额，借记“应收票据”账户，按确认的营业收入，贷记“主营业务收入”等账户。涉及增值税销项税额的，还应进行相应的处理。

持未到期的商业汇票向银行贴现，应按实际收到的金额(即减去贴现息后的净额)，借记“银行存款”等账户，按贴现息部分，借记“财务费用”等账户，按商业汇票的票面金额，贷记“应收票据”账户或“短期借款”账户。

将持有的商业汇票背书转让以取得所需物资，按应计入取得物资成本的金额，借记“物资采购”或“原材料”“库存商品”等账户，按商业汇票的票面金额，贷记“应收票据”账户，如有差额，借记或贷记“银行存款”等账户。涉及增值税进项税额的，还应进行相应的处理。

商业汇票到期，应按实际收到的金额，借记“银行存款”账户，按商业汇票的票面金额，贷记“应收票据”账户。

【例 7－7】 甲公司销售一批商品给乙公司，商品已发出，增值税专用发票上注明的商品价款为 1 000 000 元，增值税销项税额为 130 000 元。当日，收到乙公司签发并承兑的商业汇票一张，该票据的期限为 3 个月。相关销售商品符合收入的确认条件。

(1) 销售实现时：

借：应收票据——乙公司　　1 130 000
　贷：主营业务收入　　1 000 000
　　　应交税费——应交增值税(销项税额)　　130 000

(2) 3 个月后，应收票据到期，甲公司收回票面金额 1 130 000 元，存入银行。

借：银行存款	1 130 000	
贷：应收票据——乙公司		1 130 000

(3) 假定甲公司在该票据到期前向银行贴现，且银行拥有追索权，则甲公司应按票据面值确认为短期借款，按实际收到的金额(即减去贴现息后的净额)与票据金额之间的差额确认为财务费用。假定甲公司贴现获得现金净额为 1 120 000 元，存入银行。

借：银行存款	1 120 000	
财务费用	10 000	
贷：短期借款		1 130 000

需要注意的是，企业应当设置“应收票据备查簿”，逐笔登记商业汇票的种类、号数和出票日、票面金额、交易合同号和付款人、承兑人、背书人的姓名或单位名称、到期日、背书转让日、贴现日、贴现率和贴现净额以及收款日和收回金额、退票情况等资料。商业汇票到期结清票款或退票后，在备查簿中应予注销。

(4) 假定甲公司在票据到期前将应收票据背书转让，以取得生产经营所需要的材料，该材料金额为 1 000 000 元，增值税进项税额为 130 000 元。

借：原材料	1 000 000	
应交税费——应交增值税(进项税额)	130 000	
贷：应收票据——乙公司		1 130 000

【例 7-8】 20×6 年 1 月 15 日，甲公司销售一批商品给乙公司，增值税专用发票上注明的商品价款为 200 000 元，增值税销项税额为 26 000 元，款项尚未收到，该商品实际成本为 160 000 元。双方约定，乙公司应于 20×6 年 6 月 30 日付款。20×6 年 3 月 6 日，经与中国银行协商后约定，甲公司将应收乙公司的货款出售给中国银行，价款为 187 200 元，在应收乙公司货款到期无法收回时，中国银行不能向甲公司追偿。甲公司根据以往经验，预计该批商品将发生的销货退回金额为 20 340 元，其中，增值税销项税额为 2 340 元，成本为 14 400 元，实际发生的销售退回由甲公司承担。20×6 年 6 月 18 日，甲公司收到乙公司退回的商品，价款为 20 340 元。假定不考虑其他因素。

(1) 销售实现时：

借：应收账款——乙公司	226 000	
贷：主营业务收入		200 000
应交税费——应交增值税(销项税额)		26 000

借：主营业务成本　　160 000
　贷：库存商品　　160 000

（2）甲公司出售应收债权时：

借：银行存款　　187 200
　　营业外支出　　18 460
　　其他应收款　　20 340
　贷：应收账款——乙公司　　226 000

（3）收到退回的商品时：

借：主营业务收入　　18 000
　　应交税费——应交增值税(销项税额)　　2 340
　贷：其他应收款　　20 340

借：库存商品　　14 400
　贷：主营业务成本　　14 400

本例涉及企业将应收债权不附追索权出售。应收债权的出售通常分为不附追索权的出售和附追索权的出售。不附追索权的应收债权出售，是指企业将其按照销售商品、提供劳务的销售合同所产生的应收债权出售给银行等金融机构，根据企业、债务人及银行等金融机构之间的协议，在所售应收债权到期无法收回时，银行等金融机构不能够向出售应收债权的企业进行追偿。在这种情况下，企业应将所售应收债权予以转销，结转计提相关的坏账准备，并确认出售损益。

企业在出售应收债权的过程中如附有追索权，即在有关应收债权到期无法从债务人处收回时，银行等金融机构有权向出售应收债权的企业追偿，或按照协议约定，企业有义务按照约定金额自银行等金融机构回购部分应收债权，应收债权的坏账风险由出售应收债权的企业负担，则企业应按照以应收债权为质押取得借款的核算原则进行会计处理。

3. 其他应收款

其他应收款是指企业除应收票据、应收账款、预付账款等以外的其他各种应收及暂付款项。其内容包括：

（1）应收的各种赔款、罚款，如因企业财产等遭受意外损失而应向有关保险公司收取的赔款等。

（2）应收的出租包装物租金。

（3）应向职工收取的各种垫付款项，如为职工垫付的水电费，应由职工负担的医药费、房租费等。

（4）存出保证金，如租入包装物支付的押金。

（5）其他各种应收、暂付款项。

发生各种其他应收款项时，借记“其他应收款”账户，贷记“银行存款”等账户。收回其他应收款项时，借记“银行存款”等账户，贷记“其他应收款”账户。

复习思考题

一、单项选择题

1. 下列各项中，不属于金融资产的是（　　）。

A. 库存现金　　B. 应收账款

C. 基金投资　　D. 存货

2. 将以摊余成本计量的金融资产重分类为以公允价值计量且其变动计入其他综合收益的金融资产，应在重分类日，按其公允价值，借记“其他债权投资”账户，按其账面余额，贷记“债权投资”账户，按其差额，贷记或借记（　　）账户。

A. “其他综合收益”　　B. “投资收益”

C. “营业外收入”　　D. “资产减值损失”

3. 下列关于金融资产重分类的说法中，正确的是（　　）。

A. 以公允价值计量的金融资产之间不能进行重分类

B. 三类金融资产之间均可以进行重分类

C. 以公允价值计量的金融资产之间可以进行重分类，此外不能进行重分类

D. 以公允价值计量的金融资产与以摊余成本计量的金融资产不能进行重分类

4. 某股份有限公司于20×7年3月31日以每股12元的价格购入某上市公司股票50万股，分类为以公允价值计量且其变动计入当期损益的金融资产，购买该股票支付手续费等10万元。5月25日收到该上市公司按每股0.5元发放的现金股利。12月31日，该股票的市价为每股11元。20×7年12月31日，该投资的账面价值为（　　）万元。

A. 550　　B. 575

C. 585　　D. 610

5. 下列以公允价值计量，且其变动计入当期损益的金融资产的说法中，错误的是（　　）。

A. 持有该类金融资产的目的一般为交易性质的

B. 企业取得该类金融资产，按其公允价值入账

C. 在活跃市场中没有报价，公允价值不能可靠计量的权益工具投资，可以指定为以公允价值计量且其变动计入当期损益的金融资产

D. 该类金融资产持有期间公允价值与其账面价值的差额，应记入“公允价值变动损益”账户

6. 某企业于20×7年1月1日以680万元的价格购进当日发行的面值为600万元的公司债券，其中债券的买价为675万元，相关税费为5万元。该公司债券票面利率为8%，期限为5年，一次还本付息，企业将其分类为以摊余成本计量的金融资产，该企业记入“债权投资”账户的金额为

(　　)万元。

A. 680　　B. 600　　C. 675　　D. 670

7. 某企业于1月15日销售产品一批,应收账款为11万元,但到年末未收到该笔款项,企业根据客户的经营情况,计提坏账准备3万元。对此项销售业务,企业在资产负债表上填列的应收账款金额应为(　　)万元。

A. 11　　B. 3　　C. 8　　D. 13

8. 大华公司20×6年10月1日收到华伟公司商业承兑汇票一张,面值为116 000元,利率为4%,期限为6个月,则20×6年12月31日资产负债表列示的"应收票据"项目金额应为(　　)元。

A. 100 000　　B. 116 000　　C. 117 160　　D. 119 340

9. 如果一项以前被确认为金融资产并以公允价值计量,而现在它的公允价值低于零,企业应将其确认为一项(　　)。

A. 负债　　B. 或有负债

C. 负资产　　D. 营业外支出

10. 大华公司20×7年2月10日因销售商品应收华业公司一笔应收账款1200万元。20×7年6月30日,计提坏账准备150万元。20×7年12月31日,该笔应收账款的预期现金流量现值为950万元。20×7年12月31日,该笔应收账款应补提的坏账准备为(　　)。

A. 300万元　　B. 100万元

C. 250万元　　D. 0

二、多项选择题

1. 金融资产的摊余成本,应当以该金融资产的初始确认金额经下列(　　)调整后的结果确定。

A. 扣除已偿还的本金

B. 加上或减去采用实际利率法将该初始确认金额与到期日金额之间的差额进行摊销形成的累计摊销额

C. 扣除累计计提的损失准备

D. 加上累计计提的损失准备

E. 加上已偿还的本金

2. 金融资产已发生信用减值的证据包括的可观察信息有(　　)。

A. 发行方或债务人发生重大财务困难

B. 债务人违反合同,如偿付利息或本金违约或逾期等

C. 以大幅折扣购买或源生一项金融资产,该折扣反映了发生信用损失的事实

D. 债务人很可能破产或进行其他财务重组

E. 发行方或债务人财务困难导致该金融资产的活跃市场消失

3. 如果购入的债券分类为以摊余成本计量的金融资产,其实际利率等于票面利率,且不存在交易费用时,下列各项中,会引起该投资账面价值发生增减变动的有(　　)。

A. 对该投资计提减值准备

B. 确认分期付息债券的投资利息

C. 确认到期一次付息债券的投资利息

D. 出售部分该金融资产

E. 将该投资重分类为以公允价值计量且其变动计入其他综合收益的金融资产

4. 以摊余成本计量的金融资产在进行会计处理时,可能涉及的账户有(　　)。

A. "债权投资"

B. "银行存款"

C. "投资收益"

D. "其他债权投资"

E. "应收利息"

5. 同时符合下列条件的金融资产,应当分类为以公允价值计量且其变动计入其他综合收益的金融资产(　　)。

A. 企业管理该金融资产的业务模式既以收取合同现金流量为目标又以出售该金融资产为目标

B. 企业管理该金融资产的业务模式仅以收取合同现金流量为目标不以出售该金融资产为目标

C. 该金融资产的合同条款规定,在特定日期产生的现金流量,仅为对本金和以未偿付本金金额为基础的利息的支付

D. 该金融资产的合同条款规定,在期末产生的现金流量,仅为对本金和以未偿付本金金额为基础的利息的支付

E. 该金融资产的合同条款规定,在特定日期产生的现金流量,一般为对本金和以未偿付本金金额为基础的利息的支付

6. 下列关于金融资产计量的说法中,正确的有(　　)。

A. 以公允价值计量且其变动计入当期损益的金融资产应当按照取得时的公允价值和相关的交易费用作为初始确认金额

B. 以公允价值计量且其变动计入其他综合收益的金融资产应当按取得该金融资产的公允价值和相关交易费用之和作为初始确认金额

C. 以公允价值计量且其变动计入其他综合收益的金融资产应当按照取得时的公允价值作为初始确认金额,相关的交易费用在发生时计入当期损益

D. 以摊余成本计量的金融资产在持有期间应当按照摊余成本和实际利率计算确认利息收入,计入投资收益

E. 以公允价值计量且其变动计入当期损益的金融资产持有期间收到利息,应冲减投资成本

7. 下列项目中,属于金融资产的有(　　)。

A. 现金

B. 应收票据

C. 应收款项

D. 应付款项

E. 贷款

8. 下列关于金融资产初始计量的说法中,正确的有(　　)。

A. 以公允价值计量且其变动计入当期损益的金融资产应当按照取得时的公允价值作为初

始确认金额,相关的交易费用在发生时计入当期损益

B. 以摊余成本计量的金融资产应当按取得时的公允价值和相关交易费用之和作为初始确认金额

C. 以公允价值计量且其变动计入其他综合收益的金融资产应当按取得该金融资产的公允价值和相关交易费用之和作为初始确认金额

D. 以公允价值计量且其变动计入其他综合收益的金融资产应当按照取得时的公允价值作为初始确认金额,相关的交易费用在发生时计入当期损益

E. 以摊余成本计量的金融资产应当按取得时的公允价值作为初始确认金额,相关交易费用在发生时计入当期损益

9. 下列关于金融资产后续计量的说法中,正确的有(　　)。

A. 资产负债表日,企业应将以公允价值计量且其变动计入当期损益的金融资产的公允价值变动计入当期损益

B. 资产负债表日,企业应将以公允价值计量且其变动计入当期损益的金融资产的公允价值变动计入其他综合收益

C. 资产负债表日,以公允价值计量且其变动计入其他综合收益的金融资产应当以公允价值计量,且公允价值变动计入所有者权益

D. 资产负债表日,以公允价值计量且其变动计入其他综合收益的金融资产应当以公允价值计量,且公允价值变动计入当期损益

E. 以摊余成本计量的金融资产在持有期间应当按照摊余成本和实际利率计算确认利息收入,计入投资收益

10. 下列关于应收款项的说法中,正确的有(　　)。

A. 一般企业对外销售商品或提供劳务形成的应收债权,通常应按从购货方应收的合同或协议价款作为初始确认金额

B. 企业收回应收款项时,应将取得的价款与该应收款项账面价值之间的差额计入当期损益

C. 企业收回应收款项时,应将取得的价款与该应收款项账面余额之间的差额计入当期损益

D. 企业收回应收款项时,应将取得的价款与该应收款项账面价值之间的差额计入所有者权益

E. 资产负债表日,应收款项应当以公允价值计量且其变动计入当期损益

三、判断题

1. 以摊余成本计量的金融资产在持有期间应当按照公允价值计量,公允价值与账面价值的差额计入公允价值变动损益。(　　)

2. 购入的股权投资,企业可以根据其管理金融资产的业务模式,将其分类为以公允价值计量且其公允价值变动计入当期损益的金融资产,也可以分类为以公允价值计量且其公允价值变动计入其他综合收益的金融资产。(　　)

3. 已确认并转销的应收账款以后又收回的,应按实际收回的金额,借记“应收账款”账户,贷记“坏账准备”账户;同时,借记“银行存款”账户,贷记“应收账款”账户。(　　)

4. 企业将一项以摊余成本计量的金融资产重分类为以公允价值计量且其变动计入其他综合收益的金融资产的,应当按照该金融资产在重分类日的公允价值进行计量。 ( )

5. 一项分类为以公允价值计量且其变动计入其他综合收益的金融资产,应当按取得该金融资产的公允价值和相关交易费用之和作为初始确认金额,支付的价款中包含的已到付息期但尚未领取的债券利息或已宣告但尚未发放的现金股利也作为初始确认金额计入成本。 ( )

6. 根据应收款项组合余额的一定比例计算确定的坏账准备,应当反映各项目实际发生的减值损失,即各项组合的账面价值超过其未来现金流量现值的金额。 ( )

7. 企业应当根据以前年度与之相同或相类似的,具有类似信用风险特征的应收款项组合的实际损失率为基础,结合现实情况确定本期各项组合计提坏账准备的比例,据此计算本期应计提的坏账准备。 ( )

8. 企业应收的各种赔款、罚款,应收的出租包装物租金等,应当在“其他应收账”账户核算。 ( )

9. 当金融资产终止确认时,之前计入其他综合收益的累计利得或损失应当从其他综合收益中转出,计入留存收益。 ( )

10. 企业取得以公允价值计量且其变动计入其他综合收益的金融资产时支付的交易费用应计入投资收益。 ( )

四、名词解释

金融资产　　交易费用
实际利率　　摊余成本
应收账款　　坏账准备
应收票据　　其他应收款

五、简答题

1. 金融资产在初始确认时可分为哪几类?
2. 怎样对金融资产进行后续计量?
3. 简述以摊余成本计量的金融资产的账务处理。
4. 简述以公允价值计量且其变动计入其他综合收益的金融资产的账务处理。
5. 简述以公允价值计量且其变动计入当期损益的金融资产的账务处理。
6. 如何对金融资产重分类进行会计处理?
7. 简述应收账款信用损失及其账务处理。

六、计算与分析题

习　题　一

(一) 目的　练习以摊余成本计量的金融资产的会计处理。

(二) 资料　大华公司于20×7年1月2日从证券市场上购入华业公司于20×6年1月1日发

行的债券,该债券4年期、票面年利率为4%、每年1月5日支付上年度的利息,到期日为20×0年1月1日,到期日一次归还本金和最后一次利息。大华公司购入债券的面值为1 000万元,实际支付价款为992.77万元,另支付相关费用20万元。大华公司购入后将其划分为以摊余成本计量的金融资产。购入债券的实际利率为5%。假定按年计提利息。

(三) 要求 编制大华公司从20×7年1月2日至20×0年1月1日上述有关业务的会计分录。

习 题 二

(一) 目的 练习以公允价值计量且其变动计入其他综合收益的金融资产的会计处理。

(二) 资料 大华公司于20×7年1月1日从证券市场上购入华业公司于20×6年1月1日发行的债券,作为以公允价值计量且其变动计入其他综合收益的金融资产进行核算。该债券5年期、票面利率为5%、每年1月5日支付上年度的利息,到期日为20×1年1月1日,到期日一次归还本金和最后一次利息。购入债券的实际利率为4%。大华公司购入债券的面值为1 000万元,实际支付价款为1 076.30万元,另支付相关费用10万元。假定按年计提利息。20×7年12月31日,该债券的公允价值为1 020万元。20×8年12月31日,该债券的公允价值为1 000万元并将继续下降。20×9年1月2日。大华公司将该债券全部出售,收到款项995万元存入银行。

(三) 要求 编制大华公司从20×7年1月1日至20×9年1月2日上述有关业务的会计分录。

习 题 三

(一) 目的 练习以公允价值计量且其变动计入当期损益的金融资产的会计处理。

(二) 资料 20×7年5月,大华公司以960万元购入华业公司股票120万股,另支付手续费20万元,将其分类为以公允价值计量且其变动计入当期损益的金融资产。20×7年6月30日,该股票每股市价为7.5元,20×7年8月10日,华业公司宣告分派现金股利,每股0.2元,8月20日,大华公司收到分派的现金股利,至12月31日,大华公司仍持有该股票,期末每股市价为8.5元,20×8年1月3日,以1 030万元出售该股票。假定大华公司每年6月30日和12月31日对外提供财务报告。

(三) 要求

(1) 编制上述经济业务的会计分录。

(2) 计算该金融资产的累计损益。

习 题 四

(一) 目的 练习金融资产重分类的会计处理。

(二) 资料 甲公司于20×7年1月2日从证券市场上购入A公司于20×6年1月1日发行的债券,该债券5年期、票面利率为5%,每年1月5日支付上年度的利息,到期日为20×1年1月1日,一次归还本金和最后一次利息。甲公司购入债券的面值为2 000万元,实际支付价款2 010.7万元,另支付相关费用20万元。甲公司购入后将其划分为以摊余成本计量的金融资产。购入债券的实际利率为6%。假定按年计提利息。20×8年12月20日,甲公司将该投资重分类为以公允价值计量且其变动计入其他综合收益的金融资产,重分类日(20×9年1月1日)的公允价值为1 980万元。

(三) 要求　编制甲公司从20×7年1月1日至20×9年1月1日上述有关业务的会计分录。

习　题　五

(一) 目的　练习应收账款的会计处理。

(二) 资料　某企业向A公司赊销商品，商品已经发出，增值税专用发票所列价款为50 000元，增值税额为6 500元，代垫的运费为400元；另向B公司赊销商品，商品已经发出，增值税专用发票所列价款为20 000元，增值税额为2 600元。其中，销售给A公司的商品款项如期收到，存入银行；销售给B公司的商品款项，收到一张3个月到期的商业承兑汇票。

(三) 要求　分别编制对A、B公司销售及收款的有关会计分录。

习　题　六

(一) 目的　练习应收款项的坏账处理。

(二) 资料　某企业实行坏账准备金制度，20×6年年末应收账款余额8 000 000元，经减值分析确认减值损失40 000元(假定"坏账准备"期末余额为贷方20 000元)；20×7年年末补提减值损失30 000元；20×8年年末转回减值利得15 000元。

(三) 要求　编制该企业对应收账款的会计分录。

习　题　七

(一) 目的　练习应收票据的会计处理。

(二) 资料　20×7年3月10日甲公司销售一批商品给乙公司，商品已发出，增值税专用发票上注明的商品价款为100 000元，增值税销项税额为13 000元。当日收到乙公司签发并承兑的商业汇票一张，该票据的期限为3个月；20×7年4月20日，甲公司因资金需要，将未到期的该商业汇票到中国银行办理了贴现手续，取得贴现款净额110 000元(银行拥有追索权)；20×7年6月10日，该票据到期，但乙公司无款支付应付票据，中国银行随即将该票据退回甲企业，追索款项，但甲企业暂无资金支付。

(三) 要求　编制甲公司有关的会计分录。

第八章　长期股权投资

本章教学要点

了解长期股权投资的特点、企业合并的形式，以及成本法和权益法的适用范围；掌握同一控制下企业合并与非同一控制下企业合并形成的长期股权投资初始计量的区别，以及其他方式取得长期股权投资的初始投资成本确定和相应的账务处理要求；重点掌握长期股权投资初始计量、后续计量采用成本法和权益法，以及长期股权投资减值和处置的账务处理。

第一节　长期股权投资概述

一、长期股权投资的特点

长期股权投资是指投资方对被投资单位实施控制、重大影响的权益性投资，以及对其合营企业的权益性投资。长期股权投资通常为长期持有，不准备随时出售，具有投资金额多、投资期限长、投资风险大以及能为企业带来较大的经济利益等特点。由于被投资单位在其未来的生产经营活动中有许多潜在的不确定因素，长期股权投资未来的收益可能高于投资企业原有期望值，也可能低于投资企业原有期望值，这就是投资风险。人们通常认为，投资所承担的风险越大，则要求所获取的收益就越大；反之越少。这就决定了企业进行长期股权投资为了获取更高的投资报酬，也必然带来更大的风险性。投资企业进行长期股权投资是为了获取投资收益，但它的目的不仅仅在于这一点。它的目的更主要的是在于通过长期股权投资来快速地扩大新市场、拓宽新领域、影响或控制被投资单位，以期实现企业长远发展战略。因此，企业选择某项长期股权投资，是希望能为企业未来的发展提供重要的机会，在新的投资领域获得有利的竞争地位、达到预期的目的，这是企业规划未来的一项重要决策。

企业进行长期股权投资，必须遵守国家有关企业投资的政策、法规和制度。鉴于长期股权投资的特点，企业进行长期股权投资必须具有一定的经济实力，投资后不会影响本企业资金周转的正常进行，不会构成对本企业生产经营活动的威胁。同时，企业进行长期股权投资除了应提高投资报酬率外，还应提高企业的整体协同效应，增强企业的生存能力和发展后劲。

二、长期股权投资的核算范围

企业会计准则规定，属于长期股权投资的核算内容如下：

第一，投资方能够对被投资单位实施控制的权益性投资。控制的定义包含三项基本要素，在判断投资方是否能够控制被投资方时，如果投资方具备以下所有的要素，则投资方能够控制被投资方：

(1) 拥有对被投资方的权力。

(2) 通过参与被投资方的相关活动而享有可变回报。

(3) 有能力运用对被投资方的权力影响其回报金额。

第二，投资方能够对被投资单位实施重大影响的权益性投资。重大影响，是指投资方对被投资单位的财务和经营政策有参与决策的权力，但并不能控制或者与其他方一起共同控制这些政策的制定。在确定能否对被投资单位施加重大影响时，应当考虑投资方和其他方持有的被投资单位当期可转换公司债券、当期可执行认股权证等潜在表决权因素。投资方能够对被投资单位施加重大影响的，被投资单位为其联营企业。

第三，投资方对其合营企业的权益性投资。其中，合营企业，是指通过单独主体达成的合营安排，合营各方仅对该安排的净资产享有权利。

第二节　长期股权投资的初始计量

长期股权投资的取得可分为两种情况：一是由于企业合并所形成的长期股权投资；二是除企业合并之外形成的长期股权投资。企业取得长期股权投资的初始投资成本的确定应根据不同的情况分别加以计量。

一、企业合并形成的长期股权投资的初始计量

(一) 企业合并的分类

1. 以合并方式为基础对企业合并分类

企业合并是指将两个或者两个以上单独的企业合并形成一个报告主体的交易或事项。从本质上看，企业合并是一个企业取得对另外一个企业的控制权、吸收另一个或多个企业的净资产以及参与合并的企业相关资产、负债进行整合后成立新的企业等情况。因此，以合并方式为基础对企业合并可以分为控股合并、吸收合并及新设合并三种形式。

(1) 控股合并，是指合并方(或购买方)通过企业合并交易或事项取得对被合并方(或被购买方)的控制权，能够主导被合并方的生产经营决策和财务管理，从而将被合并方纳入其合并财务报表范围形成一个报告主体的合并。控股合并中，被合并方在企业合并后仍保持其独立的法人资格继续经营，合并方在合并中取得的是对被合并方的控股权。合并方在其账簿及个别财务报表中应确认对被合并方的长期股权投资，合并中取得的被合并方的资产和负债仅在合并财务报表中确认。

（2）吸收合并，是指合并方在企业合并中取得被合并方的全部净资产，并将有关资产、负债并入合并方自身的账簿和报表进行核算。企业合并后，注销被合并方的法人资格，由合并方持有合并中取得的被合并方的资产、负债，在新的基础上继续经营。

（3）新设合并，是指企业合并中注册成立一家新的企业，由其持有原参与合并各方的资产、负债后在新的基础上经营，原参与合并各方在合并后均注销其法人资格，不复存在。

2. 以控制方式为基础对企业合并分类

在上述以合并方式为基础的企业合并分类基础上，还可以进一步按控制方式对企业合并进行分类，具体可以分为同一控制下的企业合并和非同一控制下的企业合并两种情况：

（1）同一控制下的企业合并。参与合并的企业在合并前后均受同一方或相同的多方最终控制且该控制并非暂时性的，为同一控制下的企业合并。对于同一控制下的企业合并，在合并日取得对其他参与合并企业的控制权的一方为合并方，参与合并的其他企业为被合并方。合并日，是指合并方实际取得对被合并方控制权的日期。

同一控制下的企业合并包括但不仅限于以下几种情况，实务操作中，企业应当根据企业会计准则中对于同一控制下的企业合并的界定，按照实质重于形式的原则进行判断：譬如，母公司将其持有的对子公司的股权用于交换非全资子公司增加发行的股份；母公司将其持有的对某一子公司的控制权出售给另一子公司；集团内某子公司自另一下级子公司处取得对某一子公司的控制权；等等。

（2）非同一控制下的企业合并。参与合并的各方在合并前后不受同一方或相同的多方最终控制的，为非同一控制下的企业合并。非同一控制下的企业合并，在购买日取得对其他参与合并企业控制权的一方为购买方，参与合并的其他企业为被购买方。购买日，是指购买方实际取得对被购买方控制权的日期。

（二）企业合并形成的长期股权投资的初始计量

企业合并形成的长期股权投资，其初始投资成本应当遵循《企业会计准则第20号——企业合并》的相关规定，分别同一控制下的企业合并与非同一控制下的企业合并情况分别确定。

1. 同一控制下企业合并形成的长期股权投资

同一控制下企业合并形成的长期股权投资主要是指在控股合并情况下形成的，而吸收合并和新设合并两种情况下不会产生长期股权投资，所以以下介绍的长期股权投资均指控股合并情况下的企业合并形成的长期股权投资。由于同一控制下企业合并一般是在一个企业集团内部进行的，从最终实施控制方的角度看，最终控制方在企业合并前及合并后能够控制的资产并没有发生变化。因此，在同一控制下的企业合并，合并方在企业合并中取得的资产和负债，应当按照合并日被合并方的账面价值进行计量。合并方取得的被合并方净资产的账面价值与支付的合并对价的账面价值之间的差额应调整资本公积（调增或调减），资本公积不足冲减的，再调整留存收益。

（1）同一控制下的企业合并，合并方以支付现金、转让非现金资产或承担债务方式作为合并对价的，应当在合并日按照取得被合并方所有者权益账面价值的份额作为长期股权投资的初始投资成本。长期股权投资初始投资成本与支付的现金、转让的非现金资产以及所承担债务账面价值之间的差额，应当调整资本公积；资本公积不足冲减的，调整留存收益。

【例 8－1】　甲、乙两家公司同属某集团公司的两家子公司。甲公司于 20×7 年 3 月 1 日以货币资金 1 000 万元作为对乙公司的投资，取得乙公司 60％的股份。假定乙公司 20×7 年 3 月 1 日其净资产的账面价值为 2 000 万元。则确定甲公司的长期股权投资的初始投资成本为 1 200 万元（2 000×60％）。长期股权投资成本与支付的合并对价1 000万元之间的差额 200 万元应当计入资本公积。甲公司会计处理如下：

借：长期股权投资	12 000 000	
贷：银行存款		10 000 000
资本公积——资本溢价		2 000 000

假设 20×7 年 3 月 1 日乙公司净资产的账面价值为 1 600 万元，甲公司资本公积（资本溢价）的账面余额为 55 万元，其他条件不变，则甲公司会计处理如下：

借：长期股权投资	9 600 000	
资本公积——资本溢价	400 000	
贷：银行存款		10 000 000

（2）同一控制下的企业合并，如果合并方以发行权益性证券作为合并对价的，应当在合并日按照取得被合并方所有者权益账面价值的份额作为长期股权投资的初始投资成本。按照发行股份的面值总额作为股本，长期股权投资初始投资成本与所发行股份面值总额之间的差额，应当调整资本公积；资本公积不足冲减的，调整留存收益。

【例 8－2】　甲、乙两家公司同属于某集团公司的子公司。甲公司于 20×7 年 3 月 1 日以发行股票的方式从乙公司的股东手中取得乙公司 60％的股份，甲公司发行 1 500 万股普通股股票，该股票每股面值 1 元。乙公司 20×7 年 3 月 1 日所有者权益合计为 2 000 万元。甲公司在 20×7 年 3 月 1 日资本公积（股本溢价）为 200 万元，盈余公积为150万元。则该投资的初始投资成本为1 200万元(2 000×60%)。该投资成本与所发行的股票的面值1 500万元的差额300万元应首先调减资本公积200万元,然后再调减盈余公积100万元。甲公司会计处理如下:

借:长期股权投资　　12 000 000
　　资本公积——股本溢价　　2 000 000
　　盈余公积　　1 000 000
　贷:股本　　15 000 000

在确定同一控制下企业合并形成的长期股权投资时,应注意企业合并前合并方与被合并方采用的会计政策是否相同。在以被合并方的账面价值为基础确定形成的长期股权投资成本时,首先应基于重要性原则,统一合并方与被合并方的会计政策。在按照合并方的会计政策对被合并方资产、负债的账面价值进行调整的基础上,计算确定长期股权投资的初始投资成本。

2. 非同一控制下企业合并形成的长期股权投资

非同一控制下的企业合并中,购买方为了取得对被购买方的控制权而放弃的资产、发生或承担的负债、发行的权益性证券等均应按其在购买日的公允价值计量。公允价值与账面价值之间的差额,计入当期的损益。购买方合并成本的确定,包括购买方付出的资产、发生或承担的负债、发行的权益性证券的公允价值之和。具体包括以下方面:

(1) 通过一次交换交易实现的企业合并,合并成本为购买方在购买日为取得对被购买方的控制权而付出的资产、发生或承担的负债以及发行的权益性证券的公允价值。

(2) 通过多次交换交易分步实现的企业合并,应当以购买日之前所持被购买方的股权投资的账面价值与购买日新增投资成本之和,作为该项投资的初始投资成本。

购买方应按照确定的合并成本作为长期股权投资的初始投资成本。这里还需要说明,无论是同一控制下的企业合并还是非同一控制下的企业合并形成的长期股权投资,其支付的对价中如果包含了被购买方已宣告但尚未发放的现金股利或利润,应当作为应收项目处理,不计入合并成本。另外,为进行企业合并所发生的各项直接相关费用应当记入“管理费用”账户。

非同一控制下的吸收合并,购买方在购买日应当按照合并中取得的被购买方各项可辨认资产、负债的公允价值确定其入账价值,确定的企业合并成本与取得被购买方可辨认净资产公允价值的差额,应确认为商誉或计入当期损益。

而非同一控制下的控股合并,母公司应以支付对价的公允价值作为长期股权投资的初始成本,公允价值与账面价值的差额计入当期的损益。但是,母公司在购买日编制合并资产负债表时,对于被购买方可辨认资产、负债应当按照合并中确定的公允价值列示，企业合并成本大于合并中取得的被购买方可辨认净资产公允价值份额的差额，应当确认为商誉。企业合并成本小于合并中取得的被购买方可辨认净资产公允价值份额的差额，在购买日合并资产负债表中调整盈余公积和未分配利润。被购买方可辨认净资产公允价值，是指合并中取得的被购买方可辨认资产的公允价值减去负债及或有负债公允价值后的余额。

【例 8-3】 丙和丁为非同一控制下的两个公司，20×7 年 3 月 1 日丙公司以机器设备换取丁公司 60%的股份，换出机器设备的账面价值为 300 万元，经评估其公允价值为 250 万元。丙公司 20×7 年 3 月 1 日的会计处理如下：

借：长期股权投资	2 500 000	
资产处置损益	500 000	
贷：固定资产清理		3 000 000

【例 8-4】 A 公司于 20×7 年 1 月 1 日取得 B 公司 70%的股权。合并中，A 公司支付的有关资产，在购买日的账面价值与公允价值如表 8-1 所示。合并中，A 公司聘请有关机构进行咨询，并支付咨询费用 80 万元。

表 8-1　**购买日有关资产价值**　单位：元

项　目	账面价值	公允价值
土地使用权	10 000 000	12 000 000
专利技术	6 000 000	8 000 000
银行存款	5 000 000	5 000 000
合　计	21 000 000	25 000 000

本例中，因 A 公司与 B 公司在合并前不存在任何关联关系，所以此项合并属于非同一控制下的企业控股合并。A 公司的会计处理如下：

借：长期股权投资	25 000 000	
管理费用	800 000	
贷：无形资产		16 000 000
银行存款		5 800 000
资产处置损益		4 000 000

二、其他方式取得长期股权投资的初始计量

除企业合并形成的长期股权投资以外，其他方式取得的长期股权投资，应当按照下列规定确定其初始投资成本。

(1) 以支付现金取得的长期股权投资，应当按照实际支付的购买价款作为初始投资成本。初始投资成本包括与取得长期股权投资直接相关的费用、税金及其他必要支出。

企业取得的长期股权投资,如果实际支付的价款中包含已宣告但尚未领取的现金股利,应按实际支付的全部价款扣除已宣告但尚未领取的现金股利后的金额,作为长期股权投资的成本,宣告但尚未领取的现金股利应作为应收股利单独核算。

(2) 以发行权益性证券取得的长期股权投资,应当按照发行权益性证券的公允价值作为初始投资成本。为发行权益性证券支付的手续费、佣金等应自权益性证券的溢价发行收入中扣除,溢价收入不足冲减的,应冲减盈余公积和未分配利润。

【例 8-5】 甲公司发行股票 5 000 万股,每股面值 1 元,每股公允价值 4 元,从乙公司的股东手中换取乙公司 25%的股份。甲公司支付证券公司的佣金按股票发行价格的 2%计算。甲公司的会计分录如下:

借:长期股权投资——乙公司	200 000 000	
贷:股本		50 000 000
资本公积——股本溢价		150 000 000
借:资本公积——股本溢价	4 000 000	
贷:银行存款		4 000 000

(3) 投资者投入的长期股权投资,应当按照投资合同或协议约定的价值作为初始投资成本,但合同或协议约定价值不公允的除外。投资者投入的长期股权投资,是指投资者将其持有的对第三方的投资作为出资投入企业形成的长期股权投资。

(4) 通过非货币性资产交换取得的长期股权投资,其初始投资成本应当按照《企业会计准则第 7 号——非货币性资产交换》确定。

(5) 通过债务重组取得的长期股权投资,其初始投资成本应当按照《企业会计准则第 12 号——债务重组》确定。

第三节　长期股权投资的后续计量

一、长期股权投资采用成本法核算

(一) 成本法的概念及其适用范围

成本法,是指长期股权投资按初始投资成本计价的方法。在成本法下,长期股权投资以取得股权时的初始投资成本计价入账后,除了追加或收回投资应当调整长期股权投资的成本外,长期股权投资的账面价值一般应保持不变。被投资单位宣告分派的现金股利或利润,确认为当期投资收益。

投资企业能够对被投资单位实施控制的长期股权投资，应当采用成本法核算。这里所说的控制，是指投资方拥有对被投资方的权力，通过参与被投资方的相关活动而享有可变回报，并且有能力运用对被投资方的权力影响其回报金额。

控制的定义包含三项基本要素，在判断投资方是否能够控制被投资方时，如果投资方具备以下所有要素，则投资方能够控制被投资方：

（1）拥有对被投资方的权力。

（2）通过参与被投资方的相关活动而享有可变回报。

（3）有能力运用对被投资方的权力影响其回报金额。

具体来说，投资方在判断其是否控制被投资方时，应考虑所有的事实和情况，当且仅当投资方同时具备上述三个要素时，投资方才控制被投资方。如果事实和情况表明上述控制三个要素中的一个或多个发生变化，则投资方要重新判断其是否控制被投资方。

投资企业对子公司的长期股权投资，应当采用成本法核算，但编制合并财务报表时按照权益法进行调整。

（二）成本法的核算

长期股权投资采用成本法核算的一般程序如下：① 企业进行初始投资或追加投资时的投资成本增加长期股权投资的账面价值。② 被投资单位宣告分派利润或现金股利时，投资企业按应享有的份额，确认为当期投资收益，不管有关利润分配是属于对取得投资前还是取得投资后被投资单位实现净利润的分配。

投资企业在确认自被投资单位应分配的现金股利或利润后，应当对长期股权投资进行减值测试，可收回金融低于长期股权投资账面价值的，应当计提减值准备。

【例 8－6】 甲企业 20×7 年 3 月 1 日以银行存款购入丙企业 10%的股份，并准备长期持有，实际投资成本为 110 000 元。丙企业于 20×7 年 5 月 2 日宣告分派20×6年度的现金股利 100 000 元。20×7 年 5 月 10 日，甲企业收到现金股利。

(1) 20×7 年 3 月 1 日，甲企业取得投资，会计处理如下：

借：长期股权投资	110 000	
贷：银行存款		110 000

(2) 20×7 年 5 月 2 日，丙企业宣告发放 20×6 年度现金股利，甲企业会计处理如下：

借：应收股利	10 000	
贷：投资收益		10 000

(3) 20×7 年 5 月 10 日,甲企业收到现金股利,会计处理如下:

借:银行存款　　10 000
　贷:应收股利　　10 000

二、长期股权投资采用权益法核算

(一) 权益法的概念及其适用范围

权益法,是指投资最初以投资成本计价,以后根据投资企业享有被投资单位所有者权益份额的变动对投资的账面价值进行调整的方法。在权益法下,长期股权投资的账面价值随着被投资单位所有者权益的变动而变动,包括被投资单位实现净利润或发生净亏损以及其他所有者权益项目的变动。

投资企业对被投资单位具有共同控制或重大影响的长期股权投资,应当采用权益法核算。一般来说,企业对其他单位的投资占该企业有表决权资本总额的 20%或以上但低于 50%,或者虽投资不足 20%但有重大影响时,应采用权益法核算。投资不足 20%但有重大影响的情况包括以下几种:

(1) 在被投资单位的董事会或类似权力机构中派有代表。在这种情况下,由于在被投资单位的董事会或类似权力机构中派有代表,并享有相应的实质性的参与决策权,投资企业可以通过该代表参与被投资单位政策的制定,从而达到对该被投资单位施加重大影响。

(2) 参与被投资单位的政策制定过程。在这种情况下,由于可以参与被投资单位的政策制定过程,在制定政策过程中可以为其自身利益而提出建议和意见,由此可以对该被投资单位施加重大影响。

(3) 与被投资单位之间发生重要交易。有关交易因对被投资单位的日常经营具有重要性,进而一定程度上可以影响到被投资单位的生产经营决策。

(4) 向被投资单位派出管理人员。在这种情况下,通过投资企业对被投资单位派出管理人员,管理人员有权利并负责被投资单位的财务和经营活动,从而达到对该被投资单位施加重大影响。

(5) 其他能足以证明投资企业对被投资单位具有重大影响的情况。

(二) 权益法的核算

1. 投资成本

长期股权投资的初始投资成本大于投资时应享有被投资单位可辨认净资产公允价值份额的,不调整长期股权投资的初始投资成本;长期股权投资的初始投资成本小于投资时应享有被投资单位可辨认净资产公允价值份额的,其差额应当计入当期损益,同时调整长期股权投资的成本。

【例 8-7】 A 公司以 2 000 万元取得 B 公司 30%的股权,取得投资时被投资单位可辨认净资产的公允价值为 6 000 万元。如果 A 公司能够对 B 公司施加重大影响，则 A 公司应进行的会计处理如下：

借：长期股权投资——成本　　20 000 000
　贷：银行存款　　20 000 000

如投资时 B 公司可辨认净资产的公允价值为 7 000 万元，该投资成本为 2 000 万元；而 A 公司占 B 公司可辨认净资产公允价值的份额为 2 100 万元（7 000×30%），其差额为－100 万元（2 000－2 100），应确认为营业外收入。则 A 公司应进行的会计处理如下：

借：长期股权投资——成本　　21 000 000
　贷：银行存款　　20 000 000
　　营业外收入　　1 000 000

2. 损益调整

（1）属于被投资单位当年实现的净利润而影响的所有者权益的变动，投资企业应按所持表决权资本的比例计算应享有的份额，调增长期股权投资的账面价值，并确认为投资收益。

（2）被投资单位宣告分派利润或现金股利时，投资企业按其持股比例计算的应分得的利润或现金股利，冲减长期股权投资的账面价值。

（3）属于被投资单位当年发生的净亏损而影响的所有者权益的变动，投资企业应按所持表决权资本的比例计算应享有的份额，调减长期股权投资的账面价值，并确认为投资损失。必须明确的是：投资企业确认被投资单位发生的净亏损，应当以长期股权投资的账面价值以及其他实质上构成对被投资单位净投资的长期权益减记至 0 为限，投资企业负有承担额外损失义务的除外。其他实质上构成对被投资单位净投资的长期权益通常是指长期应收项目。譬如，企业对被投资单位的长期债权，该债权没有明确的清收计划、且在可预见的未来期间不准备收回的，实质上构成对被投资单位的净投资。

在确认应分担被投资单位发生的亏损时，应当按照以下顺序进行处理：

首先，冲减长期股权投资的账面价值；其次，长期股权投资的账面价值不足以冲减的，应当以其他实质上构成对被投资单位净投资的长期权益账面价值为限继续确认投资损失，冲减长期应收项目等的账面价值；最后，经过上述处理，按照投资合同或协议约定企业仍承担额外义务的，应按预计承担的义务确认预计负债，计入当期投资损失。

被投资单位以后期间实现盈利的，企业扣除未确认的亏损分担额后，应按与上述相反的顺序处理，减记已确认预计负债的账面余额、恢复其他实质上构成对被投资单位净投资的长期权益及长期股权投资的账面价值,同时确认投资收益。

【例 8-8】 甲企业持有乙企业 40%的股权,20×6 年 12 月 31 日投资的账面价值为 2 000 万元。乙企业 20×7 年亏损 3 000 万元。假定取得投资时被投资单位各资产公允价值等于账面价值,双方采用的会计政策、会计期间相同。则甲企业 20×7 年应确认投资损失 1 200 万元,长期股权投资账面价值降至 800 万元。

如果上述乙企业当年度的亏损额为 6 000 万元,当年度甲企业应分担损失 2 400 万元,长期股权投资账面价值以减至 0 为限。作会计分录如下:

借:投资收益	20 000 000	
贷:长期股权投资——损益调整		20 000 000

如果甲企业账上有应收乙企业长期应收款 800 万元,则应进一步确认损失:

借:投资收益	4 000 000	
贷:长期应收款		4 000 000

除按上述顺序已确认的投资损失外仍有额外损失的,应在账外备查登记。

(4) 投资企业在确认应享有被投资单位净损益的份额时,应当以取得投资时被投资单位各项可辨认资产等的公允价值为基础,对被投资单位的净利润进行调整后确认,不应仅按照被投资单位的账面净利润与持股比例计算的结果简单确定。基于重要性原则,通常应考虑的调整因素为:以取得投资时被投资单位固定资产、无形资产的公允价值为基础计提的折旧额或摊销额以及减值准备的金额对被投资单位净利润的影响。其他项目如为重要的,也应进行调整。

譬如,以取得投资时被投资单位固定资产、无形资产的公允价值为基础计提的折旧额或摊销额,相对于被投资单位已计提的折旧额、摊销额之间存在差额的,应按其差额对被投资单位净损益进行调整,并按调整后的净损益和持股比例计算确认投资损益。

【例 8-9】 某投资企业于 20×6 年 12 月 1 日取得对联营企业 30%的股权,取得投资时被投资单位的固定资产公允价值为 1 200 万元,账面价值为 600 万元,固定资产的预计使用年限为 10 年,净残值为 0,按照直线法计提折旧。被投资单位 20×7 年度利润表中净利润为 500 万元。

该投资企业在确认应享有的投资收益时,应对被投资单位当年实现的净利润,根据投资时固定资产公允价值与其账面价值差额的影响进行调整如下:

调整后的净利润=500-(1 200-600)÷10=440(万元)

应确认的投资收益=440×30%=132(万元)

应作的会计分录如下：

借：长期股权投资——损益调整　　1 320 000
　　贷：投资收益　　1 320 000

（5）投资企业在确认投资收益时，除考虑公允价值的调整外，对于投资企业与其联营企业及合营企业之间发生的未实现内部交易损益应予抵销，在此基础上确认投资损益。

值得注意的是，存在下列情况之一的，可以按照被投资单位的账面净损益与持股比例计算确认投资收益，但需在会计报表附注中说明：① 无法取得投资时被投资单位各项资产等的公允价值；② 公允价值与账面价值的差额不具重要性；③ 其他原因导致无法对被投资单位净损益进行调整。

被投资单位采用的会计政策及会计期间与投资企业不一致的，应当按照投资企业的会计政策及会计期间对被投资单位的财务报表进行调整，并据以确认投资损益。

3. 其他综合收益

被投资单位其他综合收益发生变动时，投资企业应当按照持股比例调整长期股权投资的账面价值，同时增加或减少其他综合收益。

【例 8-10】 甲公司持有乙公司 30%的股权，并能施加重大影响。当年，乙公司将一幢房屋转换为以公允价值模式计量的投资性房地产，转换日公允价值大于账面价值 2 000 万元，计入了其他综合收益。为此，甲公司应作的会计分录为：

借：长期股权投资——其他综合收益　　6 000 000
　　贷：其他综合收益　　6 000 000

4. 其他权益变动

投资企业对于被投资单位除净损益、其他综合收益以及利润分配以外所有者权益的其他变动，如被投资单位增资扩股、以权益结算的股份支付等，在持股比例不变的情况下，企业按照持股比例计算应享有或承担的部分，调整长期股权投资的账面价值，同时增加或减少资本公积——其他资本公积。

【例 8-11】 甲公司 20×7 年 1 月 1 日用现金 25 万元购买了乙公司 20%的股权，并具有重大影响，投资时乙公司净资产账面价值为 100 万元，公允价值为 140 万元。当年乙公司因以权益结算的股份支付换取职工提供的服务，增加其他资本公积 8 万元，那么，甲公司应编制的会计分录如下：

（1）20×7 年 1 月 1 日。

借：长期股权投资——成本　　280 000
　　贷：银行存款　　250 000
　　　　营业外收入　　30 000

(2) 20×7 年 12 月 31 日。

借：长期股权投资——其他权益变动　　16 000
　贷：资本公积——其他资本公积　　16 000

第四节　长期股权投资的期末计量和处置

一、长期股权投资的期末计量

资产负债表日,企业应当判断长期股权投资是否存在可能发生减值的迹象,如果存在减值迹象的,应当进行减值测试。

对于投资企业对被投资单位具有控制、共同控制或重大影响的投资,存在减值迹象的,应当估计其可收回金额。可收回金额,应当根据资产的公允价值减去处置费用后的净额与资产预计未来现金流量的现值两者之间较高者确定。如果可收回金额的计量结果表明,投资的可收回金额低于其账面价值,应当将其账面价值减记至可收回金额,减记的金额确认为资产减值损失,计入当期损益。资产减值损失一经确认,在以后会计期间不得转回。在具体确定资产减值金额时,资产的公允价值应按照公平交易中销售协议价格、市场价格、根据可获取的最佳信息并参考同行业类似资产的最近交易价格或者结果进行的估计这一优先顺序确定。无法可靠估计资产公允价值减去处置费用后的净额的,应当以该资产预计未来现金流量的现值作为其可收回金额。

【例 8-12】 20×6 年 11 月 1 日,甲公司与乙公司签订股权转让协议。该股权转让协议规定:甲公司收购乙公司持有 A 公司股份总额的 30%,收购价格为 270 万元。20×7 年 1 月 1 日,甲公司以银行存款支付收购股权价款为 270 万元,并办理了相关股权划转手续。20×7 年 1 月 1 日,A 公司股东权益总额为 800 万元(假定其净资产的公允价值同账面价值)。20×7 年度,A 公司实现净利润 400 万元。20×7 年 12 月 31 日,甲公司对 A 公司投资的预计可收回金额为 372 万元。

甲公司对上述经济业务编制的有关会计分录如下:

(1) 20×7 年 1 月 1 日,取得投资。

借：长期股权投资——成本　　2 700 000
　贷：银行存款　　2 700 000

(2) 20×7 年 12 月 31 日,确认投资收益。

借：长期股权投资——损益调整　　1 200 000
　贷：投资收益　　1 200 000

(3) 20×7 年 12 月 31 日,计提减值准备。

借:资产减值损失　　180 000
　　贷:长期股权投资减值准备　　180 000

二、长期股权投资的处置

处置长期股权投资时,其投资损益应当在符合股权转让的条件时才能确认。股权转让日,应以被转让股权的所有权上的风险和报酬实质上已转移给购买方,且相关经济利益很可能流入企业为标志。在会计实务中,只有当保护相关各方权益的所有条件均能满足时,才能确认股权转让收益。这些条件包括:出售协议已获股东大会批准通过;与购买方已办理必要的财产交接手续;已取得购买价款的大部分;企业已不能再从所持有的股权中获得利益和承担风险等。如有关股权转让需要经过国家有关部门批准,则股权转让收益只有在满足上述条件且取得国家有关部门的批准文件时才能确认。

企业处置长期股权投资,其账面价值与实际取得价款的差额,应当计入当期损益。采用权益法核算的长期股权投资,原计入其他综合收益或资本公积的金额部分按相应比例转入当期损益。部分处置某项长期股权投资时,应按该项投资的总平均成本确定其处置部分的成本,并按相应比例结转已计提的减值准备、其他综合收益和资本公积项目。

处置长期股权投资时,应按实际收到的金额,借记"银行存款"等账户;原已计提减值准备的,借记"长期股权投资减值准备"账户;按其账面余额,贷记"长期股权投资"账户;按尚未领取的现金股利或利润,贷记"应收股利"账户;按其差额,贷记或借记"投资收益"账户。出售采用权益法核算的长期股权投资时,还应按处置长期股权投资的投资成本比例结转原记入"其他综合收益""资本公积——其他资本公积"账户的金额,借记或贷记"其他综合收益""资本公积——其他资本公积"账户,贷记或借记"投资收益"账户。

【例 8-13】 承[例 8-11],20×8 年 1 月 5 日,甲公司将其持有的乙公司股份全部对外转让,转让价款 50 万元,相关的股权划转手续已办妥,转让价款已存入银行。假定甲公司在转让股份过程中没有发生其他相关税费。

(1) 借:银行存款　　500 000
　　　贷:长期股权投资——成本　　280 000
　　　　　　　　　　——其他权益变动　　16 000
　　　　　投资收益　　204 000

(2) 借:资本公积——其他资本公积　　16 000
　　　贷:投资收益　　16 000

复习思考题

一、单项选择题

1. 甲公司和乙公司同为A集团的子公司，20×7年8月1日甲公司以发行600万股普通股(每股面值1元)作为对价取得乙公司60%的股权，同日乙公司账面净资产总额为1 300万元，可辨认净资产的公允价值为1 600万元，则甲公司取得乙公司长期股权投资时应确认的初始投资成本为(　　)万元。

A. 600　　B. 780

C. 1 000　　D. 960

2. 某投资企业于20×7年1月1日取得对联营企业30%的股权，取得投资时被投资单位的固定资产公允价值为300万元，账面价值为600万元，固定资产的预计使用年限为10年，净残值为0，按照直线法计提折旧。被投资单位20×7年利润表中净利润为1 000万元。不考虑所得税和其他因素的影响，投资企业按权益法核算20×7年应确认的投资收益为(　　)万元。

A. 291　　B. 300

C. 309　　D. 210

3. 企业以非现金资产对外投资时(不属于企业合并)，非现金资产的公允价值如果大于非现金资产的账面价值，其差额应(　　)。

A. 计入资本公积　　B. 计入当期损益

C. 计入投资成本　　D. 在会计上不作确认

4. 采用权益法核算的长期股权投资，因被投资单位除净损益、其他综合收益以及利润分配以外所有者权益的其他变动而计入所有者权益的，处置该项投资时应当将原计入所有者权益的部分按相应比例转入(　　)。

A. 投资收益　　B. 资本公积

C. 营业外收支　　D. 长期股权投资

5. 下列说法中，不正确的是(　　)。

A. 投资企业能够对被投资单位实施控制的长期股权投资，应当采用成本法核算

B. 投资企业对被投资单位具有共同控制的长期股权投资，应采用权益法核算

C. 成本法下，投资以后年度，被投资单位累计分派的现金股利超过投资以后至上年年末止被投资单位累计实现净利润的，投资企业应相应冲减投资的账面价值

D. 成本法下，初始投资成本始终不变

6. 下列说法中，正确的是(　　)。

A. 非同一控制下的控股合并，母公司在购买日支付的对价大于取得的被购买方可辨认净资产公允价值的差额应在母公司账户中确认为商誉

B. 非同一控制下的控股合并，母公司在购买日支付的对价大于取得的被购买方可辨认净资产公允价值的差额在母公司账户中不确认商誉，但在编制合并报表时确认为商誉

C. 非同一控制下的控股合并，母公司在购买日支付的对价大于取得的被购买方可辨认净

资产公允价值的差额，在购买日合并资产负债表中调整盈余公积和未分配利润

D. 非同一控制下的吸收合并，购买方在购买日支付的对价大于取得的被购买方可辨认净资产公允价值的差额不应确认为商誉，应计入当期损益

7. 一个企业对另外一个企业的财务和经营政策因投资关系而具有了参与的权利，但并不能够控制或者与其他方一起共同控制这些政策的制定，那么，被投资企业属于（　　）。

A. 合营企业　　B. 控股子公司

C. 联营企业　　D. 关联企业

8. 长期股权投资期末计量，按照企业会计准则的要求（　　）。

A. 发生减值的应确认减值损失

B. 发生减值的应确认减值损失，但以后有证据表明投资价值已恢复的可以转回

C. 发生减值的应确认减值损失，但以后有证据表明投资价值已恢复的不能再转回

D. 发生减值的应确认减值损失，但以后有证据表明投资价值已恢复的，能否转回视企业的会计政策而定

9. 企业合并中，合并方支付的对价中如果包含了被合并方已宣告但尚未发放的现金股利或利润，应当（　　）。

A. 计入合并成本　　B. 作为应收项目处理

C. 计入当期损益　　D. 计入资本公积

10. 长期股权投资采用权益法核算，对于被投资单位除净损益、其他综合收益以及利润分配以外所有者权益其他变动，应当（　　）。

A. 调整长期股权投资的账面价值，计入当期损益

B. 调整长期股权投资的账面价值，并调整资本公积

C. 不调整长期股权投资的账面价值，只在备查账簿中登记

D. 不作相应的会计处理

二、多项选择题

1. 采用权益法核算长期股权投资时，下列事项中会引起投资企业长期股权投资账面价值发生增减变动的有（　　）。

A. 被投资单位可供出售金融资产公允价值发生变动

B. 被投资单位发生损益

C. 被投资单位宣告分派现金股利

D. 被投资单位宣告分派股票股利

E. 被投资单位提取法定盈余公积

2. 下列长期股权投资应采用权益法进行核算的有（　　）。

A. 投资企业能够对被投资单位实际控制的长期股权投资

B. 投资企业对被投资单位不具有共同控制或重大影响，且在活跃市场没有报价、公允价值不能可靠计量的长期股权投资

C. 投资企业对被投资单位具有共同控制或重大影响的长期股权投资

D. 投资企业只直接拥有被投资单位15%的表决权资本,但具有实质重大影响

E. 投资企业直接拥有被投资单位25%的表决权资本,但不具有实质重大影响

3. 下列属于具有重大影响的情形有(　　)。

A. 投资企业直接拥有被投资单位20%或以上至50%的表决权资本

B. 投资企业虽然只直接拥有被投资单位20%以下的表决权资本,但在被投资单位董事会中派有代表

C. 投资企业虽然只直接拥有被投资单位20%以下的表决权资本,但可以参与被投资单位的政策制定过程

D. 投资企业虽然只直接拥有被投资单位20%以下的表决权资本,但被投资单位的生产完全依赖投资单位的技术支持

E. 投资企业间接拥有被投资单位60%的表决权资本

4. 关于长期股权投资的处置,下列说法中,正确的有(　　)。

A. 采用成本法核算的长期股权投资,处置长期股权投资时,其账面价值与实际取得价款的差额,应当计入当期损益

B. 采用权益法核算的长期股权投资,因被投资单位除净损益、其他综合收益以及利润分配以外所有者权益的其他变动而计入所有者权益的,处置该项投资时应当将原计入所有者权益的部分按相应的比例转入当期损益

C. 采用成本法核算的长期股权投资,处置长期股权投资时,其账面价值与实际取得价款的差额,应当计入所有者权益

D. 采用权益法核算的长期股权投资,因被投资单位除净损益、其他综合收益以及利润分配以外所有者权益的其他变动而计入所有者权益的,处置该项投资时不应当将原计入所有者权益的部分转入当期损益,应按其账面价值与实际取得价款的差额,应当计入当期损益

E. 采用权益法核算的长期股权投资,处置长期股权投资时,其账面价值与实际取得价款的差额,应当计入所有者权益

5. 下列项目中,投资企业应确认为投资收益的有(　　)。

A. 成本法核算的被投资企业接受实物资产捐赠

B. 成本法核算的被投资企业宣告的股利属于投资后实现的净利润

C. 权益法核算的被投资企业宣告发放股票股利

D. 权益法核算被投资单位实现净利润

E. 成本法核算被投资单位实现净利润

6. 企业合并的形式主要有(　　)。

A. 控股合并　　B. 吸收合并

C. 新设合并　　D. 联营合并

E. 合营合并

7. 长期股权投资核算的范围包括(　　)。

A. 企业持有的能够对被投资单位实施控制的权益性投资

B. 企业持有的对其合营企业的权益性投资

C. 企业持有的能够对被投资单位实施重大影响的权益性投资

D. 企业对被投资单位不具有控制、共同控制或重大影响，且在活跃市场中没有报价、公允价值不能可靠计量的权益性投资

E. 除上述情况外，企业持有的其他权益性投资

8. 投资企业采用权益法核算的，可以按照被投资单位的账面净损益与持股比例计算确认投资收益的情况有(　　)。

A. 无法可靠确定投资时被投资单位各项可辨认资产等的公允价值

B. 投资时被投资单位可辨认资产等的公允价值与其账面价值之间的差额较小

C. 其他原因导致无法对被投资单位净损益进行调整

D. 被投资单位采用的会计政策及会计期间与投资企业不一致

E. 本着重要性原则简化会计核算

9. 投资企业采用权益法核算的，确认被投资单位发生的净亏损，(　　)。

A. 可以冲减长期股权投资账面价值(减至零为限)

B. 可以冲减长期应收项目

C. 按照投资合同或协议约定投资企业仍承担额外义务的，确认预计负债，计入当期投资损失

D. 可以冲减顺序为 A、B、C 选项中的项目

E. 在确认应分担被投资单位的亏损时，在冲减顺序上无特殊要求

10. 合并日或购买日是指合并方或购买方实际取得对被合并方或被购买方控制权的日期。企业会计准则要求，同时满足(　　)条件时可以认为取得了被合并方或被购买方的控制权。

A. 企业合并合同或协议已获股东大会等通过

B. 企业合并事项需要经过国家有关主管部门审批的，已获得批准

C. 参与合并各方已办理了必要的财产权转移手续

D. 合并方或购买方已支付了合并价款的大部分(一般应超过 50%)，并且有能力、有计划支付剩余款项

E. 合并方或购买方实际上已经控制了被合并方或购买方的财务和经营政策，并享有相应的利益、承担相应的风险

三、判断题

1. 企业合并取得长期股权投资而发行债券支付的手续费、佣金等应计入初始投资成本。
(　　)

2. 投资企业采用成本法核算，被投资单位接受实物资产捐赠不应确认为投资收益。　(　　)

3. 长期股权投资采用权益法核算时，长期股权投资的初始投资成本小于投资时应享有被投资单位可辨认净资产公允价值份额的，其差额确认为负商誉。　(　　)

4. 对于同一控制下的企业合并，合并方以支付现金、转让非现金资产或承担债务方式作为合并对价的，应当在合并日按照取得被合并方可辨认净资产公允价值的份额作为长期股权投资的初始投资成本。　(　　)

5. 资产负债表日，长期股权投资发生减值的，应按减值的金额，借记“资产减值损失”账户，贷

记“长期股权投资减值准备”账户。 ( )

6. 如果被投资方发生净亏损,则投资方应先相应冲减长期股权投资的账面价值,账面价值不够冲减的,再冲减资本公积和留存收益。 ( )

7. 同一控制下的企业合并是参与合并的企业在合并前后均受同一方或相同的多方最终控制且该控制可能是暂时的或永久的。 ( )

8. 同一控制下企业合并,合并方在企业合并中取得的资产和负债,应当按照合并日在被合并方的公允价值计量。 ( )

9. 同一控制下的合并方为合并而支付的审计费用、评估费用、法律服务费等,应当计入合并成本。 ( )

10. 处置长期股权投资,其账面价值与实际取得的价款的差额应当列入当期的损益。 ( )

四、名词解释

长期股权投资　　成本法

权益法　　控制

控股合并　　重大影响

新设合并　　吸收合并

非同一控制下企业合并　　同一控制下企业合并

五、简答题

1. 如何确定企业合并形成的长期股权投资的初始投资成本?
2. 长期股权投资的成本法和权益法分别适用于什么情况?
3. 权益法下长期股权投资收益应如何确认?
4. 长期股权投资核算的范围包括哪些?
5. 企业合并的形式及其分类有哪些?
6. 如何对长期股权投资进行期末计量?
7. 处置长期股权投资的要求是什么?

六、计算与分析题

习 题 一

(一) 目的 练习同一控制下长期股权投资的初始计量。

(二) 资料 甲公司支付现金1 500万元取得乙公司60%的股权(甲和乙受同一方控制),投资时乙公司所有者权益的账面价值为2 000万元。甲公司账面的资本公积为200万元,盈余公积为150万元。

(三) 要求 编制甲公司上述与投资业务有关的会计分录。

习 题 二

(一) 目的 练习非同一控制下长期股权投资的初始计量。

(二) 资料 甲公司20×7年4月1日与乙公司原投资者A公司签订协议,甲公司以存货和承担 A 公司的还贷义务换取 A 公司原持有的乙公司 70%股权(甲公司与乙公司属于非同一控制)。甲公司投出存货的公允价值为 1 000 万元,增值税额为 170 万元,账面成本 800 万元,承担归还短期贷款义务 400 万元。

(三) 要求 编制甲公司取得乙公司长期股权投资时的会计分录。

习 题 三

(一) 目的 练习长期股权投资的成本法核算。

(二) 资料 甲公司 20×7 年 4 月 1 日以 609 200 元购入乙公司 2%的股权。该股权不存在活跃市场,其公允价值不能可靠计量。乙公司 20×7 年 5 月 8 日宣告分配 20×6 年度现金股利 500 000元,20×7 年 5 月 18 日甲公司收到现金股利。

(三) 要求 编制甲公司上述与投资业务有关的会计分录。

习 题 四

(一) 目的 练习长期股权投资的权益法核算。

(二) 资料 甲公司于 20×7 年 3 月 1 日通过发行普通股股票 800 万股与乙公司股东进行交换并取得乙公司有表决权股份的 20%,采用权益法核算。该股票的面值为每股 1 元,其市场价格为 3 元,甲公司另支付相关税费 20 万元。同日,乙公司可辨认净资产公允价值为 9 150 万元。

(三) 要求 编制甲公司上述与投资业务有关的会计分录。

习 题 五

(一) 目的 练习长期股权投资的权益法的核算。

(二) 资料 承[习题四],假设甲公司所发行的股票的市场价格为每股 2 元,其他资料不变。

(三) 要求 编制甲公司有关的会计分录。

习 题 六

(一) 目的 练习长期股权投资的权益法核算。

(二) 资料 承[习题五],甲公司 20×7～20×0 年投资业务的有关资料如下:

(1) 20×7 年 5 月 1 日,乙公司宣告分派 20×6 年度的现金股利 100 万元。

(2) 20×7 年度,乙公司实现利润 400 万元,其中 1～2 月份实现利润 100 万元。

(3) 20×8 年 5 月 2 日,乙公司宣告分派现金股利 100 万元。

(4) 20×8 年度,乙公司发生净亏损 8 000 万元。

(5) 20×9 年度,乙公司发生净亏损 2 000 万元。

(6) 20×0 年度,乙公司实现净利润 1 000 万元。

(三) 要求 编制甲公司 20×7～20×0 年上述与投资业务有关的会计分录。

习 题 七

(一) 目的 练习长期股权投资的权益法核算。

(二) 资料 甲公司 20×7 年 1 月 1 日用现金 25 万元购买了乙公司 20%的股权,乙公司净资产账面价值为 100 万元,公允价值 140 万元。乙公司 20×7 年度利润表中净利润为 50 万元。假定乙公司公允价值 140 万元比账面价值 100 万元高 40 万元系存货的增值,该存货 20×7 年卖出 60%。

(三) 要求 编制甲公司确认当期投资收益的会计分录。

第九章 流 动 负 债

本章教学要点

了解应付职工薪酬的内容与确认原则，应交税费、其他流动负债的概念及核算范围；掌握应付职工薪酬、应交税费、其他流动负债的核算特点及账务处理；重点掌握应付职工薪酬、应交增值税、应交消费税、应交营业税的账务处理。

第一节 应付职工薪酬

一、应付职工薪酬概述

（一）职工和职工薪酬的概念

职工薪酬，是指企业为获得职工提供的服务或解除劳动关系而给予各种形式的报酬或补偿，包括短期薪酬、离职后福利、辞退福利和其他长期福利。企业以商业保险形式提供给职工的各种保险待遇、以现金结算形式提供的股份支付、以权益结算形式提供的股份支付，也属于职工薪酬。企业提供给职工配偶、子女或其他被赡养人的福利等，也列入职工薪酬范围。

职工，是指与企业订立劳动合同的所有人员，含全职、兼职和临时职工；也包括虽未与企业订立劳动合同但由企业正式任命的人员，如董事会成员、监事会成员等。在企业的计划和控制下，虽未与企业订立正式劳动合同和未由其正式任命，但为企业提供与职工类似服务的人员，如劳务用工合同人员，也视同企业职工。

（二）职工薪酬的内容

职工薪酬的内容包括短期薪酬、离职后福利、辞退福利和其他长期福利。

1．短期薪酬

短期薪酬，是指企业在职工提供相关服务的年度报告期间结束后12个月内需要全部予以支付的职工薪酬，因解除与职工的劳动关系给予的补偿除外。短期薪酬具体包括：

（1）职工工资、奖金、津贴和补贴，是指按照国家统计局的规定构成工资总额的计时工资、计件工资、支付给职工的超额劳动报酬和增收节支的劳动报酬、为了补偿职工特殊或额外的劳动消耗和因其他特殊原因支付给职工的津贴，以及为了保证职工工资水平不受物价影响支付给职工的物价补贴等。

企业按规定支付给职工的加班加点工资，以及根据国家法律、法规和政策规定，企业在职工因病、工伤、产假、计划生育假、婚丧假、事假、探亲假、停工学习、执行国家和社会义务等特殊情况下，按照计时工资或计件工资标准的一定比例支付的工资，属于职工薪酬，在职工休假和缺勤时，不应当从工资总额中扣除。

(2) 职工福利费，是指企业为了保证职工身体健康，改善和提高职工集体福利待遇，按规定从成本费用中提取的金额，主要包括职工食堂、职工医院、职工浴室以及职工生活困难补助费等。

(3) 社会保险费，是指企业根据国家规定的标准和比例向社会保险经办机构缴纳的款项，包括医疗保险费、工伤保险费和生育保险费等。

(4) 住房公积金，是指企业按照国家《住房公积金管理条例》规定的基准和比例计算，向住房公积金管理机构缴存的住房公积金。

(5) 工会经费和职工教育经费，是指企业为了改善职工文化生活、提高职工业务素质用以开展工会活动和职工教育以及职业技能培训等，根据国家规定的基准和比例，从成本费用中提取的金额。

(6) 非货币性福利，如实物、服务、优惠和有偿休假性福利等，是指企业以自产产品或外购商品发放给职工作为福利、将企业拥有的资产无偿提供给职工使用、为职工无偿提供医疗保健服务等。

2. 离职后福利

离职后福利，是指企业为获得职工提供的服务而在职工退休或与企业解除劳动关系后，提供的各种形式的报酬和福利，短期薪酬和辞退福利除外。

3. 辞退福利

辞退福利，是指企业在职工劳动合同到期之前解除与职工的劳动关系，或者为了鼓励职工自愿接受裁减而给予职工的补偿。

4. 其他长期福利

其他长期福利，是指除短期薪酬、离职后薪酬、辞退福利之外所有的职工薪酬，包括长期带薪缺勤、长期残疾福利、长期利润分享计划等。

(三) 应付职工薪酬的核算

企业应当设置“应付职工薪酬”账户核算按规定应付给职工的各种薪酬。该账户反映了应付职工薪酬的提取、结算、使用等情况。该账户贷方登记已分配计入有关成本费用项目的职工薪酬的金额；借方登记实际发放职工薪酬的金额；期末贷方余额，反映企业应付职工薪酬的结余。“应付职工薪酬”账户应当按照“短期薪酬”“离职后福利”“辞退福利”和“其他长期福利”等设置明细账户并在各明细账户下设细目进行核算。

下文主要介绍短期薪酬和辞退福利的相关内容。

二、短期薪酬的确认和计量

(一) 短期薪酬的确认原则

企业应当在职工为其提供服务的会计期间,将应付的短期薪酬(辞退福利除外)确认为流动负债,并根据职工提供服务的受益对象,分别计入资产成本或当期损益。其确认原则归纳如下:

第一,根据配比原则,在职工为企业提供服务的会计期间,短期薪酬应确认为企业的负债。

第二,根据"谁受益、谁负担"原则,应付的短期薪酬应根据职工所提供服务的受益部门,按受益对象分配计入相关成本或费用(除辞退福利全部计入管理费用以外)。其中,由生产产品负担的短期薪酬,计入产品成本;由在建工程、无形资产开发成本负担的短期薪酬,计入固定资产的建造成本或无形资产的开发成本;应由产品成本、固定资产成本和无形资产成本负担以外的其他短期薪酬,计入当期损益。

(二) 应付短期薪酬的计量

1. 应付短期薪酬计量的原始依据

(1) 考勤记录。这是反映职工出勤、缺勤情况的记录,是计算计时工资的主要依据,如考勤簿、考勤卡、考勤钟、翻牌考勤等。

(2) 产量记录。这是反映职工完成产量和耗用工时的记录,是计算计件工资的主要依据,如产量记录表等。

(3) 其他原始依据。这主要是指奖金津贴补贴、职工福利费、"五险一金"、工会和教育经费、非货币性福利、辞退补偿等有关政策性文件和凭据。

2. 应付短期薪酬的计量要求

(1) 计量应付短期薪酬时,国家有规定计提基础和计提比例的,应当按照国家规定的标准计提。

(2) 国家没有规定计提基础和计提比例的,如职工福利费等,企业应当根据历史经验数据和实际情况,合理预计当期的应付短期薪酬。

(三) 应付短期薪酬的核算

1. 计提职工薪酬

(1) 货币性职工薪酬。企业应当根据职工提供服务的受益对象,对发生的职工薪酬分别以下情况进行处理:

计提生产部门人员的职工薪酬时,应借记"生产成本""制造费用""劳务成本"账户,贷记"应付职工薪酬"账户。

计提管理部门人员的职工薪酬时,应借记"管理费用"账户,贷记"应付职工薪酬"

账户。

计提销售人员的职工薪酬时，应借记“销售费用”账户，贷记“应付职工薪酬”账户。

计提应由在建工程、研发支出负担的职工薪酬时，应借记“在建工程”“研发支出”账户，贷记“应付职工薪酬”账户。

【例 9－1】 甲企业本月应付工资总额 685 600 元，工资费用分配汇总表中列示的产品生产人员工资为 450 000 元，车间管理人员工资为 110 000 元，企业行政管理人员工资为 88 000 元，销售人员工资为37 600 元。甲企业的有关会计分录如下：

借：生产成本——基本生产成本	450 000	
制造费用	110 000	
管理费用	88 000	
销售费用	37 600	
贷：应付职工薪酬——短期薪酬（工资）		685 600

【例 9－2】 乙企业下设 1 所职工食堂，每月根据在岗职工数量及岗位分布情况、相关历史经验数据等计算需要补贴食堂的金额，从而确定企业每期因职工食堂而需要承担的福利费金额。20×8 年 6 月，企业在岗职工共计 200 人，其中管理部门 30 人，生产工人 170 人，企业的历史经验数据表明，对于每位职工企业每月需补贴食堂 150 元。乙企业的有关会计分录如下：

借：生产成本	25 500	
管理费用	4 500	
贷：应付职工薪酬——短期薪酬（职工福利）		30 000

（2）非货币性职工薪酬。

其一，企业以其自产产品或外购商品作为非货币性福利发放给职工的，应当根据受益对象，按照该产品或商品的公允价值和相关税费，计入相关资产成本或当期费用，同时确认应付职工薪酬。

【例 9－3】 丙公司是一家生产摩托车产品的企业，现有职工 260 名，其中一线生产工人为 230 名，总部管理人员为 30 名。20×8 年 3 月，丙公司决定以自己生产的摩托车每人 1 辆作为福利发给职工使用。

该摩托车的单位成本 20 000 元，单位计税价格为 30 000 元，适用的增值税税率为 13%，消费税税率为 5%，丙公司的有关会计分录如下：

（1）决定发放非货币性福利时。

借：生产成本	8 004 000	
管理费用	1 044 000	
贷：应付职工薪酬——短期薪酬（非货币性福利）		9 048 000

(2) 实际发放时。

借：应付职工薪酬——短期薪酬(非货币性福利)　　8 814 000
　贷：主营业务收入　　7 800 000
　　　应交税费——应交增值税(销项税额)　　1 014 000

借：主营业务成本　　5 200 000
　贷：库存商品　　5 200 000

借：税金及附加　　390 000
　贷：应交税费——应交消费税　　390 000

其二，企业将拥有的住房等资产无偿提供给职工使用的，应当根据受益对象，将该住房每期应计提的折旧计入相关资产成本或费用，同时确认应付职工薪酬。

其三，企业将租赁住房等资产提供给职工无偿使用的，应当根据受益对象，将每期应付的租金计入相关资产成本或费用，并确认应付职工薪酬。难以认定受益对象的非货币性福利，直接计入管理费用和应付职工薪酬。

【例 9-4】 丁公司决定为企业的部门经理每人租赁住房 1 套，并提供轿车 1 辆免费使用，轿车的月折旧总额为 2 万元，外租住房的月租金总额为 3 万元，该公司的会计处理如下：

(1) 计提轿车折旧时。

借：管理费用　　20 000
　贷：应付职工薪酬——短期薪酬(非货币性福利)　　20 000

借：应付职工薪酬——短期薪酬(非货币性福利)　　20 000
　贷：累计折旧　　20 000

(2) 确认租金费用时。

借：管理费用　　30 000
　贷：应付职工薪酬——短期薪酬(非货币性福利)　　30 000

借：应付职工薪酬——短期薪酬(非货币性福利)　　30 000
　贷：银行存款　　30 000

2. 支付职工薪酬

(1) 企业按照有关规定向职工支付工资、奖金、津贴时，作会计分录如下：

借：应付职工薪酬——短期薪酬(工资)　　×××
　贷：银行存款　　×××
　　　库存现金　　×××

(2) 企业从应付职工薪酬中扣还各种款项(代扣的职工房租、个人所得税、代垫的医药费等)时，作会计分录如下：

借：应付职工薪酬——短期薪酬(工资)　　×××
　贷：其他应收款——职工房租　　×××
　　　　——代垫医药费　　×××
　　应交税费——应交个人所得税　　×××

(3) 企业向职工支付职工福利费时，作会计分录如下：

借：应付职工薪酬——短期薪酬(职工福利)　　×××
　贷：银行存款　　×××
　　库存现金　　×××

(4) 企业支付工会经费和职工教育经费用于工会运作和职工培训时，作会计分录如下：

借：应付职工薪酬——短期薪酬(工会经费)　　×××
　　——短期薪酬(职工教育经费)　　×××
　贷：银行存款　　×××

(5) 企业按照国家有关规定缴纳社会保险费和住房公积金时，作会计分录如下：

借：应付职工薪酬——短期薪酬(社会保险费)　　×××
　　——短期薪酬(住房公积金)　　×××
　贷：银行存款　　×××

三、辞退福利的确认和计量

(一) 辞退福利的确认

辞退福利包括：① 在职工劳动合同尚未到期前，不论职工本人是否愿意，企业决定解除与职工的劳动关系而给予的补偿；② 在职工劳动合同尚未到期前，为鼓励职工自愿接受裁减而给予的补偿，职工有权利选择继续在职或接受补偿离职。辞退福利通常采取在解除劳动关系时一次性支付补偿的方式，也有通过提高退休后养老金或其他离职后福利标准的方式，或者将职工薪酬的工资部分支付到辞退后未来某一期间。

企业向职工提供辞退福利时，应当在下列两者孰早日确认辞退福利产生的职工薪酬负债，并计入当期损益：

(1) 企业不能单方面撤回解除劳动关系计划或裁减建议所提供的辞退福利时。

(2) 企业确认与涉及支付辞退福利的重组相关的成本或费用时。

企业应当按照辞退计划条款的规定，合理预计并确认辞退福利产生的应付职工薪酬，辞退福利预期在其确认的年度报告期结束后 12 个月内完全支付的，应当适用短期薪酬的相关规定；辞退福利预期在年度报告期结束后 12 个月内不能完全支付的，应当适用关于其他长期福利的有关规定。

（二）辞退福利的计量

企业应当严格按照辞退计划条款的规定，合理预计并确认辞退福利产生的应付职工薪酬。对于职工没有选择权的辞退计划，应当根据辞退计划条款规定的拟解除劳动关系的职工数量、每一职工辞退补偿标准等，确认应付职工薪酬。对于自愿接受裁减的建议，应当预计将会接受裁减建议的职工数量，根据预计的职工数量和每一职位的辞退补偿标准等，确认应付职工薪酬。

辞退福利的会计处理如下：

借：管理费用　　×××
　贷：应付职工薪酬　　×××

【例 9－5】 某公司主要从事金属加工业务。20×7 年 11 月，该公司管理层为了在 2008 年顺利实施转产，制定了一项辞退计划，规定自 20×8 年 1 月 1 日起，以职工自愿方式实施辞退议程。辞退计划的详细内容，包括拟辞退职工所在部门、数量、各级别职工能够获得的补偿标准以及计划实施时间等均已与职工协商一致。该辞退计划已于 20×7 年 12 月 15 日经公司董事会正式批准，并将在 2008 年实施完毕。辞退计划的有关内容如表 9－1 所示。

表 9－1　**某公司职工接受辞退及补偿金额一览表**

职　位	拟辞退数量（人）	工龄（年）	接受辞退计划职工人数（人）	每人补偿标准（元）	补偿金额（元）
管理人员	16	1～10	8	100 000	800 000
		11～20	3	200 000	600 000
		21～30	2	300 000	600 000
技术工人	80	1～10	32	80 000	2 560 000
		11～20	16	180 000	2 880 000
		21～30	8	280 000	2 240 000
生产工人	256	1～10	80	50 000	4 000 000
		11～20	32	150 000	4 800 000
		21～30	16	250 000	4 000 000
合　计	160		197		22 480 000

根据表 9－1 资料，该公司的会计处理如下：

借：管理费用　　22 480 000
　贷：应付职工薪酬　　22 480 000

第二节　应 交 税 费

应交税费，包括企业依法缴纳的增值税、消费税、所得税、资源税、土地增值税、城市维护建设税、房产税、土地使用税、车船税、教育费附加、矿产资源补偿费等税费，以及在上缴国家之前，由企业代扣代缴的个人所得税等。

一、应交增值税

（一）增值税概述

增值税是指对商品（含货物、加工修理修配劳务、服务、无形资产或不动产）在流转过程中产生的增值部分征收的一种流转税，它以增值额为课税对象，是价外税，实行价外计征的办法。按照纳税人的经营规模及会计核算的健全程度，增值税纳税人分为一般纳税人和小规模纳税人。

（二）增值税的计算公式

（1）一般纳税人应纳增值税额，根据当期销项税额减去当期进项税额的差额确定，计算公式如下：

应纳税额＝当期销项税额－当期进项税额
＝销售额×税率－进货额×税率

若一般纳税人购销货物为含税销售额，计算公式如下：

销售额＝含税销售额÷(1＋增值税税率)

公式中的销售额是指纳税人销售货物或应税劳务等向购买方收取的全部价款和价外费用。一般纳税人的税率分为13％、9％、6％和0税率。

（2）小规模纳税人，其进项税额不得从销项税额中抵扣，应纳增值税额则实行简易征收办法，即按照销售额和规定的征收率的乘积确定，计算公式如下：

应纳税额＝销售额×征收率

小规模纳税人的征收率为3％。

（三）一般纳税人的核算

一般纳税人应在“应交税费”账户下设置“应交增值税”“未交增值税”“预交增值税”“待抵扣进项税额”“转让金融商品应交增值税”等明细账户进行核算。在“应交税费——应交增值税”明细账内，分别设置“进项税额”“销项税额抵减”“已交税金”“销项税额”“出口退税”“进项税额转出”等专栏。

1. 一般购买业务的进项税额

国内采购的物资或接受劳务、服务、无形资产或不动产而支付或负担的，按增值税专用发票上记载的应当计入采购成本的金额,借记“材料采购”“生产成本”“管理费用”等账户;按准予以当期销项税额中抵扣的增值税额,借记“应交税费——应交增值税(进项税额)”账户;按应付和实际支付的金额,贷记“应付账款”“应付票据”“银行存款”等账户。购入物资发生的退货,作相反的账务处理。

【例 9-6】 某企业为增值税一般纳税人,采购原材料采用商业汇票方式结算货款,根据有关发票账单,购入材料的实际成本为 15 万元,增值税专用发票上注明的增值税额为 1.95 万元,材料已经验收入库,企业开出 3 个月承兑的商业汇票。假如该企业采用实际成本进行材料的日常核算,根据上述资料,企业应作会计分录如下:

借:原材料	150 000	
应交税费——应交增值税(进项税额)	19 500	
贷:应付票据		169 500

2. 进口物资的进项税额

企业进口物资,按照海关提供的完税凭证上注明的增值税额和货物价款进行账务处理。进口物资的进项税额的计算公式如下:

进项税额=组成计税价格×税率
=(关税完税价格+关税+消费税)×税率

企业进口物资时,应按进口物资计入采购成本的金额,借记“材料采购”“在途物资”“库存商品”等账户;按海关提供的完税凭证上注明的当期可抵扣的增值税额,借记“应交税费——应交增值税(进项税额)”账户;按应付和实际支付的金额,贷记“应付账款”“银行存款”等账户。

【例 9-7】 某企业进口材料一批,关税完税价格为 600 000 元,关税为 69 000 元,消费税为 51 000 元,适用的进口增值税税率为 13%,该企业采用实际成本进行日常材料核算。其进项税额为 93 600 元[(600 000+69 000+51 000)×13%]。作会计分录如下:

借:在途物资	720 000	
应交税费——应交增值税(进项税额)	93 600	
贷:银行存款		813 600

【例 9-8】 某公司进口汽车一辆自用,关税完税价格 8 000 美元,应交关税 24 000 元人民币,该汽车适用消费税税率为 8%,增值税税率为 13%,当日的美元汇率为 7.6 元人民币,货款及税费已全部付清。

$$\text{消费税组成计税价格}=\frac{8\,000\times 7.6+24\,000}{1-8\%}=92\,173.91(\text{元})$$

应纳消费税＝92 173.91×8%＝7 373.91(元)

增值税组成计税价格＝8 000×7.6＋24 000＋7 373.91＝92 173.91(元)

应纳增值税＝92 173.91×13%＝11 982.61(元)

进口汽车成本＝8 000×7.6＋24 000＋7 373.91＝92 173.91(元)

作会计分录如下：

借：固定资产	92 173.91	
应交税费——应交增值税(进项税额)	11 982.61	
贷：银行存款		104 156.52

3. 不应从销项税额中抵扣、按规定转出的进项税额

它们包括购进货物或者应税劳务等用于简易计税项目、用于免税项目、用于集体福利和个人消费；购进货物以及在产品、产成品所耗用的购进货物或者应税劳务因管理不善等原因造成的损失。如果购进这些货物时已明确用途，其已纳税额直接计入有关成本，而不计入进项税额。如果购入时用途不明确或者购入后改变原定用途，购入时已计入的进项税额应当转出，均不能用来抵扣销项税额。

【例 9－9】 某企业购进材料后因管理不善发生损失，根据增值税专用发票上确认的成本为 70 000 元，进项税额为 9 100 元。作会计分录如下：

借：待处理财产损溢	79 100	
贷：原材料		70 000
应交税费——应交增值税(进项税额转出)		9 100

【例 9－10】 某企业为增值税一般纳税人，本期购入一批材料，增值税专用发票上注明的增值税额为 156 000 元，材料价款 1 200 000 元。材料已入库，货款已经支付(假如该企业材料采用实际成本进行核算)。材料入库后，该企业将该批材料全部用于职工福利。根据该项经济业务，企业可作会计处理如下：

(1) 材料入库时。

借：原材料	1 200 000	
应交税费——应交增值税(进项税额)	156 000	
贷：银行存款		1 356 000

(2) 职工福利领用材料时。

借：应付职工薪酬	1 356 000	
贷：原材料		1 200 000

应交税费——应交增值税(进项税额转出)　　156 000

4. 接受投资的进项税额

接受投资转入的物资,按增值税专用发票上注明的增值税额,借记"应交税费——应交增值税(进项税额)"账户;按确定的价值,借记"原材料"等账户;按其在注册资本中所占有的份额,贷记"实收资本"或"股本"账户;按其差额,贷记"资本公积"账户。

【例 9-11】 乙公司为增值税一般纳税人,本期接受甲公司以原材料投资,双方商定按协议价作价。该批原材料的协议价,即公允价值为 220 万元,增值税税率为 13%。根据上述经济业务,乙公司(假如原材料均采用实际成本进行核算)应作会计处理如下:

借:原材料　　2 200 000
　应交税费——应交增值税(进项税额)　　286 000
　贷:实收资本　　2 486 000

5. 销售货物、提供应税劳务的销项税额

企业销售货物或者提供加工、修理修配等应税劳务,按照营业收入和应收取的增值税税额,借记"应收账款""应收票据""银行存款"等账户,按增值税专用发票上注明的增值税额,贷记"应交税费——应交增值税(销项税额)"账户;按照实现的营业收入,贷记"主营业务收入""其他业务收入"等账户。

【例 9-12】 某企业为增值税一般纳税人,本期销售产品收入为1 600 万元(不含应向购买方收取的增值税),符合收入确认条件,货款尚未收到,增值税税率为 13%。根据上述经济业务,企业应作会计处理如下:

借:应收账款　　18 080 000
　贷:主营业务收入　　16 000 000
　　应交税费——应交增值税(销项税额)　　2 080 000

【例 9-13】 某企业为外单位加工办公桌 500 张,每张收取加工费 260 元,增值税税率为 13%,加工完成,款项已收到并存入银行。企业应作会计处理如下:

借:银行存款　　146 900
　贷:主营业务收入　　130 000
　　应交税费——应交增值税(销项税额)　　16 900

6. 差额征税的会计处理

一般纳税人提供应税服务,按照现行增值税制度规定,允许从销售额中扣除其支付给其他单位或个人价款的,在收入采用总额法确认的情况下,减少的销项税额,应借记“应交税费——应交增值税（销项税额抵减）”账户；在收入采用净额法确认的情况下，按照规定确认的销售额计算增值税销项税额并记入“应交税费——应交增值税（销项税额）”账户。

【例 9－14】 某旅游企业为一般纳税人，采用差额征税的方式。该企业本期向客户收取的含税价款为 106 000 元（含增值税 6 000 元），应支付给其他旅游单位的旅游费用及相关费用为 82 800 元，其中因允许扣减销售额而减少的销项税额为 4 800 元。该企业采用总额法确认收入。根据资料，该企业应作如下会计处理：

借：银行存款	106 000	
贷：主营业务收入		100 000
应交税费——应交增值税（销项税额）		6 000

借：主营业务成本	80 000	
应交税费——应交增值税（销项税额抵减）	4 800	
贷：应付账款		84 800

【例 9－15】 某客运场站为一般纳税人，采用差额征税的方式。该企业本期向旅客收取车票款为 106 000 元，应向客运公司支付 95 400 元，剩下的 10 600 元中，10 000元作为销售额，600 元作为销项税额。该企业采用净额法确认收入，应作如下会计处理：

借：银行存款	106 000	
贷：主营业务收入		10 000
应交税费——应交增值税（销项税额）		600
应付账款		95 400

7. 预交增值税的会计处理

按照现行增值税制度规定，一般纳税人转让不动产、提供不动产经营租赁服务、提供建筑服务、采用预收款方式销售自行开发的房地产项目等，应当预交增值税。

企业预交增值税时，应借记“应交税费——预交增值税”账户，贷记“银行存款”账户。月末，企业应将“预交增值税”明细账户余额转入“未交增值税”明细账户。

【例 9－16】 某企业为一般纳税人，2017 年 5 月转让其 2011 年购买的价格为 1 400万元的写字楼，取得含税收入 2 000 万元，按规定增值税的预征率为 5%。该企业应作会计处理如下：

（1）预交增值税时。

预交增值税＝(2 000－1 400)÷(1＋5%)×5%＝28.571 4(万元)

借：应交税费——预交增值税　　285 714
　贷：银行存款　　285 714

(2) 月末，结转“预交增值税”明细账户余额。

借：应交税费——未交增值税　　285 714
　贷：应交税费——预交增值税　　285 714

8. 转让金融商品应交增值税的会计处理

增值税纳税人转让金融商品，应当按规定以盈亏相抵后的余额作为销售额，其发生的增值税额，应于实际转让的月末，作相应的会计处理。如产生转让收益，则按应纳增值税额，借记“投资收益”等账户，贷记“应交税费——转让金融商品应交增值税”账户；如产生转让损失，则按可结转下月抵扣税额，借记“应交税费——转让金融商品应交增值税”账户，贷记“投资收益”等账户。交纳增值税时，应借记“应交税费——转让金融商品应交增值税”账户，贷记“银行存款”账户。年末，“应交税费——转让金融商品应交增值税”账户如有借方余额，则借记“投资收益”等账户，贷记“应交税费——转让金融商品应交增值税”账户，结转后，该账户无借方余额。

【例 9-17】 某企业于 20×6 年 10 月 5 日购入 A 股票支付价款 21 200 元，购入 B 股票支付价款 10 600 元，均作为交易性金融资产核算。11 月 26 日，以 16 960 元的价格卖出 A 股票，11 月 29 日，以 15 900 元的价格卖出 B 股票。按规定，金融商品的增值税税率为 6%。该企业应作如下会计处理：

(1) 10 月 5 日，购入股票时：

借：交易性金融资产——A 股票　　21 200
　　　　　　　　　——B 股票　　10 600
　贷：银行存款　　31 800

(2) 11 月 26 日，卖出 A 股票时：

借：银行存款　　16 960
　　投资收益　　4 240
　贷：交易性金融资产——A 股票　　21 200

借：应交税费——转让金融商品应交增值税　　240
　贷：投资收益　　240

(3) 11 月 29 日，卖出 B 股票时：

借：银行存款　　15 900
　贷：交易性金融资产——B股票　　10 600
　　投资收益　　5 300

借：投资收益　　300
　贷：应交税费——转让金融商品应交增值税　　300

（4）12月，交纳增值税时：

借：应交税费——转让金融商品应交增值税　　60
　贷：银行存款　　60

9. 缴纳增值税的会计处理

一般纳税企业纳税期满后，应汇总本期发生的销项税额和进项税额，按照增值税的计税公式计算本期应交的增值税额。如果当期销项税额小于当期进项税额不足抵扣时，其不足部分可以结转下期继续抵扣。

【例9-18】 某企业20×7年3月初“应交增值税”账户借方余额为72 000元，本月发生销项税额合计为2 400 000元，本月进项税额合计为1 320 000元，进项税额转出为144 000元，本月累计应交增值税为1 152 000元（－72 000＋2 400 000＋144 000－1 320 000）。本月缴纳的增值税为1 080 000元。作会计分录如下：

借：应交税费——应交增值税（已交税金）　　1 080 000
　贷：银行存款　　1 080 000

为了分别反映增值税一般纳税企业欠交增值税和待抵扣增值税的情况，确保企业及时足额上缴增值税，应在“应交税费”账户下增设“未交增值税”明细账户，核算一般纳税企业月终时转入的应交未交、多交或预交的增值税额，以及当月缴纳的以前期间未交的增值税额。在“应交税费——应交增值税”账户下增设“转出多交增值税”和“转出未交增值税”两个专栏，分别记录一般纳税企业月终转出未交和多交的增值税。

【例9-19】 某企业20×7年1月份购进商品等支付的增值税进项税额为40 800元，本月销售产品等发生销项税额为61 200元，假定1月初没有未抵扣以及欠交、多交或预交的增值税，也没有其他涉及增值税的业务，1月份上缴增值税为12 000元。该企业2月份购进商品等支付的增值税进项税额为30 000元，销售产品等发生销项税额为24 000元。除此以外，2月份该企业没有发生其他涉及增值税的业务。

1月份应交增值税＝61 200－40 800＝20 400（元）

1月份上缴增值税为12 000元。作会计分录如下：

借：应交税费——应交增值税(已交税金)　　12 000
　贷：银行存款　　12 000

转出1月份未交的增值税8 400元。作会计分录如下：

借：应交税费——应交增值税(转出未交增值税)　　8 400
　贷：应交税费——未交增值税　　8 400

2月份未抵扣的增值税6 000元，留待以后月份抵扣，即“应交税费——应交增值税”账户借方余额为6 000元。

如果2月份该企业缴纳了1月份欠交的增值税8 400元，企业应作会计分录如下：

借：应交税费——未交增值税　　8 400
　贷：银行存款　　8 400

从上述例子可以看出，企业当月缴纳的增值税，仍然通过“应交税费——应交增值税(已交税金)”账户核算，当月缴纳以前各期未缴纳的增值税，通过“应交税费——未交增值税”账户核算。

(四) 小规模纳税人的核算

小规模纳税人的增值税采用简化征收办法，当期的销售额(不含增值税)乘以征收率即为当期的应纳税额。小规模纳税企业购入货物无论是否取得增值税专用发票，其支付的增值税额均应计入购入货物的成本。相应地，其他企业从小规模纳税企业购入货物或接受劳务支付的增值税额，如果不能取得增值税专用发票，也不能作为进项税额抵扣，而应计入购买货物或应税劳务的成本。

小规模纳税企业只需在“应交税费”账户下设置“应交增值税”“转让金融商品应交增值税”等明细账户，不需要在“应交增值税”明细账户中设置专栏。“应交税费——应交增值税”账户贷方登记应缴纳的增值税，借方登记已缴纳的增值税，期末贷方余额为尚未缴纳的增值税。

【例9-20】 某小规模纳税企业购入一批原材料，增值税专用发票上注明的原材料价款为60 000元，增值税额为10 200元，货款已用银行存款支付。作会计分录如下：

借：在途物资　　70 200
　贷：银行存款　　70 200

【例9-21】 某小规模纳税企业销售货物一批，全部货款为80 000元，适用的增值税征收率为3%，货款尚未收到。

计算应纳增值税额：

$$应纳增值税额=80\ 000\div(1+3\%)\times3\%=2\ 330.10(元)$$

编制会计分录如下：

借：应收账款 80 000.00
　贷：主营业务收入 77 669.90
　　应交税费——应交增值税 2 330.10

【例 9-22】 某一般纳税企业向小规模纳税企业购进原材料一批，货款(包括增值税)共计30 000元，收到对方开出的普通发票，货款已支付。作会计分录如下：

借：在途物资 30 000
　贷：银行存款 30 000

二、应交消费税

(一) 消费税概述

消费税是国家对某些特定的消费品和消费行为在普遍征收增值税的基础上再征收的一种流转税，如烟、酒、化妆品、贵重首饰、摩托车、小汽车等。

消费税实行价内征收，有从价定率和从量定额两种征收办法。其计算公式如下：

$$从价定率应纳税额=销售额\times税率$$

公式中的销售额，是指包含消费税但不含增值税的销售额。

$$从量定额应纳税额=销售数量\times单位税额$$

公式中的销售数量，是指自产自用的移送使用数量、委托加工收回的应税数量、海关核定的进口征税数量。单位税额，是指税法规定的该种应纳消费税产品的单位数量应纳的税额。

企业缴纳的消费税，应记入“税金及附加”账户，同时按规定应交的消费税，在“应交税费”账户下设置“应交消费税”明细账户核算。

(二) 消费税的核算

1. 销售应税消费品

企业将生产的应税消费品直接对外销售的，其应缴纳的消费税，通过“税金及附加”账户核算。

【例 9-23】 某企业为增值税一般纳税人(采用计划成本核算原材料)，本期销售其生产的应纳消费税产品，产品的售价为24万元(不含应向购买者收取的增值税额),成本为15万元,增值税税率为13%,消费税税率为10%。产品已经发出,符合收入确认条件,款项尚未收到。根据这项经济业务,企业可作如下会计处理:

(1) 应向购买者收取的增值税额=240 000×13%=31 200(元)

(2) 应交的消费税=240 000×10%=24 000(元)

借:应收账款　　271 200
　贷:主营业务收入　　240 000
　　应交税费——应交增值税(销项税额)　　31 200

借:税金及附加　　24 000
　贷:应交税费——应交消费税　　24 000

借:主营业务成本　　150 000
　贷:库存商品　　150 000

2. 委托加工应税消费品

对于需要缴纳消费税的委托加工物资,委托方提货时,受托方应代收代缴消费税款(除受托加工或翻新改制金银首饰按规定由受托方缴纳消费税外)。委托加工物资收回后,委托方应根据是用于连续生产还是用于直接对外出售的区别,作出不同的会计处理。

(1) 委托加工物资收回后用于连续生产应税消费品,受托方代扣代缴的消费税按规定准予抵扣,记入"应交税费——应交消费税"账户。

(2) 委托加工物资收回后用于直接对外出售,受托方代扣代缴的消费税则计入委托加工物资成本,记入"委托加工物资"账户。

【例9-24】 某企业委托外单位加工材料(非金银首饰),原材料价款20万元,加工费用5万元,由受托方代收代缴的消费税0.5万元(不考虑增值税),材料已经加工完毕验收入库,加工费用尚未支付。假定该企业材料采用实际成本核算。根据这项经济业务,委托方应作如下会计处理:

(1) 如果委托方收回加工后的材料用于继续生产应税消费品,委托方的会计处理如下:

借:委托加工物资　　200 000
　贷:原材料　　200 000

借:委托加工物资　　50 000
　　应交税费——应交消费税　　5 000
　贷:应付账款　　55 000

借：原材料　　250 000
　贷：委托加工物资　　250 000

（2）如果委托方收回加工后的材料直接用于销售，委托方的会计处理如下：

借：委托加工物资　　200 000
　贷：原材料　　200 000

借：委托加工物资　　55 000
　贷：应付账款　　55 000

借：原材料　　255 000
　贷：委托加工物资　　255 000

【例 9－25】 某企业为一般纳税企业，适用增值税税率为 13%，20×8 年 12 月份发生有关增值税、消费税业务如下：

（1）12 月 1 日，购进甲材料一批，增值税专用发票上注明的原材料售价为 30 000 元，增值税额为 3 900 元，应负担的运输费为 1 800 元，增值税额为 162 元，款项均以银行存款支付。

（2）12 月 2 日，企业销售 T 产品 1 000 件，每件售价为 276 元，开出增值税专用发票上注明增值税额为 35 880 元，货款尚未收到。

（3）12 月 3 日，购进需要安装的设备一台，设备已运达企业，并投入安装。取得的增值税专用发票上注明的买价为 216 000 元，增值税额为 28 080 元，供货方垫付运杂费及保险费 4 080 元，款项未付，开出一张 2 个月到期的票据给供货方。

（4）12 月 5 日，安装以上设备，领用本企业生产的 B 产品 500 件，B 产品单位成本为 240 元/件。

（5）12 月 7 日，购进乙材料一批，增值税专用发票上注明的买价为 50 000 元，增值税额为 6 500 元，款项以银行存款支付。材料入库后，因管理不善发生损失。

（6）12 月 10 日，从泰兴厂购入乙材料一批（泰兴厂为小规模纳税企业）。对方开具的普通供货发票上注明的售价为 19 200 元，货款用银行存款支付，材料已验收入库。

（7）12 月 18 日，企业购进丙材料一批，用于集体福利。增值税专用发票上注明的买价为 100 000 元，增值税额为 13 000 元，发生运输费 1 520 元。材料已运达企业，货款未付。

（8）12 月 26 日，企业决定以自产产品作为非货币性福利发放给本企业管理人员。自产产品成本 40 000 元，公允价值 50 000 元，适用的增值税税率为 13%，消费税税率为 5%。

（9）12 月 20 日，企业将上述自产产品发放给管理人员。

根据上述资料，该企业应编制相应的会计分录如下：

(1) 借:原材料 31 800
　　应交税费——应交增值税(进项税额) 4 062
　　贷:银行存款 35 862

(2) 借:应收账款 311 880
　　贷:主营业务收入 276 000
　　　应交税费——应交增值税(销项税额) 35 880

(3) 借:在建工程 220 080
　　应交税费——应交增值税(进项税额) 28 080
　　贷:应付票据 248 160

(4) 借:在建工程 120 000
　　贷:库存商品 120 000

(5) 借:原材料 50 000
　　应交税费——应交增值税(进项税额) 6 500
　　贷:银行存款 56 500
　借:待处理财产损溢 56 500
　　贷:原材料 50 000
　　　应交税费——应交增值税(进项税额转出) 6 500

(6) 借:原材料 19 200
　　贷:银行存款 19 200

(7) 借:应付职工薪酬 114 520
　　贷:应付账款 114 520

(8) 借:管理费用 56 500
　　贷:应付职工薪酬——非货币性福利 56 500

(9) 借:应付职工薪酬——非货币性福利 56 500
　　贷:主营业务收入 50 000
　　　应交税费——应交增值税(销项税额) 6 500

　借:主营业务成本 40 000
　　贷:库存商品 40 000
　借:税金及附加 2 500
　　贷:应交税费——应交消费税 2 500

三、应交其他税费

（一）资源税

资源税是国家对在我国境内开采矿产品或者生产盐的单位和个人征收的税种，应通过“应交税费——应交资源税”账户核算。

1. 销售产品或自产自用产品相关的资源税

在会计核算时，企业按规定计算出销售应税产品应缴纳的资源税，借记“税金及附加”账户，贷记“应交税费——应交资源税”账户；企业计算出自产自用的应税产品应缴纳的资源税，借记“生产成本”“制造费用”等账户，贷记“应交税费——应交资源税”账户。

2. 收购未税矿产品相关的资源税

按照资源税暂行条例的规定，收购未税矿产品的单位为资源税的扣缴义务人。企业应按收购未税矿产品实际支付的收购款以及代扣代缴的资源税，作为收购矿产品的成本，将代扣代缴的资源税，记入“应交税费——应交资源税”账户。

（二）土地增值税

土地增值税按照转让房地产所取得的增值额和规定的税率计算征收，通过“应交税费——应交土地增值税”账户核算。对于兼营房地产业务的企业，缴纳的土地增值税记入“税金及附加”账户；转让的土地使用权连同地上建筑物及附着物在“固定资产”“在建工程”账户核算的，其税款记入“固定资产清理”“在建工程”账户。

企业转让土地使用权应交的土地增值税，土地使用权与地上建筑物及其附着物一并在“固定资产”等账户核算的，借记“固定资产清理”等账户，贷记“应交税费——应交土地增值税”账户。土地使用权在“无形资产”账户核算的，按实际收到的金额，借记“银行存款”账户；按已摊销的无形资产金额，借记“累计摊销”账户；按已计提的无形资产减值准备，借记“无形资产减值准备”账户；按无形资产账面余额，贷记“无形资产”账户；按应交的土地增值税，贷记“应交税费——应交土地增值税”账户；按其差额，借记“营业外支出”账户或贷记“营业外收入”账户。

（三）房产税、土地使用税、车船税和印花税

房产税是国家对在城市、县城、建制镇和工矿区征收的由产权所有人缴纳的税种。房产税依照房产原值一次减除10%～30%后的余额计算缴纳。没有房产原值作为依据的，由房产所在地税务机关参考同类房产核定；房产出租的，以房产租金收入为房产税的计税依据。

土地使用税是国家为了合理利用城镇土地，调节土地级差收入，提高土地使用效益，加强土地管理而开征的一种税种。土地使用税以纳税人实际占用的土地面积为计税的依据，依照规定税额计算征收。

车船税由拥有并且使用车船的单位和个人缴纳并按适用的税率计算。

印花税是对书立、领受购销合同等凭证行为征收的税款,实行由纳税人根据规定自行计算的应纳税额,购买并一次贴足印花税票的缴纳办法。

企业按规定计算应交的房产税、土地使用税、车船税,借记“税金及附加”账户,贷记“应交税费——应交房产税”“应交税费——应交土地使用税”“应交税费——应交车船税”“银行存款”等账户。

(四) 城市维护建设税

城市维护建设税是国家为了加强城市的维护建设,扩大和稳定城市维护建设资金的来源而开征的一种税。城市维护建设税作为分税制下地方财政收入的一项来源,属于地方税。城市维护建设税按流转税的一定比例进行计算。

企业按计算并缴纳的城市维护建设税,借记“税金及附加”账户,贷记“应交税费——应交城市维护建设税”账户。

(五) 个人所得税

企业职工按规定应缴纳的个人所得税通常由单位代扣代缴。企业按规定计算的应代扣代缴的职工个人所得税,借记“应付职工薪酬”账户,贷记“应交税费——应交个人所得税”账户;实际缴纳个人所得税时,借记“应交税费——应交个人所得税”账户,贷记“银行存款”账户。

第三节 其他流动负债

一、短期借款

短期借款,是指企业向银行或其他金融机构等借入的期限在1年以下(含1年)的各种借款。

如果企业的短期借款利息按月支付,或者利息是在借款到期归还本金时一并支付,且数额不大,可以在实际支付或收到银行的计息通知时,直接计入当期损益。如果短期借款的利息按期支付(如按季),或者利息是在借款到期归还本金时一并支付,且数额较大的,应当按月计提计入当期损益。

企业应设置“短期借款”账户进行会计核算,借入各种短期借款时,应借记“银行存款”账户,贷记“短期借款”账户;归还借款时,则作相反的会计分录。“短期借款”账户期末贷方余额,反映企业尚未偿还的短期借款的本金。

资产负债表日,应按实际利率计算确定的短期借款利息的金额,借记“财务费用”账户,贷记“应付利息”账户。

【例9-26】 某企业20×6年7月1日向银行借入短期借款300 000元,期限为3个月,年利率为9%,借款到期本息如数归还。编制会计分录如下:

（1）7月1日，借入款项。

借：银行存款　　300 000
　贷：短期借款　　300 000

（2）7、8、9月末，计提当月利息，作同样的分录。

借：财务费用　　2 250
　贷：应付利息　　2 250

（3）9月末，归还本息。

借：短期借款　　300 000
　　应付利息　　6 750
　贷：银行存款　　306 750

二、应付票据

应付票据，是指企业购买材料、商品和接受劳务所采用的商业汇票结算方式，它是根据合同签发的承诺在某一指定时期支付一定款项的书面凭证，包括银行承兑汇票和商业承兑汇票。

企业开出、承兑的商业承兑汇票到期不能按时支付票款，应将应付票据账面价值转入应付账款核算；双方协商后重新签发票据清偿原应付票据的，应从应付账款转入应付票据核算。银行承兑汇票到期不能按时支付票款，承兑银行除凭票向持票人无条件支付票款外，对出票人尚未支付的票款转作逾期贷款处理，并按一定利率计收利息，企业应将应付票据转入短期借款核算。

【例9－27】 某企业为增值税一般纳税人。因采购一批材料，于20×7年2月16日开出一张面值为67 800元、期限5个月的不带息银行承兑汇票，并支付银行承兑手续费35元。增值税专用发票上注明的材料价款为60 000元，增值税额为7 800元。该企业作会计分录如下：

（1）购入材料。

借：材料采购　　60 000
　　应交税费——应交增值税（进项税额）　　7 800
　贷：应付票据　　67 800

（2）支付银行承兑手续费。企业因购买材料、商品和接受劳务供应等而开出、承兑商业汇票时，所支付的银行承兑汇票手续费应当计入财务费用。

借：财务费用　　35
　贷：银行存款　　35

(3) 偿还应付票据。应付票据到期支付票款时,应按账面余额予以结转,借记"应付票据"账户,贷记"银行存款"账户。

借:应付票据　　67 800
　贷:银行存款　　67 800

(4) 转销应付票据。若应付的银行承兑汇票到期时企业无力支付,应将应付票据的账面余额转作短期借款。

借:应付票据　　67 800
　贷:短期借款　　67 800

三、应付、预收款项

(一) 应付账款

应付账款,是指企业因购买材料、商品和接受劳务等经营活动应支付的款项。应付账款一般按应付金额入账。因债权单位撤销或其他原因,企业无法或无需支付的应付款项应计入当期损益(营业外收入)。

(二) 预收账款

预收账款,是指企业按照合同规定向购货单位预收的部分货款或购货定金。预收账款一般按预收金额入账。预收账款的核算,应视具体情况而定。如果预收账款较多,可以单独设置"预收账款"账户;如果预收账款不多,可以将预收的款项直接记入"应收账款"账户的贷方,不设置"预收账款"账户。

【例 9-28】 某企业向一购货单位预收货款 70 000 元存入银行,按合同规定 3 个月后向对方提供甲产品 1 批,按售价计价 60 000 元,增值税销项税额为 7 800 元,退还货款 2 200 元。编制会计分录如下:

(1) 借:银行存款　　70 000
　　贷:预收账款　　70 000

(2) 借:预收账款　　67 800
　　贷:主营业务收入　　60 000
　　　　应交税费——应交增值税(销项税额)　　7 800

(3) 借:预收账款　　2 200
　　贷:银行存款　　2 200

四、应付股利

应付股利,是指企业经股东大会或类似机构审议批准分配的现金股利或利润。企业股东大会或类似机构审议批准的利润分配方案、宣告分派的现金股利或利润,在实际支付前,形成企业的负债。

企业董事会或类似机构通过的利润分配方案中拟分配的现金股利或利润，不应确认为负债，但应在附注中披露。

【例 9-29】 某公司在 20×6 年 12 月 25 日宣告发放股利，每股现金股利 0.2 元，共计 2 000 万股普通股。股权登记日为 20×6 年 12 月 31 日，股利实际发放日为 20×7 年 1 月 6 日。该公司应作会计分录如下：

（1）20×6 年 12 月 25 日，宣告发放股利时。

借：利润分配——应付现金股利	4 000 000	
贷：应付股利		4 000 000

（2）20×7 年 1 月 6 日，实际发放股利时。

借：应付股利	4 000 000	
贷：银行存款		4 000 000

五、其他应付款

其他应付款，是指应付、暂收其他单位或个人的款项，如应付经营租入固定资产租金、应付租入包装物租金、存入保证金等。企业采用售后回购方式融入的资金，应按实际收到的款项，借记“银行存款”账户，贷记“其他应付款”账户。回购价格与原销售价格之间的差额，应在售后回购期间内按期计提利息费用，借记“财务费用”账户，贷记“其他应付款”账户。按照合同约定购回该项商品时，应按实际支付的款项，借记“其他应付款”账户，贷记“银行存款”账户。

复习思考题

一、单项选择题

1. 职工薪酬义务的确认时间是在（　　）。
   A. 职工提供服务的会计期间
   B. 款项应付或实际支付期间
   C. 在职职工提供服务的会计期间
   D. 退休职工款项应付或实际支付期间

2. 企业按照辞退计划条款的规定，合理预计并确认辞退福利产生的应付职工薪酬，应确认为负债，同时全部记入（　　）账户。
   A. “生产成本”　　B. “管理费用”
   C. “制造费用”　　D. “营业外支出”

3. 某企业委托外单位加工物资一批，该批委托加工物资为应税消费品（非金银首饰）。该批物资收回后，直接用于出售。该企业应于提货时，将受托单位代扣代缴的消费税记入（　　）。

A.“应交税费——应交消费税”账户的借方

B.“应交税费——应交消费税”账户的贷方

C.“委托加工物资”账户的借方

D.“税金及附加”账户的借方

4. 小规模纳税企业购入小汽车自用所负担的增值税额应记入(　　)账户。

A.“应交税费——应交增值税(销项税额)”

B.“应交税费——应交增值税(进项税额)”

C.“固定资产”

D.“税金及附加”

5. 企业缴纳的房产税、土地使用税、车船税等应通过(　　)账户核算。

A.“其他业务成本”　　B.“营业外支出”

C.“税金及附加”　　D.“固定资产清理”

6. 一般产品生产企业因销售不动产而计算应缴纳的增值税,账务处理时应贷记(　　)账户。

A.“其他业务成本”　　B.“税金及附加”

C.“应交税费”　　D.“销售费用”

7. 实行从价定率征收方法下计算应纳消费税额,是以(　　)。

A. 含消费税但不含增值税的销售额

B. 不含消费税但含增值税的销售额

C. 不含消费税和增值税的销售额

D. 含增值税和消费税的销售额

8. 下列项目中,不通过“应付账款”账户核算的是(　　)。

A. 存入保证金　　B. 应付货物的增值税

C. 应付销货企业代垫费　　D. 应付货物价款

9. 企业股东大会决议决定并宣告发放现金股利时,应进行的会计处理是(　　)。

A. 借记“应付股利”账户,贷记“银行存款”账户

B. 借记“利润分配——应付现金股利”账户,贷记“应付股利”账户

C. 借记“实收资本”账户,贷记“应付股利”账户

D. 不作任何账务处理

10. 某一般规模纳税企业月初欠交增值税 3 000 元,本月购进材料 80 000 元,支付的增值税额为 10 400 元,销售产品计算的增值税为 60 000 元,本月月末应交增值税为(　　)元。

A. 60 000　　B. 52 600

C. 46 400　　D. 49 600

二、多项选择题

1. 下列内容属于职工薪酬所指“职工”范畴的有(　　)。

A. 与企业订立劳动合同的全职人员

B. 与企业订立劳动合同的临时人员

C. 企业正式任命的独立董事
D. 与企业订立劳动合同的兼职人员
E. 企业聘请的清洁服务临时工

2. 下列关于职工薪酬计量的叙述中,正确的有( )。
A. 国家规定了计提基础和计提比例的,应当按照国家规定的标准计提
B. 没有规定计提基础和计提比例的,企业应当根据历史经验数据和实际情况,合理预计当期应付职工薪酬
C. 在职工提供服务的会计期末以后1年以上到期的应付职工薪酬,企业必须选择恰当的折现率,以应付职工薪酬折现后的金额计入相关资产成本或当期损益
D. 租赁住房等资产提供职工无偿使用的,应当根据受益对象,将每期应付的租金计入相关资产成本或当期损益,并确认应付职工薪酬
E. 企业以其自产产品作为非货币性福利发放给职工的,按照该产品的公允价值,计入相关资产成本或当期损益,同时确认应付职工薪酬

3. 企业购进货物发生的下列相关税金中,应计入货物取得成本的有( )。
A. 签订购买合同缴纳的印花税
B. 小规模纳税企业购进商品支付的增值税
C. 进口商品支付的关税
D. 一般纳税企业购进商品支付的增值税
E. 小规模纳税企业购进固定资产支付的增值税

4. 下列各项中,不应计入相关资产成本的有( )。
A. 按规定计算缴纳的房产税
B. 按规定计算缴纳的土地使用税
C. 按规定计算缴纳的车船税
D. 委托加工应税消费品收回后直接用于销售的,由受托方代扣代缴的消费税
E. 委托加工应税消费品收回后用于连续生产应税消费品的,由受托方代扣代缴的消费税

5. 工业企业按规定缴纳消费税的项目有( )。
A. 销售产品取得的收入
B. 销售烟、酒取得的收入
C. 销售摩托车取得的收入
D. 销售化妆品取得的收入
E. 销售材料取得的收入

6. 企业购进货物若发生下列事项,其增值税进项税额应当转出的有( )。
A. 发生非正常损失
B. 用于非应税项目
C. 用于免税项目
D. 销售货物
E. 用于集体福利

7. 下列项目中,应作为"其他应付款"核算的有( )。
A. 应付购货欠款
B. 应付存入保证金
C. 应付短期借款利息
D. 应付经营租入固定资产的租赁费
E. 应付包装物租金

8. 下列项目中，属于流动负债项目的有(　　)。

A. 预收账款　　B. 应付引进设备款

C. 融资租入固定资产应付款　　D. 应付利润

E. 应付票据

9. 小规模纳税企业进口汽车自用，应计入固定资产成本的有(　　)。

A. 关税完税价格　　B. 增值税

C. 消费税　　D. 关税

E. 资源税

10. 企业发生的委托加工后收回材料时应支付受托方代收代缴的消费税业务，应借记(　　)等账户，贷记“银行存款”等账户。

A. “材料采购”　　B. “生产成本”

C. “委托加工物资”　　D. “税金及附加”

E. “应交税费”

三、判断题

1. 非货币性福利不一定通过“应付职工薪酬”账户核算，但在附注中仍将其归入职工薪酬总额内披露。(　　)

2. 按照企业会计准则规定，企业应按工资总额的14%提取福利费记入相关成本费用账户。(　　)

3. 企业开出并承兑的商业承兑汇票到期时，如无力支付票款，应进行的账务处理是转作应付账款。(　　)

4. 如果购进货物未能形成计算销项税额的销售项，则其进项税额也不得从销项税额中抵扣。(　　)

5. 委托加工的应税消费品，收回后直接销售的，不再征收消费税。(　　)

6. 企业应交的土地增值税、印花税、车船税、房产税应记入“管理费用”账户。(　　)

7. 企业的自产产品作为非货币性福利发给职工的，应当按该产品成本确认应付职工薪酬。(　　)

8. 小规模纳税企业计算的应税销售额中，不含增值税。(　　)

9. 企业对于确实无法支付的应付账款，应冲减已计提的坏账准备。(　　)

10. 企业提供给职工配偶、子女或其他被赡养人的福利等，均列入职工薪酬范围。(　　)

四、名词解释

负债　　流动负债

职工薪酬　　辞退福利

增值税　　城市维护建设税

消费税　　短期借款

应付账款　　预付账款

应付票据　　应付股利

五、简答题

1. 简述应付职工薪酬的具体内容。
2. 试述辞退福利的内容和确认条件。
3. 货币性职工薪酬与非货币性职工薪酬的计量要求有何不同?
4. 简述增值税的征收范围及适用税率。
5. 简述消费税的征收范围及适用税率。
6. 应付账款和应付票据有何不同?

六、计算与分析题

习 题 一

(一) 目的 练习非货币性福利业务的会计处理。

(二) 资料 甲公司是一家彩电生产企业,有职工200名,其中一线生产工人为170名,总部管理人员为30名。20×8年2月,甲公司决定以其生产的液晶彩色电视机作为福利发放给职工。该项彩色电视机单位成本为20 000元,单位计税价格(公允价值)为28 000元,适用的增值税税率为13%。

(三) 要求 根据上述资料,编制相应的会计分录。

习 题 二

(一) 目的 练习应付职工薪酬业务的会计处理。

(二) 资料 某企业20×7年6月职工工资总额840 000元,其中:产品生产工人400 000元,在建工程人员200 000元,公司管理人员150 000元,产品销售人员90 000元。该企业发生的职工福利费为120 000元,其中:产品生产工人56 000元,在建工程人员28 000元,公司管理人员23 400元,产品销售人员12 600元。并按工资总额的10%缴纳住房公积金,按工资总额2%和1.5%分别计提工会会费和职工教育经费。另外,应由企业代扣代缴职工个人应负担的住房公积金42 000元,工会会费8 400元,个人所得税104 000元。

(三) 要求 根据上述资料,编制有关的会计分录。

习 题 三

(一) 目的 练习一般纳税企业增值税业务的会计处理。

(二) 资料 某企业为一般纳税企业,20×6年12月份发生有关增值税业务如下:

(1) 12月1日,购进甲材料1批,增值税专用发票上注明的原材料售价为30 000元,增值税额为3 900元,应负担的运输费为1 800元,增值税额为162元,款项均以银行存款支付,材料已验收入库。

(2) 12月2日,企业销售T产品1 000件,每件售价为276元,开出增值税专用发票上注明增值税额为35 880元,货款尚未收到。

(3) 12月3日,企业为新建一幢办公楼领用一批生产用材料,该批材料购进时取得增值税专用发票注明的价款为600万元,增值税额为78万元。

(4) 12月5日,以银行存款支付建筑办公楼的工程设计费,取得增值税专用发票注明的价款为10万元,增值税额为0.6万元。

(5) 12月5日,购进乙材料1批,增值税专用发票上注明的买价为48 000元,增值税额为6 240元,款项以银行存款支付。材料入库后,因管理不善发生损失。

(6) 12月7日,企业从美国进口丙材料1批,关税完税价格为840 000元,已付关税75 600元,消费税60 000元,货款尚未支付,有关税金以银行存款支付,材料已验收入库。

(7) 12月9日,以银行存款支付施工单位建筑服务费用,取得增值税专用发票注明的价款为200万元,增值税额为18万元。

(8) 12月10日,企业销售C产品给阳光厂,共2 000件,售价540元/件,垫付运输费8 400元,款项已全部收存银行。

(9) 12月12日,销售给阳光厂的C产品中有200件因质量问题,已退回本企业。200件C产品货款已用银行存款退付阳光厂。

(10) 12月16日,购入朝辉公司丁材料1批。增值税专用发票上注明的买价为360 000元,增值税额为46 800元。材料已验收入库,货款未付。

(11) 12月20日,从泰兴厂购入乙材料1批(泰兴厂为小规模纳税企业)。对方开具的普通供货发票上注明的售价为19 200元,货款用银行存款支付。

(12) 12月25日,企业第二生产车间因管理不善发生在产品损失96 000元。经确认,该在产品已耗用的丁材料成本为90 000元,应负担的增值税为11 700元。

(三) 要求 根据上述资料,编制相应的会计分录。

习 题 四

(一) 目的 练习小规模纳税企业增值税业务的会计处理。

(二) 资料 某企业为小规模纳税企业,适用的增值税税率为3%,其原材料按实际成本核算。该企业20×6年9月份有关增值税业务如下:

(1) 9月1日,企业向某一般纳税企业购入A材料1批,增值税专用发票上注明的材料价款为132 000元,增值税额为17 160元,货款已用银行存款支付,材料已验收入库。

(2) 9月5日,企业向另一小规模纳税企业购进B材料1批,取得普通供货发票1张,上面注明的货款为88 800元,款项未付,发生运杂费420元,以银行存款付讫,材料尚未到达。

(3) 9月9日,开出应付票据1张,抵付B材料的购货款。

(4) 9月15日,企业销售甲产品1批,全部货款为63 600元,货款已收存银行。

(5) 9月18日,销售乙产品1批,全部货款114 480元,货款尚未收到。

(6) 9月25日,上述已销售的乙产品中,有50%因质量问题发生退货,产品已运回本企业。

(7) 9月27日,上述已销售的乙产品中,另50%的货款已收到,存入银行存款户。

(三) 要求 根据上述资料,编制相应的会计分录。

习 题 五

(一) 目的 练习消费税业务的会计处理。

(二) 资料 甲企业委托乙企业代为加工1批应交消费税的材料(非金银首饰),甲企业的材料成本为1 200 000元,加工费为240 000元,由乙企业代收代缴的消费税为96 000元(不考虑增值税)。材料已加工完成,并由甲企业收回验收入库,加工费尚未支付。甲企业采用实际成本进行原材料的核算。

(三) 要求

(1) 如甲企业收回的委托加工物资用于继续生产应税消费品,请编制相应的会计分录。

(2) 如甲企业收回的委托加工物资直接用于对外销售,请编制相应的会计分录。

(3) 试为乙企业编制受托加工应税消费品代收代缴消费税的会计分录。

习 题 六

(一) 目的 练习增值税、消费税业务的会计处理。

(二) 资料 某公司为一般纳税人,20×9 年发生的业务如下:

(1) 1 月 3 日,购入 1 台不需要安装的机器设备,取得的增值税专用发票上注明的设备价款为 100 000 元,增值税额为 13 000 元,发生的运杂费为 4 000 元,增值税额为 360 元,全部款项以银行存款支付。

(2) 2 月 26 日,公司新建办公楼工程项目领用生产用材料,材料价款 250 000 元,增值税额 32 500 元。

(3) 3 月 5 日,购进甲材料一批,增值税专用发票上注明的买价为 48 000 元,增值税额为 6 240 元,材料入库后,因管理不善发生损失。

(4) 4 月 10 日,公司决定以自产消费品作为非货币性福利发放给本公司管理人员消费。自产商品成本 80 000 元,公允价值 100 000 元,适用的增值税税率为 13%,消费税税率为 5%。

(5) 4 月 20 日,公司正式发放了上项自产消费品于公司管理人员。

(6) 5 月 18 日,购进乙材料一批,用于集体福利。增值税专用发票上注明的买价为 109 200 元,增值税额为 14 196 元,发生运输费 1 500 元,增值税额为 135 元。材料已运达企业,货款未付。

(三) 要求 根据上述业务,编制相应的会计分录。

习 题 七

(一) 目的 练习应付票据业务的会计处理。

(二) 资料 某企业的有关应付票据业务如下:

(1) 购进甲材料 1 批,增值税专用发票上注明的买价为 114 000 元,增值税额为 14 820 元。按合同规定,企业开出 2 个月到期的商业承兑汇票 1 张,抵付给销货方,材料已运达企业。

(2) 企业上月购进乙材料的一笔购货款 140 400 元,因无力支付,经销货方同意,开出 1 张面额为 140 400 元、期限为 6 个月的银行承兑汇票给销货方,抵付购货欠款,并以银行存款支付银行承兑手续费 144 元。

(3) 购进甲材料的应付票据到期,企业无力支付,银行将票据退给企业。

(4) 购进 A 商品 1 批,增值税专用发票上注明的买价为 10 800 元,增值税额为 1 404 元。货款未付,开出 1 张期限为 3 个月的商业承兑汇票抵付给销货方,商品已验收入库。

(5) 购入乙材料的银行承兑汇票到期,企业无力支付。银行代付欠款后,将其转为企业的短期借款,并对企业处以 540 元的罚款,企业以存款支付。

(6) 企业购进丙材料 1 批,买价为 180 000 元,增值税额为 23 400 元,共计 203 400 元,按双方协议,企业开出 1 张为期 2 个月的银行承兑汇票抵付给销货方,并以银行存款支付银行承兑手续费

204 元,丙材料尚未验收入库。

(7) 购买A商品的商业汇票到期,以银行存款支付。

(8) 购买丙材料的票据到期,接银行通知,票款已支付。

(三) 要求 根据上述资料,编制相应的会计分录。

第十章　非流动负债

本章教学要点

了解一般公司债券与可转换公司债券的核算区别，长期借款、长期应付款、专项应付款的核算特点，借款费用的内容、确认原则；掌握可转换公司债券初始确认时负债成分和权益成分的分析，长期借款、长期应付款、专项应付款的账务处理；重点掌握一般公司债券、可转换公司债券的账务处理。

第一节　应付债券

一、一般公司债券

（一）公司债券的概念

公司债券是公司依照法定程序对外发行、约定在一定期限内还本付息的有价证券。

债券作为一种书面凭证，其要素如下：

(1) 债券面值。它又称为债券的票面价值，是指企业在发行债券时，在票面上注明的价值，即债券到期日所支付的本金额。

(2) 债券利率。它也称为票面利率或名义利率，是指债券利息的年利率。

(3) 付息日。债券的利息大多是分期支付的，如每年支付一次，则每年支付的利息额为债券面值乘以票面利率。

(4) 到期日。它是指偿还债券金额的日期。

（二）公司债券的发行

债券的发行价格，受同期市场利率的影响较大，当债券的票面利率高于市场利率时，按超过票面价值的价格发行，称为溢价发行；当债券的票面利率低于市场利率时，按低于票面价值的价格发行，称为折价发行；当债券的票面利率与市场利率一致时，按票面价值的价格发行，称为面值发行。

企业债券的发行价格可应用复利现值系数表和年金现值系数表计算。即应用复利现值系数表按市场利率计算到期应支付债券面值的现值；应用年金现值系数表按

市场利率计算债券各期应按票面利率支付的利息的年金现值,两者现值之和即为债券的价格。债券的现值公式列示如下:

$$
\begin{aligned}
\text{债券现值} &= \text{债券面值的现值}+\text{债券利息的现值} \\
&= \text{债券面值}\times\text{复利现值系数}+\text{债券利息}\times\text{年金现值系数} \\
&= \text{债券面值}\times(P/F,i,n)+\text{债券利息}\times(P/A,i,n)
\end{aligned}
$$

【例 10-1】 某公司为扩大生产规模,需要筹集资金,于 20×7 年 1 月 1 日发行为期 5 年,一次还本的债券 200 万元,债券利息每半年支付一次,债券票面利率为年利率 6%。

(1) 假定债券发行时市场利率为 4%,则上项债券发行时的价格为:

首先,计算债券面值按市场利率 4%折算的现值。因债券在 5 年后一次还本,到期偿还的 200 万元票面金额的现值,应是债券按市场利率 2%(每半年)计算 10 期复利的现值。即:

$$2\,000\,000\times(P/F,2\%,10)=2\,000\,000\times0.8203=1\,640\,600(\text{元})$$

其次,计算债券利息按市场利率 4%折算的现值。债券各期的利息为 60 000 元(2 000 000×6%÷2),共 10 期,按市场利率 2%的年金折算为现值,即:

$$60\,000\times(P/A,2\%,10)=60\,000\times8.9836=539\,016(\text{元})$$

最后,计算债券发行价格。

$$\text{债券发行价格}=1\,640\,600+539\,016=2\,179\,616(\text{元})$$

该债券为溢价发行。

(2) 假定债券发行时市场利率为 8%,则上项债券发行时的价格为:

首先,计算债券面值按市场利率 8%折算的现值。因债券在 5 年后一次还本,到期偿还的 200 万元票面金额的现值,应是债券按市场利率 4%(每半年)计算 10 期复利的现值。即:

$$2\,000\,000\times(P/F,4\%,10)=2\,000\,000\times0.6755=1\,351\,000(\text{元})$$

其次,计算债券利息按市场利率 8%折算的现值。

债券各期的利息为 60 000 元(2 000 000×6%÷2),共 10 期,按市场利率 4%的年金折算为现值,即:

$$60\,000\times(P/A,4\%,10)=60\,000\times8.1108=486\,648(\text{元})$$

最后,计算债券发行价格。

$$\text{债券发行价格}=1\,351\,000+486\,648=1\,837\,648(\text{元})$$

该债券为折价发行。

(3) 假定债券发行时市场利率为 6%，则上项债券发行时的价格为：

首先，计算债券面值按市场利率 6%折算的现值。因债券在 5 年后一次还本，到期偿还的 200 万元票面金额的现值，应是债券按市场利率 3%(每半年)计算 10 期复利的现值。即：

$$2\,000\,000\times(P/F,3\%,10)=2\,000\,000\times0.7441=1\,488\,200(\text{元})$$

其次，计算债券利息按市场利率 3%折算的现值。债券各期的利息为 60 000 元(2 000 000×6%÷2)，共 10 期，按市场利率 3%的年金折算为现值，即：

$$60\,000\times(P/A,3\%,10)=60\,000\times8.53=511\,800(\text{元})$$

最后，计算债券发行价格。

$$\text{债券发行价格}=1\,488\,200+511\,800=2\,000\,000(\text{元})$$

该债券为平价发行。

(三) 公司债券的会计核算

在“应付债券”账户下设置了“面值”“应计利息”和“利息调整”等明细账户。企业发行的一般公司债券，无论是按面值发行，还是溢价发行或折价发行，均按债券面值，记入“应付债券”账户的“面值”明细账户；按实际收到的款项与面值的差额，即债券的溢价或折价，记入“利息调整”明细账户。企业发行债券时，按实际收到的款项，借记“银行存款”“库存现金”等账户；按债券票面价值，贷记“应付债券——面值”账户；按实际收到的款项与票面价值之间的差额，贷记或借记“应付债券——利息调整”账户。

利息调整应在债券存续期间内采用实际利率法进行摊销。实际利率法，是指按照应付债券的实际利率计算其摊余成本及各期利息费用的方法；实际利率，即市场利率，是指将应付债券在债券存续期间的未来现金流量，折现为该债券当前账面价值所使用的利率。

公司债券的利息应视不同的还本付息方式区别对待。资产负债表日，对于分期付息、一次还本的债券，企业应按应付债券的摊余成本和实际利率计算确定的债券利息费用，借记“在建工程”“制造费用”“财务费用”等账户；按票面利率计算确定的应付未付利息，贷记“应付利息”账户；按其差额，借记或贷记“应付债券——利息调整”账户。而对于一次还本付息的债券，应于资产负债表日按摊余成本和实际利率计算确定的债券利息费用，借记“在建工程”“制造费用”“财务费用”等账户；按票面利率计算确定的应付未付利息，贷记“应付债券——应计利息”账户；按其差额，借记或贷记“应付债券——利息调整”账户。

1. 债券平价发行的核算

【例 10-2】 20×7 年 1 月 1 日，甲公司经批准发行 5 年期一次还本、分期付息的公司债券500万元,债券利息在每年12月31日支付,票面利率为年利率6%。

甲公司根据上述资料,作会计分录如下:

(1) 20×7年1月1日,发行公司债券。

借:银行存款 5 000 000
  贷:应付债券——面值 5 000 000

(2) 20×7年12月31日,计算利息费用。

借:财务费用 300 000
  贷:应付利息 300 000

支付利息时。

借:应付利息 300 000
  贷:银行存款 300 000

20×8年、20×9年、20×0年确认利息费用的会计处理同20×7年。

(3) 20×1年12月31日,归还债券本金及最后一期的利息。

借:财务费用 300 000
  应付债券——面值 5 000 000
  贷:银行存款 5 300 000

2. 债券溢价发行及其摊销的核算

【例10-3】 假定[例10-2]企业发行债券时,市场利率为5%,票面利率为年利率6%。甲公司的债券应溢价发行。

甲公司该批债券实际发行价格 $=$ 债券面值×$(P/F,5\%,5)$+债券利息×$(P/A,5\%,5)$
$=5\ 000\ 000\times0.7835+5\ 000\ 000\times6\%\times4.3295$
$=5\ 216\ 350$(元)

根据上述资料,甲公司采用实际利率法和摊余成本计算确定的利息费用如表10-1所示。

表10-1 **债券溢价摊销计算表** 单位:元

付息日期	支付利息	利息费用	溢价摊销	应付债券摊余成本
20×7年1月1日				5 216 350
20×7年12月31日	300 000	260 817.5	39 182.5	5 177 167.5
20×8年12月31日	300 000	258 858.38	41 141.63	5 136 025.86
20×9年12月31日	300 000	256 801.29	43 198.71	5 092 827.5

（续表）

付息日期	支付利息	利息费用	溢价摊销	应付债券摊余成本
20×0年12月31日	300 000	254 641.36	45 358.64	5 047 468.51
20×1年12月31日	300 000	252 531.49	47 468.51	5 000 000

根据表 10－1 资料，甲公司作会计分录如下：

(1) 20×7 年 1 月 1 日，发行公司债券。

借：银行存款　　5 216 350

　贷：应付债券——面值　　5 000 000

　　　　　　——利息调整　　216 350

(2) 20×7 年 12 月 31 日，计算利息费用。

借：财务费用　　260 817.50

　　应付债券——利息调整　　39 182.50

　贷：应付利息　　300 000.00

20×8 年、20×9 年、20×0 年确认利息费用的会计处理方法同 20×7 年，金额参照表 10－1。

债券溢价实际上是整个债券存续期内企业利息费用的一项调整，即高于票面金额多收入的溢价部分要在整个存续期内逐期在利息费用支出中扣除。这种逐期调整利息费用的方法称为摊销，摊销的方法应采用实际利率法。

(3) 20×1 年 12 月 31 日，归还债券本金及最后一期的利息。

借：财务费用　　252 531.49

　　应付债券——面值　　5 000 000.00

　　　　　　——利息调整　　47 468.51

　贷：银行存款　　5 300 000.00

3. 债券折价发行及其摊销的核算

【例 10－4】 假定[例 10－2]企业发行债券时，市场利率为 7%，票面利率为年利率 6%。甲公司的债券应折价发行。

甲公司该批债券实际发行价格 ＝债券面值×$(P/F,7\%,5)$＋债券利息×$(P/A,7\%,5)$

＝5 000 000×0.7130＋5 000 000×6%×4.1002

＝4 795 060(元)

根据上述资料，甲公司采用实际利率法和摊余成本计算确定的利息费用如表 10－2 所示。

表 10－2　　**债券折价摊销计算表**　　单位：元

付息日期	利息费用	支付利息	折价摊销	应付债券摊余成本
20×7 年 1 月 1 日				4 795 060
20×7 年 12 月 31 日	335 654.20	300 000	35 654.20	4 830 714.20
20×8 年 12 月 31 日	338 149.99	300 000	38 149.99	4 868 864.19
20×9 年 12 月 31 日	340 820.49	300 000	40 820.49	4 909 684.68
20×0 年 12 月 31 日	343 677.93	300 000	43 677.93	4 953 362.61
20×1 年 12 月 31 日	346 637.39	300 000	46 637.39	5 000 000

根据表 10－2 资料，甲公司作会计分录如下：

(1) 20×7 年 1 月 1 日，发行公司债券。

借：银行存款　　4 795 060
　　应付债券——利息调整　　204 940
　贷：应付债券——面值　　5 000 000

(2) 20×7 年 12 月 31 日，计算利息费用。

借：财务费用　　335 654.20
　贷：应付利息　　300 000.00
　　　应付债券——利息调整　　35 654.20

20×8 年、20×9 年、20×0 年确认利息费用的会计处理方法同 20×7 年，金额参照表 10－2。

由于折价实际是对利息费用的调整，债券的折价应逐期转为利息费用支出，所以债券折价也应采用实际利率法而逐期摊销。

(3) 20×1 年 12 月 31 日归还债券本金及最后一期的利息。

借：财务费用　　346 637.39
　　应付债券——面值　　5 000 000.00
　贷：银行存款　　5 300 000.00
　　　应付债券——利息调整　　46 637.39

二、可转换公司债券

(一) 可转换公司债券的概念

可转换公司债券是指企业依照法定程序发行，在一定期间内依据约定的条件可以转换成股份的企业债券。可转换公司债券既具有债券的性质，又具有股票的性质，是一种混合型有价证券。我国发行可转换公司债券采取记名式无纸化发行方式，一般期限大约为 5 年。

（二）可转换公司债券的计量

企业发行的可转换公司债券，应当在初始确认时将其包含的负债成分和权益成分进行分拆，将负债成分确认为应付债券，将权益成分确认为资本公积。在进行分拆时，应当先对负债成分的未来现金流量进行折现确定负债成分的初始确认金额，再按发行价格总额扣除负债成分初始确认金额后的金额确定权益成分的初始确认金额。发行可转换公司债券发生的交易费用，应当在负债成分和权益成分之间按照各自的相对公允价值比例进行分摊。

发行可转换公司债券，企业应按实际收到的金额，借记"银行存款"等账户；按该项可转换公司债券包含的负债成分的面值，贷记"应付债券——可转换公司债券（面值）"账户；按权益成分的公允价值，贷记"其他权益工具"账户；按其差额，借记或贷记"应付债券——可转换公司债券（利息调整）"账户。

对于可转换公司债券的负债成分，在转换为股份前，其会计处理与一般公司债券相同，即按照实际利率和摊余成本确认利息费用，按照面值和票面利率确认应付债券，差额作为利息调整进行摊销。可转换公司债券持有者在债券存续期间内行使转换权利，将可转换公司债券转换为股份时，对于债券面额不足转换1股股份的部分，企业应当以现金偿还。

可转换公司债券持有人行使转换权利，将其持有的债券转换为股票，按可转换公司债券的余额，借记"应付债券——可转换公司债券（面值、利息调整）"账户；按其权益成分的金额，借记"其他权益工具"账户；按股票面值和转换的股数计算的股票面值总额，贷记"股本"账户；按其差额，贷记"资本公积——股本溢价"账户。如用现金支付不可转换股票的部分，还应贷记"银行存款"等账户。

【例10-5】 为某技术改造项目，经批准A公司于20×7年1月1日以25 200万元的价格发行面值总额为25 000万元的可转换公司债券，期限为5年，票面利率为3%，实际利率为4%，每年1月1日付息，自20×8年1月2日起，该债券持有人可以按债券面值转换为A公司的普通股，每股面值1元，转换价格为每股10元，不足1股的部分以现金付清。

假定利率为4%、期数为5的年金现值系数为4.4518，复利现值系数为0.8219。2008年1月1日，该可转换公司债券全部转换为A公司的普通股，相关手续已于当日办妥。

根据上述资料，A公司应作会计处理如下：

（1）20×7年1月1日。

可转换公司债券负债成分的公允价值＝25 000×3%×4.4518＋25 000×0.8219＝23 886.35（万元）

可转换公司债券权益成分的公允价值＝25 200－23 886.35＝1 313.65（万元）

借：银行存款	252 000 000
应付债券——可转换公司债券(利息调整)	11 136 500
贷：应付债券——可转换公司债券(面值)	250 000 000
其他权益工具	13 136 500

(2) 20×7 年 12 月 31 日。

可转换公司债券票面利息＝25 000×3%＝750(万元)

应确认利息费用＝23 886.35×4%＝955.454(万元)

借：在建工程	9 554 540
贷：应付利息	7 500 000
应付债券——可转换公司债券(利息调整)	2 054 540

(3) 20×8 年 1 月 1 日。

借：应付利息	7 500 000
贷：银行存款	7 500 000

(4) 20×8 年 1 月 2 日。

转换的普通股股数＝25 000÷10＝2 500(万股)

借：应付债券——可转换公司债券(面值)	250 000 000
其他权益工具	13 136 500
贷：股本	25 000 000
应付债券——可转换公司债券(利息调整)	9 081 960
资本公积——股本溢价	229 054 540

企业发行附有赎回选择权的可转换公司债券，其在赎回日可能支付的利息补偿金，即债券约定赎回期届满日应当支付的利息减去应付债券票面利息的差额，应当在债券发行日至债券约定赎回届满日期间计提应付利息，计提的应付利息，按借款费用的处理原则处理，即利息补偿金视为债券利息，于计提债券利息时计提，计入在建工程或财务费用等。

第二节　其他非流动负债

一、长期借款

长期借款，是指企业从银行或其他金融机构借入的期限在 1 年以上(不含 1 年)的各项借款。

为了总括地核算和监督企业长期借款的借入、应计利息以及还本付息情况，应设置"长期借款"总账账户，该账户可按照贷款单位和贷款种类设置明细账，分别"本金""利息调整"等进行明细核算。

企业借入长期借款，应按实际收到的现金净额，借记"银行存款"账户；按借款的本金，贷记"长期借款——本金"账户；按其差额，借记或贷记"长期借款——利息调整"账户。

长期借款计算确定的利息费用，应当按以下原则计入有关成本、费用。属于筹建期间的，计入管理费用；属于生产经营期间的，计入财务费用。长期借款按合同利率确定的利息费用，若与固定资产购建有关，在固定资产达到预定可使用状态之前发生的利息支出，应当计入工程成本；在固定资产达到预定可使用状态之后发生的利息支出，应计入当期损益。

归还长期借款本金时，借记"长期借款——本金"账户，贷记"银行存款"账户。同时，按应转销的利息调整余额，借记或贷记"在建工程""财务费用"等账户，贷记或借记"长期借款——利息调整"账户。

【例 10-6】 20×7 年 1 月 1 日，某企业为建造厂房，向银行借入长期借款 600 万元，已存入银行，借款期限为 3 年，合同年利率为 10%，单利计算，到期一次还本付息。利息采用每月预提的方法。款项借入后，以银行存款支付工程价款 590 万元，该厂房 1 年建造完成并达到预定可使用状态，结转固定资产价值。有关会计分录如下：

(1) 20×7 年 1 月 1 日，取得借款时。

借：银行存款	6 000 000	
贷：长期借款——本金		6 000 000

同时支付工程价款时。

借：在建工程	5 900 000	
贷：银行存款		5 900 000

(2) 20×7 年 1 月至 2007 年 12 月，每月末预提利息时。

借：在建工程	50 000	
贷：长期借款——应计利息		50 000

(3) 工程完工达到预定可使用状态时，按实际成本计入资产价值。

借：固定资产(5 900 000+600 000)	6 500 000	
贷：在建工程		6 500 000

(4) 20×8 年 1 月至 2009 年 12 月，每月末预提利息时。

借：财务费用	50 000	
贷：长期借款——应计利息		50 000

(5) 到期偿还本息时。

借:长期借款——本金	6 000 000	
长期借款——应计利息	1 800 000	
贷:银行存款		7 800 000

【例 10-7】 20×7 年 1 月 1 日,某企业向银行借入 2 年期的长期借款 100 000 元,单利计算,到期一次还本付息。利息按年计算,企业实际收到银行借款额为 98 138 元,借款合同利率为 4%,实际利率为 5%。该企业应作会计分录如下:

(1) 20×7 年 1 月 1 日,取得借款时。

借:银行存款	98 138	
长期借款——利息调整	1 862	
贷:长期借款——本金		100 000

(2) 20×7 年 12 月 31 日,计提利息时。

借:财务费用	4 907	
贷:长期借款——应计利息		4 000
利息调整		907

(3) 20×8 年 12 月 31 日,还本付息时。

借:长期借款——本金	100 000	
财务费用	4 955	
长期借款——应计利息	4 000	
贷:银行存款		108 000
长期借款——利息调整		955

若实际利率与合同约定的名义利率差异较小,也可以采用合同约定的名义利率确定利息费用,以便简化计算。

二、长期应付款

(一) 长期应付款的概念

长期应付款,是指企业除长期借款和应付债券以外的其他各种长期应付款项,包括应付融资租入固定资产的租赁费、以分期付款方式购入固定资产发生的应付款项等。

(二) 长期应付款的确认

企业采用融资租赁方式租入的固定资产,应按最低租赁付款额确认长期应付款。

企业延期付款购买资产,如果延期支付的购买价款超过正常信用条件,实质上具有融资性质的,所购资产的成本应当以延期支付购买价款的现值为基础确定。实际支付的价款确认为长期应付款，实际支付的价款与购买价款的现值之间的差额，应当在信用期间内采用实际利率法进行摊销，计入相关资产成本或当期损益。

（三）长期应付款的核算

企业发生的各种长期应付款项，应当在“长期应付款”总账账户下，按长期应付款的种类或债权人进行明细核算。

1. 融资租入固定资产

企业融资租入的固定资产，在租赁期开始日，按应计入固定资产成本的金额（租赁开始日租赁资产公允价值与最低租赁付款额现值两者中较低者，加上初始直接费用），借记“在建工程”或“固定资产”账户；按最低租赁付款额，贷记“长期应付款——应付融资租赁款”账户；按发生的初始直接费用，贷记“银行存款”等账户；按其差额，借记“未确认融资费用”账户。按期支付的租金，借记“长期应付款——应付融资租赁款”账户，贷记“银行存款”等账户。同时，摊销未确认融资费用，借记“财务费用”等账户，贷记“未确认融资费用”账户。

2. 购入超过正常信用条件延期支付价款的资产

企业购入的超过正常信用条件延期支付价款的资产，应按购买价款的现值，借记“固定资产”“在建工程”等账户；按应付的金额，贷记“长期应付款——应付××单位款”账户；按其差额，借记“未确认融资费用”账户。按期支付的价款，借记“长期应付款——应付××单位款”账户，贷记“银行存款”等账户；同时，摊销未确认融资费用，借记“财务费用”等账户，贷记“未确认融资费用”等账户。

三、专项应付款

专项应付款，是指企业取得政府作为企业所有者投入的具有专项或特定用途的款项。企业收到或应收的资本性拨款，借记“银行存款”等账户，贷记“专项应付款”账户。将专项或特定用途的拨款用于工程项目，借记“在建工程”等账户，贷记“银行存款”“应付职工薪酬”等账户。工程项目完工形成长期资产的部分，借记“专项应付款”账户，贷记“资本公积——资本溢价或股本溢价”账户；对未形成长期资产需要核销的部分，借记“专项应付款”账户，贷记“在建工程”等账户；拨款结余需要返还的，借记“专项应付款”账户，贷记“银行存款”账户。上述资本溢价转增实收资本或股本的，借记“资本公积——资本溢价或股本溢价”账户，贷记“实收资本”或“股本”账户。

复习思考题

一、单项选择题

1. A企业20×6年1月1日发行的2年期公司债券，实际收到款项193 069元，债券面值

200 000 元,每半年付息一次,到期还本,票面利率 10%,实际利率 12%。A 企业采用实际利率法摊销溢价和折价,计算 20×6 年 12 月 31 日应付债券的账面余额为(　　)元。

A. 193 069　　B. 194 653

C. 196 237　　D. 200 000

2. 若公司债券溢价发行,溢价按实际利率法摊销,随着溢价的摊销,各期计入财务费用的金额(　　)。

A. 会逐期减少　　B. 会逐期增加

C. 每期相等　　D. 不确定

3. 债券若折价发行,则债券发行时的市场利率(　　)债券的票面利率。

A. 低于　　B. 高于

C. 等于　　D. 等于或低于

4. 筹建期间借入的长期借款利息费用,应当计入(　　)。

A. 管理费用　　B. 财务费用

C. 长期待摊费用　　D. 固定资产成本

5. 可转换公司债券是一种(　　)的有价证券。

A. 债券性质　　B. 股票性质

C. 混合性质　　D. 洐生金融工具

6. 在我国,国家对企业拨出专款用于企业的技术改造,企业收到拨款时,暂作(　　)处理。

A. 专项应付款　　B. 管理费用

C. 资本公积　　D. 固定资产

7. 甲公司 20×9 年 1 月 1 日发行 3 年期可转换公司债券,实际发行价格为 100 000 万元。其中负债成分的公允价值为 90 000 万元。假定发行债券时另支付发行费用 300 万元。则甲公司发行债券时应确认的"应付债券"金额为(　　)万元。

A. 99 730　　B. 10 000

C. 89 970　　D. 89 730

8. 下列属于长期负债的项目是(　　)。

A. 应付债券　　B. 应付票据

C. 应付利润　　D. 应付账款

9. 企业收到政府投入的具有专门用途的资本性拨款,应当贷记(　　)账户。

A. "实收资本"　　B. "资产公积"

C. "盈余公积"　　D. "专项应付款"

10. 企业发行的可转换公司债券,应当在初始确认时将其包含的负债成分和权益成分进行分拆,将负债成分确认为应付债券,将权益成分确认为(　　)。

A. 股本　　B. 留存收益

C. 公允价值变动损益　　D. 其他权益工具

二、多项选择题

1. 公司发行的债券作为一种书面凭证,其要素有(　　)。

A. 债券面值
B. 债券利率
C. 市场利率
D. 付息日
E. 到期日

2. 企业发行长期债券，应在“应付债券”总账账户下设置(　　)等明细账户进行核算。

A. “面值”
B. “债券溢价”
C. “债券折价”
D. “应计利息”
E. “利息调整”

3. 发行债券的企业在整个存续期间计算各期的利息费用可能等于(　　)。

A. 债券面值×市场利率
B. 债券面值×票面利率
C. 应计利息与溢价摊销额的差额
D. 应计利息与溢价摊销额之和
E. 应摊销的折价金额和应计利息之和

4. 在租赁期开始日，应当计入融资租入固定资产成本的金额可能是(　　)。

A. 租赁资产的公允价值
B. 最低租赁付款额
C. 最低租赁付款额现值
D. 租赁资产的账面价值
E. 初始直接费用

5. 下列关于企业发行可转换公司债券会计处理的表述中，正确的有(　　)。

A. 将负债成分确认为应付债券
B. 将权益成分确认为其他权益工具
C. 按债券面值计量负债成分初始确认金额
D. 按债券公允价值计量负债成分初始确认金额
E. 发行费应当在负债成分和权益成分之间按各自相对应的公允价值比例进行分摊

6. 在我国会计实务中，生产经营期间为购建固定资产而发生的长期借款利息费用，可能记入(　　)账户。

A. “在建工程”
B. “财务费用”
C. “长期借款”
D. “长期待摊费用”
E. “长期应付款”

7. 关于长期借款的利息费用，下列表述中，正确的有(　　)。

A. 属于筹建期间的，计入管理费用
B. 属于生产经营期间的，计入财务费用
C. 属于在固定资产购建期间发生的，计入在建工程
D. 应当设置“本金”“应计利息”“利息调整”明细账户核算
E. 属于一年内的分期支付的利息通过“应付利息”账户核算

8. 购入超过正常信用条件延期付款的资产，在会计处理时，可能涉及的账户有(　　)。

A. “固定资产”
B. “在建工程”
C. “长期应付款”
D. “未确认融资费用”
E. “财务费用”

9. 下列各项中，通过“长期应付款”账户核算的有(　　)。

A. 以分期付款方式购入固定资产应付款　　B. 应付融资租赁款
C. 从银行取得的长期借款　　D. 发行长期债券收到的款项
E. 接受投资者投资

10. 企业的下列筹资方式中,属于非流动负债的包括(　　)。
A. 发行3年期公司债券　　B. 发行9个月的公司债券
C. 向银行借入2年期的借款　　D. 融资租入固定资产的租赁费
E. 发行普通股票

三、判断题

1. 债券溢、折价是发行债券企业在债券存续期内对利息费用的调整。(　　)
2. 长期应付款具有分期付款的性质。(　　)
3. 用实际利率法摊销应付债券的折价时,各期折价的摊销额呈逐期递减趋势。(　　)
4. 对于可转换公司债券的负债成分,在转换为股份前的会计处理与一般公司债券没有区别。(　　)
5. 企业借入长期借款的利息费用均应计入当期损益。(　　)
6. 在计算长期借款利息费用时,为简化起见,若实际利率与合同约定的名义利率差异较小,也可以采用合同约定的名义利率。(　　)
7. 采用融资租赁方式租入的固定资产,应按最低租赁付款额现值确认长期应付款。(　　)
8. 未确认融资费用应按实际利率法分摊,计入相关资产成本或当期投资。(　　)
9. 当可转换公司债券持有人行使转换权利,应减少"其他权益工具"账户中属于该项可转换公司债券的权益成分的金额。(　　)
10. 将专项应付款用于工程项目完工形成长期资产的部分,应转入"资本公积——资本溢价"账户。(　　)

四、名词解释

非流动负债　　公司债券
可转换公司债券　　实际利率法
债券溢价　　债券折价
长期应付款　　专项应付款

五、简答题

1. 简述应付债券折价和溢价产生的原因。
2. 应付债券的利息费用应如何计算认定?
3. 发行可转换公司债券,应当如何分拆包含的负债成分和权益成分?
4. 长期应付款的核算范围有哪些?如何进行账务处理?
5. 如何对国家投入的具有专门用途的资本性拨款进行核算?

六、计算与分析题

习　题　一

（一）目的　练习应付债券业务的会计处理。

（二）资料　某企业20×7年1月1日发行3年期、面值为500万元的债券，到期一次还本、按年付息，票面利率为年利率12%，企业按照理论上计算的发行价格出售（不考虑发行费用），并收到发行债券款。上述3年期债券在20×9年年末通过银行一次还本，债券溢价采用实际利率法摊销，市场利率为10%。不考虑相关税费。

（三）要求

（1）根据上述资料，计算债券发行价格（3年期、利率12%的年金现值系数为2.487，复利现值系数为0.751）。

（2）计算各年的债券溢价摊销额、各年的债券利息费用。

习　题　二

（一）目的　练习可转换公司债券业务的会计处理。

（二）资料　某公司经批准于20×7年1月1日按面值发行5年期一次还本付息的可转换公司债券200 000 000元，款项已收存银行，债券票面利率为6%。债券发行1年后可转换为普通股股票，初始转股价为每股10元，股票面值为每股1元。

20×8年1月1日，债券持有人将持有的可转换公司债券全部转换为普通股股票（假定按当日可转换公司债券的账面价值计算转换股数），该公司发行可转换公司债券时二级市场上与之类似的没有转换权的债券市场利率为9%。

（三）要求　根据上述资料，编制相应的会计分录。

习　题　三

（一）目的　练习长期借款业务的会计处理。

（二）资料　某企业建造一大型基础设施，向银行借入3年期专门借款500 000元，合同年利率为10%（假设实际利率与合同利率差异较小），复利计算，每年年末计息一次。预计该项基础设施2年后完工，企业应于投产使用后第1年年末一次性归还全部本息。

（1）接到银行通知，以上借款已转入银行存款户。

（2）以银行存款支付购买工程用材料买价526 500元，以及材料运杂费、保险费1 500元。材料已运达企业，验收入库。

（3）工程领用材料445 000元。

（4）第1年年末，计算应付借款利息。

（5）第2年年末，计算应付借款利息。

（6）经计算工程应负担的人工费用总额为40 000元，其他费用10 000元，以银行存款支付。

（7）第2年年末，该基础设施工程完工，达到预定可使用状态，并办理竣工决算。

（8）该基础设施投产使用后第1年年末，企业一次性以银行存款归还全部本息。

（三）要求　根据上述资料，编制相关的会计分录。

习 题 四

(一) 目的 练习长期借款业务的会计处理。

(二) 资料 某企业20×7年1月1日,向银行借入资金1 500 000元,借款合同年利率6%(假设实际利率与合同利率差异较小),单利计算,借款期限为2年。还本付息方式有三种:① 每年年末付息,到期还本;② 每年年末计息,到期一次还本付息;③ 分两年等额还本付息(即借款第1年年末归还一半本金和第1年的利息,第2年年末归还另一半本金和第2年的利息)。

(三) 要求 根据以上三种还本付息方式,分别编制取得借款、计息、付息以及还本的相应会计分录。

第十一章 所有者权益

本章教学要点

了解所有者权益的概念与来源构成，各类公司投入资本的特点，资本公积、盈余公积和未分配利润的概念及特点；掌握实收资本（或股本）、资本公积的核算特点，盈余公积和未分配利润的来源与用途；重点掌握实收资本（或股本）增减变动及资本公积的账务处理，盈余公积的计提、使用及未分配利润的账务处理。

第一节 所有者权益的内容

一、所有者权益的概念

所有者权益，是指企业资产扣除负债后，由所有者享有的剩余权益。股份有限公司的所有者权益又称为股东权益。所有者权益是所有者对企业资产的剩余索取权。

二、所有者权益的来源构成

所有者权益按其来源主要包括所有者投入的资本、直接计入所有者权益的利得和损失、留存收益等。

所有者投入的资本，既包括构成企业注册资本或股本部分的金额，也包括投入资本超过注册资本或股本所占份额部分的金额，即资本溢价或股本溢价。

直接计入所有者权益的利得和损失，是指不应计入当期损益、会导致所有者权益发生增减变动的、与所有者投入资本或者向所有者分配利润无关的利得或者损失。其中，利得是指由企业非日常活动所形成的、会导致所有者权益增加的、与所有者投入资本无关的经济利益的流入。损失是指由企业非日常活动所发生的、会导致所有者权益减少的、与向所有者分配利润无关的经济利益的流出。

留存收益是企业历年实现的净利润留存于企业的部分，主要包括计提的盈余公积和未分配利润。盈余公积是指企业按照规定从净利润中提取的各种积累资金。盈余公积分为一般盈余公积与任意盈余公积。未分配利润是留存在企业的、留待以后年度进行分配的利润。

第二节　实收资本和其他权益工具

一、投入资本的特点

公司的组织形式不同，所有者投入资本的特点也不相同。根据我国公司法规定，目前我国公司的组织形式主要有有限责任公司和股份有限公司两种，有限责任公司又包括一般有限责任公司、一人有限责任公司和国有独资公司。

（一）有限责任公司投入资本的特点

1. 一般有限责任公司

(1) 有限责任公司由50个以下股东出资设立。

(2) 股东应当按期足额缴纳公司章程中规定的各自所认缴的出资额。股东以货币出资的，应当将货币出资足额存入有限责任公司在银行开设的账户；以非货币财产出资的，应当依法办理其财产权的转移手续。

(3) 股东按照实缴的出资比例分取红利；公司新增资本时，股东有权优先按照实缴的出资比例认缴出资。

(4) 公司成立后，股东不得抽逃出资。

(5) 股东会会议作出修改公司章程、增加或者减少注册资本的决议，以及公司合并、分立、解散或者变更公司形式的决议，必须经代表2/3以上表决权的股东通过。

(6) 股东向股东以外的人转让股权，应当经其他股东过半数同意。

2. 一人有限责任公司

(1) 一人有限责任公司只有一个自然人股东或者一个法人股东。

(2)一人有限责任公司应当在公司登记中注明自然人独资或者法人独资，并在公司营业执照中载明。

(3) 一人有限责任公司的股东不能证明公司财产独立于股东自己的财产的，应当对公司债务承担连带责任。

3. 国有独资公司

(1) 国有独资公司是国家单独出资、由国务院或者地方人民政府授权本级人民政府国有资产监督管理机构履行出资人职责的有限责任公司。

(2) 国有独资公司不设股东会，由国有资产监督管理机构行使股东会职权。国有资产监督管理机构可以授权公司董事会行使股东会的部分职权，决定公司的重大事项。

（二）股份有限公司投入资本的特点

(1) 设立股份有限公司，应当有2人以上、200人以下为发起人，其中须有半数以上的发起人在中国境内有住所。

(2) 采取发起设立方式设立的，注册资本为在公司登记机关登记的全体发起人认购的股本总额。在发起人认购的股份缴足前，不得向他人募集股份。

(3) 采取募集方式设立的，注册资本为在公司登记机关登记的实收股本总额。

(4) 资本划分为等额股份，每股金额与股份数的乘积即为资本总额，股票可以交易或转让。

(5) 股票可以按面值发行，也可以溢价发行，但不可以折价发行。

(6) 财务必须公开，以供股东查阅。

二、投入资本的分类

(一) 投入资本按投资主体的不同分类

按投资主体的不同分类，投入资本可以划分为国家资本、法人资本、个人资本及外商资本等。

国家资本是指有权代表国家投资的政府部门或机构以国有资产投入企业而形成的资本。法人资本是指企业法人以其依法可支配的资产投入企业形成的资本。个人资本是指社会个人或本企业内部职工以个人合法财产投入企业形成的资本。外商资本是指外国和我国香港、澳门、台湾地区投资者投入企业形成的资本。

(二) 投入资本按投资的形式不同分类

按投资形式不同分类，投入资本可以划分为货币性资产投资、非货币性资产投资和无形资产投资等。

货币性资产投资可以是人民币，也可以是外币。一般按实际收到或者存入企业开户银行的时间和金额作为投入资本的记账依据。

非货币性资产投资，即实物资产投资，包括房屋及建筑物、机器设备及其他物料。企业应该以实际收到实物的日期，验收无误的实物数量，以及合同、协议和验收清单中所列金额作为投入资本的记账依据。

无形资产投资包括专利权、商标权、非专利技术或土地使用权等。投资者以无形资产出资的，必须进行评估作价，并依法办理财产转移手续。

我国公司法规定，股东可以用货币出资也可以用实物、知识产权、土地使用权等，可以用货币估价并可以依法转让的非货币财产作价出资，但是法律、行政法规规定不得作为出资的财产除外，对作为出资的非货币财产应当评估作价，核实财产不得高估或者低估作价，全体股东的货币出资金额不得低于有限责任公司注册资本的30%。无论以何种方式出资，投资者如在投资过程中违反投资合同或协议约定，不按规定如期缴足出资额，企业可以依法追究投资者的违约责任。

三、实收资本的会计处理

实收资本是指企业按照章程规定或合同协议约定接受投资者投入企业的资本所形成的法定资本价值，在一般情况下实收资本不需偿还，可以长期使用。实收资本的构成比例，即投资者的出资比例或股东的股权比例，是确定投资者在企业所有者权益中所占的份额和参与企业经营决策的基础,也是企业进行利润或股利分配的主要依据,同时还是企业清算时投资者对企业净资产要求权的依据。

除了股份有限公司外,其他企业应设置"实收资本"账户核算投资者投入资本的增减变动情况,股份有限公司应设置"股本"账户核算公司实际发行股票的面值总额。

(一) 接受货币资产投资

企业在接受货币资产投资时,应以实际收到的金额或存入企业开户银行的金额,借记"银行存款"等账户;按投资合同或协议约定的投资者在企业注册资本中所占份额的部分,贷记"实收资本"账户。企业实际收到或存入开户银行的金额超过投资者在企业注册资本中所占份额的部分,即资本溢价,贷记"资本公积"账户。

股份有限公司发行股票收到现金资产时,借记"银行存款"等账户;按每股股票面值和发行股份总额的乘积计算的金额,贷记"股本"账户;实际收到的金额与该股本之间的差额,即股本溢价,贷记"资本公积"账户。股份有限公司发行股票发生的手续费佣金等交易费用,如果是溢价发行股票的,应从溢价中抵扣,冲减资本公积。

【例 11-1】 甲、乙、丙共同投资设立东方有限责任公司,注册资本为 600 万元,甲、乙、丙持股比例分别为 60%、28%和 12%。按照章程规定,甲、乙、丙投入资本分别为 360 万元、168 万元、72 万元。东方有限责任公司如期收到各投资者一次缴足的款项。东方有限责任公司在进行会计处理时,应编制会计分录如下:

借:银行存款	6 000 000	
贷:实收资本——甲		3 600 000
——乙		1 680 000
——丙		720 000

【例 11-2】 南方股份有限公司委托万通证券公司代理发行普通股 800 万股,每股面值 1 元,经双方约定,按发行收入的 3%收取手续费。

(1) 按面值每股 1 元发行。发行收入总额为 800 万元,按约定的比例 3%扣除万通证券公司代理手续费 24 万元(800×3%),南方股份有限公司实际收到万通证券公司交来款项 776 万元,此时南方股份有限公司应作会计分录如下:

借:银行存款	7 760 000	
盈余公积	240 000	
贷:股本		8 000 000

(2) 按每股 1.2 元发行。由于股票溢价发行,股票发行收入总额为 960 万元(800×1.2),按约定的比例 3%扣除万通证券公司代理手续费 28.8 万元(960×3%),南方股份有限公司实际收到万通证券公司交来款项 931.2 万元,此时南方股

份有限公司应作会计分录如下：

借：银行存款　　9 312 000
　贷：股本　　8 000 000
　　资本公积　　1 312 000

（二）接受非货币资产投资

企业接受固定资产、无形资产等非货币性资产投资时，应按投资合同或协议约定的价值（不公允的除外），作为固定资产、无形资产的入账价值，按投资合同或协议约定的投资者在企业注册资本或股本中所占份额的部分作为实收资本或股本入账，投资合同或协议约定的价值不公允的除外，超过投资者在企业注册资本或股本中所占份额的部分计入资本公积。

【例 11－3】 甲有限责任公司于设立时收到 A 公司作为资本投入的原材料一批，该批原材料投资合同和协议约定价值（不含可抵扣的增值税进项税额部分）为 20 万元，增值税进项税额为 2.6 万元。A 公司已开具了增值税专用发票。假设合同约定的价值与公允价值相符，该进项税额允许抵扣，不考虑其他因素，甲有限责任公司在进行会计处理时，应编制会计分录如下：

借：原材料　　200 000
　　应交税费——应交增值税（进项税额）　　26 000
　贷：实收资本——A 公司　　226 000

【例 11－4】 乙有限责任公司于设立时收到 A 公司作为资本投入的一项不需要安装的机器设备 1 台，合同约定该机器设备的价值为 500 万元，增值税进项税额为 85 万元（进项税额不允抵扣）。合同约定的固定资产价值与公允价值相符，不考虑其他因素，乙有限责任公司在进行会计处理时，应编制会计分录如下：

借：固定资产　　5 850 000
　贷：实收资本——A 公司　　5 850 000

【例 11－5】 丙有限责任公司于设立时收到 B 公司作为资本投入的专利权一项，该专利权投资合同约定价值为 8 万元，同时收到 C 公司作为资本投入的土地使用权一项，投资合同约定价值为 1 000 万元。假设丙公司接受该项专利权和土地使用权符合国家注册资本管理的有关规定，可按合同约定作实收资本入账，合同约定的价值与公允价值相符，不考虑其他因素。丙有限责任公司在进行会计处理时，应编制会计分录如下：

借：无形资产——专利权　　80 000
　　　　　　——土地使用权　　10 000 000
　贷：实收资本——B 公司　　80 000
　　　　　　——C 公司　　10 000 000

(三) 实收资本(或股本)增减变动

一般情况下,企业的实收资本应相对固定不变,但在某些特定情况下,实收资本也可能发生增减变化。我国企业法人登记管理条例规定,除国家另有规定外,企业的注册资本应当与实收资本相一致,当实收资本比原注册资本增加或减少的幅度超过20%时,应持资金信用证明或者验资证明,向原登记主管机关申请变更登记。如擅自改变注册资本或抽逃资金,要受到工商行政管理部门的处罚。

1. 实收资本(或股本)的增加

一般企业增加资本主要有三个途径:资本公积转增资本或盈余公积转增资本、接受投资者追加投资、股份有限公司采用发放股票股利的方法增资。

企业采用资本公积或盈余公积转增资本时,应按原投资者各自出资比例计算确定各投资者相应增加的出资额,并按转增的资本金额确认实收资本或股本。其中,用资本公积转增资本时,即动用了资本溢价或股本溢价,应借记"资本公积"账户,贷记"实收资本"或"股本"账户;用盈余公积转增资本时,应借记"盈余公积"账户,贷记"实收资本"或"股本"账户。

企业按规定接受投资者追加投资时,核算原则与投资者初次投入时基本一致。

股份有限公司采用发放股票股利的方法增资的,会引起股东权益内部结构发生变化,但股东权益总额不变。

【例 11-6】 南海股份有限公司原股东权益的结构为:

股本(普通股 20 000 000 股,每股面值 1 元)	20 000 000
资本公积	10 000 000
盈余公积	13 000 000
未分配利润	4 000 000
股东权益合计	47 000 000

假设南海股份有限公司经股东大会决议通过,按 10%的比例发放股票股利,则按可分配的股票股利增发新股票 2 000 000 股(20 000 000×10%)。作会计分录如下:

借: 利润分配	2 000 000	
贷: 股本		2 000 000

分配后,南海股份有限公司的股东权益总额不变,但内部结构发生变化如下:

股本(普通股 22 000 000 股,每股面值 1 元)	22 000 000
资本公积	10 000 000
盈余公积	13 000 000

未分配利润	200 000
股东权益合计	47 000 000

2. 实收资本(或股本)的减少

(1) 实收资本(或股本)减少的原因有：① 资本过剩。企业的资本总额如超过经营规模的需要,可以依法相应减少注册资本。② 发生重大亏损。企业因特殊原因而发生重大亏损,不能在短期内用利润、盈余公积进行弥补,而且,又因有尚未弥补亏损而长期不能发放股利时,如不减少注册资本就会影响企业信誉,动摇投资者的投资信心。所以,经股东大会决议,办理减资手续后,企业可以放下包袱,转入正常经营。

(2) 实收资本(或股本)减少的要求有：① 需要减少注册资本时,须编制资产负债表及财产清单；② 股东大会作出减少注册资本决议后,须通知债权人(债权人有权要求企业清偿债务或提供相应的担保)；③ 减少注册资本后的注册资本不得低于法定最低限额。

(3) 实收资本(或股本)减少的会计处理。企业按法定程序报经批准减少注册资本的,按减少的注册资本金额减少实收资本。股份有限公司采用收购本公司股票方式减资的,按股票面值和注销股数计算的股票面值总额,借记“股本”账户;按注销库存股的账面余额,贷记“库存股”账户;按其差额,即股本溢价,借记“资本公积”账户;股本溢价不足冲减的,应借记“盈余公积”“利润分配——未分配利润”账户;如果购回股票支付的价款低于面值总额的,应按股票面值总额,借记“股本”账户;按所注销的库存股账面余额,贷记“库存股”账户;按其差额,即股本溢价,贷记“资本公积”账户。

【例 11-7】 北方股份有限公司由于经营规模缩小,资本过剩,经批准于 20×6 年 12 月 31 日采用收购本公司发行在外股票的方式减资 300 万元。公司原发行股票每股面值 1 元,发行价格 1.50 元,原发行股票 600 万股。该公司提取的盈余公积为 150 万元,未分配利润为 180 万元。

(1) 假设该公司以每股 1.80 元的价格收购本公司股票,由于每股面值 1 元,所以减少 300 万元股本要收购 300 万股股票。又由于收购价格 1.80 元高出每股面值 0.80 元,即每收购 1 股股票要多付 0.80 元,共收购 300 万股,因此,该公司共超面值支付 240 万元。因为该公司原溢价发行了 600 万股该种股票,溢价收入为 300 万元(600×0.50),所以收购该种股票超面值支付的 240 万元应从原股票溢价收入中列支。应作会计分录如下：

回购本公司股票时。

借：库存股	5 400 000	
贷：银行存款		5 400 000

库存股成本＝3 000 000×1.80＝5 400 000(元)

注销本公司股票时。

借：股本——普通股　　3 000 000
　　资本公积——股本溢价　　2 400 000
　贷：库存股　　5 400 000

(2) 假设该公司以每股 2.50 元的价格收购本公司股票，公司收购股票价格高出面值 1.50 元，共计 450 万元(300×1.50)。由于该种股票是溢价发行股票，超面值支付款项首先应冲减原股票的溢价收入，不足部分的 150 万元(450－300)应冲减盈余公积。应作会计分录如下：

回购本公司股票时。

借：库存股　　7 500 000
　贷：银行存款　　7 500 000

库存股成本＝3 000 000×2.50＝7 500 000(元)

注销本公司股票时。

借：股本——普通股　　3 000 000
　　资本公积——股本溢价　　3 000 000
　　盈余公积　　1 500 000
　贷：库存股　　7 500 000

(3) 假设该公司以每股 2.80 元的价格收购本公司股票，公司收购价格高出面值 1.80 元，共计 540 万元(300×1.80)，应先后冲减资本公积、盈余公积、未分配利润。应作会计分录如下：

回购本公司股票时。

借：库存股　　8 400 000
　贷：银行存款　　8 400 000

库存股成本＝3 000 000×2.80＝8 400 000(元)

注销本公司股票时。

借：股本——普通股　　3 000 000
　　资本公积——股本溢价　　3 000 000
　　盈余公积　　1 500 000
　　利润分配——未分配利润　　900 000
　贷：库存股　　8 400 000

(4) 假设该公司以每股 0.90 元的价格收购本公司股票，其他条件不变。应作如下的会计分录：

回购本公司股票时。

借：库存股　　2 700 000
　　贷：银行存款　　2 700 000

库存股成本＝3 000 000×0.90＝2 700 000(元)

注销本公司股票时。

借：股本——普通股　　3 000 000
　　贷：库存股　　2 700 000
　　　　资本公积——股本溢价　　300 000

四、其他权益工具

其他权益工具是指企业发行的除普通股以外的归类为权益工具的各种金融工具。比如，企业发行的可转换公司债券，同时包含金融负债成分和权益工具成分两部分，其中权益工具成分部分就是其他权益工具。

核算企业发行的除普通股以外的归类为权益工具的各种金融工具，应当设置“其他权益工具”科目，并按发行金融工具的种类进行明细核算(具体案例见第十章[例10-5])。

第三节　资本公积和其他综合收益

一、资本公积的特点

资本公积包括资本溢价或股本溢价、直接计入所有者权益的利得和损失等内容。资本溢价(或股本溢价)是企业收到投资者出资额超出其在注册资本或股本中所占份额的部分，资本溢价(或股本溢价)的原因有溢价发行股票以及投资者超额缴入资本等；直接计入所有者权益的利得和损失，是指不应计入当期损益会导致所有者权益发生增减变动的、与所有者投入资本或者向所有者分配利润无关的利得或者损失，如企业的长期股权投资采用权益法核算时，因被投资单位除净损益以外所有者权益的其他变动，投资企业按应享有份额而增加或减少的资本公积。

在所有者权益中，实收资本(或股本)与资本公积的区别主要表现在：从来源和性质看，实收资本(或股本)是指投资者按照企业章程或合同协议的约定，实际投入企业并依法进行注册的资本，它体现了企业所有者对企业的基本产权关系；资本公积是投资者的出资额中超出其在注册资本中所占份额的部分以及直接计入所有者权益的利得和损失，它不直接表明所有者对企业的基本产权关系。从用途看，实收资本(或股本)的构成比例是确定所有者参与企业财务经营决策的基础，也是企业进行利润分配或股利分配的依据，同时还是企业清算时确定所有者对净资产的要求权的依据；资本公积的用途主要是用来转增资本(或股本)，资本公积不体现各所有者的占有比例，也不能作为所有者参与企业财务经营决策或进行利润分配或股利分配的依据。

二、资本公积的会计处理

企业应通过“资本公积”账户核算资本公积的增减变动情况，并分别“资本溢价(股本溢价)”“其他资本公积”进行明细核算。经股东大会或类似机构决议，用资本公积转增资本时，应冲减“资本公积——资本溢价(股本溢价)”账户。

【例 11－8】 西南有限责任公司是由甲、乙、丙三方各出资 150 万元设立的，设立时的实收资本为 450 万元，已经营两年，留存收益达 60 万元。为扩大经营规模，三方决定重组公司，吸收丁投资者加入，同意丁投资者以货币出资 180 万元，投入后占西南有限责任公司全部资本的 25%，同时公司的注册资本增资为 600 万元。则西南有限责任公司在收到丁投资者的出资时，应作会计分录如下：

借：银行存款	1 800 000	
贷：实收资本——丁		1 500 000
资本公积——资本溢价		300 000

新加入的投资者缴纳的出资额大于其按约定比例计算的其在注册资本中所占的份额部分，不记入“实收资本”账户，而作为资本公积。

三、其他资本公积

其他资本公积是指除资本溢价(或股本溢价)项目以外所形成的资本公积。比如，采用权益法核算长期股权投资，被投资单位除净损益、其他综合收益和利润分配以外的所有者权益的其他变动，投资企业按持股比例计算应享有的份额，应当增加或减少长期股权投资的账面价值，同时增加或减少资本公积(其他资本公积)。当处置该长期股权投资时，应当将原计入资本公积(其他资本公积)的相关金额转入投资收益(具体案例见第八章[例 8-11]和[例 8-13])。

四、其他综合收益

其他综合收益是指企业根据其他会计准则规定未在当期损益中确认的各项利得和损失。如以公允价值计量且其变动计入其他综合收益的金融资产、存货或自用房地产转换为采用公允价值模式计量的投资性房地产等。

核算企业发生的相关其他综合收益事项，应当设置“其他综合收益”账户，并按具体事项进行明细核算(具体案例见相关章节)。

第四节　留 存 收 益

一、留存收益的组成

留存收益是指企业从历年实现的利润中提取或形成的留存于企业的内部积累，包括盈余公积和未分配利润两类。利润分配是指企业根据国家有关规定和企业章程、投资者协议等,对企业当年可供分配的利润所进行的分配,企业当年实现的净利润加上年初未分配利润(或减年初未弥补亏损和其他转入后的余额)为可供分配的利润,可供分配的利润按下列顺序分配,即提取法定盈余公积、提取任意盈余公积、向投资者分配利润。

在所有者权益中,资本公积与留存收益的区别主要表现在:资本公积的来源不是企业实现的利润,而主要来自资本溢价或股本溢价以及直接计入所有者权益的利得和损失等;留存收益则来源于企业生产经营活动实现的利润,是企业的内部积累和资本增值。

(一)盈余公积

盈余公积是指企业按照有关规定从净利润中提取的积累资金。

1. 盈余公积来源

(1) 公司制企业的盈余公积,包括法定盈余公积和任意盈余公积。① 法定盈余公积,是指企业按照规定的10%比例从净利润中提取的盈余公积,当法定盈余公积累计额达到注册资本的50%时,可以不再提取;② 任意盈余公积,是指企业经股东大会或类似机构批准按照规定的比例从净利润中提取的盈余公积。

(2) 外商投资企业的盈余公积,包括储备基金、企业发展基金及利润归还投资。① 储备基金,是指按照法律、行政法规规定从净利润中提取的、经批准用于弥补亏损和增加资本的储备基金;② 企业发展基金,是指按照法律、行政法规规定从净利润中提取的、用于企业生产发展和经批准用于增加资本的企业发展基金;③ 利润归还投资,是指中外合作经营企业按照规定在合作期间以利润归还投资者的投资。

2. 盈余公积用途

企业的盈余公积可以用于弥补亏损、转增资本(或股本),以及扩大企业生产经营。

(1) 弥补亏损。企业发生亏损,应由企业自行弥补。弥补亏损的方式一般有三种:一是用以后年度的税前利润弥补。按照规定,企业发生亏损,可以用以后年度实现利润进行弥补,但弥补期限不得超过5年。二是用以后年度的税后利润弥补。超过了税收规定的税前利润弥补期限,未弥补的以前年度亏损可用所得税后利润弥补。三是用盈余公积弥补。需要说明的是,当企业用利润弥补亏损时,不必作专门的账务处理。

(2) 转增资本。经股东大会决议,可以将盈余公积转为资本。在转增资本时,一是必须经股东大会或类似机构批准办理增资手续,并按股东原有持股比例结转;二是按照公司法规定,法定公积金(资本公积和盈余公积)转增资本时,所留存的该项公积金不得少于转增前公司注册资本的25%。

(3) 扩大生产经营。企业盈余公积的积存数,是所有者权益的组成部分,也是企业生产经营资金的来源,可用于扩大企业生产经营。

（二）未分配利润

未分配利润是企业实现的净利润通过弥补亏损、提取盈余公积和向投资者分配利润后留存在企业的、历年结存的利润，通常留待以后年度向投资者进行分配。

未分配利润有两层含义：一是企业留待以后年度进行分配的结存利润；二是未指定特定用途的利润，也是企业所有者权益的组成部分。

年末未分配利润通常按如下公式计算：

$$\text{年末未分配利润}=\text{期初未分配利润}+\text{本期净利润}-\text{本期已分配利润}$$

二、留存收益的会计处理

企业应通过“盈余公积”账户，核算盈余公积的提取、使用等情况，并分别“法定盈余公积”和“任意盈余公积”明细账户进行明细核算。企业按规定提取盈余公积时，借记“利润分配——提取法定盈余公积”“利润分配——提取任意盈余公积”账户，贷记“盈余公积”账户；经股东大会或类似机构决议用盈余公积弥补亏损或转增资本时，借记“盈余公积”账户，贷记“利润分配——盈余公积补亏”“实收资本”或“股本”账户；经股东大决议用盈余公积派送新股时，按派送新股计算的金额，借记“盈余公积”账户，按股票面值和派送新股总数计算的股票面值总额，贷记“股本”账户。

企业应通过“利润分配”账户，核算企业利润的分配或亏损的弥补、历年分配或弥补后的未分配利润或未弥补亏损。该账户应分别“提取法定盈余公积”“提取任意盈余公积”“应付现金股利或利润”“盈余公积补亏”“未分配利润”等账户进行明细核算；企业未分配利润通过“利润分配——未分配利润”明细账户进行核算。年度终了，企业应将全年实现的净利润或发生的净亏损自“本年利润”账户转入“利润分配——未分配利润”账户，并将“利润分配”账户所属其他明细账户的余额转入“未分配利润”明细账户，结转后“利润分配——未分配利润”账户如为贷方余额，表示累积未分配的利润数额；如为借方余额，则表示累积未弥补的亏损数额。

（一）提取盈余公积

【例 11－9】 A 股份有限公司 20×6 年实现净利润 500 万元，年初未分配利润为 0 元。经股东大会批准，该股份有限公司按当年净利润的 10％提取法定盈余公积。假定不考虑其他因素，A 股份有限公司应作会计分录如下：

借：利润分配——提取法定盈余公积	500 000	
贷：盈余公积——法定盈余公积		500 000

（二）盈余公积补亏

【例 11－10】 B 公司 20×7 年度发生经营亏损 100 万元，经股东大会决议，用盈余公积弥补亏损，应作会计分录如下：

借：盈余公积　　1 000 000
　贷：利润分配——盈余公积补亏　　1 000 000

亏损企业在用盈余公积弥补亏损后，如果仍有结余，也可用于分配股利。

（三）盈余公积转增资本

【例 11-11】 C股份有限公司经股东大会决议，决定将盈余公积150万元转增股本，按规定增资程序获得批准后，该公司应作会计分录如下：

借：盈余公积　　1 500 000
　贷：股本　　1 500 000

复习思考题

一、单项选择题

1. 根据有关会计准则规定未在当期损益中确认的各项利得和损失，应当记入（　　）账户。

A. "实收资本"　　B. "资本公积"
C. "其他综合收益"　　D. "盈余公积"

2. （　　）来源于企业生产经营活动实现的利润，是企业的内部积累和资本增值。

A. 投资收益　　B. 业外收入
C. 留存收益　　D. 其他综合收益

3. 公司回购本公司股票时，回购价大于回购股份的面值时，应借记有关账户的依次顺序是（　　）。

A. 股本、资本公积、盈余公积、未分配利润　　B. 未分配利润、股本、盈余公积、资本公积
C. 未分配利润、盈余公积、资本公积、股本　　D. 股本、盈余公积、未分配利润、资本公积

4. 某股份有限公司委托某证券公司代理发行普通股100 000股，每股面值1元，每股按1.1元的价格发行，根据协议，证券公司按发行收入的3%收取手续费，从发行收入中扣除。则该公司应计入资本公积的数额为（　　）元。

A. 6 700　　B. 3 000
C. 110 000　　D. 0

5. 某上市公司发行普通股股票3 000万股，每股面值1元，每股发行价5元，支付各种发行费用90万元，则资本公积的入账价值为（　　）万元。

A. 12 000　　B. 14 910
C. 11 910　　D. 15 000

6. 某企业第1年经营亏损10万元，第2年实现利润30万元（税前），所得税税率为15%，法定盈余公积的提取比例是10%，则第2年应提取的法定盈余公积为（　　）万元。

A. 3　　B. 2.55

C. 1.7　　D. 1.55

7. 利润分配的顺序依次是(　　)。

A. 提取法定盈余公积、向投资者分配利润、提取任意盈余公积

B. 向投资者分配利润、提取任意盈余公积、提取法定盈余公积

C. 提取资本公积、提取法定盈余公积、提取任意盈余公积

D. 提取法定盈余公积、提取任意盈余公积、向投资者分配利润

8. 股份公司进行股利分派时,不会引起所有者权益总额变动的分派是(　　)。

A. 现金股利　　B. 财产股利

C. 负债股利　　D. 股票股利

9. 某企业20×1年发生亏损1 200万元,20×2～20×6年,该企业每年实现利润200万元,20×7年该企业实现利润400万元,所得税税率为25%,则20×7年年末该企业"利润分配——未分配利润"账户余额为(　　)万元。

A. 100　　B. 20

C. 140　　D. 0

10. 下列各项中,属于企业未分配利润用途的是(　　)。

A. 留待以后年度向投资者进行分配

B. 用于计提企业所得税

C. 用于计提企业的法定盈余公积

D. 用于计提企业的任意盈余公积

二、多项选择题

1. 下列事项中,引起所有者权益变动的有(　　)。

A. 接受投资者投入固定资产　　B. 将资本公积转增资本

C. 用盈余公积弥补亏损　　D. 企业实现净利润

E. 将盈余公积转增资本

2. 盈余公积可用于(　　)。

A. 扩大企业生产经营　　B. 转增资本

C. 弥补亏损　　D. 发放工资

E. 转增资本公积

3. 下列项目中,属于留存收益的有(　　)。

A. 实收资本　　B. 法定盈余公积

C. 任意盈余公积　　D. 资本公积

E. 未分配利润

4. 投入资本按投资形式分为(　　)。

A. 现金　　B. 银行存款

C. 实物资产　　D. 长期借款

E. 无形资产

5. 实收资本在(　　)情况下,可能会出现借方发生额。

A. 资本过剩　　B. 弥补亏损

C. 分派股利　　D. 发生重大亏损

E. 对外投资

6. 盈余公积减少是由于(　　)。

A. 用盈余公积转增实收资本　　B. 用盈余公积对外投资

C. 用盈余公积对外捐赠　　D. 用盈余公积弥补亏损

E. 用盈余公积扩大企业生产经营

7. 企业弥补亏损的途径有(　　)。

A. 用以后年度税前利润弥补

B. 用以后年度税后利润弥补

C. 用以后年度税前利润弥补,但弥补期不超过5年

D. 超过税前利润弥补期的亏损,可用以后年度税后利润弥补

E. 税后利润弥补不了的亏损,可用盈余公积进行弥补

8. 实收资本增加的途径有(　　)。

A. 用盈余公积转增资本　　B. 用资本公积转增资本

C. 投资者追加资本　　D. 发放股票股利

E. 向投资者分配利润

9. 股份有限公司购买库存股票时,将引起(　　)。

A. 企业资产增加　　B. 企业资产减少

C. 企业股东权益减少　　D. 企业资产减少,股东权益不变

E. 企业资产不变,股东权益不变

10. 股份有限公司的税后利润主要用于(　　)。

A. 提取法定盈余公积　　B. 向股东分配现金股利

C. 弥补以前年度亏损　　D. 转增资本

E. 向股东分配股票股利

三、判断题

1. "其他权益工具"账户核算企业发行的除普通股以外的归类为权益工具的各种金融工具。(　　)

2. 用盈余公积弥补亏损或转增资本,都将影响所有者权益总额。(　　)

3. 用利润弥补亏损时,应编制会计分录。(　　)

4. 在我国,股票的发行价格可以超过票面金额,也可以等于票面金额,但不允许低于票面金额。(　　)

5. 溢价发行股票发生的手续费、佣金等交易费用,应冲减资本公积。(　　)

6. 无论是以税前利润还是以税后利润弥补亏损,其会计处理方法相同,不同之处仅在于两者计算缴纳所得税的处理不同而已。(　　)

7. 在计算提取法定盈余公积的基数时,应包括企业年初未分配利润。 ( )

8. 资本公积包括资本溢价和直接计入所有者权益的利得和损失等。 ( )

9. 股份有限公司"股本"账户的期末贷方余额就是股票的发行价与发行股数的乘积。 ( )

10. 直接计入所有者权益的损失,是指由企业非日常活动所发生的、会导致所有者权益减少的、与向所有者分配利润无关的经济利益的流出。 ( )

四、名词解释

所有者权益　　实收资本

资本公积　　盈余公积

库存股　　留存收益

资本溢价　　注册资本

五、简答题

1. 简述所有者权益及其特点。
2. 简述资本公积及其内容。
3. 公司增加资本的途径有哪些? 公司减资的原因是什么?
4. 简述股份有限公司和有限责任公司投入资本的特点。
5. 留存收益包括哪些内容? 如何核算?
6. 什么是库存股? 有什么特点?
7. 简述直接计入所有者权益的利得和损失。
8. 试比较实收资本和资本公积的区别。
9. 试比较资本公积和留存收益的区别。

六、计算与分析题

习题一

(一) 目的 练习实收资本增加业务的会计处理。

(二) 资料 某公司20×7年5月发生如下经济业务:

(1) 5月2日,收到A法人单位投入资本人民币500 000元,存入银行。

(2) 5月4日,收到B法人单位投入材料1批,该批材料投资合同约定价值为339 000(含增值税),B公司已开具了增值税专用发票;另又收到B公司以土地使用权进行的投资,投资合同约定价值为3 600 000元,假设合同约定的价值与公允价值相符。

(3) 5月6日,收到C法人单位投入设备1台,投资合同约定价值为200 000元,假设合同约定的价值与公允价值相符,不考虑增值税。

(4) 5月8日,收到外商D公司投入的1项专利权,投资合同约定价值为180 000元,假设合同约定的价值与公允价值相符,不考虑增值税。

(三) 要求 根据上述资料,编制相应的会计分录。

习 题 二

(一)目的 练习实收资本(股本)减少业务的会计处理。

(二)资料 A公司由于资本过剩而减资,收回该公司发行在外的普通股100万股,股票面值1元,原发行价3元,共发行股票500万股。该公司提取的盈余公积为500万元,未分配利润500万元。

(三)要求

(1)若以每股10元收购,试编制有关会计分录。

(2)若以每股15元收购,试编制有关会计分录。

(3)若以每股20元收购,试编制有关会计分录。

习 题 三

(一)目的 练习留存收益业务的会计处理。

(二)资料

(1)某企业本年度实现税后利润6 000 000元,分别按税后利润的10%、5%提取法定盈余公积和任意盈余公积。

(2)某股份有限公司注册资本为1 500 000元,本年度发生亏损1 200 000元,经董事会决议用以前年度提取的盈余公积弥补亏损。

(3)上述公司经董事会决议,将盈余公积300 000元转增股本。

(三)要求 根据上述资料,编制相应的会计分录。

习 题 四

(一)目的 练习所有者权益综合业务的会计处理。

(二)资料

(1)某公司收到A公司投入的设备1台,投资合同约定价值为206 000元,假设合同约定的价值与公允价值相符,不考虑增值税。该机器已投入使用。

(2)某单位接受B公司投入1项非专利技术,投资合同约定价值为86 000元,假设合同约定的价值与公允价值相符,不考虑增值税。

(3)某企业收到外单位投入实物资产1批,其中原材料投资合同或协议约定价值为7 070 000(不含增值税)元;专用工具投资合同或协议约定价值为3 030 000(不含增值税)元;假设合同约定的价值与公允价值相符,原材料与专用工具均已入库。

(4)某企业年初累计未弥补亏损300 000元,现决定用以前年度提取的盈余公积来弥补亏损。

(5)某单位20×8年税前利润为350 000元,所得税税率为25%,本年度支付各种税收滞纳金和罚款8 000元,弥补上年度亏损200 000元,之后提取10%法定盈余公积。

(三)要求 根据上述资料,编制相应的会计分录(假定不考虑增值税)。

第十二章 收　　入

本章教学要点

了解收入的特征和分类，掌握收入确认的条件和时间，收入计量的原则和方法；具体掌握各种收入业务的确认要求和核算方法，以及相应的账务处理；重点掌握各项特殊收入业务以及销售退回、折扣和折让的账务处理。

第一节　收入的特征和分类

一、收入的特征

收入是指企业在日常活动中形成的、会导致所有者权益增加的、与所有者投入资本无关的经济利益的总流入。

收入具有以下三个特征：

(1) 收入是企业在日常活动中形成，而不是从非日常活动中产生的。

(2) 收入会导致企业经济利益的流入，但该流入不包括所有者投入的资本，也不包括为第三方或客户代收的款项。

(3) 收入最终会导致所有者权益增加。收入能增加企业的资产、或减少负债、或两者兼而有之，最终一定会增加所有者权益。

二、收入的分类

收入可以作如下的两种分类。

第一类，收入按性质不同，可以分为销售商品收入、提供劳务或服务收入，以及出租资产收入等。

销售商品收入是指企业销售自己生产的或购入的商品存货，如制造企业销售生产的产成品或其他存货，商品流通企业销售购进的商品所取得的收入。

提供劳务或服务收入是指企业提供旅游、餐饮、运输、广告、咨询、安装等劳务或服务所取得的收入。

出租资产收入是指企业将资产出租给他人使用而取得的收入，如出租无形资产使用权取得使用费收入，以及出租固定资产使用权取得租金收入等。

第二类，收入按主次不同，可以分为主营业务收入和其他业务收入两种。

主营业务收入是指企业在从事日常活动中的主要经营业务所产生的收入。主营业务收入一般占企业收入的比重较大，对企业的经济效益产生较大的影响。不同的企业，其主营业务收入的内容会各不相同，如制造企业的主营业务收入，应当包括销售产成品、自制半成品、代制品、代修品以及提供工业性劳务所取得的收入；而商品流通企业的主营业务收入，主要包括销售商品所取得的收入等。

其他业务收入是指除主营业务收入以外的兼营业务所取得的收入。其他业务收入一般占企业收入的比重较小，如制造企业销售材料、出租固定资产，以及出售房地产等所取得的收入。

第二节　收入的确认和计量

一、收入的确认

（一）收入确认的原则

企业应当在履行了合同中的履约义务，即在客户取得相关商品控制权时确认收入。取得相关商品控制权，是指能够主导该商品的使用并从中获得几乎全部的经济利益。

当企业与客户之间的合同同时满足下列条件时，企业应当在客户取得相关商品控制权时确认收入：

（1）合同各方已批准该合同并承诺将履行各自义务。

（2）该合同明确了合同各方与所转让商品或提供劳务相关的权利和义务。

（3）该合同有明确的与所转让商品相关的支付条款。

（4）该合同具有商业实质，即履行该合同将改变企业未来现金流量的风险、时间分布或金额。

（5）企业因向客户转让商品而有权取得的对价很可能收回。

在判断客户是否已取得商品控制权时，企业应当考虑下列迹象：

（1）企业就该商品享有现时收款权利，即客户就该商品负有现时付款义务。

（2）企业已将该商品的法定所有权转移给客户，即客户已拥有该商品的法定所有权。

（3）企业已将该商品实物转移给客户，即客户已实物占有该商品。

（4）企业已将该商品所有权上的主要风险和报酬转移给客户，即客户已取得该商品所有权上的主要风险和报酬。

（5）客户已接受该商品。

(6) 其他表明客户已取得商品控制权的迹象。

(二) 收入确认的时间

合同开始日,企业应当对合同进行评估,识别该合同所包含的各单项履约义务,并确定各单项履约义务是在某一时段内履行,还是在某一时点履行,然后,在履行了各单项履约义务时分别确认收入。这里所说的履约义务,是指合同中企业向客户转让可明确区分商品的承诺。履约义务既包括合同中明确的承诺,也包括由于企业已公开宣布的政策、特定声明或以往的习惯做法等导致合同订立时客户合理预期企业将履行的承诺。企业为履行合同而应开展的初始活动,通常不构成履约义务,除非该活动向客户转让了承诺的商品。

1. 在某一时段内履行的履约义务

满足下列条件之一的,属于在某一时段内履行的履约义务:

(1) 客户在企业履约的同时即取得并消耗企业履约所带来的经济利益。

(2) 客户能够控制企业履约过程中在建的商品。

(3) 企业履约过程中所产出的商品具有不可替代用途,且该企业在整个合同期间内有权就累计至今已完成的履约部分收取款项。

所谓具有不可替代用途,是指因合同限制或实际可行性限制,企业不能轻易地将商品用于其他用途。有权就累计至今已完成的履约部分收取款项,是指在由于客户或其他方原因终止合同的情况下,企业有权就累计至今已完成的履约部分收取能够补偿其已发生成本和合理利润的款项,并且该权利具有法律约束力。

对于在某一时段内履行的履约义务,企业应当在该段时间内按照履约进度确认收入,但是,履约进度不能合理确定的除外。企业应当考虑商品的性质,采用产出法或投入法确定恰当的履约进度。其中,产出法是根据已转移给客户的商品对于客户的价值确定履约进度;投入法是根据企业为履行履约义务的投入确定履约进度。对于类似情况下的类似履约义务,企业应当采用相同的方法确定履约进度。当履约进度不能合理确定时,企业已经发生的成本预计能够得到补偿的,应当按照已经发生的成本金额确认收入,直到履约进度能够合理确定为止。

2. 在某一时点履行的履约义务

不能满足上述条件的,属于在某一时点履行的履约义务。对于在某一时点履行的履约义

务,企业应当在客户取得相关商品控制权时点确认收入。

二、收入的计量

1. 收入计量的原则

企业应当按照分摊至各单项履约义务的交易价格计量收入。

是指企业因向客户转让商品而预期有权收取的对价金额。企业代第三方收取的

款项以及企业预期将退还给客户的款项，应当作为负债进行会计处理，不计入交易价格。

企业应当根据合同条款，并结合其以往的习惯做法确定交易价格。

2. 收入计量的方法

企业在类似环境下向类似客户单独销售商品的价格，应作为确定该商品单独售价的最佳证据。单独售价无法直接观察的，企业应当综合考虑其能够合理取得的全部相关信息，采用市场调整法、成本加成法、余值法等方法合理估计单独售价。在估计单独售价时，企业应当最大限度地采用可观察的输入值，并对类似的情况采用一致的估计方法。

市场调整法是指企业根据某商品或类似商品的市场售价考虑本企业的成本和毛利等进行适当调整后，确定其单独售价的方法。

成本加成法是指企业根据某商品的预计成本加上其合理毛利后的价格，确定其单独售价的方法。

余值法是指企业根据合同交易价格减去合同中其他商品可观察的单独售价后的余值，确定某商品单独售价的方法。

企业在商品近期售价波动幅度巨大，或者因未定价且未曾单独销售而使售价无法可靠确定时，可采用余值法估计其单独售价。

三、收入确认和计量的步骤

收入确认和计量大致分为以下五步：

（1）识别与客户订立的合同。

（2）识别合同中的单项履约义务。

（3）确定交易价格。

（4）将交易价格分摊至各单项履约义务。

（5）履行各单项履约义务时确认收入。

其中，第 1、第 2 和第 5 步主要与收入的确认有关，第 3 和第 4 步主要与收入的计量有关。

第三节　收入业务的会计处理

一、采用不同销售方式的会计处理

（一）一般销售业务

通常情况下，企业应当按照从购货方已收或应收的合同或协议价款确定销售商品收入金额，但已收或应收的合同或协议价款不公允的除外。

【例 12－1】 甲公司向乙公司销售 1 批产品，开出的增值税专用发票上注明的销售价格为 300 000 元，增值税额为 39 000 元，产品已经发出，款项收存银行。该批产品成本为 250 000 元。假定不考虑其他因素。甲公司应作会计分录如下：

借：银行存款	339 000	
贷：主营业务收入		300 000
应交税费——应交增值税(销项税额)		39 000
借：主营业务成本	250 000	
贷：库存商品		250 000

（二）合同中存在重大融资成分的销售

合同中存在重大融资成分的，企业应当按照假定客户在取得商品控制权时即以现金支付的应付金额确定交易价格。该交易价格与合同对价之间的差额，应当在合同期间内采用实际利率法摊销。合同开始日，企业预计客户取得商品控制权与客户支付价款间隔不超过 1 年的，可以不考虑合同中存在的重大融资成分。

【例 12－2】 甲公司 20×7 年 1 月 1 日采用分期收款方式销售大型设备，合同价格为 1 500 万元，分 5 年于每年年末等额收取，设备成本为 1 000 万元。假定该大型设备在即以现金支付时的销售价格为 1 200 万元(不考虑相关税率)。

甲公司该应收款项的收取时间较长，相当于对客户提供信贷，具有重大融资成分，应按 1 200 万元确认收入，合同价格 1 500 万元与 1 200 万元的差额应当作为未实现融资收益，在 5 年内采用实际利率法进行摊销，冲减财务费用。根据 1 元年金现值系数表，该公司计算得出年金 300 万元、期数 5 年、现值 1 200 万元的折现率为 7.93%，即为该笔应收款项的实际利率。该笔应收款项账面余额，减去未实现融资收益账面余额后的差额，即为应收款项的摊余成本；摊余成本和实际利率 7.93%的乘积即为当期应冲减的财务费用。

(1) 甲公司于 20×7 年 1 月 1 日采用分期收款方式销售时的会计处理。

借：长期应收款	15 000 000	
贷：主营业务收入		12 000 000
未实现融资收益		3 000 000
借：主营业务成本	10 000 000	
贷：库存商品		10 000 000

(2) 甲公司各年分期收款及摊销未实现融资收益的计算如表 12－1 所示。

表 12-1　**分期收款及摊销未实现融资收益计算表**　单位：元

日　期	分　期 收款额	摊销未实现 融资收益	摊余成本 减少额	摊余成本
①	②	③=期初⑤×7.93%	④=②-③	⑤=期初⑤-④
20×7 年 01 月 01 日				12 000 000
20×7 年 12 月 31 日	3 000 000	951 600	2 048 400	9 951 600
20×8 年 12 月 31 日	3 000 000	789 160	2 210 840	7 740 760
20×9 年 12 月 31 日	3 000 000	613 840	2 386 160	5 354 600
20×0 年 12 月 31 日	3 000 000	424 600	2 575 400	2 779 200
20×1 年 12 月 31 日	3 000 000	220 800	2 779 200	0
合　　计	15 000 000	3 000 000	12 000 000	

根据表 12-1 的计算结果，作会计处理如下：

20×7 年 12 月 31 日，收到货款及摊销未实现融资收益。

借：银行存款　　3 000 000

　贷：长期应收款　　3 000 000

借：未实现融资收益　　951 600

　贷：财务费用　　951 600

20×8 年 12 月 31 日，收到货款及摊销未实现融资收益。

借：银行存款　　3 000 000

　贷：长期应收款　　3 000 000

借：未实现融资收益　　789 160

　贷：财务费用　　789 160

20×9 年 12 月 31 日，收到货款及摊销未实现融资收益。

借：银行存款　　3 000 000

　贷：长期应收款　　3 000 000

借：未实现融资收益　　613 840

　贷：财务费用　　613 840

20×0 年 12 月 31 日，收到货款及摊销未实现融资收益。

借：银行存款　　3 000 000

　贷：长期应收款　　3 000 000

借：未实现融资收益　　424 600
　　贷：财务费用　　424 600

20×1 年 12 月 31 日，收到货款及摊销未实现融资收益。

借：银行存款　　3 000 000
　　贷：长期应收款　　3 000 000

借：未实现融资收益　　220 800
　　贷：财务费用　　220 800

（三）采用预收款方式的销售

企业向客户预收销售商品款项的，应当先将该款项确认为负债，待履行了相关履约义务时再转为收入。当企业预收款项无需退回，且客户可能会放弃其全部或部分合同权利时，企业预期将有权获得与客户所放弃的合同权利相关的金额的，应当按照客户行使合同权利的模式按比例将上述金额确认为收入；否则，企业只有在客户要求其履行剩余履约义务的可能性极低时，才能将上述负债的相关余额转为收入。

【例 12－3】 甲公司为增值税一般纳税企业，适用的增值税税率为 13%。20×7 年 5 月 3 日，甲公司与乙公司签订协议，采用预收款销售方式销售 1 批商品给乙企业，该批商品的销售价格为 500 000 元(不含增值税额)。协议规定，乙企业应于协议签订之日预付 60%的货款(按销售价格计算)，剩下的部分于 7 月 31 日付清。

假定：① 5 月 3 日，甲公司已收到乙公司预付的款项；② 7 月 31 日，甲公司收到乙公司支付的剩余货款及增值税额，并已将该批商品交付给乙公司；③ 该批产品的实际成本为 350 000 元。甲公司应作账务处理如下：

(1) 5 月 3 日，收到乙公司的预付款。

借：银行存款　　300 000
　　贷：预收账款　　300 000

(2) 7 月 31 日，收到剩余的货款及增值税额。

借：银行存款　　280 000
　　贷：预收账款　　280 000

借：预收账款　　565 000
　　贷：主营业务收入　　500 000
　　　　应交税费——应交增值税(销项税额)　　65 000

借：主营业务成本　　350 000
　　贷：库存商品　　350 000

（四）采用支付手续费方式的委托代销

销售商品采用支付手续费方式委托代销的，对委托方来说，支付的手续费实际上是一种销售劳务支出。在这种销售方式下，委托方发出商品时，其商品的控制权并未转移给受托方，因此，委托方在发出商品时不应确认销售商品收入，而应在收到受托方开出代销清单时确认收入；受托方作为代理人应在商品销售后，按合同或协议约定的佣金金额或比例计算确认手续费收入。

【例 12－4】 甲公司与乙公司均为增值税一般纳税企业，增值税税率为 13%。甲公司委托乙公司销售 A 商品 2 000 件，该商品成本为 30 元/件。根据代销合同规定，乙公司应按每件 50 元售给顾客，甲公司按售价的 10%支付乙公司手续费。乙公司实际销售时，即向买方开具增值税专用发票，发票上注明 A 商品售价为 100 000 元，增值税额为 13 000 元。甲公司在收到乙公司交来的代销清单时，向乙公司开具一张相同金额的增值税发票。假定不考虑其他相关税费。

甲公司应作的账务处理如下：

（1）将 A 商品交付给乙公司时。

借：委托代销商品	60 000	
贷：库存商品		60 000

（2）甲公司收到代销清单时。

借：应收账款——乙公司	113 000	
贷：主营业务收入		100 000
应交税费——应交增值税（销项税额）		13 000
借：主营业务成本	60 000	
贷：委托代销商品		60 000
借：销售费用——代销手续费	10 000	
贷：应收账款——乙公司		10 000

（3）收到乙公司汇来的货款净额 103 000 元（113 000－10 000）时。

借：银行存款	103 000	
贷：应收账款——乙公司		103 000

乙公司应作的账务处理如下：

（1）收到 A 商品时。

借：受托代销商品	100 000	
贷：受托代销商品款		100 000

(2) 实际销售时。

借:银行存款　113 000
　贷:应付账款　100 000
　　应交税费——应交增值税(销项税额)　13 000

(3) 收到甲公司开出的增值税专用发票时。

借:应交税费——应交增值税(进项税额)　13 000
　贷:应付账款——甲公司　13 000

借:受托代销商品款　100 000
　贷:受托代销商品　100 000

(4) 支付甲公司货款并计算代销手续费时。

借:应付账款——甲公司　113 000
　贷:银行存款　103 000
　　主营业务收入或其他业务收入　10 000

(五) 采用售后回购商品的销售

企业因存在与客户的远期安排而负有回购义务或企业享有回购权利的,表明客户在销售时点并未取得相关商品控制权,企业应当作为租赁交易或融资交易进行相应的会计处理。其中,回购价格低于原售价的,应当视为租赁交易,按照相应规定进行会计处理;回购价格不低于原售价的,应当视为融资交易,在收到客户款项时确认金融负债,并将该款项和回购价格的差额在回购期间内确认为利息费用。

【例 12-6】 甲公司和乙公司均为增值税一般纳税企业,适用的增值税税率为13%。20×7 年 3 月 1 日,甲公司与乙公司签订协议,向乙公司销售 1 批商品,增值税专用发票上注明销售价格为 2 000 000 元,增值税额为 260 000 元。该批商品的实际成本为 1 600 000 元。协议同时规定,甲公司应在 20×7 年 7 月 30 日将所售商品购回,回购价格为2 200 000 元(不含增值税额)。商品已发出,货款已收到。

本例中,由于回购价格 2 200 000 元大于销售价格 2 000 000,因此该合同视为融资交易。甲公司的账务处理如下:

(1) 3 月 1 日,发出商品时。

借:银行存款　2 260 000
　贷:其他应付款　2 000 000
　　应交税费——应交增值税(销项税额)　260 000

借:发出商品　1 600 000
　贷:库存商品　1 600 000

（2）回购价大于原售价的差额，应在销售与回购期间内按期计提利息费用，计提的利息费用直接计入当期财务费用。

3～6 月，每月应计提的利息费用为 40 000 元（200 000÷5）。每月计提利息费用的分录如下：

借：财务费用	40 000	
贷：其他应付款		40 000

（3）7 月 30 日，甲公司购回 3 月 1 日销售的商品，增值税专用发票上注明商品价款 2 200 000 元，增值税额 286 000 元。款项已经支付，商品已验收入库。

借：财务费用	40 000	
贷：其他应付款		40 000
借：其他应付款	2 200 000	
应交税费——应交增值税（进项税额）	286 000	
贷：银行存款		2 486 000
借：库存商品	1 600 000	
贷：发出商品		1 600 000

（六）附有客户额外购买选择权的销售

对附有客户额外购买选择权的销售，企业应当评估该选择权是否向客户提供了一项重大权利。企业提供重大权利的，应当作为单项履约义务，按照有关交易价格分摊的要求将交易价格分摊至该履约义务，在客户未来行使购买选择权取得相关商品控制权时，或者该选择权失效时，确认相应的收入。

额外购买选择权的情况包括销售激励、客户奖励积分、未来购买商品的折扣券，以及合同续约选择权等。

【例 12－7】　20×7 年 1 月 1 日，某公司规定持有会员卡的客户购物满 100 元送积分 10 分，每分可兑换价值 1 元的商品。截至 20×7 年 1 月 31 日，客户共购物 200 000 元，可获得 20 000 个积分，根据历史经验，该公司估计积分的兑换率为 90%。假定上述金额均不包含增值税等的影响。

根据上述资料，该公司授予客户的积分为客户提供了一项重大权利，应当作为一项单独的履约义务。客户购买商品的售价合计为 200 000 元，考虑积分的兑换率，该公司估计积分的单独售价为 18 000 元（1×20 000×90%）。应当按照商品和积分单独售价的相对比例对交易价格进行分摊：

分摊至商品的交易价格＝[200 000÷（200 000＋18 000）]×200 000＝183 486（元）

分摊至积分的交易价格＝[18 000÷（200 000＋18 000）]×200 000＝16 514（元）

因此，公司应当在商品的控制权转移时作会计分录如下：

借：银行存款　　200 000

　贷：主营业务收入　　183 486

　　　合同负债　　16 514

假定，截至20×7年12月31日，客户共兑换了9 000个积分，公司应当以客户兑换的积分数占预期将兑换的积分总数的比例为基础确认收入：

积分应当确认的收入 = 9 000 ÷ 18 000 × 16 514 = 8 257(元)

借：合同负债　　8 257

　贷：主营业务收入　　8 257

（七）附有销售退回条款的销售

对于附有销售退回条款的销售，企业应当在客户取得相关商品控制权时，按照因向客户转让商品而预期有权收取的对价金额(即不包含预期因销售退回将退还的金额)确认收入，按照预期因销售退回将退还的金额确认负债；同时，按照预期将退回商品转让时的账面价值，扣除收回该商品预计发生的成本(包括退回商品的价值减损)后的余额，确认为一项资产，按照所转让商品转让时的账面价值，扣除上述资产成本的净额结转成本。

【例12-8】 某公司20×7年3月1日销售1批商品300件，每件售价1 000元，每件成本800元，该商品增值税税率为13%。协议约定，商品售价应于4月1日前支付，在5月31日之前有权退货。商品已经发出，货款尚未收到。该公司根据以往的经验，估计该商品的退货率为15%；实际发生销售退回时，取得红字增值税发票，可以冲减；假定商品发出时控制权已转移，不考虑其他因素。

根据上述资料，该公司应作会计处理如下：

(1) 3月1日，发出商品。

借：应收账款　　339 000

　贷：主营业务收入　　255 000

　　　预计负债——应付退货款　　45 000

　　　应交税费——应交增值税(销项税额)　　39 000

借：主营业务成本　　204 000

　　应收退货成本　　36 000

　贷：库存商品　　240 000

(2) 4月1日前，收到货款。

借：银行存款　　339 000

　贷：应收账款　　339 000

(3) 5 月 31 日发生销售退回，实际退货 45 件，款项已经支付。

借：库存商品	36 000	
应交税费——应交增值税(销项税额)	5 850	
预计负债——应付退货款	45 000	
贷：银行存款		50 850
应收退货成本		36 000

如果实际退货 30 件。

借：库存商品	24 000	
应交税费——应交增值税(销项税额)	3 900	
主营业务成本	12 000	
预计负债——应付退货款	45 000	
贷：银行存款		33 900
主营业务收入		15 000
应收退货成本		36 000

如果实际退货 60 件。

借：库存商品	48 000	
应交税费——应交增值税(销项税额)	7 800	
主营业务收入	15 000	
预计负债——应付退货款	45 000	
贷：银行存款		67 800
主营业务成本		12 000
应收退货成本		36 000

(八) 合同中包含两项或多项履约义务的销售

合同中包含两项或多项履约义务的，企业应当在合同开始日，按照各单项履约义务所承诺商品的单独售价的相对比例，将交易价格分摊至各单项履约义务。企业不得因合同开始日之后单独售价的变动而重新分摊交易价格。

【例 12－9】 某公司与客户签订合同销售中央空调，并负责安装。增值税专用发票注明的价款合计为 210 万元，其中，空调的价格为 200 万元，安装费为 10 万元，增值税额为 27.3 万元。空调的成本为 150 万元，安装过程中发生安装人工费为 2 万元。假定空调已安装完成经验收合格，款项未收，不考虑其他因素。

上述资料表明，该合同包含两项履约义务：销售中央空调与提供安装劳务，应将交易价格分摊至两项履约义务，分别确认销售商品收入与提供劳务收入，应作账务处理如下：

(1) 发出空调并结转成本时。

借:发出商品　1 500 000
　贷:库存商品　1 500 000

(2) 发生安装劳务费时。

借:劳务成本　20 000
　贷:应付职工薪酬　20 000

(3) 安装完成经验收合格,确认销售空调收入时。

借:应收账款　2 260 000
　贷:主营业务收入　2 000 000
　　应交税费——应交增值税(销项税额)　260 000

借:主营业务成本　1 500 000
　贷:发出商品　1 500 000

(4) 同时,确认安装费收入并结转成本时。

借:应收账款　113 000
　贷:主营业务收入　100 000
　　应交税费——应交增税(销项税额)　13 000

借:主营业务成本　20 000
　贷:劳务成本　20 000

(九) 在某一时段内履行的履约义务的销售

在某一时段内履行的履约义务,企业应当在该段时间内采用产出法或投入法确定恰当的履约进度,并按照履约进度确认收入。

【例 12-10】 某软件公司于 20×7 年 9 月 1 日接受 1 项软件制作劳务。合同规定,软件制作期为 1 年,制作费为 120 000 元,客户分两次等额支付,第一次在制作开始时支付,第二次在制作完成时支付。估计总成本为 90 000 元(假定均为制作人员工资)。其中,20×7 年发生成本 31 500 元,20×8 年发生成本 58 500 元。假定成本估计十分准确,制作费也能可靠收回,该公司采用投入法按照已发生的成本占预计总成本的比例,确定该项劳务的履约进度,不考虑增值税。该公司应作会计处理如下:

(1) 20×7 年,实际发生成本时。

借:劳务成本　31 500
　贷:应付职工薪酬　31 500

预收账款时。

借：银行存款　　60 000
　贷：预收账款　　60 000

12 月 31 日，采用投入法计算履约进度并确认收入和费用时。

劳务的履约进度＝31 500÷90 000×100%＝35%

应确认的收入＝120 000×35%－0＝42 000(元)

应确认的费用＝90 000×35%－0＝31 500(元)

借：预收账款　　42 000
　贷：主营业务收入　　42 000

借：主营业务成本　　31 500
　贷：劳务成本　　31 500

(2) 20×8 年，实际发生成本时。

借：劳务成本　　58 500
　贷：应付职工薪酬　　58 500

预收账款时。

借：银行存款　　60 000
　贷：预收账款　　60 000

劳务完成确认剩余的收入和费用时。

应确认的收入＝120 000－42 000＝78 000(元)

应确认的费用＝90 000－31 500＝58 500(元)

借：预收账款　　78 000
　贷：主营业务收入　　78 000

借：主营业务成本　　58 500
　贷：劳务成本　　58 500

【例 12－11】 某建筑公司与客户签订了一项总金额为 4 640 000 元的固定造价合同，承建 1 幢仓库。工程已于 20×7 年 5 月开工，预计 20×9 年 6 月完工。最初，预计工程总成本为 4 400 000 元；至 20×8 年年底，由于钢材价格上涨等因素调整了预计总成本，预计工程总成本已达到 4 800 000 元。该建筑公司于 20×9 年 4 月提前两个月完成了合同，工程质量优良，客户同意支付奖励款 160 000 元。假定不考虑相关税费，建造该仓库的其他有关资料如表 12－2 所示。

表 12-2　　**建造仓库资料表**　　单位：元

项　　目	20×7 年	20×8 年	20×9 年
至目前为止已发生的成本	1 232 000	3 840 000	4 760 000
完成合同尚需发生的成本	3 168 000	960 000	0
已结算合同价款	1 392 000	2 368 000	1 040 000
实际收到价款	1 360 000	2 320 000	1 120 000

1. 该建筑公司 20×7 年的账务处理

(1) 登记发生的合同成本。

借：工程施工——成本　　1 232 000

　贷：原材料、应付职工薪酬、累计折旧等　　1 232 000

(2) 登记已结算的合同价款。

借：应收账款　　1 392 000

　贷：工程结算　　1 392 000

(3) 登记实际收到的合同价款。

借：银行存款　　1 360 000

　贷：应收账款　　1 360 000

(4) 确认和计量当年的收入和费用，并登记入账。

20×7 年的履约进度＝1 232 000÷(1 232 000＋3 168 000)×100%＝28%

20×7 年应确认的合同收入＝4 640 000×28%＝1 299 200(元)

20×7 年应确认的毛利＝(4 640 000－1 232 000－3 168 000)×28%＝67 200(元)

20×7 年应确认的合同费用＝1 299 200－67 200＝1 232 000(元)

借：工程施工——毛利　　67 200

　　主营业务成本　　1 232 000

　贷：主营业务收入　　1 299 200

2. 该建筑公司 20×8 年的账务处理

(1) 登记发生的合同成本。

借：工程施工——成本　　2 608 000

　贷：原材料、应付职工薪酬、累计折旧等　　2 608 000

(2) 登记已结算的合同价款。

借：应收账款　　2 368 000
　贷：工程结算　　2 368 000

（3）登记实际收到的合同价款。

借：银行存款　　2 320 000
　贷：应收账款　　2 320 000

（4）确认和计量当年的合同收入和费用，并登记入账。

20×8 年的履约进度＝3 840 000÷(3 840 000＋960 000)×100%＝80%

20×8 年确认的合同收入＝4 640 000×80%－1 299 200＝2 412 800(元)

20×8 年确认的毛利＝(4 640 000－3 840 000－960 000)×80%－67 200＝－195 200(元)

20×8 年确认的合同费用＝2 412 800－(－195 200)＝2 608 000(元)

20×8 年确认的合同预计损失＝(3 840 000＋960 000－4 640 000)×(1－80%)＝32 000(元)

在 20×8 年年底，由于该合同预计总成本(4 800 000 元)大于合同总收入(4 640 000 元)，预计发生损失总额为 160 000 元，由于已在“工程施工——毛利”账户中反映了－128 000 元(67 200－195 200)的亏损，因此，应将剩余的、为完成工程将发生的预计损失 32 000 元确认为当期损失。

借：主营业务成本　　2 608 000
　贷：主营业务收入　　2 412 800
　　工程施工——毛利　　195 200

同时，

借：资产减值损失　　32 000
　贷：存货跌价准备　　32 000

3. 该建筑公司 20×9 年的账务处理

（1）登记发生的合同成本。

借：工程施工——成本　　920 000
　贷：原材料、应付职工薪酬、累计折旧等　　920 000

（2）登记已结算的合同价款。

借：应收账款　　1 040 000
　贷：工程结算　　1 040 000

（3）登记实际收到的合同价款。

借：银行存款　　1 120 000

　贷：应收账款　　1 120 000

(4) 确认和计量当年的合同收入和费用,并登记入账。

20×9 年确认的合同收入＝(4 640 000＋160 000)－(1 299 200＋2 412 800)＝1 088 000(元)

20×9 年确认的毛利＝[(4 640 000＋160 000)－4 760 000]－(67 200－195 200)＝168 000(元)

20×9 年确认的合同费用＝1 088 000－168 000＝920 000(元)

借：主营业务成本　　920 000

　　工程施工——毛利　　68 000

　贷：主营业务收入　　1 088 000

借：存货跌价准备　　32 000

　贷：主营业务成本　　32 000

(5) 20×9 年工程全部完工,应将“工程施工”账户的余额与“工程结算”账户的余额相对冲。

借：工程结算　　4 800 000

　贷：工程施工——成本　　4 760 000

　　　　　　——毛利　　40 000

(十) 客户支付非现金对价的销售

客户支付非现金对价的,企业应当按照非现金对价的公允价值确定交易价格。非现金对价的公允价值不能合理估计的,企业应当参照其承诺向客户转让商品的单独售价间接确定交易价格。非现金对价的公允价值因对价形式以外的原因而发生变动的,应当作为可变对价,按照规定进行会计处理。

例如,企业销售存货,客户支付的是固定资产或无形资产的,应按固定资产或无形资产的公允价值入账,按存货的公允价值确认收入,并分别计算增值税进项税额和销项税额,差额作为补价处理。

(十一) 企业应付客户对价的销售

企业应付客户(或向客户购买本企业商品的第三方)对价的,应当将该应付对价冲减交易价格,并在确认相关收入与支付(或承诺支付)客户对价两者孰晚的时点冲减当期收入,但应付客户对价是为了向客户取得其他可明确区分商品的除外。

企业应付客户对价是为了向客户取得其他可明确区分商品的,应当采用与本企业其他采购相一致的方式确认所购买的商品。企业应付客户对价超过向客户取得可明确区分商品公允价值的,超过金额应当冲减交易价格。向客户取得的可明确区分商品公允价值不能合理估计的,企业应当将应付客户对价全额冲减交易价格。

例如,企业承诺的销售返利,应冲减收入,不能作为成本费用列支。

(十二) 向客户收取的无需退回的初始费

企业在合同开始(或接近合同开始)日向客户收取的无需退回的初始费(如俱乐部的入会费等)的,应当评估该初始费是否与向客户转让已承诺的商品相关,如果相关,且该商品构成单项履约义务的,应当在转让该商品时,按照分摊至该商品的交易价格确认收入;不构成单项履约义务的,企业应当在包含该商品的单项履约义务履行时,按照分摊至该单项履约义务的交易价格确认收入。否则,该初始费应当作为未来将转让商品的预收款,在未来转让该商品时确认为收入。

二、折扣、折让和销售退回的会计处理

(一) 商业折扣

商业折扣,是指企业为促进商品销售而在商品标价上给予的价格扣除。企业销售商品涉及商业折扣的,应当按照扣除商业折扣后的金额确定销售商品收入金额。

(二) 现金折扣

现金折扣,是指债权人为鼓励债务人在规定的期限内付款而向债务人提供的债务扣除。

现金折扣应当在实际发生时计入当期损益。

【例 12-12】 某企业在 20×7 年 7 月 1 日销售 1 批商品 500 件,增值税专用发票上注明售价 10 000 元,增值税额 1 300 元。企业为了及早收回货款,在合同中承诺给予购货方如下现金折扣条件:“2/10,1/20,n/30”。假定计算现金折扣时不考虑增值税,该销售商品收入符合确认条件,则企业应作账务处理如下:

(1) 7 月 1 日,按总价确认收入。

借:应收账款　11 300
　贷:主营业务收入　10 000
　　应交税费——应交增值税(销项税额)　1 300

(2) 如 7 月 9 日买方付清货款,则按售价 10 000 元的 2%享受 200 元(10 000×2%)的现金折扣,实际付款 11 100 元(11 300−200)。

借:银行存款　11 100
　财务费用　200
　贷:应收账款　11 300

(3) 如 7 月 18 日买方付清货款,则应享受的现金折扣为 100 元(10 000×1%),实际付款 11 200 元。

借：银行存款　　11 200
　　财务费用　　100
　贷：应收账款　　11 300

(4) 如买方在 7 月 31 日以后才付款，则应按全额付款。

借：银行存款　　11 300
　贷：应收账款　　11 300

(三) 销售折让

销售折让，是指企业因售出商品的质量不合格等原因而在售价上给予的减让。

企业已经确认销售商品收入的售出商品，因质量问题而发生销售折让的，应当在发生时冲减当期的销售商品收入。

【例 12－13】 甲公司销售 1 批商品给乙公司，增值税专用发票上注明售价 50 000 元，增值税额 6 500 元，货到后买方发现商品质量不合格，要求在价格上给予 5%的折让。经查明，乙公司提出的销售折让要求符合原合同的约定，甲公司同意并办妥了有关手续。假定此前甲公司已确认该批商品的销售收入。甲公司相关的账务处理如下：

(1) 确认销售收入时。

借：应收账款——乙公司　　56 500
　贷：主营业务收入　　50 000
　　　应交税费——应交增值税(销项税额)　　6 500

(2) 发生销售折让时。

借：主营业务收入　　2 500
　　应交税费——应交增值税(销项税额)　　325
　贷：应收账款——乙公司　　2 825

(3) 实际收到款项时。

借：银行存款　　53 675
　贷：应收账款——乙公司　　53 675

(四) 销售退回

销售退回，是指企业售出的商品由于质量、品种不符合要求等原因而发生的退货。

企业已经确认销售商品收入的售出商品发生销售退回的，应当在发生时冲减当期销售商品收入，同时冲减当期销售成本。如果该销售退回已发生现金折扣的，应同时调整相关财务费用的金额。

【例 12－14】 某公司 20×7 年 12 月 10 日销售 A 商品 1 批，售价30 000 元，增值

税额 3 900 元，成本 24 000 元。合同规定现金折扣条件为：“2/10，1/20，n/30”。买方于 12 月 17 日付款，享受现金折扣 600 元。20×8 年 5 月 10 日，该批产品因质量严重不合格被退回（注：假定货款也同时退还给买方）。该公司的账务处理如下：

（1）销售商品时。

借：应收账款	33 900	
贷：主营业务收入		30 000
应交税费——应交增值税（销项税额）		3 900
借：主营业务成本	24 000	
贷：库存商品		24 000

（2）收回货款时。

借：银行存款	33 300	
财务费用	600	
贷：应收账款		33 900

（3）销售退回时。

借：主营业务收入	30 000	
应交税费——应交增值税（销项税额）	3 900	
贷：银行存款		33 300
财务费用		600
借：库存商品	24 000	
贷：主营业务成本		24 000

复习思考题

一、单项选择题

1. 下列各项中，符合收入会计要素定义，可以确认为收入的是（　　）。
   A. 出售无形资产收取的价款　　B. 出售原材料收到的价款
   C. 出售固定资产收取的价款　　D. 出售长期股权投资收取的价款
2. 在采用收取手续费方式代销商品时，委托方确认商品销售收入的时点为（　　）。
   A. 委托方发出商品时　　B. 受托方销售商品时
   C. 委托方收到受托方销售清单时　　D. 受托方收到销售货款时
3. 在采用预收款方式销售的情况下，应当于（　　）确认营业收入的实现。
   A. 合同约定的收款日期　　B. 实际收到货款时

C. 将发票账单交给买方时

D. 履行了相关履约义务时

4. 销售商品发生的现金折扣,应当(　　)。

A. 计入财务费用

B. 冲减财务费用

C. 增加主营业务成本

D. 冲减主营业务成本

5. 企业应付客户(或向客户购买本企业商品的第三方)对价的,应当将该应付对价(　　),并在确认相关收入与支付(或承诺支付)客户对价两者孰晚的时点冲减当期收入。

A. 加入交易价格

B. 冲减交易价格

C. 作为销售费用

D. 作为营业外支出

6. 根据新企业会计准则的规定,下列各项中,属于收入确认必须同时具备的条件是(　　)。

(1) 合同各方已批准该合同并承诺将履行各自义务

(2) 该合同明确了合同各方的权利和义务

(3) 企业将该商品法定所有权转移给客户

(4) 该合同有明确的付款条款

(5) 客户实物占有商品并取得商品主要风险和报酬

(6) 该合同具有商业实质

(7) 企业有权取得的对价很可能收回

A. (1)(3)(4)(5)(6)

B. (1)(2)(4)(6)(7)

C. (2)(4)(5)(6)(7)

D. (1)(3)(4)(5)(7)

7. 合同中包含两项或多项履约义务的,企业应当在(　　),按照各单项履约义务所承诺商品的单独售价的相对比例,将交易价格分摊至各单项履约义务。

A. 合同开始日

B. 履行义务时

C. 客户取得商品控制权时

D. 取得货款时

8. 某建筑公司承建A工程,工期2年,工程开工时预计的总成本为490万元,第1年年末A工程已发生工程成本340万元,预计还将发生工程成本160万元,则第1年的履约进度为(　　)。

A. 68%

B. 69%

C. 33%

D. 32%

9. 某公司销售1条生产线,如果用即以现金支付,其售价为1 600万元;如果用分期收款方式销售(分5年于每年年末收取400万元),其售价总额为2 000万元,在购买方选择分期付款购买的情况下,该公司应确认收入的金额为(　　)。

A. 1 600万元

B. 2 000万元

C. 每年确认收入320万元

D. 每年确认收入400万元

10. 某百货大楼与供应商签订联营协议,联营协议约定供应商在百货大楼联营柜台实现的销售款由百货大楼统一收取,月末百货大楼按销售额的扣率10%与供应商结算销售款,商品的质量保证、客户投诉等售后服务均由供应商负责,百货大楼正确的核算方法是(　　)。

A. 销售款确认为主营业务收入,按10%扣率计算的金额确认为其他业务收入

B. 销售款确认为主营业务收入,按10%扣率计算的金额冲减销售费用

C. 销售款和按10%扣率计算的金额均确认为主营业务收入

D. 销售款确认为负债，按10%扣率计算的金额确认为主营业务收入

二、多项选择题

1. 单独售价无法直接观察的，企业应当综合考虑其能够合理取得的全部相关信息，具体可以采用(　　)等方法合理估计单独售价。

A. 市场调整法
B. 成本加成法
C. 余值法
D. 加权平均法
E. 期望值法

2. 附有客户额外购买选择权的销售，包括(　　)等。

A. 销售激励
B. 客户奖励积分
C. 未来购买商品的折扣券
D. 合同续约选择权
E. 应付客户的返利

3. 20×7年11月1日，影视公司与院线(1 000万元)和网站(600万元)举行电影放映权转让签约仪式，协议约定：(1)转让方式为固定价格一次性买断；(2)院线在签约后即可排片放映；(3)网站在院线放映3个月后，即20×8年2月1日方可上线播放；(4)收款日为20×8年3月1日。影视公司可以确认的收入总金额是(　　)。

A. 20×7年11月1日确认1 600万元
B. 20×7年11月1日确认1 000万元
C. 20×8年3月1日确认1 600万元
D. 20×8年2月1日确认600万元
E. 两个时点共确认收入1 600万元

4. 下列各项交易或事项不应该确认收入的有(　　)。

A. 为客户购买旅游门票收到的款项
B. 应收销售方违约罚款收入
C. 接受母公司赞助收入
D. 销售商品取得收入
E. 出租商标权取得使用费收入

5. 某商场规定持有会员卡的客户购物满250元送积分10分，每分可兑换价值1.5元的商品，有效期一年。20×7年2月份实现销售额500万元，送出激励积分20万分。假定根据历史经验，估计该积分的兑换率为90%。以下说法中，正确的有(　　)。

A. 20×7年2月份确认主营业务收入500万元
B. 500万元销售额应当在购物和积分之间分摊
C. 与积分相关的收入应当在客户实际行使权利时确认收入
D. 客户未行使权利而失效的积分作为企业的收入
E. 20×7年2月份确认主营业务收入474.38万元，合同负债25.62万元

6. 对于在某一时段内履行的履约义务，企业采用投入法计算在该段时间内履约进度时，可以作为投入量比例的有(　　)。

A. 已经发生成本的占比
B. 已经完成时间的占比
C. 已经投入工时的占比
D. 已经完成劳务数量的占比

E. 已转移给客户商品价值的占比

7. 关于采用收取手续费方式委托代销商品，下列表述中，正确的有(　　)。

A. 委托方应在发出商品时确认收入

B. 委托方应在收到代销清单时确认收入

C. 受托方应将收到的商品列为受托代销商品

D. 受托方应在实际销售商品时确认收入

E. 委托方应将代销手续费作为销售费用

8. 收入确认与计量的五个步骤，增强了实务处理的可操作性，下列说法中，正确的有(　　)。

A. 识别与客户的合同

B. 识别合同的履约义务

C. 确定交易价格

D. 分摊交易价格至合同的履约义务

E. 合同开始日确认收入

9. 满足下列条件之一的，属于在某一时段内履行履约义务的有(　　)。

A. 客户在企业履约的同时即取得并消耗企业履约所带来的经济利益

B. 客户能够控制企业履约过程中在建的商品

C. 企业履约过程中所产出的商品具有不可替代用途，且该企业在整个合同期间内有权就累计至今已完成的履约部分收取款项

D. 客户不能够控制企业履约过程中在建的商品

E. 企业履约过程中所产出的商品具有可替代用途

10. 对于在某一时点履行的履约义务，企业应当在客户取得相关商品控制权时点确认收入。在判断客户是否已取得商品控制权时，企业应当考虑的有(　　)。

A. 企业就该商品享有现时收款权利，即客户就该商品负有现时付款义务

B. 企业已将该商品的法定所有权转移给客户，即客户已拥有该商品的法定所有权

C. 企业已将该商品实物转移给客户，即客户已实物占有该商品

D. 企业已将商品所有权上的主要风险和报酬转移给客户，即客户已取得该商品所有权上的主要风险和报酬

E. 客户已接受该商品

三、判断题

1. 商业折扣是企业为促进商品销售而在商品标价上给予的价款扣除，应该在销售商品收入中减去，予以单独反映。(　　)

2. 企业向客户销售商品，收到的是非现金对价，企业应当按照非现金对价的公允价值确定交易价格。(　　)

3. 在采用投入法按履约进度确认劳务收入时，其应结转的劳务成本应按实际发生数予以确认。(　　)

4. 建造合同的预计总成本超过合同总收入时，应将预计损失计入当期损益。(　　)

5. 售后回购属于融资交易的，企业不应确认销售商品收入。 （ ）

6. 在某一时点履行的履约义务，将商品实物交付给客户以后，企业即可以确认收入。 （ ）

7. 对于在一段时间内履行的履约义务，如果履约进度不能合理确定，企业应当采用产出法或投入法确定履约进度。 （ ）

8. 现金折扣和销售折让在销售商品时均不能预计，因而，应在实际发生时冲减销售收入。 （ ）

9. 销售退回的商品，不管是在本年度销售还是在以前年度销售，均应冲减退回月份的收入、成本和税金。 （ ）

10. 甲公司向乙公司销售商品时已知乙公司经营恶化，难以及时付款，但甲公司库存积压大，为减少积压和维持与乙公司建立的商业关系，将商品发给了乙公司。商品成本150万元，公允价值180万元。甲公司作会计分录，借记“发出商品”账户150万元，贷记“库存商品”账户150万元。该会计处理是否正确？ （ ）

四、名词解释

收入　　主营业务收入

其他业务收入　　履约义务

投入法　　产出法

市场调查法　　成本加成法

余值法　　商业折扣

现金折扣　　销售折让

销售退回　　交易价格

五、简答题

1. 简述收入确认的条件，以及应当考虑的迹象。
2. 如何确定合同各单项履约义务是在某一时段内履行，还是在某一时点履行？
3. 试述收入的计量原则，在实务中可以采用的计量方法有哪几种？
4. 分别说明不同方式收入业务的会计处理。
5. 与收入有关的商业折扣、现金折扣、销售折让和销售退回应当如何进行会计处理？

六、计算与分析题

习 题 一

（一）目的 练习合同中存在重大融资成分的会计处理。

（二）资料 甲公司20×7年1月采用分期收款方式销售一大型设备，合同价格为1 000万元，分3年支付，20×7年12月31日支付500万元，20×8年12月31日支付300万元，20×9年12月31日支付200万元。假定该应收款项的实际利率为6%，不考虑相关税费。

（三）要求 为甲公司该销售业务编制会计分录。

习 题 二

（一）目的 练习支付手续费方式委托代销的会计处理。

(二) 资料 甲公司于20×7年5月8日委托乙公司代销1批商品,合同规定的协议价格为50 000元,代销手续费率为5%,该商品实际成本为40 000元,增值税税率为13%。5月25日乙公司将商品全部售出,5月28日甲公司收到代销清单,6月2日乙公司收到甲公司开出的增值税发票,6月5日双方结清货款及手续费。

(三) 要求 分别为甲、乙公司编制会计分录。

习 题 三

(一) 目的 练习预收款销售的会计处理。

(二) 资料 甲公司为增值税一般纳税企业,增值税税率为13%,4月5日与乙公司签订协议,销售1批商品,该商品销售价款为150万元,实际成本为105万元。协议规定,乙公司应于4月5日预付货款45万元,剩余部分于7月31日付清后甲公司再交货。

(三) 要求 编制甲公司该销售业务的会计分录。

习 题 四

(一) 目的 练习售后回购业务的会计处理。

(二) 资料 A公司于20×7年3月1日与B公司签订一份售后回购协议,协议规定:3月1日A公司销售商品价格为2 000 000元,增值税额为226 000元;8月1日回购商品价格为2 500 000元,增值税额为325 000元,在销售和回购商品时钱货两清,该商品实际成本为1 800 000元。

(三) 要求 作A公司有关销售、回购商品的会计分录。

习 题 五

(一) 目的 练习附有销售退回条款销售的会计处理。

(二) 资料 M公司于20×7年4月1日销售1批商品给N公司,该商品售价总额为100 000元,增值税额为13 000元,实际成本为80 000元。协议约定:N公司应于5月1日前支付货款,在10月1日前有权退回商品。商品已经发出,款项尚未收到。

(三) 要求 假定,M公司根据以往的经验,估计该批商品退货比例为20%,实际发生的退货为10%,为M公司作相关的会计分录。

习 题 六

(一) 目的 练习在某一时段内履行履约义务的会计处理。

(二) 资料 某咨询公司20×7年4月1日与客户签订一项咨询合同。合同规定,咨询期为2年,咨询费为360 000元,分3次等额支付,第一次在项目开始时支付,第二次在项目中期支付,第三次在项目结束时支付。为开展该咨询业务,估计总成本为240 000元(均为咨询人员工资),其中,20×7年为85 000元,20×8年为125 000元,20×9年为30 000元。该咨询业务结果能够可靠估计,该咨询公司按已提供的劳务数量占应提供劳务总量的比例(即该项劳务完成时间的比例)计算履约进度。

(三) 要求 为该咨询公司作相关的会计分录。

习 题 七

(一) 目的 练习在某一时段内履行履约义务的会计处理。

(二) 资料 甲建筑公司承建一项工程,施工期3年,工程施工的有关资料如表12-3所示。

表 12-3　　**工程施工有关资料表**　　单位：万元

项　　目	20×0 年	20×1 年	20×2 年
合同总收入	800	800	900(包括奖励收入 100)
至本期止实际发生成本	180	552.5	800
估计尚需发生成本	420	297.5	
开出账单金额	160	350	390
实际收到款项	120	300	480

(三) 要求　计算甲建筑公司每年的履约进度，应确认的合同收入、合同费用和合同毛利，并编制相关的会计分录。

习　题　八

(一) 目的　练习销售折扣、折让、退回的会计处理。

(二) 资料　H 公司 20×7 年 3 月有关销售业务如下：

(1) 3 月 5 日销售 A 商品，按价目表上标明的价格计算，其不含增值税的售价总额为 45 000 元，实际总成本为 42 000 元，因属批量销售，H 公司同意给予 10% 的商业折扣；同时为鼓励客户及早付款，H 公司规定的现金折扣条件(现金折扣不考虑增值税)为："2/10，1/20，n/30"。假定 3 月 12 日 H 公司收到该笔销售款项。

(2) 3 月 15 日销售 B 商品，增值税发票注明售价 30 000 元，增值税额 3 900 元，款未收，该商品实际成本为 25 000 元。3 月 20 日购买方收货后发现商品质量不符合合同规定，要求给予 10% 的折让。经查，H 公司同意购买方要求并办妥了有关手续，3 月 22 日货款已收到。

(3) 3 月 25 日收到上月销售退回的 C 商品，其售价为 20 000 元，增值税额为 2 600 元，成本为 16 000 元，销售时货款未收。

(三) 要求　为上述销售业务编制 H 公司的会计分录。

第十三章 费用和利润

本章教学要点

了解费用的特征、各种费用的核算内容、暂时性差异及其分类、利润和利润分配的构成；掌握各种费用的核算要求、账务处理方法，以及利润的结转和利润分配的账务处理方法；重点掌握所得税会计的处理方法，以及资产减值损失、公允价值变动损益、投资收益的账务处理。

第一节 费 用

一、费用的确认

（一）费用的特征

费用，是指企业在日常活动中发生的、会导致所有者权益减少的、与向所有者分配利润无关的经济利益的总流出。

费用具有以下三个特征：

(1) 费用是企业在日常活动中发生的，而不是在非日常活动中产生的，如企业的罚款支出、处置固定资产、无形资产的净损失，就不是费用，而是损失。

(2) 费用的发生会导致经济利益流出企业，但该流出与向所有者分配利润无关，企业向所有者分配的利润，不属于费用。

(3) 费用的发生，无论表现为资产的减少还是负债的增加，最终结果会导致所有者权益减少。

（二）费用的确认条件

企业发生的各项费用，除了应当符合费用的定义外，还应当同时满足以下费用确认的条件，才能够加以确认。

(1) 与费用相关的经济利益很可能流出企业。

(2) 经济利益的流出会导致资产的减少或者负债的增加。

(3) 经济利益流出的金额能够可靠计量。

在确认企业费用时，应当注意以下两个问题：

第一，为生产产品、提供劳务等发生的可以归属于产品成本、劳务成本等的费用，应当在确认产品销售收入、劳务收入等时，将已销产品、已提供劳务的成本等计入当期损益，以实现相关的收入与费用在同一会计期间的配比。

第二，发生的支出不产生经济利益的，或者即使能够产生经济利益，但不符合或者不再符合资产确认条件的，应当在发生时确认为费用，计入当期损益。

（三）费用的内容

费用的内容主要包括营业成本、税金及附加、管理费用、销售费用和财务费用等。

营业成本，是指企业因销售商品、提供劳务等经营活动所发生的各项实际成本和支出。

税金及附加，是指企业在经营活动中发生的各项相关税费。

管理费用，是指为组织和管理企业生产经营所发生的各项费用。

销售费用，是指企业在销售商品和材料、提供劳务的过程中发生的各项费用。

财务费用，是指企业为筹集生产经营所需资金等而发生的筹资费用。

二、费用的核算

（一）营业成本的核算

营业成本是企业在确认销售商品、提供劳务等经营业务收入时，应当相应结转的成本，包括主营业务成本和其他业务成本。其中，主营业务成本是企业在经营主营业务活动时所发生的成本，包括销售商品成本、提供劳务成本等；其他业务成本则是指除主营业务活动以外的其他经营活动所发生的成本和支出，包括销售材料的成本、出租固定资产的折旧额、出租无形资产的摊销额、出租包装物的成本摊销额等。

企业一般应当在期末，根据本期销售的各种商品、提供的各种劳务，计算并结转其相应的成本，借记“主营业务成本”“其他业务成本”账户，贷记“库存商品”“劳务成本”“原材料”“累计折旧”“累计摊销”“应付职工薪酬”“银行存款”等账户；期末，“主营业务成本”和“其他业务成本”账户的余额应当转入“本年利润”账户，结转后应无余额。

【例 13－1】 某公司本期销售商品 5 000 件，单位成本 125 元；提供工业性劳务，发生成本 6 000 元，已归集在“劳务成本”账户。

该公司应当在对上述销售商品、提供劳务确认收入的同时，结转相应的成本，作会计分录如下：

借：主营业务成本	631 000	
贷：库存商品		625 000
劳务成本		6 000

【例 13－2】 某公司本期出租 1 台设备，应计提的折旧额为 2 000 元；出租 1 项专利技术，应摊销的价值为 3 200 元。根据上述资料，应作会计分录如下：

借：其他业务成本　　5 200
　贷：累计折旧　　2 000
　　累计摊销　　3 200

（二）税金及附加的核算

税金及附加是企业在经营活动中发生的消费税、城市维护建设税、资源税和教育费附加等相关税费，还包括房产税、车船税、土地使用税、印花税等。

企业按规定计算确定的与经营活动相关的税费，应当借记“税金及附加”账户，贷记“应交税费”账户；期末，“税金及附加”账户的余额，应当转入“本年利润”账户，结转后无余额。

【例 13－3】 某小规模纳税企业本期计算的应交增值税为 1 500 元，该业务应交城市维护建设税税率为 7%，应交教育费附加率为 3%。应作会计处理如下：

应交城市维护建设税＝1 500×7%＝105(元)
应交教育费附加＝1 500×3%＝45(元)

借：税金及附加　　150
　贷：应交税费——应交城市维护建设税　　105
　　　　　　——应交教育费附加　　45

（三）管理费用的核算

管理费用是企业为组织和管理企业生产经营所发生的各项费用，包括企业在筹建期间内发生的开办费、董事会和行政管理部门在企业的经营管理中发生的或者应由企业统一负担的公司经费(包括行政管理部门的职工薪酬、物料消耗、低值易耗品摊销、办公费和差旅费等)、工会经费、董事会费(包括董事会成员津贴、会议费和差旅费等)、聘请中介机构费、咨询费(含顾问费)、诉讼费、业务招待费、技术转让费、矿产资源补偿费、研究费用、排污费等。

企业对发生的各项管理费用，应当借记“管理费用”账户，贷记“银行存款”“应付职工薪酬”“累计折旧”“研发支出”“应交税费”等账户。期末，“管理费用”账户的余额应当转入“本年利润”账户，结转后应无余额。

【例 13－4】 某公司在筹建期间支付人员工资12 000元，办公费3 000元，差旅费 1 000 元，注册登记费 800 元，均以银行存款支付。

该公司对发生的上述开办费，应作会计分录如下：

借：管理费用　　16 800
　贷：银行存款　　16 800

【例 13－5】 某公司 6 月份发生行政管理人员工资 6 000 元，计提固定资产折旧 1 200 元，研究支出 3 500 元，以银行存款支付水电费、咨询费 3 300 元。

根据资料，应作会计分录如下：

借：管理费用 14 000
　贷：应付职工薪酬 6 000
　　累计折旧 1 200
　　研发支出 3 500
　　银行存款 3 300

（四）销售费用的核算

销售费用是企业在销售商品和材料、提供劳务的过程中发生的各种费用，包括保险费、包装费、展览费和广告费、商品维修费、预计产品质量保证损失、运输费、装卸费等以及为销售本企业商品而专设的销售机构（含销售网点、售后服务网点等）的职工薪酬、业务费、折旧费等经营费用。

企业对发生的各项销售费用，应当借记“销售费用”账户，贷记“银行存款”“应付职工薪酬”“累计折旧”等账户。期末，“销售费用”账户的余额应当转入“本年利润”账户，结转后应无余额。

【例 13－6】 某公司本期发生广告费 5 600 元，展览费13 300元，均以银行存款支付。另外，预计产品质量保证损失 3 200 元。应作会计分录如下：

借：销售费用 22 100
　贷：银行存款 18 900
　　预计负债 3 200

【例 13－7】 某公司销售门市部本期共发生经费 9 800 元，其中人员工资 4 000 元，计提固定资产折旧 2 100 元，以银行存款支付业务费、水电费 3 700 元。应作会计分录如下：

借：销售费用 9 800
　贷：应付职工薪酬 4 000
　　累计折旧 2 100
　　银行存款 3 700

（五）财务费用的核算

财务费用是企业为筹集生产经营所需资金等而发生的各项筹资费用，包括利息支出（减利息收入）、汇兑损益以及相关的手续费、企业发生的现金折扣或收到的现金折扣等。

企业对发生的各项财务费用，应当借记“财务费用”账户，贷记“银行存款”“应付利息”“未确认融资费用”等账户；对发生的应冲减财务费用的利息收入、汇兑损益、现金折扣，应当借记“银行存款”“应付账款”等账户，贷记“财务费用”账户。期末，“财务费用”账户的余额应当转入“本年利润”账户，结转后应无余额。

【例 13－8】 某公司本期计提短期借款利息 1 800 元，因分期付款购入固定资产摊销未确认融资费用 2 500 元。应作会计分录如下：

借：财务费用　　4 300
　贷：应付利息　　1 800
　　　未确认融资费用　　2 500

【例 13－9】 某公司本期接到银行通知，划入银行存款利息收入2 000元，因购货取得现金折扣 600 元(购货款未付)。应作会计分录如下：

借：银行存款　　2 000
　　应付账款　　600
　贷：财务费用　　2 600

第二节　所　得　税

一、所得税会计的含义

所得税是国家对企业的经营所得，以及其他所得征收的一个税种。所得税会计是企业对有关的所得税业务所进行的会计处理，包括确定一个会计期间应纳税所得额，并根据应纳税所得额和适用税率计算所得税费用的数额，以及这项数额在财务报表上的反映方法。

企业的应纳税所得额，通常来自企业的财务会计记录，但它又往往与企业的税前会计利润不相一致。这是因为，应纳税所得额必须根据税法规定，而税法对企业的各项资产、负债、收入、支出事项都有严格的界定或限制，为正确计算企业所得税提供依据，其目的是为了调节国家和企业的分配关系，聚集财政资金。但企业财务核算的资产、负债、收入、支出，则根据企业会计准则的规范要求，按会计核算的原则和会计核算业务的处理方法而计算取得资产、负债的账面价值和企业的经营成果。虽然，目前我国由财政部制定的企业会计准则，也体现了国家宏观管理的需要，但它不能替代税收法规。因此，会计反映的资产、负债的账面价值与税法规定的计税基础之间的差异是客观存在的，它决定了进行所得税会计处理的必要性。

因此，所得税会计是以企业的资产负债表及其附注为依据，结合相关账簿资料，分析计算各项资产、负债的计税基础，通过比较资产、负债的账面价值与其计税基础之间的差异，确定应纳税暂时性差异和可抵扣暂时性差异，进而按照暂时性差异与适用的所得税税率计算确定递延所得税资产、递延所得税负债以及相应的递延所得税费用。

二、资产、负债的计税基础

企业在取得资产、负债时，应当确定其计税基础。

1. 资产的计税基础

资产的计税基础，是指在收回资产账面价值过程中，计算应纳税所得额时按照税法可以自应税经济利益中抵扣的金额。在通常情况下，资产取得时其入账价值与计税基础是相同的，只是在后续计量过程中，有可能因企业会计准则的有关规定与税法规定不同，会产生资产的账面价值与其计税基础的差异。例如，按照企业会计准则规定，企业的各项资产如发生减值，应当将其可变现净值或可收回金额低于其账面价值的差额，计提相关的资产减值准备，其损失计入当期损益，从税前利润中扣除；但税法规定，企业计提的资产减值准备一般不能在税前抵扣，只有在资产发生实质性损失时，才能允许税前扣除，这时资产的计税基础仍为计提减值准备前的账面价值。

2. 负债的计税基础

负债的计税基础，是指负债的账面价值减去未来期间计算应纳税所得额时，按照税法规定可予抵扣的金额。一般而言，像短期借款、应付票据、应付账款等负债的确认和偿还，不会对当期损益和应纳税所得额产生影响，其计税基础即为账面价值。但在某些情况下，负债的确认可能会涉及损益，进而影响不同期间的应纳税所得额，使其计税基础与账面价值产生差异。例如，按企业会计准则规定，企业对因或有事项确认的预计负债，按最佳估计数计入当期损益，在税前利润中扣除；但按税法规定，与预计负债相关的费用只能在实际发生时才可以在税前扣除，该负债的计税基础应当为零。

三、暂时性差异及其分类

企业应于每个资产负债表日，对资产、负债的账面价值与其计税基础进行分析、比较，两者之间存在差额的，该差额就称为暂时性差异；未作为资产和负债确认的项目，按照税法规定可以确定其计税基础的，该计税基础与其账面价值之间的差额也属于暂时性差异。

按照暂时性差异对未来期间应税金额的影响，分为应纳税暂时性差异和可抵扣暂时性差异两类。

1. 应纳税暂时性差异

应纳税暂时性差异，是指在确定未来收回资产或清偿负债期间的应纳税所得额时，将导致产生应税金额的暂时性差异。例如，按企业会计准则规定，企业自行开发的无形资产在满足资本化条件后发生的支出应当资本化，确认为无形资产成本；但按税法规定，企业的研究开发支出一般可于发生当期在税前扣除，由此产生自行开发的无形资产在持有期间的应纳税暂时性差异。又如，企业支付 500 万元取得一项交易性金融资产，当期期末其公允价值为580万元，这时此项交易性金融资产的账面价值应调整为580万元，而其计税基础仍为成本500万元，差额80万元即为应纳税暂时性差异。

2. 可抵扣暂时性差异

可抵扣暂时性差异，是指在确定未来收回资产或清偿负债期间的应纳税所得额时，将导致产生可抵扣金额的暂时性差异。例如，企业的某批存货成本1 000万元，期末估计的可变现净值为800万元，按企业会计准则规定，应当计提存货跌价准备200万元；但按税法规定，其损失的200万元不允许税前扣除，该批存货的计税基础仍为1 000万元，与其账面价值800万元之间的差额200万元即为可抵扣暂时性差异。又如，企业因销售商品提供售后服务等原因于当期确认了100万元的预计负债，假定企业在确认预计负债的当期未发生售后服务费用，期末预计负债的账面价值为100万元，而预计负债的计税基础应为零，由此产生可抵扣暂时性差异100万元。

在实际工作中，资产的账面价值与其计税基础可能存在暂时性差异的情况，一般有如下资产：固定资产、无形资产、交易性金融资产、可供出售金融资产、长期股权投资、投资性房地产以及其他计提减值准备的资产等。而负债的账面价值与其计税基础可能存在暂时性差异的主要是预计负债。

企业对发生的应纳税或可抵扣暂时性差异，可以根据以下规律加以区分：当资产的账面价值大于其计税基础，或负债的账面价值小于其计税基础，其差额为应纳税暂时性差异；当资产的账面价值小于其计税基础，或负债的账面价值大于其计税基础，其产生的差额则为可抵扣暂时性差异。另外，按照税法规定，允许抵减的各年度利润的可抵扣亏损，也视同可抵扣暂时性差异。

四、递延所得税资产、递延所得税负债的确认与转回

企业应当按照暂时性差异与适用所得税税率计算的结果，确认递延所得税资产、递延所得税负债以及相应的递延所得税费用。具体而言，应根据可抵扣暂时性差异与适用所得税税率计算确认递延所得税资产；根据应纳税暂时性差异与适用所得税税率计算确认递延所得税负债；与递延所得税资产、递延所得税负债相对应的即为递延所得税费用。其中，递延所得税资产，是指企业当期和以前期间已支付的所得税超过应支付的所得税部分；而递延所得税负债，则是指企业当期和以前期间应交未交的所得税部分。

需要说明的是，企业确认由可抵扣暂时性差异产生的递延所得税资产，应当以未来期间很可能取得用来抵扣可抵扣暂时性差异的应纳税所得额为限，该应纳税所得额为未来期间企业正常经营活动实现的应纳税所得额，以及因应纳税暂时性差异在未来期间转回相应增加的应税所得，并应提供相应的证据。

递延所得税资产和递延所得税负债确认后，相关的可抵扣暂时性差异或应纳税暂时性差异于以后各期间转回的，应当调整原已确认的递延所得税资产、递延所得税负债以及相应的递延所得税费用。

五、所得税会计的处理方法

1. 所得税会计的账户设置

企业应设置“所得税费用”“递延所得税资产”和“递延所得税负债”等账户进行所得税会计的账务处理。

“所得税费用”账户属于损益类账户，借方登记企业按规定从当期损益中扣除的所得税费用，期末将借方余额从贷方转入“本年利润”账户，结转后应无余额。

“递延所得税资产”账户，是用来核算因确认的可抵扣暂时性差异以及根据税法规定可用以后年度税前利润弥补的亏损而产生的所得税资产。该账户的借方登记应予确认的递延所得税资产期末余额大于期初余额的差额(即递延所得税资产的增加额)；贷方登记应予确认的递延所得税资产期末余额小于期初余额的差额(即递延所得税资产的减少额)；该账户期末借方余额，反映企业已确认但尚未转回的递延所得税资产的余额。

“递延所得税负债”账户，是用来核算因确认的应纳税暂时性差异而产生的所得税负债。该账户的贷方登记应予确认的递延所得税负债期末余额大于期初余额的差额(即递延所得税负债的增加额)；借方登记应予确认的递延所得税负债期末余额小于期初余额的差额(即递延所得税负债的减少额)；该账户期末贷方余额，反映企业已确认但尚未转回的递延所得税负债的余额。

“递延所得税资产”和“递延所得税负债”账户应当按照可抵扣暂时性差异和应纳税暂时性差异等项目进行明细分类核算。

2. 所得税会计的基本核算程序

企业的所得税会计，可以按照下列程序进行核算：

(1) 确定资产、负债的账面价值。

(2) 确定资产、负债的计税基础。

(3) 比较账面价值与计税基础，确定暂时性差异。

(4) 确认递延所得税资产或递延所得税负债。

(5) 计算应交所得税。其计算公式如下：

$$应交所得税=应纳税所得额\times适用税率$$
$$应纳税所得额=税前会计利润\pm纳税调整金额$$

(6) 确认利润表中的所得税费用。

利润表中的所得税费用，应为当期应交所得税以及递延所得税费用(或收益)两者之和，其计算公式如下：

所得税费用＝当期所得税费用＋递延所得税费用(－递延所得税收益)

上式中当期所得税费用，是指当期按照税法规定计算确定的应交所得税费用；递延所得税费用，是指因确认递延所得税负债产生的所得税费用；递延所得税收益，是指因确认递延所得税资产而产生的所得税收益。

另外，在计算递延所得税资产和递延所得税负债时，应当根据税法规定，按照预期收回该资产或清偿该负债期间的适用税率计算。

【例 13－10】 某企业 20×7 年 12 月购入某项设备，按税法规定使用 2 年，按企业会计规定使用 4 年，设备原价 40 万元，按直线法计提折旧(不考虑净残值)。假如该企业每年实现税前会计利润为 250 万元，所得税税率为 25%，无其他纳税调整事项。根据资料，该企业有关所得税的计算(见表 13－1)及处理如下：

表 13－1 **所得税计算表** 单位：元

项目 \ 年度	20×8	20×9	20×0	20×1
资产的计税基础	200 000	0	0	0
资产的账面价值	300 000	200 000	100 000	0
暂时性差异	(100 000)	(200 000)	(100 000)	0
所得税税率	25%	25%	25%	25%
递延所得税负债年末余额	(25 000)	(50 000)	(25 000)	0
递延所得税负债年初余额	0	(25 000)	(50 000)	(25 000)
递延所得税负债本期发生额	(25 000)	(25 000)	25 000	25 000
应交所得税	(600 000①)	(600 000)	(650 000②)	(650 000)
所得税费用	625 000	625 000	625 000	625 000

① 600 000＝(2 500 000－100 000)×25%。

② 650 000＝(2 500 000＋100 000)×25%。

20×8 年、20×9 年，应作会计分录如下：

借：所得税费用　625 000

　贷：应交税费——应交所得税　600 000

　　递延所得税负债　25 000

20×0 年、20×1 年，应作会计分录如下：

借：所得税费用 625 000

递延所得税负债 25 000

贷：应交税费——应交所得税 650 000

当企业适用税率发生变化时，应对已确认的递延所得税资产和递延所得税负债进行重新计量，除直接在所有者权益中确认的交易或者事项产生的递延所得税资产和递延所得税负债以外，应当将其影响数计入变化当期的所得税费用。

【例 13－11】 某企业于 20×7 年 12 月购入某项设备，按税法规定使用 6 年，按会计规定使用 4 年，该设备原始价值 120 万元，采用直线法计提折旧（不考虑净残值）。假定该企业每年实现税前会计利润为 500 万元，所得税税率为 25%，20×1 年起改为 20%，无其他纳税调整事项。

根据上述资料，有关所得税的计算（见表 13－2）及处理如下：

表 13－2 **所得税计算表** 单位：元

项目＼年度	20×8	20×9	20×0	20×1	20×2	20×3
资产的计税基础	1 000 000	800 000	600 000	400 000	200 000	0
资产的账面价值	900 000	600 000	300 000	0	0	0
暂时性差异	100 000	200 000	300 000	400 000	200 000	0
所得税税率	25%	25%	25%	20%	20%	20%
递延所得税资产年末余额	25 000	50 000	75 000	80 000	40 000	0
递延所得税资产年初余额	0	25 000	50 000	75 000	80 000	40 000
递延所得税资产本期发生额	25 000	25 000	25 000	5 000①	(40 000)	(40 000)
应交所得税	(1 275 000)②	(1 275 000)	(1 275 000)	(1 020 000)③	(960 000)④	(960 000)
所得税费用	1 250 000	1 250 000	1 250 000	1 015 000	1 000 000	1 000 000

① 5 000＝80 000－75 000＝300 000×(20%－25%)＋100 000×20%。

② 1 275 000＝(5 000 000＋100 000)×25%。

③ 1 020 000＝(5 000 000＋100 000)×20%。

④ 960 000＝(5 000 000－200 000)×20%。

20×8 年、20×9 年、20×0 年，应作会计分录如下：

借：所得税费用 1 250 000

递延所得税资产 25 000

贷：应交税费——应交所得税 1 275 000

20×1 年,应作会计分录如下:

借:所得税费用　　1 015 000
　递延所得税资产　　5 000
　贷:应交税费——应交所得税　　1 020 000

20×2 年、20×3 年,应作会计分录如下:

借:所得税费用　　1 000 000
　贷:应交税费——应交所得税　　960 000
　　递延所得税资产　　40 000

在实际工作中,为简化起见,企业可以在资产负债表日,按资产、负债项目汇总确定其账面价值与计税基础、计算暂时性差异、确认递延所得税资产或递延所得税负债,并对所得税会计进行综合处理。

【例 13-12】 甲企业适用的所得税税率为 25%,20×8 年按税法规定确定的应纳税所得额为1 500万元。预计该企业会持续盈利,能够获得足够的应纳税所得额。20×8 年 12 月 31 日,该企业资产负债表中有关项目金额和计税基础数据及暂时性差异计算如表 13-3 所示。

表 13-3　**2008 年暂时性差异计算表**　单位:元

项　　目	账面价值	计税基础	暂时性差异	
			应纳税暂时性差异	可抵扣暂时性差异
交易性金融资产	3 000 000	3 600 000		600 000
固定资产	25 000 000	21 000 000	4 000 000	
预计负债	4 000 000	0		4 000 000
合　　计			4 000 000	4 600 000

(1) 根据资料,甲企业 20×8 年计算确认的递延所得税负债、递延所得税资产、应交所得税以及所得税费用如下:

递延所得税负债=4 000 000×25%=1 000 000(元)

递延所得税资产=4 600 000×25%=1 150 000(元)

应交所得税=15 000 000×25%=3 750 000(元)

所得税费用=3 750 000+1 000 000-1 150 000=3 600 000(元)

(2) 应作会计分录如下:

借：所得税费用　　3 600 000
　递延所得税资产　　1 150 000
　贷：应交税费——应交所得税　　3 750 000
　　递延所得税负债　　1 000 000

【例 13－13】 如上述甲企业 20×9 年，按税法规定确定的应纳税所得额为 2 000 万元。预计未来期间能够获得足够的应纳税所得额用来抵扣暂时性差异。20×9 年 12 月 31 日，其资产负债表中有关项目金额和计税基础数据及暂时性差异计算如表 13－4 所示。

表 13－4　**2009 年暂时性差异计算表**　单位：元

项　目	账面价值	计税基础	暂时性差异	
			应纳税暂时性差异	可抵扣暂时性差异
交易性金融资产	4 500 000	4 000 000	500 000	
存货	9 000 000	9 600 000		600 000
固定资产	30 000 000	28 000 000	2 000 000	
无形资产	1 000 000	2 000 000		1 000 000
预计负债	6 000 000	0		6 000 000
合　计			2 500 000	7 600 000

根据上述资料，20×9 年甲企业应确认的递延所得税负债、递延所得税资产、应交所得税以及所得税费用的分析计算如下：

（1）递延所得税负债年末余额＝2 500 000×25％＝625 000（元）

递延所得税负债本期发生额＝递延所得税负债年末余额－年初余额

＝625 000－1 000 000＝－375 000（元）

（2）递延所得税资产年末余额＝7 600 000×25％＝1 900 000（元）

递延所得税资产本期发生额＝递延所得税资产年末余额－年初余额

＝1 900 000－1 150 000＝750 000（元）

（3）应交所得税＝20 000 000×25％＝5 000 000（元）

（4）所得税费用＝5 000 000－375 000－750 000＝3 875 000（元）

应作会计分录如下：

借：所得税费用　　3 875 000
　递延所得税负债　　375 000
　递延所得税资产　　750 000
　贷：应交税费——应交所得税　　5 000 000

六、所得税会计处理的特殊问题

1. 不影响所得税费用的递延所得税

在某些情况下，企业发生的递延所得税产生于直接计入所有者权益的交易或事项，或者产生于企业合并中资产、负债的账面价值与其计税基础之间的差异。这类交易或事项中产生的递延所得税不影响利润表中确认的所得税费用，其所得税影响应分别以下情况加以确认：

（1）直接计入所有者权益的交易或事项产生的递延所得税。直接计入所有者权益的交易或事项，如其他权益工具投资公允价值的变动，相关资产、负债的账面价值与其计税基础之间形成暂时性差异的，应当按规定确认递延所得税资产或递延所得税负债，计入其他综合收益。

【例 13－14】 某企业当期购入的一项其他权益工具投资，成本为 300 万元，期末，其公允价值为 350 万元，该企业所得税税率为 25%。

其他权益工具投资的公允价值变动，应调整其账面价值，差额计入其他综合收益。但其计税基础一般不会发生变动，调整后账面价值与计税基础之间形成的暂时性差异，应确认的递延所得税也应计入其他综合收益。因此，上述企业应作会计处理如下：

借：其他权益工具投资——公允价值变动　　500 000
　贷：其他综合收益　　500 000

借：其他综合以益　　125 000
　贷：递延所得税负债　　125 000

（2）企业合并中产生的递延所得税。由于企业会计准则规定与税法规定对企业合并的处理不同，可能会造成企业合并中取得资产、负债的入账价值与其计税基础的差异。比如，非同一控制下企业合并产生的应纳税暂时性差异或可抵扣暂时性差异在确认递延所得税负债或递延所得税资产的同时，相应的递延所得税费用（或收益），通常应调整企业合并中所确认的商誉。

2. 可抵扣亏损和税收抵减

按照税法规定允许以后年度所得弥补的可抵扣亏损，以及可结转以后年度的税收抵减，按照可抵扣暂时性差异的原则处理。

3. 递延所得税资产的复核

企业应当在资产负债表日，对递延所得税资产的账面价值进行复核。如果未来期间很可能无法获得足够的应纳税所得额用以抵扣递延所得税资产的利益，应当减记递延所得税资产的账面价值。以后，在很可能获得足够的应纳税所得额时，减记的金额应当转回。

七、所得税在财务报表上的列示

在存在暂时性差异的情况下，递延所得税资产和递延所得税负债应当分别作为非流动资产和非流动负债在资产负债表中列示。企业的所得税费用应当在利润表中单独列示。

此外，企业还应当在附注中披露与所得税有关的下列信息：

（1）所得税费用（收益）的主要组成部分。

（2）所得税费用（收益）与会计利润关系的说明。

（3）未确认递延所得税资产的可抵扣暂时性差异、可抵扣亏损的金额（如果存在到期日，还应披露到期日）。

（4）对每一类暂时性差异和可抵扣亏损，在列报期间确认的递延所得税资产或递延所得税负债的金额，确认递延所得税资产的依据。

（5）未确认递延所得税负债的，与对子公司、联营企业及合营企业投资相关的暂时性差异金额。

第三节 利　润

一、利润的组成

利润，是指企业在一定会计期间的经营成果。利润包括收入减去费用后的净额、直接计入当期利润的利得和损失。其中，收入减去费用后的净额，反映的是企业日常活动的经营成果；而直接计入当期利润的利得和损失，反映的是企业非日常活动的经营成果，其最终会引起所有者权益发生增减变动，但与所有者投入资本或向所有者分配利润无关。企业应当严格区分收入和利得，费用和损失的区别，以全面、准确地反映企业的获利能力。

对利润进行核算，可以及时反映企业在一定会计期间的经营业绩，它是评价企业管理层受托责任履行情况的重要指标，也是投资者、债权人进行经济决策的主要依据。

利润的组成，可以用以下公式进行计算：

净利润＝利润总额－所得税费用

利润总额＝营业利润＋营业外收入－营业外支出

营业利润＝营业收入－营业成本－税金及附加－销售费用－管理费用－财务费用－资产减值损失＋公允价值变动收益＋投资收益

（一）资产减值损失的核算

资产减值损失是企业因计提各项资产减值准备所形成的损失，包括坏账准备、存货跌价准备、固定资产减值准备、无形资产减值准备、投资性房地产减值准备、长期股权投资减值准备、持有至到期投资减值准备等。

企业对各项资产计提减值准备时，应当借记“资产减值损失”账户，贷记“坏账准备”“存货跌价准备”“固定资产减值准备”等账户；期末，“资产减值损失”账户余额，应当转入“本年利润”账户，结转后无余额。

【例 13－15】 某股份有限公司，期末，根据资产减值测试表明，应收甲公司应收账款的账面余额为68 000元，预计其未来现金流量为50 000元；库存A产品预计可变现净值为25 000元，其账面成本为26 000元；某项专用设备原始价值为56 000元，已提折旧30 000元，预计其可收回金额为20 000元；对M公司的长期股权投资账面价值为1 200 000元，预计其可收回金额为950 000元。

根据上述资产减值测试结果，应作会计分录如下：

借：资产减值损失	275 000	
贷：坏账准备		18 000
存货跌价准备		1 000
固定资产减值准备		6 000
长期股权投资减值准备		250 000

（二）公允价值变动损益的核算

公允价值变动损益是企业以公允价值计量的各项资产，因公允价值变动形成的损益，包括交易性金融资产、采用公允价值模式计量的投资性房地产等。

在资产负债表日，企业应当按资产的公允价值高于其账面价值的差额，借记“交易性金融资产”“投资性房地产”等账户，贷记“公允价值变动损益”账户；反之，当资产的公允价值低于其账面价值时，按其差额，借记“公允价值变动损益”账户，贷记“交易性金融资产”“投资性房地产”等账户；期末，“公允价值变动损益”账户的余额应当转入“本年利润”账户，结转后应无余额。处置时，交易性金融资产形成的公允价值变动，应当借记或贷记“公允价值变动损益”账户，贷记或借记“投资收益”账户；而采用公允价值模式计量的投资性房地产形成的公允价值变动，应当借记或贷记“公允价值变动损益”账户，贷记或借记“其他业务收入”账户。

【例 13－16】 某公司20×7年12月31日，作为交易性金融资产投资的A股票，其公允价值为60 000元，账面余额为65 000元；某采用公允价值模式计量的投资性房地产（办公楼），其公允价值为3 500 000元，账面余额为2 800 000元。应作会计分录如下：

借：公允价值变动损益——A股票	5 000	
贷：交易性金融资产——公允价值变动		5 000
借：投资性房地产——公允价值变动	700 000	
贷：公允价值变动损益——办公楼		700 000

【例 13-17】 某公司 20×8 年 5 月，出售作为交易性金融资产的 B 股票以及采用公允价值模式计量的某厂房时，经查，原计入 B 股票的公允价值变动损益为借方 3 000 元，计入厂房的公允价值变动损益为贷方 360 000 元。该公司在进行出售 B 股票和厂房会计处理的同时，应作会计分录如下：

借：投资收益	3 000	
贷：公允价值变动损益——B 股票		3 000
借：公允价值变动损益——厂房	360 000	
贷：其他业务成本		360 000

（三）投资收益的核算

投资收益是企业因对外投资，而确认所取得的投资收益或投资损失，包括债券投资的利息收入、长期股权投资、交易性金融资产、持有至到期投资、可供出售金融资产等取得的投资收益。

企业确认投资收益时，应当借记“应收股利”“长期股权投资”“债权投资”“其他债权投资”“公允价值变动损益”等账户，贷记“投资收益”账户；反之，确认投资损失时，应当借记“投资收益”账户，贷记“长期股权投资”“债权投资”“其他债权投资”“公允价值变动损益”等账户；期末，“投资收益”的账面余额，应当转入“本年利润”账户，结转后应无余额。

【例 13-18】 某公司对 S 公司的长期股权投资占 60%股权，采用成本法核算；对 H 公司的长期股权投资占 30%股权，采用权益法核算。20×7 年 5 月，S 公司宣告分配现金股利 150 000 元；H 公司当年实现净利润 2 000 000 元。该公司应作会计处理如下：

（1）20×7 年 5 月。

借：应收股利——S 公司	90 000	
贷：投资收益		90 000

（2）20×7 年 12 月 31 日。

借：长期股权投资——H 公司	600 000	
贷：投资收益		600 000

（四）营业外收入的核算

营业外收入是企业发生的各项应计入当期利润的利得，包括非货币性资产交换利得、债务重组利得、政府补助利得、盘盈利得、捐赠利得等。

企业确认各项利得时，应当借记“固定资产清理”“应付账款”“银行存款”等账户，贷记“营业外收入”账户；期末，“营业外收入”账户余额，应当转入“本年利润”账户，结转后应无余额。

【例 13－19】 某公司因购买原材料欠 W 公司货款 2 000 元，由于 W 公司被合并无法支付。该应付未付的账款应作为利得，作会计分录如下：

借：应付账款　　2 000

　贷：营业外收入　　2 000

（五）营业外支出的核算

营业外支出是企业发生的各项应计入当期利润的损失，包括非流动资产毁损和报废损失、非货币性资产交换损失、债务重组损失、捐赠支出、非常损失、固定资产盘亏损失等。

企业确认各项损失时，应当借记“营业外支出”账户，贷记“固定资产清理”“无形资产”“待处理财产损溢”等账户；期末，“营业外支出”账户余额，应当转入“本年利润”账户，结转后应无余额。

【例 13－20】 某公司 20×7 年 6 月，报废 1 台设备，该设备原始价值 38 000 元，已提折旧 33 000 元。该固定资产报废，应结转清理净损失 5 000 元，作会计分录如下：

借：营业外支出——非流动资产报废　　5 000

　贷：固定资产清理　　5 000

（六）本年利润的核算

本年利润是企业当年实现的净利润或发生的净亏损。

每期末，企业应当结平各损益类账户，将各收益类账户余额转入“本年利润”账户的贷方，将各支出类账户余额转入“本年利润”账户的借方。结转后“本年利润”账户的贷方余额为当期实现的净利润，借方余额为当期发生的净亏损。年度终了，应将本年实现的净利润，借记“本年利润”账户，贷记“利润分配——未分配利润”账户；如为净亏损，作相反的会计分录；结转后应无余额。

【例 13－21】 某公司 20×7 年 12 月初，“本年利润”账户贷方余额为 1 005 000 元，12 月份各损益类账户余额如下：

	借方余额	贷方余额
主营业务收入		600 000
主营业务成本	420 000	
其他业务收入		36 000
其他业务成本	30 000	
税金及附加	30 000	
销售费用	6 000	
管理费用	24 000	

财务费用	6 000	
投资收益		45 000
营业外收入		15 000
营业外支出	12 000	
所得税费用	55 440	

（1）根据上述资料，12 月份应作结转损益类账户的会计分录如下：

借：主营业务收入　　600 000
　　其他业务收入　　36 000
　　投资收益　　45 000
　　营业外收入　　15 000
　贷：本年利润　　696 000

借：本年利润　　583 440
　贷：主营业务成本　　420 000
　　　其他业务成本　　30 000
　　　税金及附加　　30 000
　　　销售费用　　6 000
　　　管理费用　　24 000
　　　财务费用　　6 000
　　　营业外支出　　12 000
　　　所得税费用　　55 440

（2）年终，结转本年净利润1 117 560元（1 005 000＋696 000－583 440），作会计分录如下：

借：本年利润　　1 117 560
　贷：利润分配——未分配利润　　1 117 560

二、利润的分配

（一）利润分配的有关规定

1. 利润的分配顺序

按照我国有关规定，企业实现的净利润，应当按照如下顺序进行分配：

（1）税前利润可弥补以前年度的亏损，但不得超过税法规定的弥补期限。

（2）税后利润弥补在税前利润弥补亏损之后仍存在的亏损。

（3）提取法定盈余公积。

（4）提取任意盈余公积。

（5）向股东分配利润。

企业弥补亏损和提取盈余公积后剩余的税后利润，有限责任公司按照股东实缴的出资比例分配,股份有限公司按照股东持有的股份比例分配。

盈余公积是企业从税后利润中提取的,分为法定盈余公积和任意盈余公积两种。法定盈余公积按照企业税后利润的10%提取,当企业法定盈余公积累计额为公司注册资本的50%以上时可以不再提取。企业的法定盈余公积不足以弥补以前年度亏损的,在依照规定提取法定盈余公积之前,应当先用当年利润弥补亏损。任意盈余公积按照股东会或者股东大会决议,从企业税后利润中提取。

2. 盈余公积的主要用途

(1) 弥补企业亏损。企业发生的亏损按照国家税法规定可以用缴纳所得税前的利润弥补,超过用所得税前利润弥补期限仍未补足的亏损,可以用企业税后利润弥补,如企业发生特大亏损,税后利润仍不足弥补的,可以用盈余公积弥补。但是,资本公积不得用于弥补企业的亏损。

(2) 扩大企业生产经营。企业可以根据生产经营的需要,用盈余公积来扩大生产经营规模。

(3) 转增企业资本。企业为了实现增加资本的目的,可以将盈余公积的一部分转为资本。对用任意盈余公积转增资本的,法律没有限制,但用法定盈余公积转增资本时,转增后所留存的盈余公积不得少于转增前企业注册资本的25%。

(二) 利润分配的核算

企业进行利润分配的核算,应设置“利润分配”总分类账户,用来核算企业利润分配(或亏损的弥补)和历年分配(或弥补)后的结存余额。其借方登记各项利润分配数或结转年度的亏损额;贷方登记从“本年利润”账户的转入数或亏损的弥补数。

“利润分配”账户一般应设置“提取法定盈余公积”“提取任意盈余公积”“应付现金股利”“转作股本的股利”“盈余公积补亏”和“未分配利润”等明细账户进行明细分类核算。

1. 盈余公积的核算

企业按规定提取的盈余公积,应借记“利润分配——提取法定盈余公积、提取任意盈余公积”账户,贷记“盈余公积——法定盈余公积、任意盈余公积”账户。用盈余公积弥补亏损或转增资本时,应借记“盈余公积——法定盈余公积、任意盈余公积”账户,贷记“利润分配——盈余公积补亏”或“实收资本”账户。

【例13-22】 某企业本年度实现的税后利润为500 000元,按10%的比例提取法定盈余公积。应作会计分录如下:

借: 利润分配——提取法定盈余公积　　50 000
　贷: 盈余公积——法定盈余公积　　50 000

上述企业经批准,将提取的盈余公积10 000元弥补亏损,20 000元转增资本。应作会计分录如下：

借：盈余公积——法定盈余公积　　30 000
　贷：利润分配——盈余公积补亏　　10 000
　　实收资本　　20 000

2. 应付股利的核算

企业实现的税后利润，在弥补亏损和提取法定盈余公积后剩余的部分，再加上年初未分配利润，可用于向投资者分配利润。

企业经股东大会或类似机构决议，向投资者分配现金股利或利润时，应借记“利润分配——应付现金股利”账户，贷记“应付股利”账户；实际支付投资者现金股利时，应借记“应付股利”账户，贷记“银行存款”账户。向投资者分配股票股利时，应借记“利润分配——转作股本的股利”账户，贷记“股本”账户。

【例 13－23】 某企业本年度实现的净利润，按规定提取盈余公积后，决定向投资者分配现金股利 250 000 元，分配股票股利 400 000 元。应作会计分录如下：

借：利润分配——应付现金股利　　250 000
　贷：应付股利　　250 000

上述企业以银行存款 250 000 元，支付给投资者现金股利及发放股票股利。应作会计分录如下：

借：应付股利　　250 000
　贷：银行存款　　250 000

借：利润分配——转作股本的股利　　400 000
　贷：股本　　400 000

3. 利润分配各明细账户的年终结转

年度终了，企业应将本年实现的累计净利润(或净亏损)，自“本年利润”账户转入“利润分配”账户下的“未分配利润”明细账户；同时，将“利润分配”下的其他明细账户的余额转入“未分配利润”明细账户；结转后，除“未分配利润”明细账户外，其他明细账户应无余额。“未分配利润”明细账户的余额如在借方，表示未弥补的亏损；如在贷方，表示未分配的利润。

【例 13－24】 某企业本年度实现的净利润为 800 000 元，本年度利润分配 640 000 元，其中提取法定盈余公积 80 000 元，分配投资者现金股利 560 000 元。年度终了，应作会计处理如下：

(1) 结转本年净利润时。

借：本年利润　　800 000
　贷：利润分配——未分配利润　　800 000

(2) 将利润分配各明细账户余额转入“未分配利润”明细账账户时。

借：利润分配——未分配利润　　640 000
　贷：利润分配——提取法定盈余公积　　80 000
　　　　　　　——应付现金股利　　560 000

结转后，“利润分配——未分配利润”账户贷方余额为 160 000 元(800 000－640 000)，即为年末未分配利润，可留待以后年度分配利润。

如果企业在亏损的情况下，应将亏损额自“本年利润”账户贷方，转入“利润分配——未分配利润”账户的借方，留待以后年度进行弥补。

复习思考题

一、单项选择题

1. 下列关于费用的表述中，不属于费用特征的是(　　)。
A. 费用是企业在日常活动中发生的
B. 费用是企业在经营活动中发生的
C. 费用的发生会导致经济利益流出企业
D. 费用的发生会导致所有者权益减少

2. 企业当期发生的，不能直接归属于某个特定产品成本或某项特定劳务成本，而必须从当期收入中得到补偿的各项费用，是指(　　)。
A. 管理费用　　B. 直接费用
C. 间接费　　D. 制造费用

3. 企业在销售商品和材料、提供劳务过程中发生的各项运杂费，应当计入(　　)。
A. 采购成本　　B. 管理费用
C. 销售费用　　D. 财务费用

4. 企业因销售商品发生的现金折扣，或购买商品收到的现金折扣，应当(　　)。
A. 扣减销售收入　　B. 扣减采购成本
C. 计入管理费用　　D. 计入财务费用

5. 企业以 1 000 万元取得的一项交易性金融资产，期末因公允价值变动将账面价值调整为 950 万元，两者差额 50 万元即为(　　)。
A. 暂时性差异　　B. 时间性差异
C. 应纳税暂时性差异　　D. 可抵扣暂时性差异

6. 在会计核算中，资产的账面价值与其计税基础不可能存在暂时性差异的资产是(　　)。
A. 货币资金　　B. 存货
C. 固定资产　　D. 长期股权投资

7. 根据应纳税暂时性差异与适用的所得税税率计算确认的是(　　)。

A. 递延所得税资产　　B. 递延所得税负债

C. 递延所得税费用　　D. 应交所得税款

8. 下列资产项目中,因期末公允价值变动,相关资产的账面价值与其计税基础之间形成的暂时性差异,按规定确认递延所得税资产或递延所得税负债,不影响所得税费用的是(　　)。

A. 交易性金融资产　　B. 投资性房地产

C. 其他权益工具投资　　D. 债权投资

9. 下列与所得税相关的信息,不需要在财务报表上列示或披露的是(　　)。

A. 应交所得税款　　B. 所得税费用的主要组成部分

C. 递延所得税资产　　D. 递延所得税负债

10. 下列项目中,不属于利得和损失的项目是(　　)。

A. 营业外收入　　B. 营业外支出

C. 资本公积　　D. 盈余公积

二、多项选择题

1. 以下各项中,与生产产品有关,并以产品作为成本对象的费用,包括(　　)。

A. 直接材料　　B. 直接人工

C. 制造费用　　D. 管理费用

E. 销售费用

2. 下列项目中,应当由税金及附加负担的税金有(　　)。

A. 增值税　　B. 房产税

C. 土地使用税　　D. 印花税

E. 车船税

3. 企业为筹集生产经营所需资金等而发生的筹资费用,应当计入财务费用,具体包括(　　)。

A. 利息支出(减利息收入)　　B. 汇兑损益

C. 相关的手续费　　D. 现金折扣

E. 外币资本折算差额

4. 对企业所得税核算时,下列项目中与计算递延所得税资产有关的因素有(　　)。

A. 应纳税暂时性差异　　B. 可抵扣暂时性差异

C. 所得税税率　　D. 应交所得税款

E. 所得税费用

5. 在实际工作中,资产的账面价值与其计税基础之间可能存在暂时性差异的资产项目有(　　)。

A. 长期股权投资　　B. 应收账款

C. 银行存款　　D. 交易性金融资产

E. 固定资产

6. 下列情形中,会产生应纳税暂时性差异的有(　　)。

A. 资产的账面价值大于其计税基础　　B. 负债的账面价值大于其计税基础

C. 资产的账面价值小于其计税基础
D. 负债的账面价值小于其计税基础
E. 资产的账面价值等于其计税基础

7. 下列属于所得税会计核算需设置的账户有(　　)。

A. “所得税费用”
B. “递延所得税资产”
C. “应纳税暂时性差异”
D. “可抵扣暂时性差异”
E. “递延所得税负债”

8. 下列项目中,属于直接计入当期利润的利得和损失的有(　　)。

A. 营业收入
B. 营业外收入
C. 销售费用
D. 公允价值变动损益
E. 营业外支出

9. 税金及附加是用来核算企业在经营活动中发生的(　　)。

A. 消费税
B. 城市维护建设税
C. 印花税
D. 车船税
E. 教育费附加

10. 以公允价值计量的各项资产,因公允价值变动形成的损益,在处置时可能转入的账户有(　　)。

A. “投资收益”
B. “资本公积”
C. “其他业务收入”
D. “营业外收入”
E. “营业外支出”

三、判断题

1. 费用是企业在日常活动中发生的经济利益的流出,包括耗用的材料、职工薪酬、销售税费及罚款支出等。(　　)

2. 企业在筹建期间发生的各项开办费用,应先在长期待摊费用中归集,而后,在开始生产经营的当月一次转入管理费用。(　　)

3. “递延所得税资产”和“递延所得税负债”账户,在全部转回后,应当没有余额。(　　)

4. 根据可抵扣暂时性差异与适用所得税税率,计算确认递延所得税负债;根据应纳税暂时性差异与适用所得税税率,计算确认递延所得税资产。(　　)

5. 企业发生的直接计入所有者权益的交易或事项所产生的递延所得税资产或递延所得税负债,应当计入资本公积。(　　)

6. 企业发生的各项税费,包括消费税、所得税、印花税及教育费附加等,均应记入“税金及附加”账户。(　　)

7. 资产减值损失是各资产账户的备抵账户,用来核算计提或转回各项资产减值准备所形成的损失。(　　)

8. 交易性金融资产、其他权益工具投资以及采用公允价值模式进行后续计量的投资性房地产,期末因公允价值发生的变动,均要按公允价值调整其账面价值。待处置时,公允价值变动损益应转入“投资收益”账户。(　　)

9. 企业报废非流动资产损失、债务重组损失、捐赠支出等均应作为营业外支出。 ( )

10. 企业发生的亏损,应在5年内用税前利润弥补,超过5年仍未弥补的,用税后利润弥补,税后利润仍不足弥补的,可以用资本公积弥补亏损。 ( )

四、名词解释

费用	营业成本
税金及附加	管理费用
销售费用	财务费用
所得税会计	资产的计税基础
负债的计税基础	暂时性差异
应纳税暂时性差异	可抵扣暂时性差异
递延所得税资产	递延所得税负债
所得税费用	利润
资产减值损失	营业外收入
营业外支出	盈余公积

五、简答题

1. 简述费用的特征。各种费用应如何进行核算?
2. 如何理解资产、负债的计税基础和账面价值?两者在什么情况下会产生差异?
3. 递延所得税资产和递延所得税负债应如何予以确认和计量?
4. 试述企业所得税核算的基本程序及所得税费用的计算。
5. 企业所得税核算中有哪些特殊问题?其处理原则是什么?
6. 企业利润由哪些内容构成?各组成内容应如何核算?
7. 企业实现税前利润应按什么顺序进行分配?各分配内容有什么具体要求?

六、计算与分析题

习 题 一

(一) 目的 练习各项费用的核算。

(二) 资料 某企业12月份发生的各项费用、支出的经济业务如下:

(1) 以银行存款支付广告费7 000元,产品展览费12 000元,销售门市部经费5 000元。

(2) 发生各类人员工资41 000元,其中,生产工人工资20 000元,车间管理人员工资6 000元,行政管理人员工资8 000元,销售门市部人员工资7 000元,并以银行存款支付。

(3) 以银行存款支付试制新产品的研究支出1 500元,车船税700元,城市维护建设税5 600元,教育费附加2 400元。

(4) 支付因分期付款购入固定资产的货款650 000元,同时,分摊未确认融资费用4 500元。

(5) 为其他单位提供运输劳务,收取劳务收入8 000元,增值税额为240元,该业务应交城市维护建设税税率为7%,教育费附加率为3%。

(6) 出售1台设备,原始价值30 000元,已提折旧2 500元,出售收入28 000元,存入银行。发生清理费400元,以现金支付。

(7) 因未及时供货,以银行存款支付给Y公司罚款2 000元。

(8) 对M公司的长期股权投资占25%股权,采用权益法核算。当年M公司实现净利润400 000元。

(9) 期末,为交易目的而购买股票20 000股,每股市价5元,其账面总成本为86 000元。

(10) 期末,出租的办公楼账面价值为5 000 000元,其公允价值为5 200 000元。

(11) 期末,对各项资产进行减值测试发现,1批产品减值50 000元,1条生产线减值120 000元。

(三) 要求 为上述经济业务作会计分录。

习 题 二

(一) 目的 练习利润和利润分配的核算。

(二) 资料 某企业12月初,"本年利润"账户贷方余额为1 200 000元,12月份部分损益类账户余额如表13－5所示。

表13－5 **部分损益类账户余额表** 单位:元

账户名称	借方余额	贷方余额
主营业务收入		800 000
主营业务成本	530 000	
其他业务收入		40 000
其他业务成本	32 000	
所得税费用	98 000	

其他有关资料见习题一。

(三) 要求

(1) 作12月份结转各损益类账户的会计分录。

(2) 计算当年净利润,并作结转会计分录。

(3) 经股东大会通过,按净利润的10%提取法定盈余公积,向投资者分配并支付现金股利800 000元,股票股利200 000元。另外,已办妥手续,将盈余公积1 500 000元转增资本。为此,作必要的会计分录。

(4) 对利润分配各明细账户作年终结账会计分录,并计算年末未分配利润。

习 题 三

(一) 目的 练习所得税会计处理。

(二) 资料 某企业某项设备于20×7年12月购入,按税法规定使用6年,按会计核算规定使用3年,该设备原始价值600万元,按直线法计提折旧(不考虑净残值)。假如,该企业每年实现的税前会计利润为800万元,所得税税率为25%,无其他纳税调整事项。

(三) 要求 作该企业有关所得税的会计处理。

习　题　四

（一）目的　练习所得税会计的综合处理。

（二）资料　某企业所得税税率为25%，20×8年年初递延所得税资产借方余额为5.2万元，递延所得税负债贷方余额为3.5万元。20×8年按税法规定的应纳税所得额为2 500万元，预计未来期间能够产生足够的应纳税所得额用来抵扣可抵扣暂时性差异。20×8年12月31日，其资产、负债项目的账面价值和计税基础资料如表13-6所示。

表13-6　**资产、负债项目资料表**　单位：元

项　　目	账面价值	计税基础
交易性金融资产	2 100 000	1 800 000
长期股权投资	6 900 000	7 200 000
存货	4 500 000	4 800 000
固定资产	52 000 000	50 000 000
无形资产	1 250 000	1 500 000
预计负债	2 000 000	0

（三）要求　计算该企业20×8年递延所得税资产、递延所得税负债、应交所得税和所得税费用，并作会计分录。

习　题　五

（一）目的　练习所得税会计的综合处理。

（二）资料　某企业20×8年年初递延所得税资产借方余额为29 700元，递延所得税负债贷方余额为99 000元，该企业所得税税率为25%。预计未来期间能够产生足够的应纳税所得额用来抵扣可抵扣暂时性差异。

20×8年度利润表中的利润总额为10 000 000元，发生的与所得税核算有关的经济业务如下：

（1）当期购入到期一次还本付息的国债，成本1 000 000元，期末，确认利息收入50 000元。

（2）应付税收滞纳金10 000元。

（3）当年度发生研发支出3 000 000元，其中费用化支出为1 000 000元，资本化支出为2 000 000元。该支出税法规定，当期费用化支出可按实际发生额的50%加计扣除税前利润，资本化支出在达到预定用途后，按摊销额的50%加计扣除税前利润。

（4）20×7年12月购入的一项固定资产成本1 000 000元，会计累计折旧为200 000元，税法允许税前扣除的累计折旧为250 000元。

（5）期末存货的账面价值为1 000 000元，其计税基础为1 120 000元，本期计提的存货跌价准备为120 000元。

（6）一项其他权益工具投资，其成本为320 000元，期末，因公允价值上升，调整后的账面价值为350 000元。

（三）要求

（1）计算确定该企业20×8年度应纳税所得额及应交所得税。

（2）计算当期递延所得税资产、递延所得税负债和所得税费用，并作相关会计分录。

第十四章　外 币 折 算

本章教学要点

了解外币交易的特点、外币货币性项目和非货币性项目的内容、选定记账本位币应考虑的因素、恶性通货膨胀经济的判断；掌握记账本位币的选定和变更要求、各类外币交易发生时的账务处理、外币财务报表的折算方法；重点掌握外币交易的核算方法及期末汇兑差额的计算及账务处理。

第一节　外币交易折算

一、外币交易与记账本位币

外币交易，是指以外币计价或者结算的交易，包括买入或者卖出以外币计价的商品或者劳务、借入或者借出外币资金，以及其他以外币计价或者结算的交易。

外币是企业记账本位币以外的货币。记账本位币，是指企业经营所处的主要经济环境中的货币。企业通常应选择人民币作为记账本位币。业务收支以人民币以外的货币为主的企业，可以按规定选定其中一种货币作为记账本位币。但是，编报的财务报表应当折算为人民币。

（一）企业选定记账本位币应当考虑的因素

(1) 该货币主要影响商品和劳务的销售价格，通常以该货币进行商品和劳务的计价和结算。

(2) 该货币主要影响商品和劳务所需人工、材料和其他费用，通常以该货币进行上述费用的计价和结算。

(3) 融资活动获得的货币以及保存从经营活动中收取款项所使用的货币。

（二）企业记账本位币的变更

企业记账本位币一经确定，不得随意变更，除非企业经营所处的主要经济环境发生重大变化。

当企业因经营所处的主要经济环境发生重大变化，确需变更记账本位币的，应当采用变更当日的即期汇率将所有项目折算为变更后的记账本位币，并在附注中说明变更的理由。

二、外币交易的会计处理

(一) 外币交易会计处理的原则

(1) 对于发生的外币交易,应当将外币金额折算为记账本位币金额。

(2) 外币交易应当在初始确认时,采用交易发生日的即期汇率将外币金额折算为记账本位币金额;也可以采用按照系统合理的方法确定的、与交易发生日即期汇率近似的汇率折算。

即期汇率,通常是指中国人民银行公布的当日人民币外汇牌价的中间价。企业发生的外币兑换业务或涉及外币兑换的交易事项,应当按照交易实际采用的汇率(即银行买入价或卖出价)折算。

即期汇率的近似汇率,是指按照系统合理的方法确定的、与交易发生日即期汇率近似的汇率,通常采用当期平均汇率或加权平均汇率等。

企业通常应当采用即期汇率进行折算。汇率变动不大的,也可以采用即期汇率的近似汇率进行折算。

企业收到投资者以外币投入的资本,应当采用交易发生日即期汇率折算,不得采用合同约定汇率和即期汇率的近似汇率折算,外币投入资本与相应的货币性项目的记账本位币金额之间不产生外币资本折算差额。

【例 14-1】 甲公司以人民币为记账本位币,外币交易采用交易发生日的即期汇率折算。本期从境外购入不需要安装的设备 1 台,设备价款为 250 000 美元,交易发生日的即期汇率为 1 美元=6.35 元人民币,款项尚未支付。应作会计分录如下:

借:固定资产——机器设备	1 587 500	
贷:应付账款——美元户(US$250 000×6.35)		1 587 500

【例 14-2】 乙公司以人民币为记账本位币,外币交易采用交易发生日的即期汇率折算。本期销售商品 20 000 件,销售合同规定的销售价格为每件 25 美元,交易发生日的即期汇率为 1 美元=6.25 元人民币。假设不考虑相关税费,货款尚未收到。应作会计分录如下:

借:应收账款——美元户(US$500 000×6.25)	3 125 000	
贷:主营业务收入		3 125 000

【例 14-3】 上述乙公司本期从中国银行借入港元 3 000 000 元,期限为 3 个月,借入的港元暂存银行。借入时的即期汇率为 1 港元=0.88 元人民币。应作会计分录如下:

借：银行存款——港元户（HK＄3 000 000×0.88）　　2 640 000
　贷：短期借款——港元户　　2 640 000

3 个月后，乙公司按期向中国银行归还借入的港元 3 000 000 元。归还借款时的即期汇率为 1 港元＝0.85 元人民币。应作会计分录如下：

借：短期借款——港元户（HK＄3 000 000×0.85）　　2 550 000
　贷：银行存款——港元户　　2 550 000

【例 14－4】 上述甲公司本期将 1 000 000 美元到银行兑换为人民币，银行当日的美元买入价为 1 美元＝6.25 元人民币，卖出价为 1 美元＝6.45 元人民币，当日即期汇率为 1 美元＝6.35 元人民币。应作有关会计分录如下：

借：银行存款——人民币户（US＄1 000 000×6.25）　　6 250 000
　财务费用　　100 000
　贷：银行存款——美元户（US＄1 000 000×6.35）　　6 350 000

【例 14－5】 甲公司本期因外币支付需要，从银行购入 200 000 美元，银行当日的美元买入价为 1 美元＝6.20 元人民币，卖出价为 1 美元＝6.40 元人民币，当日即期汇率为 1 美元＝6.30 元人民币。应作会计分录如下：

借：银行存款——美元户（US＄200 000×6.30）　　1 260 000
　财务费用　　20 000
　贷：银行存款——人民币户（US＄200 000×6.40）　　1 280 000

【例 14－6】 甲公司收到外方投资 300 000 美元，收到外币款项时的即期汇率为 1 美元＝6.25 元人民币。应作会计分录如下：

借：银行存款——美元户（US＄300 000×6.25）　　1 875 000
　贷：实收资本　　1 875 000

（二）资产负债表日及结算日外币交易会计处理的规定

1. 外币货币性项目

货币性项目，是指企业持有的货币资金和将以固定或可确定的金额收取的资产或偿付的负债。货币性项目分为货币性资产和货币性负债。货币性资产包括库存现金、银行存款、应收账款、其他应收款、长期应收款等；货币性负债包括短期借款、应付账款、其他应付款、长期借款、应付债券、长期应付款等。

对于各外币货币性项目，应当以资产负债表日及结算日的当日即期汇率进行折算，因采用资产负债表日及结算日的当日即期汇率与初始确认时或者前一资产负债表日即期汇率不同而产生的汇兑差额，计入当期损益。同时，调增或调减外币货币性项目的记账本位币金额。

2. 外币非货币性项目

非货币性项目，是指货币性项目以外的项目，包括存货、长期股权投资、固定资产、无形资产等。

资产负债表日，以历史成本计量的外币非货币性项目，仍采用交易发生日的即期汇率折算，不改变其记账本位币金额。但对于以成本与可变现净值孰低计量的存货，如果其可变现净值以外币确定，则在确定存货的期末价值时，应当先将可变现净值折算为记账本位币，再与以记账本位币反映的存货成本进行比较，以确定是否计提存货跌价准备。

以公允价值计量的外币非货币性项目，如交易性金融资产等，采用公允价值确定日的即期汇率折算，折算后的记账本位币金额与原记账本位币金额的差额，作为公允价值变动处理，计入当期损益。

【例 14-7】 某公司以人民币为记账本位币，外币交易采用交易发生日的即期汇率折算，20×1 年 12 月 10 日，以 5 000 美元从境外购入 A 商品，当日的即期汇率为 1 美元=6.50 元人民币。12 月 31 日 A 商品仍在库存，其在国际市场的价格已跌到 4 800 美元，当日的即期汇率为 1 美元=6.20 元人民币。

根据上述资料，12 月 31 日该公司应计提存货跌价准备金额为 2 740 元(US$5 000×6.50－US$4 800×6.20)。应作会计分录如下：

借：资产减值损失　　2 740

　贷：存货跌价准备　　2 740

【例 14-8】 某公司以人民币为记账本位币，20×1 年 12 月 5 日以50 000港元购入 M 公司 H 股 20 000 股作为交易性金融资产，当日汇率为 1 港元=0.89 元人民币。20×1 年 12 月 31 日，由于市价变动，当月购入的 M 公司 H 股为 52 000 港元，当日汇率为 1 港元=0.88 元人民币。对该笔外币业务应作会计处理如下：

(1) 20×1 年 12 月 5 日。

借：交易性金融资产　　44 500

　贷：银行存款——港元户(HK$50 000×0.89)　　44 500

(2) 20×6 年 12 月 31 日。

借：交易性金融资产(HK$52 000×0.88－44 500)　　1 260

　贷：公允价值变动损益　　1 260

上述 1 260 元人民币损失既包括购入 M 公司 H 股公允价值变动产生的收益 1 760 元[HK$(52 000－50 000)×0.88]，又包括人民币与港元汇率变动产生的汇兑损失500元[HK$50 000×(0.89－0.88)]双重影响的结果。

【例 14-9】 某企业以人民币为记账本位币,采用外币交易发生日的即期汇率作为记账汇率,各有关外币货币性账户 12 月初余额如表 14-1 所示。

表 14-1 **外币货币性账户余额表**

账户名称	原币	汇率	人民币元
银行存款——美元户	13 000 美元	6.30	81 900
银行存款——港元户	5 000 港元	0.85	4 250
应收账款——美元户(甲企业)	3 000 美元	6.30	18 900
应付账款——美元户(乙企业)	4 000 美元	6.30	25 200

12 月份发生的与外币交易有关的经济业务有:

(1) 12 月 1 日,向甲企业出口产品 1 批,售价 10 000 美元,货款尚未收到,当日即期汇率为 1 美元=6.31 元人民币。

(2) 12 月 5 日,向乙企业进口 1 批材料,价款 8 000 美元,货款尚未支付,当日即期汇率为 1 美元=6.35 元人民币。

(3) 12 月 10 日,收到甲企业上月所欠货款 3 000 美元,存入银行,当日即期汇率为 1 美元=6.34 元人民币。

(4) 12 月 12 日,以 2 500 美元支付外方人员工资,当日即期汇率为 1 美元=6.33 元人民币。

(5) 12 月 17 日,支付上月所欠乙企业货款 4 000 美元,当日即期汇率为 1 美元=6.35 元人民币。

(6) 12 月 22 日,从美元存款户支出 5 000 美元兑换为人民币,当日即期汇率为 1 美元=6.34 元人民币,外汇指定银行的买入汇率为 1 美元=6.33 元人民币。

(7) 12 月 25 日,借入短期借款 50 000 港元存入银行,当日即期汇率为 1 港元=0.89 元人民币。

(8) 12 月 26 日,收到某外商投入全新设备一套,价值 5 000 美元,当日即期汇率为 1 美元=6.34 元人民币。

(9) 12 月 28 日,用 20 000 港元兑换成美元,当日即期汇率为 1 港元=0.85 元人民币,1 美元=6.32 元人民币,外汇指定银行的买入汇率为 1 港元=0.85 元人民币,卖出汇率为 1 美元=6.30 元人民币。

(10) 12 月 31 日,即期汇率为 1 美元=6.33 元人民币,1 港元=0.85 元人民币。

根据上述外币交易业务,应作会计分录如下:

(1) 借：应收账款——美元户(US$ 10 000×6.31)	63 100	
贷：主营业务收入		63 100
(2) 借：在途物资(US$ 8 000×6.35)	50 800	
贷：应付账款——美元户		50 800
(3) 借：银行存款——美元户(US$ 3 000×6.34)	19 020	
贷：应收账款——美元户		19 020
(4) 借：管理费用(US$ 2 500×6.33)	15 825	
贷：银行存款——美元户		15 825
(5) 借：应付账款——美元户(US$ 4 000×6.35)	25 400	
贷：银行存款——美元户		25 400
(6) 借：银行存款——人民币户(US$ 5 000×6.33)	31 650	
财务费用——汇兑损益	50	
贷：银行存款——美元户(US$ 5 000×6.34)		31 700
(7) 借：银行存款——港元户(HK$ 50 000×0.89)	44 500	
贷：短期借款——港元户		44 500
(8) 借：固定资产(US$ 5 000×6.34)	31 700	
贷：实收资本(US$ 5 000×6.34)		31 700
(9) 借：银行存款——美元户(US$ 2 698.41×6.32)	17 054	
贷：财务费用——汇兑损益		54
银行存款——港元户(HK$ 20 000×0.85)		17 000

(注：US$ 2 698.41＝HK$ 20 000×0.85÷6.30)

将上述会计分录登记各外币货币性账户，并按月末即期汇率调整账面人民币余额如表14－2至表14－6所示。

根据上述各外币货币性账户的调整金额，可汇总编制一笔月末调整会计分录如下：

(10) 借：银行存款——美元户	517	
短期借款——港元户	2 000	
应收账款——美元户	320	
贷：应付账款——美元户		40
银行存款——港元户		2 000
财务费用——汇兑损益		797

表 14-2

银行存款——美元户

日期		业务号数	摘要	借方			贷方			余额		
月	日			美元	汇率	人民币元	美元	汇率	人民币元	美元	汇率	人民币元
12	1		月初余额							13 000	6.30	81 900
	10	(3)	收到货款	3 000	6.34	19 020				16 000		100 920
	12	(4)	支付外方人员工资				2 500	6.33	15 825	13 500		85 095
	17	(5)	支付购货欠款				4 000	6.35	25 400	9 500		59 695
	22	(6)	兑换人民币				5 000	6.34	31 700	4 500		27 995
	28	(9)	港元兑换美元	2 698.41	6.32	17 054				7 198.41		45 049
12	31	(10)	月末调整			517				7 198.41	6.33	45 566

表 14-3

银行存款——港元户

日期		业务号数	摘要	借方			贷方			余额		
月	日			港元	汇率	人民币元	港元	汇率	人民币元	港元	汇率	人民币元
12	1		月初余额							5 000	0.85	4 250
	25	(7)	借入短期借款	50 000	0.89	44 500				55 000		48 750
	28	(9)	港元兑换美元				20 000	0.85	17 000	35 000		31 750
12	31	(10)	月末调整						2 000	35 000	0.85	29 750

表 14-4

应收账款——美元户(甲企业)

日期		业务号数	摘要	借方			贷方			余额		
月	日			美元	汇率	人民币元	美元	汇率	人民币元	美元	汇率	人民币元
12	1		月初余额							3 000	6.30	18 900
	1	(1)	销售产品	10 000	6.31	63 100				13 000		82 000
	10	(3)	收到销货欠款				3 000	6.34	19 020	10 000		62 980
12	31	(10)	月末调整			320				10 000	6.33	63 300

表 14-5

应付账款——美元户(乙企业)

日期		业务号数	摘要	借方			贷方			余额		
月	日			美元	汇率	人民币元	美元	汇率	人民币元	美元	汇率	人民币元
12	1		月初余额							4 000	6.30	25 200
	5	(2)	进口材料				8 000	6.35	50 800	12 000		76 000
	17	(5)	支付购货欠款	4 000	6.35	25 400				8 000		50 600
12	31	(10)	月末调整						40	8 000	6.33	50 640

表 14-6

短期借款——港元户

日期		业务号数	摘要	借方			贷方			余额		
月	日			港元	汇率	人民币元	港元	汇率	人民币元	港元	汇率	人民币元
12	25	(7)	借入港元				50 000	0.89	44 500	50 000		44 500
12	31	(10)	月末调整			2 000				50 000	0.85	42 500

第二节 外币财务报表折算

一、境外经营记账本位币的确定

企业选定境外经营的记账本位币,除考虑一般因素外,还应当考虑下列因素:

(1) 境外经营对其所从事的活动是否拥有很强的自主性。

(2) 境外经营活动中与企业的交易是否在境外经营活动中占有较大比重。

(3) 境外经营活动产生的现金流量是否直接影响企业的现金流量、是否可以随时汇回。

(4) 境外经营活动产生的现金流量是否足以偿还其现有债务和可预期的债务。

以上所说的境外经营,是指企业在境外的子公司、合营企业、联营企业、分支机构。如果在境内的子公司、合营企业、联营企业、分支机构,采用不同于企业记账本位币的,也视同境外经营。

二、外币财务报表的折算方法

企业对境外经营的财务报表进行折算时,应当遵循下列规定:

(1) 资产负债表中的资产和负债项目,采用资产负债表日的即期汇率折算,所有者权益项目除"未分配利润"项目外,其他项目采用发生时的即期汇率折算。

(2) 利润表中的收入和费用项目,采用交易发生日的即期汇率折算;也可以采用按照系统合理的方法确定的、与交易发生日即期汇率近似的汇率折算。

按照上述规定折算产生的外币财务报表折算差额,在资产负债表中"其他综合收益"项目列示。

需要注意的是,企业编制合并财务报表涉及境外经营的,如有实质上构成对境外经营净投资的外币货币性项目,因汇率变动而产生的汇兑差额,也应列入所有者权益"外币报表折算差额"项目。

【例 14－10】 某母公司有一境外子公司,该子公司财务报表的编报货币为美元,20×1 年年初的即期汇率为 1 美元＝6.40 元人民币,资产负债表日的即期汇率为 1 美元＝6.20 元人民币,则本期的平均汇率为 1 美元＝6.30 元人民币(作为利润表折算汇率)。假定该子公司年初盈余公积为 50 万美元,折合人民币为 320 万元;年初未分配利润为 100 万美元,折合人民币为 638 万元;本期提取盈余公积和分配投资者利润分别为 50 万美元和 250 万美元,折合人民币分别为 317.5 万元和 1 587.5 万元。除"未分配利润"项目外,其他所有者权益项目发生时的即期汇率均为 1 美元＝6.35 元人民币。

按规定,将该子公司以美元表示的财务报表折算成以人民币表示的财务报表如表 14－7 至表 14－9 所示。

表 14－7

利 润 表

编制单位：某子公司　　　　20×1 年　　　　单位：万元

项　　目	本期金额（美元）	折算汇率	折算为人民币金额
一、营业收入	4 000	6.30	25 200
减：营业成本	3 200	6.30	20 160
管理费用	200	6.30	1 260
财务费用	100	6.30	630
二、营业利润	500		3 150
减：营业外支出	50	6.30	315
三、利润总额	450		2 835
减：所得税费用	150	6.30	945
四、净利润	300		1 890
五、其他综合收益的税后净额			
其中:外币报表折算差额			－170.50
六、综合收益总额	300		1 719.50
七、每股收益			

表 14－8

所有者权益变动表

编制单位：某子公司　　　　20×1 年　　　　单位：万元

项　　目	实收资本			其他综合收益	盈余公积			未分配利润		股东权益合计
	美元	汇率	人民币		美元	汇率	人民币	美元	人民币	
一、本年年初余额	1 000	6.35	6 350		50		320	100	638	7 308
二、本年增减变动金额										
（一）综合收益总额				－170.50			3001	890	1 719.50	
（二）所有者投入和减少资本										
（三）利润分配										
1. 提取盈余公积					50	6.35	317.5	－50	－317.5	
2. 对股东分配								－250	－1 587.5	－1 587.5
三、本年年末余额	1 000	6.35	6 350	－170.50	100		637.5	100	623	7 440

表 14-9　　资产负债表

编制单位：某子公司　　20×1年12月31日　　单位：万元

资　　产	期末数（美元）	汇率	人民币金　额	负 债 和股东权益	期末数（美元）	汇率	人民币金　额
流动资产：				流动负债：			
银行存款	150	6.20	930	应付账款	400	6.20	2 480
应收账款	250	6.20	1 550	应付职工薪酬	50	6.20	310
存货	400	6.20	2 480	流动负债合计	450		2 790
流动资产合计	800		4 960	非流动负债：			
非流动资产：				长期借款	350	6.20	2 170
长期应收款	80	6.20	496	非流动负债合计	350		2 170
固定资产	1 000	6.20	6 200	负债合计	800		4 960
在建工程	40	6.20	248	股东权益：			
无形资产	80	6.20	496	实收资本	1 000	6.35	6 350
非流动资产合计	1 200		7 440	其他综合收益			−170.50①
				盈余公积	100		637.5
				未分配利润	100		623
				股东权益合计	1 200		7 440
资产总计	2 000		12 400	负债和股东权益总计	2 000		12 400

① −170.50=12 400−4 960−6 350−637.5−623。

三、境外经营的处置

企业在处置境外经营时，应当将资产负债表中所有者权益项目下列示的、与该境外经营相关的外币财务报表折算差额，自所有者权益项目转入处置当期损益；部分处置境外经营的，应当按处置的比例计算处置部分的外币财务报表折算差额，转入处置当期损益。

四、恶性通货膨胀经济情况下外币财务报表的折算

（一）恶性通货膨胀经济情况下外币财务报表的重述

企业对处于恶性通货膨胀经济中的境外经营的财务报表，应当先按照下列规定予以重述，然后再进行折算。

1. 资产负债表项目的重述

在对资产负债表项目进行重述时，由于现金、应收账款、其他应收款等货币性项目已经以资产负债表日的计量单位表述，因此，不需要对其进行重述；通过协议与物

价变动挂钩的资产和负债，应根据协议约定进行调整；非货币性项目中，有些是以资产负债表日的计量单位列示的，如存货，如果已经以可变现净值列示，资产负债表日就不需要进行重述。其他非货币性项目，如固定资产、投资、无形资产等，应自购置日起以一般物价指数变动予以重述。

2. 利润表项目的重述

在对利润表项目进行重述时，所有项目都需要自其初始确认之日起，运用一般物价指数变动予以重述，以使利润表的所有项目都以资产负债表日的计量单位表述。由于上述重述而产生的差额计入当期净利润。

当境外经营不再处于恶性通货膨胀经济中时，应当停止重述，按照停止之日的价格水平重述的财务报表进行折算。

（二）恶性通货膨胀经济的判断

恶性通货膨胀经济，通常按照以下特征进行判断：

（1）3 年累计通货膨胀率接近或超过 100％。

（2）利率、工资和物价与物价指数挂钩。

（3）一般公众不是以当地货币、而是以相对稳定的外币为单位作为衡量货币金额的基础。

（4）一般公众倾向于以非货币性资产或相对稳定的外币来保存自己的财富，持有的当地货币立即用于投资以保持购买力。

（5）即使信用期限很短，赊销、赊购交易仍按补偿信用期预计购买力损失的价格成交。

复习思考题

一、单项选择题

1. 根据我国现行会计准则规定，企业编制的财务报表都应当以(   )反映。

A. 人民币　　B. 外币折合成人民币

C. 某种外币　　D. 记账本位币

2. 下列各项中，属于外币兑换业务的是(   )。

A. 从银行取得的外币借款　　B. 从银行购入外汇

C. 归还外币银行借款　　D. 出口商品的外币应收账款

3. 采用人民币作为记账本位币的企业，下列项目中，不属于外币业务的是(   )。

A. 与国内企业发生的以美元计价的销售业务

B. 与国外企业发生的以人民币计价的销售业务

C. 与国外企业发生的以美元计价的购货业务

D. 与银行发生的人民币与美元的兑换业务

4. 企业将外币兑换成人民币时,兑换时确定的汇兑差额是指(　　)。

A. 当日即期汇率与账面汇率之差引起的折算差额

B. 银行买入汇率与账面汇率之差引起的折算差额

C. 银行买入汇率与当日即期汇率之差引起的折算差额

D. 当日即期汇率与银行卖出汇率之差引起的折算差额

5. 企业对境外经营的资产负债表进行折算时,采用发生日的即期汇率折算的项目是(　　)。

A. 固定资产　　B. 应付账款

C. 未分配利润　　D. 实收资本

6. 某企业以人民币为记账本位币,采用业务发生日的即期汇率进行折算,按月计算汇兑差额。5月25日出口销售商品1批,售价为50万美元,当日即期汇率为1美元=6.80元人民币,5月31日的即期汇率为1美元=6.72元人民币。该外币债权5月份发生的汇兑损失为(　　)万元。

A. 2.5　　B. 4

C. 1.5　　D. −1.5

7. 按规定,我国外币财务报表折算差额,应当在资产负债表中(　　)。

A. 在所有者权益项目下单独列示　　B. 作为长期股权投资列示

C. 在长期负债项目下单独列示　　D. 在其他长期资产项目下列示

8. 某外商投资企业以人民币为记账本位币,收到外商作为实收资本投入美元100万元,收到投资当日的即期汇率1美元=6.85元人民币,投资合同约定汇率为1美元=6.60元人民币,当月期初的即期汇率为1美元=6.82元人民币,则该投入资本的入账金额为(　　)万元人民币。

A. 685　　B. 660

C. 682　　D. 676

9. 某企业持有的外币交易性金融资产,期末按该外币交易性金融资产的公允价值与期末即期汇率计算的记账本位币金额与账面记账本位币金额之间的差额,应当记入(　　)账户。

A. "财务费用"　　B. "资本公积"

C. "公允价值变动损益"　　D. "资产减值损失"

10. 企业因经营所处的主要经济环境发生重大变化,确需要变更记账本位币的,应当采用(　　),将所有项目折算为变更后的记账本位币。

A. 变更当日的即期汇率　　B. 变更当期期初的即期汇率

C. 变更当年年初的即期汇率　　D. 变更当期期末的即期汇率

二、多项选择题

1. 外币交易,是指以外币计价或者结算的交易,包括(　　)。

A. 买入以外币计价的商品　　B. 卖出以外币计价的商品

C. 借入外币资金　　D. 借出外币资金

E. 人民币与某种外币进行兑换

2. 企业发生外币业务时，有关外币账户可以采用的折算汇率有(　　)。

A. 即期汇率　　B. 与即期汇率近似的汇率

C. 当期平均汇率　　D. 当期期初汇率

E. 当期期末汇率

3. 在外币财务报表进行折算时，可以采用资产负债表日的即期汇率进行折算的项目有(　　)。

A. 存货　　B. 长期应收款

C. 应付票据　　D. 盈余公积

E. 实收资本

4. 下列项目中，可以作为财务费用核算的折算差额有(　　)。

A. 人民币与美元兑换产生的差额

B. 外币财务报表折算产生的差额

C. 持有外币债权因汇率变动产生的差额

D. 收到外币资本投资时产生的折算差额

E. 外币交易性金融资产期末调整产生的差额

5. 下列项目中，属于境外经营或视同境外经营的有(　　)。

A. 境外的子公司　　B. 境外的合营企业

C. 境外的联营企业　　D. 境内的分支机构

E. 境内的子公司

6. 企业在选择记账本位币时，应当考虑的因素有(　　)。

A. 主要影响商品和劳务销售价格的货币

B. 主要影响所需人工、材料和其他费用计价和结算的货币

C. 融资活动获得的货币

D. 投资活动所需的货币

E. 保存从经营活动中收取款项所使用的货币

7. 在外币交易日发生的外币交易，下列所作的会计处理中，正确的有(　　)。

A. 将外币金额折算为记账本位币

B. 采用当日的即期汇率进行折算

C. 采用当月月初的即期汇率进行折算

D. 采用当日即期汇率近似的汇率进行折算

E. 到年末再将外币金额折算为记账本位币

8. 在资产负债表日，下列应当采用交易发生日的即期汇率折算非货币性项目的有(　　)。

A. 应收账款　　B. 固定资产

C. 无形资产　　D. 应付债券

E. 资本公积

9. 对于外币交易性金融资产，资产负债表日应当将按当日即期汇率对公允价值折算为记账本位币金额与原记账本位币金额比较的差额，计入当期损益，下列所作会计处理中，不正确的有(　　)。

A. 借：资产减值损失
　　贷：交易性金融资产

B. 借：公允价值变动损益
　　贷：交易性金融资产

C. 借：交易性金融资产
　　贷：财务费用

D. 借：交易性金融资产
　　贷：公允价值变动损益

E. 借：财务费用
　　贷：交易性金融资产

10. 在下列外币财务报表项目中，可以采用交易发生日的即期汇率折算，也可以采用与交易发生日的即期汇率近似的汇率折算的有(　　)。

A. 长期待摊费用　　B. 管理费用

C. 销售费用　　D. 应付账款

E. 营业收入

三、判断题

1. 外币交易的会计处理，主要包括记账本位币的确定、外币交易折算汇率的选择、汇兑差额的处理，以及外币财务报表的折算等内容。(　　)

2. 企业应当以经营所处的主要环境中的货币作为记账本位币，一经确定不得随意变更，除非其经营所处的主要环境发生了重大变化。(　　)

3. 企业发生的外币交易，应当在初始确认时采用当日的即期汇率，或者采用与当日即期汇率近似的汇率折算。(　　)

4. 外商投资企业收到外商的外币投入，可以采用合同约定汇率，也可以采用收到投资日的即期汇率，或者与即期汇率近似的汇率折算，如果折算结果有差额，作为外币资本折算差额处理。(　　)

5. 在确定存货的期末价值时，应当先将存货可变现净值折算为记账本位币，然后，再与以记账本位币反映的成本进行比较，以判断是否计提存货跌价准备。(　　)

6. 以公允价值计量的交易性金融资产，期末按其公允价值与当日的即期汇率折算的记账本位币金额与原记账本位币金额的差额，应当作为汇兑差额，计入财务费用。(　　)

7. 企业在境外的子公司、合营企业、联营企业、分支机构，被称为境外经营，在境内的上述组织和机构，被称为境内经营。(　　)

8. 资产负债表日，外币货币性项目应当以当日即期汇率进行折算，如果折算的记账本位币金额与原记账本位币金额有差异的，应作为汇兑差额计入当期损益；但以历史成本计量的外币非货币性项目，仍采用交易发生日的即期汇率折算，不改变其记账本位币金额。(　　)

9. 企业对境外经营的财务报表进行折算时，资产负债表中的所有者权益项目都应当采用发生时的即期汇率折算。(　　)

10. 外币财务报表折算产生的差额，应当在资产负债表中所有者权益项目下单独列示。(　　)

四、名词解释

外币交易　　记账本位币

即期汇率　　即期汇率的近似汇率

境外经营　　外币货币性项目

外币非货币性项目　　外币报表折算差额

五、简答题

1. 何谓记账本位币？企业在选定记账本位币时需要考虑哪些因素？

2. 简述境外经营记账本位币的选定及变更记账本位币的会计处理原则。

3. 试述外币交易的种类及各外币交易的折算汇率、折算差额的核算要求。

4. 资产负债表日，对外币货币性项目和外币非货币性项目的折算有何区别？折算结果应如何处理？

5. 何谓境外经营？其外币财务报表的折算规定是什么？

6. 简述境外经营恶性通货膨胀的判断依据及外币财务报表的折算要求。

六、计算与分析题

习　题　一

（一）目的　练习外币交易的会计处理。

（二）资料　某企业以人民币为记账本位币，其外币交易采用发生日的即期汇率进行折算。20×1年6月初该企业有关外币货币性账户的余额如表14－10所示。

表14－10　**账户余额表**

账　户　名　称	原　币	汇　率	人民币元
银行存款——美元户	5 000 美元	6.35	31 750
银行存款——港元户	10 000 港币	0.88	8 800
应收账款——美元户（甲企业）	3 000 美元	6.35	19 050
应付账款——美元户（乙企业）	2 000 美元	6.35	12 700
短期借款——美元户	8 000 美元	6.35	50 800

6月份发生的外币交易有：

（1）6月2日，收到上月甲企业所欠货款3 000美元，已存入银行，当天的即期汇率为1美元＝6.34元人民币。

（2）6月5日，向甲企业出口商品一批，售价10 000美元，货款尚未收到，当天的即期汇率为1美元＝6.33元人民币。

（3）6月8日，向乙企业进口材料一批，价值5 000美元，货款尚未支付，当天的即期汇率为1美元＝6.35元人民币。

（4）6月10日，支付上月所欠乙企业货款2 000美元，当天的即期汇率为1美元＝6.36元人民币。

(5) 6月15日,收到外商汇来投入资本10 000美元,存入银行,按当天的即期汇率1美元=6.33元人民币入账。

(6) 6月20日,以银行存款归还短期借款4 000美元,当天的即期汇率为1美元=6.34元人民币。

(7) 6月23日,从美元存款户支出5 000美元兑换人民币,当天的即期汇率为1美元=6.35元人民币,外汇指定银行的买入汇率为1美元=6.32元人民币。

(8) 6月25日,向银行借入长期借款10 000美元,存入银行,当天的即期汇率为1美元=6.35元人民币。

(9) 6月28日,以1 000美元购入B种股票,当天的即期汇率为1美元=6.36元人民币。

(10) 6月30日,用8 000美元兑换成港元,当天美元的即期汇率为1美元=6.37元人民币,港元的即期汇率为1港元=0.85元人民币,外汇指定银行美元的买入汇率为1美元=6.33元人民币,港元的卖出汇率为1港元=0.86元人民币。

(11) 6月30日,6月28日购入的B种股票公允价值为1 050美元,当天美元的即期汇率为1美元=6.37元人民币。

(12) 6月30日,6月8日向乙企业进口的材料还有40%留在仓库,其可变现净值为1 800美元。

三、要求

(1) 为上述外币交易编制会计分录。

(2) 将外币交易的会计分录登记各外币货币性账户,结出余额并按月末汇率调整,计算汇兑损益并编制会计分录。

(3) 计算该企业6月份因外币交易发生的、计入财务费用的汇兑损益。

习 题 二

(一) 目的 练习外币交易的会计处理。

(二) 资料 某公司以人民币为记账本位币,外币交易采用发生日的即期汇率折算,并按月计算汇兑损益。20×1年9月30日,有关外币账户期末余额如表14-11所示。

表14-11 **账户期末余额表**

账户名称	外币账户金额	汇 率	记账本位币金额(人民币元)
银行存款	200 000(美元)	6.4	1 280 000
银行存款	40 000(港元)	0.88	35 200
应收账款	100 000(美元)	6.4	640 000
应付账款	50 000(美元)	6.4	320 000

该公司10月份发生如下外币业务(假设不考虑有关税费):

(1) 10月8日,对外销售产品2 000件,每件单价100美元,当日的即期汇率为1美元=6.3元人民币,款未收。

(2) 10月9日,以35 000港元购入乙公司H股10 000股作为交易性金融资产,当日汇率为1港元=0.87元人民币,款项已付。

(3) 10月10日,从银行借入短期外币借款180 000美元,款项存入银行,当日的即期汇率为1

美元＝6.30 元人民币。

(4) 10 月 16 日，进口原材料一批，价款总计 16 000 美元，款项未支付，当日的即期汇率为 1 美元＝6.35 元人民币。

(5) 10 月 25 日，收到 10 月 8 日赊销货款 100 000 美元，当日的即期汇率为 1 美元＝6.35 元人民币。

(6) 10 月 31 日，偿还借入的短期外币借款 180 000 美元，当日的即期汇率为 1 美元＝6.35 元人民币。

(7) 10 月 31 日，由于股票市价变动，当月购入的乙公司 H 股市价变为 32 000 港元，当日的即期汇率 1 港元＝0.86 元人民币。

(三) 要求

(1) 根据上述资料，作外币交易发生时的会计分录。

(2) 按期末汇率列式计算期末各外币货币性账户的汇兑差额。

(3) 作期末汇兑差额的会计分录。

习　题　三

(一) 目的　练习外币财务报表的折算。

(二) 资料　某公司以人民币作为记账本位币，该公司有一子公司在美国，20×1 年 12 月 31 日，该子公司以美元表示的利润表、资产负债表数据如表 14-12 和表 14-13 所示。假定 20×1 年 12 月 31 日的即期汇率为 1 美元＝6.45 元人民币。20×1 年的平均汇率为 1 美元＝6.50 元人民币，该子公司实收资本发生日的即期汇率为 1 美元＝6.80 元人民币。20×1 年 12 月 31 日的累计盈余公积为 280 万美元，折算成人民币为 1 862 万元，累计未分配利润为 200 万美元，折算为人民币 1 336 万元。年末按当年实现的净利润计提 10%盈余公积。

表 14-12　　**利　润　表**

编制单位：某子公司　　20×1 年　　单位：万元

项　　目	本期金额(美元)	上期金额(略)
一、营业收入	6 000	
减：营业成本	3 600	
管理费用	400	
财务费用	200	
二、营业利润	1 800	
加：营业外收入	200	
三、利润总额	2 000	
减：所得税费用	600	
四、净利润	1 400	
五、其他综合收益		
六、综合收益总额		
七、每股收益		

表 14 - 13

资产负债表

编制单位：某子公司　　20×1 年 12 月 31 日　　单位：万元

资　　产	期末数	负债和股东权益	期末数
流动资产：		流动负债：	
银行存款	2 000	应付账款	720
应收账款	3 600	应付职工薪酬	1 600
存货	3 000	流动负债合计	2 320
流动资产合计	8 600	非流动负债：	
非流动资产：		长期借款	2 400
长期应收款	2 000	非流动负债合计	2 400
固定资产	10 000	负债合计	4 720
减：累计折旧	4 000	股东权益：	
无形资产	2 000	实收资本	12 000
非流动资产合计	10 000	盈余公积	600
		未分配利润	1 280
		股东权益合计	13 880
资产总计	18 600	负债和股东权益总计	18 600

(三) 要求　将该公司以美元表示的外币财务报表折算为以人民币表示。

第十五章 财 务 报 告

本章教学要点

了解财务报告的组成内容，资产负债表、利润表、现金流量表、所有者权益变动表的结构；掌握资产负债表、利润表、所有者权益变动表的编制内容和方法以及现金流量表的编制基础；重点掌握现金流量表的分析填列法。

第一节 财务报告的组成和列报要求

一、财务报告的组成和作用

（一）财务报告的组成

财务报告，是指企业对外提供的反映企业某一特定日期的财务状况和某一会计期间的经营成果、现金流量等会计信息的文件，包括财务报表和其他应当在财务报告中披露的相关信息和资料。其中，财务报表是对企业财务状况、经营成果和现金流量的结构性表述。

财务报表至少应当包括下列组成部分：

（1）资产负债表。

（2）利润表。

（3）现金流量表。

（4）所有者权益（或股东权益，下同）变动表。

（5）附注。

（二）财务报告的作用

提供财务报告是会计核算工作的一个重要环节，它对于改善企业的内部管理，满足报告使用者决策需要，以及加强国家宏观管理具有重要作用。

（1）通过财务报告，企业管理者可以及时了解、分析企业经营管理的业绩，考核计划执行的结果，并为预测和决策提供依据。

（2）通过财务报告，投资者、债权人可以及时了解、评价企业的偿债能力、获利能力及理财手段，分析企业的经营趋势，并为投资、信贷决策提供参考资料。

(3) 通过财务报告,有关的政府管理机关可以及时检查、监督企业的经营活动情况,同时,通过财务报表的逐级汇总,又为国家宏观管理提供重要的经济信息。

二、财务报表列报的基本要求

编制财务报表,应当符合下列基本要求:

(1) 企业应当以持续经营为基础,根据实际发生的交易和事项,按照企业会计准则的规定进行确认和计量,在此基础上编制财务报表。企业不应以附注披露代替确认和计量。

企业管理层应当评价企业的持续经营能力,对持续经营能力产生重大怀疑的,应当在附注中披露导致对持续经营能力产生重大怀疑的影响因素。

企业正式决定或被迫在当期或将在下一个会计期间进行清算或停止营业的,表明其处于非持续经营状态,应当采用其他基础编制财务报表,并在附注中声明财务报表未以持续经营为基础列报、披露未以持续经营为基础的原因和财务报表的编制基础。

(2) 财务报表项目的列报应当在各个会计期间保持一致,不得随意变更,但下列情况除外:① 企业会计准则要求改变财务报表项目的列报;② 企业经营业务的性质发生重大变化后,变更财务报表项目的列报能够提供更可靠、更相关的会计信息。

(3) 在编制财务报表的过程中,应当考虑报表项目的重要性。对于性质或功能不同的项目,应当在财务报表中单独列报,但不具有重要性的项目除外。性质或功能类似的项目,其所属类别具有重要性的,应当按其类别在财务报表中单独列报。

重要性,是指财务报表某项目的省略或错报会影响使用者据此作出经济决策的,该项目具有重要性。

判断项目的重要性,应当考虑该项目的性质是否属于企业日常活动等因素;判断项目金额大小的重要性,应当通过单项金额占资产总额、负债总额、所有者权益总额、营业收入总额、营业成本总额、净利润等直接相关项目金额的比重加以确定。

(4) 财务报表中的资产项目和负债项目的金额、收入项目和费用项目的金额不得相互抵销,但满足抵销条件的除外。

资产项目按扣除减值准备后的净额列示,不属于抵销。

非日常活动产生的损益,以收入扣减费用后的净额列示,不属于抵销。

(5) 当期财务报表的列报,至少应当提供所有列报项目上一可比会计期间的比较数据,以及与理解当期财务报表相关的说明,但其他会计准则另有规定的除外。

财务报表项目的列报发生变更的,应当对上期比较数据按照当期的列报要求进行调整,并在附注中披露调整的原因和性质,以及调整的各项目金额。对上期比较数据进行调整不切实可行的,应当在附注中披露不能调整的原因。不切实可行,是指企业在作出所有合理努力后仍然无法采用某项规定。

(6) 企业应当在财务报表的显著位置至少披露下列各项内容：① 编报企业的名称；② 资产负债表日或财务报表涵盖的会计期间；③ 人民币金额单位；④ 财务报表是合并财务报表的，应当予以标明。

(7) 企业至少应当按年编制财务报表。年度财务报表涵盖的期间短于1年的，应当披露年度财务报表的涵盖期间，以及短于1年的原因。

第二节 资产负债表

一、资产负债表的作用和结构

(一) 资产负债表的作用

资产负债表，是指反映企业在某一特定日期财务状况的报表。它反映企业在某一特定日期所拥有或控制的经济资源、所承担的现时义务和所有者对净资产的要求权。

编制资产负债表的作用是：

(1) 通过资产负债表，可以向报表使用者提供企业所拥有或控制的经济资源，以及这些经济资源的分布和结构。

(2) 通过资产负债表，可以准确地反映企业所承担的债务和投资者对企业拥有的权益，以及相互间的比例关系。

(3) 通过对资产负债表的分析对比，可以了解企业的支付能力、偿债能力以及财务实力，并可以预测企业的财务发展趋势。

(二) 资产负债表的结构

我国的资产负债表，采用账户式结构，把资产、负债和所有者权益各项目分别列示在表的左、右两方。左方列示资产各项目，反映全部资产的分布及存在形态；右方列示负债和所有者权益各项目，反映全部负债和所有者权益的内容及构成情况。资产负债表的编制结果，要求左方的资产总计与右方的负债和所有者权益总计相等。

资产负债表的格式如表15-1所示。

(三) 资产负债表项目的列示

资产和负债应当分别流动资产和非流动资产、流动负债和非流动负债列示。金融企业的各项资产或负债，按照流动性列示能够提供可靠且更相关信息的，可以按照其流动性顺序列示。

满足下列条件之一的资产，应当归类为流动资产：① 预计在1个正常营业周期中变现、出售或耗用；② 主要为交易目的而持有；③ 预计在资产负债表日起1年内(含1年)变现；④ 自资产负债表日起1年内，交换其他资产或清偿负债的能力不受限制的现金或现金等价物。

表 15-1

资产负债表

编制单位：甲股份有限公司　　20×7 年 12 月 31 日　　会企 01 表　单位：元

资　　产	期末余额	上年年末余额	负债和所有者权益（或股东权益）	期末余额	上年年末余额
流动资产：			流动负债：		
货币资金	636 348	1 125 040	短期借款	40 000	240 000
交易性金融资产		12 000	交易性金融负债		
应收票据	52 800	196 800	应付票据	80 000	160 000
应收账款	478 560	239 280	应付账款	763 040	763 040
预付款项	152 000	160 000	预收款项		
其他应收款	4 000	4 000	合同负债		
存货	1 987 760	2 064 000	应付职工薪酬	144 000	88 000
合同资产			应交税费	165 307.20	29 280
持有待售资产			持有待售负债		
一年内到期的非流动资产			其他应付款	65 772.68	40 800
其他流动资产			一年内到期的非流动负债		800 000
流动资产合计	3 311 468	3 801 120	其他流动负债		
非流动资产：			流动负债合计	1 258 119.88	2 121 120
债权投资			非流动负债：		
其他债权投资			长期借款	928 000	480 000
长期应收款			应付债券		

长期股权投资	200 000	200 000	其中:优先股		
其他权益工具投资			永续债		
其他非流动金融资产			长期应付款		
投资性房地产			预计负债		
固定资产	1 760 800	880 000	递延所得税负债		
在建工程	582 400	1 200 000	其他非流动负债		
生产性生物资产			非流动负债合计	928 000	480 000
油气资产			负债合计	2 186 119.88	2 601 120
无形资产	432 000	480 000	所有者权益(或股东权益):		
开发支出			实收资本(或股本)	4 000 000	4 000 000
商誉			其他权益工具		
长期待摊费用			其中:优先股		
递延所得税资产			永续债		
其他非流动资产	160 000	160 000	资本公积		
非流动资产合计	3 135 200	2 920 000	减:库存股		
			其他综合收益		
			盈余公积	104 948.12	80 000
			未分配利润	155 600	40 000
			所有者权益(或股东权益)合计	4 260 548.12	4 120 000
资产总计	6 446 668	6 721 120	负债和所有者权益(或股东权益)总计	6 446 668	6 721 120

流动资产以外的资产应当归类为非流动资产。其中,正常营业周期,通常是指企业从购买用于加工的资产起至实现现金或现金等价物的期间。正常营业周期通常短于1年,在1年内有几个营业周期。但是,也存在正常营业周期长于1年的情况,如房地产开发企业开发用于出售的房地产开发产品、造船企业制造用于出售的大型船只等,往往超过1年才变现、出售或耗用,仍应划分为流动资产。正常营业周期不能确定的,应当以1年(12个月)作为正常营业周期。

满足下列条件之一的负债,应当归类为流动负债:① 预计在1个正常营业周期中清偿;② 主要为交易目的而持有;③ 自资产负债表日起1年内到期应予清偿;④ 企业无权自主地将清偿推迟至资产负债表日后1年以上。

流动负债以外的负债应当归类为非流动负债。

对于在资产负债表日起1年内到期的负债,企业预计能够自主地将清偿义务展期至资产负债表日后1年以上的,应当归类为非流动负债;不能自主地将清偿义务展期的,即使在资产负债表日后、财务报告批准报出日前签订了重新安排清偿计划协议,该项负债仍应归类为流动负债。

企业在资产负债表日或之前违反了长期借款协议,导致贷款人可随时要求清偿的负债,应当归类为流动负债。贷款人在资产负债表日或之前同意提供在资产负债表日后1年以上的宽限期,企业能够在此期限内改正违约行为,且贷款人不能要求随时清偿,该项负债应当归类为非流动负债。

二、资产负债表的编制

企业应以日常会计核算记录的数据为基础进行归类、整理和汇总,加工成报表项目,形成资产负债表。

(一)“上年年末余额”的填列方法

“上年年末余额”栏内各项目数字,应根据上年年末资产负债表“期末余额”栏内所列数字填列。如果本年度资产负债表规定的各个项目的名称和内容同上年度不相一致,应对上年年末资产负债表各项目的名称和数字按本年度的规定进行调整,按调整后的数字填入本表“上年年末余额”栏内。

(二)“期末余额”的填列方法

“期末余额”是指某一资产负债表日的数字,即月末、季末、半年末或年末的数字。资产负债表各项目“期末余额”的数据来源,可以通过以下几种方式取得。

1. 直接根据总账账户的余额填列

资产负债表的绝大多数项目,都应当直接根据总账账户的余额填列。如“交易性金融资产”“长期待摊费用”“短期借款”“实收资本”“盈余公积”等项目。

2. 根据几个总账账户的余额计算填列

如“货币资金”项目,应当根据“库存现金”“银行存款”“其他货币资金”等账户的余额计算填列。

3. 根据有关明细账户的余额计算填列

如“预付款项”项目，应当根据“预付账款”“应付账款”等账户的所属明细账户借方余额合计数填列；“应付款项”项目，应当根据“预付账款”“应付账款”等账户的所属明细账户贷方余额合计数填列。

4. 根据总账账户和明细账户的余额分析计算填列

如“长期应收款”项目，应当根据“长期应收款”总账账户余额，减去“未实现融资收益”总账账户余额，再减去所属相关明细账户中1年内到期的部分填列；“长期应付款”项目，应当根据“长期应付款”总账账户余额，减去“未确认融资费用”总账账户余额，再减去所属相关明细账户中1年内到期的部分填列。

5. 根据总账账户与其备抵账户抵销后的净额填列

如“存货”项目，应当根据“原材料”“库存商品”等账户的余额，减去“存货跌价准备”账户余额后的金额填列；“固定资产”项目，应当根据“固定资产”账户余额，减去“累计折旧”“固定资产减值准备”等账户余额后的金额填列。

（三）资产负债表列示说明

（1）“货币资金”项目，反映企业期末持有的现金、银行存款和其他货币资金等总额。

（2）“应收票据”“应收账款”“预付款项”“其他应收款”“存货”“债权投资”“长期应收款”“长期股权投资”“投资性房地产”“固定资产”“在建工程”“无形资产”“商誉”等项目，反映企业期末持有的相应资产的账面余额扣减累计折旧（折耗）、累计摊销、累计减值准备后的账面价值。

（3）“存货”项目还反映建造承包商的“工程施工”期末余额大于“工程结算”期末余额的差额。

企业待摊费用有期末余额的，应在“预付款项”项目中反映。

“一年内到期的非流动资产”项目，反映长期应收款、债权投资等非流动资产项目中将于1年内到期或摊销完毕的部分。

“其他非流动资产”项目，反映企业期末持有的“衍生工具”“套期工具”“被套期项目”等。

（4）“短期借款”“交易性金融负债”“应付票据及应付账款”“应付职工薪酬”“应交税费”“其他应付款”“其他流动负债”“递延所得税负债”等项目，通常反映企业期末尚未偿还的各项负债的账面余额。

（5）“应付票据”“应付账款”项目还反映建造承包商的“工程施工”期末余额小于“工程结算”期末余额的差额。

企业预提费用有期末余额的，应在“预收款项”项目中反映。

“一年内到期的非流动负债”项目，反映长期应付款、长期借款、应付债券、预计负债等负债中将于1年内到期的部分。“其他流动负债”项目,反映企业期末持有的“衍生工具”“套期工具”“被套期项目”以及“递延收益”中将于1年内到期的部分等。

(6)“实收资本(或股本)”“资本公积”“库存股”“盈余公积”“未分配利润”等项目,通常应反映企业期末持有的接受投资者投入企业的实收资本、企业收购的尚未转让或注销的本公司股份金额、从净利润中提取的盈余公积余额等。

第三节 利 润 表

一、利润表的作用和组成

(一)利润表的作用

利润表,是指反映企业在一定会计期间经营成果的报表。

编制利润表的作用有:

(1)可以用来反映企业一定时期内利润(或亏损)的实现情况,以便了解企业的获利能力。

(2)可以用来分析企业利润增减变化的原因,评价企业的经营业绩,有助于投资者、债权人作出正确的决策。

(3)可以用来考核企业利润计划的执行结果,挖掘潜力,改善经营,以利于不断提高经济效益。

(二)利润表的组成内容

在利润表中,费用应当按照功能分类,分为从事经营业务发生的成本、管理费用、销售费用和财务费用等。

我国的企业利润表一般采用多步式结构,其内容主要包括以下几个方面:

(1)营业收入。营业收入由主营业务收入和其他业务收入组成。

(2)营业利润。营业收入减去营业成本(包括主营业务成本和其他业务成本)、税金及附加、销售费用、管理费用、财务费用、资产减值损失,加上公允价值变动收益、投资收益,即为营业利润。

(3)利润总额。营业利润加上营业外收入,减去营业外支出,即为利润总额。

(4)净利润。利润总额减去所得税费用,即为净利润。

(5)其他综合收益。其他综合收益由以后会计期间不能重分类进损益的其他综合收益和以后会计期间在满足规定条件时将重分类进损益的其他综合收益,并扣除相关所得税影响后的净额组成。

(6)综合收益总额。净利润加上其他综合收益税后净额,即为综合收益总额。

(7)每股收益。每股收益包括基本每股收益和稀释每股收益两个指标。

利润表的格式如表15-2所示。

表 15-2

利　润　表

会企 02 表

编制单位：甲股份有限公司　　20×7 年　　单位：元

项　　　　　目	本期金额	上期金额
一、营业收入	1 000 000	（略）
减：营业成本	600 000	
税金及附加	1 600	
销售费用	16 000	
管理费用	125 680	
研发费用		
财务费用	33 200	
其中：利息费用	33 200	
利息收入		
加：其他收益		
投资收益（损失以“－”号填列）	25 200	
其中：对联营企业和合营企业的投资收益	24 000	
公允价值变动收益（损失以“－”号填列）		
信用减值损失		
资产减值损失	24 720	
资产处置收益（损失以“－”号填列）		
二、营业利润（亏损以“－”号填列）	224 000	
加：营业外收入	40 000	
减：营业外支出	15 760	
三、利润总额（亏损总额以“－”号填列）	248 240	
减：所得税费用	81 919.20	
四、净利润（净亏损以“－”号填列）	166 320.80	
（一）持续经营净利润（净损失以“－”号填列）		
（二）终止经营净利润（净损失以“－”号填列）		
五、其他综合收益的税后净额		
（一）不能重分类进损益的其他综合收益		
（二）将重分类进损益的其他综合收益		
六、综合收益总额		
七、每股收益：		
（一）基本每股收益		
（二）稀释每股收益		

二、利润表的编制

(一)"本期金额"栏

"本期金额"栏反映各项目的本期实际发生数。如果上年度利润表的项目名称和内容与本年度利润表不相一致,应对上年度利润表项目的名称和数字按本年度的规定进行调整,填入报表的"上期金额"栏。

(二)各项目的填列依据

报表中各项目主要根据各损益类账户的发生额分析填列。

(三)利润表有关项目的列示说明

(1)"营业收入"项目,反映企业经营主要业务和其他业务所确认的收入总额。

(2)"营业成本"项目,反映企业经营主要业务和其他业务发生的实际成本总额。

"税金及附加"项目,反映企业经营业务应负担的消费税、城市维护建设税、资源税、土地增值税、房产税、土地使用税、车船税、印花税和教育费附加等。

"销售费用"项目,反映企业在销售商品过程中发生的包装费、广告费等费用和为销售本企业商品而专设的销售机构的职工薪酬、业务费等经营费用。

"管理费用"项目,反映企业为组织和管理生产经营发生的管理费用。

"财务费用"项目,反映企业筹集生产经营所需资金等而发生的筹资费用。

(3)"投资收益"项目,反映企业以各种方式对外投资所取得的收益。其中,"对联营企业和合营企业的投资收益"项目,反映采用权益法核算的对联营企业和合营企业投资在被投资单位实现的净损益中应享有的份额(不包括处置投资形成的收益)。

"公允价值变动收益"项目,反映企业交易性金融资产、交易性金融负债,以及采用公允价值模式计量的投资性房地产等公允价值变动形成的应计入当期损益的利得或损失。

"信用减值损失"项目,反映企业应收款项发生的减值损失。

"资产减值损失"项目,反映企业除应收款项以外的资产发生的减值损失。

(4)"营业外收入""营业外支出"项目,反映企业发生的与其经营活动无直接关系的各项收入和支出。

(5)"所得税费用"项目,反映企业根据所得税准则确认的应从当期利润总额中扣除的所得税费用。

(6)"基本每股收益"和"稀释每股收益"项目,应当反映根据每股收益准则的规定计算的金额。

三、每股收益

企业应当在利润表中单独列示基本每股收益和稀释每股收益。

(一)基本每股收益

企业应当按照归属于普通股股东的当期净利润,除以发行在外普通股的加权平均数计算基本每股收益。

$$\text{基本每股收益}=\frac{\text{归属于普通股股东的当期净利润}}{\text{当期发行在外普通股的加权平均数}}$$

$$\begin{aligned}\text{发行在外普通股加权平均数}=&\text{期初发行在外普通股股数}+\text{当期新发行普通股股数}\times\text{已发行时间}\div\text{报告期时间}\\&-\text{当期回购普通股股数}\times\text{已回购时间}\div\text{报告期时间}\end{aligned}$$

已发行时间、报告期时间和已回购时间一般按照天数计算；在不影响计算结果合理性的前提下，也可以采用简化的计算方法。

【例 15－1】 某股份有限公司 20×7 年年初发行在外的普通股股数为 12 000 万股，20×7 年 8 月 1 日新发行 3 600 万股，20×7 年 12 月 2 日回购 1 800 万股，以备将来奖励职工。该股份有限公司 20×7 年度实现的归属于普通股股东的净利润为3 822 万元。

$$\text{甲股份有限公司2007年发行在外的普通股加权平均数}=12\,000\times\frac{12}{12}+3\,600\times\frac{5}{12}-1\,800\times\frac{1}{12}=13\,350(\text{万股})$$

甲股份有限公司 20×7 年的基本每股收益＝3 822÷13 350＝0.286(元)

（二）稀释每股收益

企业存在稀释性潜在普通股的，应当分别调整归属于普通股股东的当期净利润和发行在外普通股的加权平均数，并据以计算稀释每股收益。

稀释性潜在普通股，是指假设当期转换为普通股会减少每股收益的潜在普通股。潜在普通股，是指赋予其持有者在报告期或以后期间享有取得普通股权利的一种金融工具或其他合同，包括可转换公司债券、认股权证、股份期权等。

1. 调整分子

计算稀释每股收益，应当根据下列事项对归属于普通股股东的当期净利润进行调整(应考虑相关的所得税影响)：

(1) 当期已确认为费用的稀释性潜在普通股的利息。

(2) 稀释性潜在普通股转换时将产生的收益或费用。

2. 调整分母

计算稀释每股收益时，当期发行在外普通股的加权平均数应当为计算基本每股收益时普通股的加权平均数与假定稀释性潜在普通股转换为已发行普通股而增加的普通股股数的加权平均数之和。

3. 假设

计算稀释性潜在普通股转换为已发行普通股而增加的普通股股数的加权平均数时，以前期间发行的稀释性潜在普通股，应当假设在当期期初转换；当期发行的稀释性潜在普通股，应当假设在发行日转换。

【例 15－2】 某股份有限公司20×8年1月2日发行4%可转换公司债券，面值为2 000万元，每100元债券可转换为面值1元的普通股80股。该股份有限公司20×8年年初发行在外的普通股股数为10 000万股，所得税税率为25%，20×7年度实现的归属于普通股股东的净利润为9 000万元。

（1）基本每股收益＝9 000÷10 000＝0.9(元)

（2）稀释每股收益计算如下：

增加的净利润＝2 000×4%×(1－25%)＝60(万元)

增加的普通股股数＝2 000÷100×80＝1 600(万股)

稀释的每股收益＝(9 000＋60)÷(10 000＋1 600)＝0.78(元)

4．稀释性认股权证和股份期权

认股权证和股份期权等的行权价格低于当期普通股平均市场价格时，应当考虑其稀释性。计算稀释每股收益时，一般不需要调整作为分子的净利润金额，只需要对作为分母的普通股加权平均数按下列步骤进行调整：

（1）假设这些认股权证、股份期权在当期期初（或晚于当期期初的发行日）已经行权，计算按约定行权价格发行普通股将取得的收入金额。

（2）假设按照当期普通股平均市场价格发行普通股，计算需发行多少普通股能够带来上述相同的收入。

（3）比较行使股份期权、认股权证将发行的普通股股数与按照平均市场价格发行的普通股股数，差额部分相当于无对价发行的普通股，作为发行在外普通股股数的净增加。

增加的普通股股数按下列公式计算：

$$\text{增加的普通股股数}=\text{拟行权时转换的普通股股数}-\text{行权价格}\times\text{拟行权时转换的普通股股数}\div\text{当期普通股平均市场价格}$$

稀释性潜在普通股应当按照其稀释程度从大到小的顺序计入稀释每股收益，直至稀释每股收益达到最小值。

【例 15－3】 某股份有限公司20×7年年初对外发行300万份认股权证，行权价格每股2.5元，20×7年度实现的净利润为300万元，发行在外普通股的加权平均数为750万股，20×7年度发行在外的普通股平均市场价格为每股3元。

（1）基本每股收益＝300÷750＝0.4(元)

（2）稀释每股收益的计算如下：

增加的普通股股数＝300－300×2.5÷3＝50(万股)

稀释的每股收益＝300÷(750＋50)＝0.375(元)

（三）重新计算

企业派发股票股利、公积金转增资本、拆股或并股等，会增加或减少其发行在外的普通股或潜在普通股的数量，但不影响所有者权益金额。为了保持会计指标的前后期可比性，应当按调整后的股数重新计算各列报期间的每股收益。上述变化发生在资产负债表日至财务报告批准报出日之间的，应当以调整后的股数重新计算各列报期间的每股收益。

【例 15－4】 某股份有限公司 20×7 年 1 月 1 日发行在外的普通股为 120 万股，20×7 年 7 月 1 日按市价增发普通股 24 万股。20×8 年 7 月 1 日，以 20×7 年 12 月 31 日总股本为基数，每 10 股送 5 股分派股票股利。假定，该公司 20×7 年和 20×8 年归属于普通股股东的净利润，分别为 138.6 万元和 162 万元，不考虑其他股数变化因素。

在 20×8 年度的比较利润表中，基本每股收益的计算如下：

$$\text{20×8 年度发行在外普通股加权平均数}=(120+24+72)\times\frac{12}{12}=216\text{（万股）}$$

$$\text{20×7 年度发行在外普通股加权平均数}=120\times1.5\times\frac{12}{12}+24\times1.5\times\frac{6}{12}=198\text{（万股）}$$

$$\text{20×8 年度基本每股收益}=162\div216=0.75\text{（元）}$$

$$\text{20×7 年度基本每股收益}=138.6\div198=0.70\text{（元）}$$

（四）每股收益的列报

企业应当在利润表中单独列示基本每股收益和稀释每股收益，并在附注中披露下列相关信息：

（1）基本每股收益和稀释每股收益分子、分母的计算过程。

（2）列报期间不具有稀释性但以后期间很可能具有稀释性的潜在普通股。

（3）在资产负债表日至财务报告批准报出日之间，企业发行在外普通股或潜在普通股股数发生重大变化的情况。

第四节 现金流量表

一、现金流量表的作用和编制基础

（一）现金流量表的作用

现金流量表，是指反映企业在一定会计期间现金和现金等价物流入和流出的报表。

编制现金流量表的作用是：

（1）能够说明企业一定时期内现金流入和流出的原因，用来分析企业的偿债能力和支付股利的能力。

(2) 有助于分析企业未来获取现金的能力,以及分析企业投资理财活动对经营成果和财务状况的影响。

(3) 通过补充资料的形式,能够提供不涉及现金收支的重大投资和筹资活动方面的信息,使财务报表使用者能够全面了解和分析企业的投资和筹资活动情况。

(二) 现金流量表的编制基础

现金流量表是以现金为基础编制的。这里的现金是广义的概念,指的是现金及现金等价物。具体包括:

(1) 库存现金。它是指企业持有的可随时用于支付的现金,即出纳手里保管的现金限额。

(2) 银行存款。它是指企业存在银行或其他金融机构随时可以用来支付的存款,但如果存在银行或其他金融机构不能随时用于支付的存款,不作为现金流量表中的现金,而提前通知银行或其他金融机构便可提取的定期存款,则包括在现金流量表的现金概念中。

(3) 其他货币资金。它是指企业存在银行有特定用途的资金,如外埠存款、银行本票存款、银行汇票存款、信用证存款、信用卡存款等。

(4) 现金等价物。它是指企业持有的期限短、流动性强、易于转换为已知金额的现金、价值变动风险很小的投资,通常指自购买日起 3 个月内到期的投资。权益性投资变现的金额通常不确定,因而不属于现金等价物。企业应当根据具体情况,确定现金等价物的范围,一经确定不得随意变更。

二、现金流量表的内容及结构

(一) 现金流量表的内容

现金流量表通常将企业一定时期内产生的现金流量分为经营活动产生的现金流量、投资活动产生的现金流量和筹资活动产生的现金流量三种。

1. 经营活动产生的现金流量

经营活动,是指企业投资活动和筹资活动以外的所有交易和事项,包括销售商品或提供劳务、经营租赁、购买商品或接受劳务、制造产品、广告宣传、推销产品、缴纳税款等。通过现金流量表中反映的经营活动产生的现金流入和现金流出,可以说明企业经营活动对现金流入和流出净额的影响程度。

2. 投资活动产生的现金流量

投资活动,是指企业长期资产的购建和不包括在现金等价物范围内的投资及其处置活动,包括取得或收回权益性证券的投资、购买或收回债券投资、购建或处置固定资产、无形资产和其他长期资产等。通过现金流量表中反映的投资活动所产生的现金流量,可以分析企业通过投资获取现金流量的能力,以及投资产生的现金流量对企业现金流量净额的影响程度。

3. 筹资活动产生的现金流量

筹资活动，是指导致企业所有者权益及借款规模和构成发生变化的活动，包括吸收权益性投资、发行债券、借入资金、偿还债务、支付股利等。通过现金流量表中所反映的筹资活动产生的现金流量，可以分析企业筹资的能力，以及筹资产生的现金流量对企业现金流量净额的影响程度。

（二）现金流量表的结构

现金流量表的结构分为正表和补充资料两大部分：正表部分反映企业的经营活动、投资活动以及筹资活动产生的现金流入和流出情况；补充资料部分则反映将净利润调节为经营活动的现金流量，不涉及现金收支的投资和筹资活动，以及现金及现金等价物净变动情况。

现金流量表的格式如表 15－3 所示。

三、现金流量表的编制

企业可根据业务量的大小及复杂程度，选择采用工作底稿法、T 形账户法，或直接根据有关账户的记录分析填列现金流量表。

（一）经营活动产生现金流量的编制方法

1. 直接法

直接法，是指通过现金收入和现金支出的主要类别反映企业来自经营活动现金流量的方法。

按照我国《企业会计准则第 31 号——现金流量表》的规定，直接法下经营活动现金流入的内容及编制主要包括：

（1）“销售商品、提供劳务收到的现金”项目，反映企业销售商品、提供劳务实际收到的现金，包括本期销售商品、提供劳务收到的现金，以及前期销售和前期提供劳务本期收到的现金和本期预收的款项，减去本期退回本期销售的商品和前期销售本期退回的商品支付的现金。本项目可以根据“库存现金”“银行存款”“应收账款”“应收票据”“预收账款”“主营业务收入”“其他业务收入”等账户的记录分析填列。

$$
\begin{aligned}
\text{销售商品、提供劳务收到的现金} = {} & \text{本期销售商品、提供劳务的收入} + \text{与收入业务有关的增值税销项税额} \\
& + (\text{应收账款期初余额} - \text{应收账款期末余额}) \\
& + (\text{应收票据期初余额} - \text{应收票据期末余额}) \\
& + (\text{预收账款期末余额} - \text{预收账款期初余额}) \\
& - \text{本期计提的坏账准备} - \text{本期实际发生的现金折扣等特殊调整项目}
\end{aligned}
$$

(2)“收到的税费返还”项目,反映企业收到返还的各种税费,如收到的增值税、消费税、所得税、教育费附加返还等。本项目可以根据“库存现金”“银行存款”“税金及附加”等账户的记录分析填列。

(3)“收到其他与经营活动有关的现金”项目,反映企业除了上述项目外,收到的其他与经营活动有关的现金收入,如罚款收入、流动资产损失中由个人赔偿的现金收入等。

直接法下经营活动现金流出的内容主要包括:

(1)“购买商品、接受劳务支付的现金”项目,反映企业购买商品、接受劳务实际支付的现金,包括本期购入商品、接受劳务支付的现金,以及本期支付前期购入商品、接受劳务的未付款项和本期预付款项。本期发生的购货退回收到的现金应从本项目内减去。本项目可以根据“库存现金”“银行存款”“应付账款”“应付票据”“营业成本”等账户的记录分析填列。

$$
\begin{aligned}
\text{购买商品、接受劳务支付的现金} = {} & \text{本期的销售成本} + \text{与购买业务有关的增值税进项税额} + \left(\text{存货期末余额} - \text{存货期初余额}\right) \\
& + \left(\text{预付账款期末余额} - \text{预付账款期初余额}\right) + \left(\text{应付账款期初余额} - \text{应付账款期末余额}\right) \\
& + \left(\text{应付票据期初余额} - \text{应付票据期末余额}\right) \\
& - \text{当期列入“营业成本”“存货”项目的工费(如:职工薪酬和折旧费等)}
\end{aligned}
$$

(2)“支付给职工以及为职工支付的现金”项目,反映企业实际支付给职工,以及为职工支付的现金,包括本期实际支付给职工的工资、奖金、各种津贴和补贴等,以及为职工支付的养老、失业等社会保险基金、缴纳的就业保险金等其他费用,不包括支付的离退休人员的各项费用和支付给购建固定资产人员的工资等。企业支付给离退休人员的各项费用,包括支付的统筹退休金以及未参加统筹的退休人员的费用,在“支付的其他与经营活动有关的现金”项目中反映;支付给购建固定资产人员的工资,在“购建固定资产、无形资产和其他长期资产所支付的现金”项目反映。本项目可以根据“应付职工薪酬”“库存现金”“银行存款”等账户的记录分析填列。

$$
\text{支付给职工以及为职工支付的现金} = \text{生产成本、制造费用、管理费用和销售费用的应付职工薪酬等费用} + \left(\text{应付职工薪酬期初余额} - \text{应付职工薪酬期末余额}\right)
$$

式中,应付职工薪酬期初余额、期末余额中,应扣除支付给在建工程、无形资产研发人员的金额。

(3)“支付的各项税费”项目,反映企业当期实际上缴税务部门的各项税费,包括本期发生并支出的税费,以及本期支付的以前各期发生的税费和预缴的税费,如支付的所得税、房产税、印花税、车船税、土地增值税、教育费附加等，但不包括计入固定资产价值、实际支付的耕地占用税。本项目可以根据“应交税费”“库存现金”“银行存款”等账户的记录分析填列。

$$\text{支付的各项税费}=\text{所得税费用}+\text{税金及附加}+\text{缴纳的增值税}+\left(\text{除增值税外的应交税费期初余额}-\text{期末余额}\right)$$

（4）“支付其他与经营活动有关的现金”项目，反映企业支付的除以上各项目外，与经营活动有关的其他现金支出，如罚款支出、支付的差旅费、办公费、业务招待费、保险费、广告费、展览费等现金支出。若其他与经营活动有关的现金流出金额较大，应单列项目反映。本项目可以根据“库存现金”“银行存款”“管理费用”“营业外支出”等账户的记录分析填列。

2. 间接法

间接法是指以本期净利润为起点，调整不涉及现金的收入、费用、营业外收支以及应收应付等项目的增减变动，据此计算经营活动的现金流量。

采用间接法，将净利润调节为经营活动的现金流量时，需要调整的项目分为四大类：

（1）实际没有支付现金的费用，如“资产减值准备”“固定资产折旧”“无形资产摊销”等项目。这些费用应加计入净利润中去。

（2）实际没有收到现金的收益，如“公允价值变动收益”等项目，这些收益应在净利润中减去。

（3）不属于经营活动的损益，如“处置固定资产损益”“投资损益”“财务费用”等项目。这些损益应根据实际发生数增减净利润。

（4）经营性应收应付项目的增减变动，对经营性应收项目的增加应冲减净利润，而对经营性应付项目的增加应增加净利润；反之，则应减少净利润。

间接法下经营活动产生现金流量净额各项目的填列方法如下：

（1）资产减值准备。该项目反映企业当期实际计提的各项资产减值准备，包括坏账准备、存货跌价准备、长期股权投资减值准备、持有至到期投资减值准备、投资性房地产减值准备、固定资产减值准备、在建工程减值准备、无形资产减值准备、商誉减值准备等。本项目可以根据“资产减值损失”账户的记录分析填列。

（2）固定资产折旧。该项目反映企业本期累计计提的固定资产折旧。本项目可根据“累计折旧”账户的贷方发生额分析填列。

（3）无形资产摊销和长期待摊费用摊销。这两个项目分别反映企业本期累计摊入成本费用的无形资产价值及长期待摊费用。这两个项目可以根据“无形资产”“长期待摊费用”账户的贷方发生额分析填列。

(4)处置固定资产、无形资产和其他长期资产的损失。该项目反映企业本期处置固定资产、无形资产和其他长期资产发生的净损失(或净收益)。如为净收益，以“—”号填列。本项目可根据“营业外支出”“营业外收入”等账户所属的有关明细账户的记录分析填列。

(5)固定资产报废损失。该项目反映企业本期发生的固定资产盘亏净损失。该项目可根据“营业外支出”“营业外收入”账户所属的有关明细账户记录分析填列。

(6)公允价值变动损益。该项目反映企业持有的交易性金融资产、交易性金融负债、采用公允价值模式计量的投资性房地产等公允价值变动形成的净损失。如为净收益以“—”号填列。本项目可以根据“公允价值变动损益”账户所属有关明细账户的记录分析填列。

(7)财务费用。该项目反映企业本期实际发生的应属于投资活动或筹资活动的财务费用。属于投资活动、筹资活动的部分，在计算净利润时已扣除，但这部分发生的现金流出不属于经营活动现金流量的范畴，所以，需要予以加回。本项目可以根据“财务费用”账户的本期发生额分析填列；如为收益，以“—”号填列。

(8)投资损失。该项目反映企业对外投资所实际发生的投资损失减去收益后的净损失。本项目可以根据利润表“投资收益”项目的数字填列；如为投资收益，以“—”号填列。

(9)递延所得税资产减少。该项目反映企业资产负债表“递延所得税资产”项目的期初余额与期末余额的差额。本项目可以根据“递延所得税资产”账户发生额分析填列。

(10)递延所得税负债增加。该项目反映企业资产负债表“递延所得税负债”项目的期初余额与期末余额的差额。本项目可以根据“递延所得税负债”账户发生额分析填列。

(11)存货的减少。该项目反映企业本期存货的减少(减：增加)。本项目可以根据资产负债表“存货”项目的期初、期末余额的差额填列；期末数大于期初数的差额，以“—”号填列。

(12)经营性应收项目的减少。该项目反映企业本期经营性应收项目的减少(减：增加)。经营性应收项目主要是指应收账款、应收票据和其他应收款中与经营活动有关的部分及应收的增值税销项税额等。本项目可以根据资产负债表“应收账款”“应收票据”“其他应收款”等项目的期初、期末余额的差额分析填列；期末数大于期初数的差额，以“—”号填列。

(13)经营性应付项目的增加。该项目反映企业本期经营性应付项目的增加(减：减少)。经营性应付项目主要是指应付账款、应付票据、应付职工薪酬、应交税费、其他应付款等项目中与经营活动有关的部分以及应付的增值税进项税额等。本项目可以根据资产负债表“应付账款”“应付票据”“应付职工薪酬”“应交税费”“其他应付款”等项目的期初、期末余额的差额分析填列；期末数小于期初数的差额，以“－”号填列。

（二）投资活动产生现金流量的编制方法

1. 投资活动产生现金流入的项目

（1）“收回投资收到的现金”项目，反映企业出售、转让或到期收回除现金等价物以外的对其他企业的权益工具、债务工具和合营中的权益等投资收到的现金。收回债务工具实现的投资收益、处置子公司及其他营业单位收到的现金净额不包括在本项目内。本项目可以根据“可供出售金融资产”“持有至到期投资”“长期股权投资”“库存现金”“银行存款”等账户的记录分析填列。

（2）“取得投资收益收到的现金”项目，反映企业除现金等价物以外的对其他企业的权益工具、债务工具和合营中的权益投资分回的现金股利和利息等，不包括股票股利。本项目可以根据“库存现金”“银行存款”“投资收益”等账户的记录分析填列。

（3）“处置固定资产、无形资产和其他长期资产收回的现金净额”项目，反映企业处置固定资产、无形资产和其他长期资产所取得的现金，扣除为处置这些资产而支付的有关费用后的净额，本项目还包括固定资产报废、毁损的变卖收益以及遭受灾害而收到的保险赔偿收入等。本项目可以根据“固定资产清理”“库存现金”“银行存款”等账户的记录分析填列。

（4）“处置子公司及其他营业单位收到的现金净额”项目，反映企业处置子公司及其他营业单位取得的现金，减去相关处置费用以及子公司及其他营业单位持有的现金和现金等价物后的净额。本项目可以根据“长期股权投资”“银行存款”“库存现金”等账户的记录分析填列。

（5）“收到其他与投资活动有关的现金”项目，反映企业除了上述各项以外，收到的其他与投资活动有关的现金流入。比如，企业收回购买股票和债券时支付的已宣告但尚未领取的现金股利或已到付息期但尚未领取的利息。若其他与投资活动有关的现金流入金额较大，应单列项目反映。本项目可以根据“应收股利”“应收利息”“银行存款”“库存现金”等账户的记录分析填列。

2. 投资活动产生现金流出的项目

（1）“购建固定资产、无形资产和其他长期资产支付的现金”项目，反映企业购买、建造固定资产，取得无形资产和其他长期资产实际支付的现金，以及用现金支付的应由在建工程负担的职工薪酬，不包括为购建固定资产而发生的借款利息资本化的部分，以及融资租入固定资产支付的租赁费。企业支付的借款利息和融资租入固定资产所支付的租赁费在筹资活动产生的现金流量中反映。本项目可以根据“固定资产”“在建工程”“无形资产”“库存现金”“银行存款”等账户的记录分析填列。

(2)“投资支付的现金”项目,反映企业取得的除现金等价物以外的对其他企业的权益工具、债务工具和合营中的投资所支付的现金,以及支付的佣金、手续费等交易费用,但取得子公司及其他营业单位支付的现金净额除外。本项目可以根据“可供出售金融资产”“持有至到期投资”“长期股权投资”“库存现金”“银行存款”等账户的记录分析填列。

(3)“取得子公司及其他营业单位支付的现金净额”项目,反映企业购买子公司及其他营业单位购买出价中以现金支付的部分,减去子公司及其他营业单位持有的现金及现金等价物后的现金净额。本项目可以根据“长期股权投资”“库存现金”“银行存款”等账户的记录分析填列。

(4)“支付其他与投资活动有关的现金”项目,反映企业除了上述各项目外,支付的其他与投资活动有关的现金流出。比如,企业购买股票和债券时支付的已宣告但尚未领取的现金股利或已到付息期但尚未领取的利息等。若某项其他与投资活动有关的现金流出金额较大,应单列项目反映。本项目可以根据“应收股利”“应收利息”“银行存款”“库存现金”等账户的记录分析填列。

(三)筹资活动产生现金流量的编制方法

1. 筹资活动产生现金流入的项目

(1)“吸收投资收到的现金”项目,反映企业收到的投资者投资的现金,包括以发行股票、债券等方式筹集资金实际收到的款项,减去直接支付的佣金、手续费、宣传费、咨询费、印刷费等发行费用后的净额。本项目可以根据“实收资本(或股本)”“库存现金”“银行存款”等账户的记录分析填列。

(2)“取得借款收到的现金”项目,反映企业举借各种短期、长期借款所收到的现金。本项目可以根据“短期借款”“长期借款”“库存现金”“银行存款”等账户的记录分析填列。

(3)“收到其他与筹资活动有关的现金”项目,反映企业除上述项目外,收到的其他与筹资活动有关的现金流入,如接受现金捐赠等。若某项其他与筹资活动有关的现金流入金额较大,应单列项目反映。本项目可以根据“银行存款”“库存现金”“营业外收入”等有关账户的记录分析填列。

2. 筹资活动产生现金流出的项目

(1)“偿还债务支付的现金”项目,反映企业以现金偿还债务的本金,包括偿还金融企业的借款本金、偿还债券本金等。企业支付的借款利息、债券利息,在“分配股利、利润或偿付利息支付的现金”项目反映,不包括在本项目内。本项目可以根据“短期借款”“长期借款”“应付债券”“库存现金”“银行存款”等账户的记录分析填列。

(2)“分配股利、利润或偿付利息支付的现金”项目,反映企业实际支付现金股利，支付给其他投资单位的利润以及支付的借款利息、债券利息等。本项目可以根据“应付股利”“应付利息”“财务费用”“库存现金”“银行存款”等账户的记录分析填列。

（3）“支付其他与筹资活动有关的现金”项目，反映企业除了上述各项目外，支付的其他与筹资活动有关的现金流出，如捐赠现金支出、融资租入固定资产支付的租赁费等。若某项其他与筹资活动有关的现金流出金额较大，应单列项目反映。本项目可以根据“营业外支出”“长期应付款”“银行存款”“库存现金”等账户的记录分析填列。

（四）汇率变动对现金及现金等价物的影响

该项目反映企业外币现金流量及境外子公司的现金流量折算为人民币时，所采用的现金流量发生日的即期汇率或即期汇率近似汇率折算的人民币金额与“现金及现金等价物净增加额”中的外币现金净增加额按期末汇率折算的人民币金额之间的差额。

【例 15－5】 甲股份有限公司 20×7 年 12 月 31 日资产负债表、20×7 年度利润表如表 15－1、表 15－2 所示，其他有关资料如下。

1. 20×7 年度利润表有关账户的明细资料

（1）营业成本中生产成本、制造费用的组成：职工薪酬 19 920 元，折旧费 8 000 元，其余为原材料费用。

（2）管理费用的组成：职工薪酬 13 680 元，无形资产摊销 48 000 元，折旧费 16 000 元，支付其他费用 48 000 元。

（3）财务费用的组成：计提借款利息 17 200 元，支付银行借款手续费 16 000 元。

（4）资产减值损失的组成：计提坏账准备 720 元，计提固定资产减值准备 24 000 元，上年年末坏账准备余额为 1 440 元。

（5）投资收益的组成：收到联营企业的股息收入 24 000 元，与本金一起收回的交易性金融资产投资收益 1 200 元。

（6）营业外收入的组成：处置固定资产净收益 40 000 元(其所处置固定资产原价为320 000元，累计折旧为120 000元，收到处置收入240 000元)，假定不考虑与固定资产处置有关的税费。

（7）营业外支出的组成：报废固定资产净损失 15 760 元(其所报废固定资产原价为 160 000 元，累计折旧为 144 000 元，支付清理费用 400 元，收到残值收入 640 元)。

2. 资产负债表有关账户的明细资料

（1）交易性金融资产的期初数无公允价值变动金额，本期全部收回，同时收到投资收益 1 200 元。该项交易性金融资产不属于现金等价物。

（2）存货中生产成本、制造费用的组成：职工薪酬 240 000 元，折旧费 56 000 元，其余为原材料费用。

(3) 应交税费的组成:本期增值税进项税额为 33 972.8 元,增值税销项税额为 170 000 元,已交增值税为 80 000 元。应交税费期初数中,应交增值税金额为 24 000元;应交税费期末数中,应交增值税金额为80 027.2元,其余为其他应交税费(含在建工程负担的税费 80 000 元)。增值税金额均为企业销售和采购商品发生的增值税额。

(4) 应付职工薪酬的期初数无应付在建工程人员的部分,本期支付在建工程人员工资 160 000 元。应付职工薪酬的期末数中应付在建工程人员的部分为 22 400 元。

(5) 应付利息均为短期借款利息,其中本期计提利息 9 200 元,支付利息 10 000 元。

(6) 本期用现金购买固定资产80 800元,购买工程物资120 000元。

(7) 本期用现金偿还短期借款 200 000 元,偿还 1 年内到期的长期借款 800 000 元;借入长期借款 320 000 元。

(8) 除上述所给资料外,有关债权债务的增减变动均以货币资金结算。

根据以上资料,不考虑本年度发生的其他交易或事项,采用分析填列法,编制的甲公司 20×7 年度现金流量表如表 15-3 所示。

表 15-3　　　　**现金流量表**　　　　会企 03 表

编制单位:甲股份有限公司　　　　20×7 年　　　　单位:元

项　　目	本期金额	上期金额
一、经营活动产生的现金流量:		
销售商品、提供劳务收到的现金	1 074 000	(略)
收到的税费返还		
收到其他与经营活动有关的现金		
经营活动现金流入小计	1 074 000	
购买商品、接受劳务支付的现金	305 812.8	
支付给职工以及为职工支付的现金	240 000	
支付的各项税费	163 519.2	
支付其他与经营活动有关的现金	64 000	
经营活动现金流出小计	773 332	
经营活动产生的现金流量净额	300 668	
二、投资活动产生的现金流量:		
收回投资收到的现金	13 200	
取得投资收益收到的现金	24 000	
处置固定资产、无形资产和其他长期资产收回的现金净额	240 240	

（续表）

项　　　　目	本期金额	上期金额
处置子公司及其他营业单位收到的现金净额		（略）
收到其他与投资活动有关的现金		
投资活动现金流入小计	277 440	
购建固定资产、无形资产和其他长期资产支付的现金	360 800	
投资支付的现金		
取得子公司及其他营业单位支付的现金净额		
支付其他与投资活动有关的现金		
投资活动现金流出小计	360 800	
投资活动产生的现金流量净额	－83 360	
三、筹资活动产生的现金流量：		
吸收投资收到的现金		
取得借款收到的现金	320 000	
收到其他与筹资活动有关的现金		
筹资活动现金流入小计	320 000	
偿还债务支付的现金	1 000 000	
分配股利、利润或偿付利息支付的现金	10 000	
支付其他与筹资活动有关的现金	16 000	
筹资活动现金流出小计	1 026 000	
筹资活动产生的现金流量净额	－706 000	
四、汇率变动对现金及现金等价物的影响		
五、现金及现金等价物净增加额	－488 692	
加：期初现金及现金等价物余额	1 125 040	
六、期末现金及现金等价物余额	636 348	

补　　充　　资　　料	本期金额	上期金额
1. 将净利润调节为经营活动现金流量：		
净利润	166 320.8	（略）
加：资产减值准备	24 720	
固定资产折旧、油气资产折耗、生产性生物资产折旧	80 000	
无形资产摊销	48 000	
长期待摊费用摊销		
处置固定资产、无形资产和其他长期资产的损失（收益以“－”号填列）	－40 000	
固定资产报废损失（收益以“－”号填列）	15 760	
公允价值变动损失（收益以“－”号填列）		

(续表)

补充资料	本期金额	上期金额
财务费用(收益以"—"号填列)	33 200	
投资损失(收益以"—"号填列)	—25 200	
递延所得税资产减少(增加以"—"号填列)		
递延所得税负债增加(减少以"—"号填列)		
存货的减少(增加以"—"号填列)	76 240	
经营性应收项目的减少(增加以"—"号填列)	—88 000	
经营性应付项目的增加(减少以"—"号填列)	9 627.2	
其他		
经营活动产生的现金流量净额	300 668	
2. 不涉及现金收支的重大投资和筹资活动:		
债务转为资本		
一年内到期的可转换公司债券		
融资租入固定资产		
3. 现金及现金等价物净变动情况:		
现金的期末余额	636 348	
减:现金的期初余额	1 125 040	
加:现金等价物的期末余额		
减:现金等价物的期初余额		
现金及现金等价物净增加额	—488 692	

第五节 所有者权益变动表

一、所有者权益变动表的作用和内容

(一)所有者权益变动表的作用

所有者权益变动表,是指反映构成所有者权益的各组成部分当期的增减变动情况的报表。

编制所有者权益变动表的作用是:

(1)可以详细提供企业所有者权益的各组成内容及增减变动情况,以便了解企业所有者权益的构成及其合理性。

(2)可以用来分析企业所有者权益增减变动的原因,以此作为报表使用者进行经济决策的依据。

（二）所有者权益变动表的内容

在所有者权益变动表中，至少应当单独列示反映下列信息的项目：

（1）净利润。

（2）直接计入所有者权益的利得和损失项目及其总额。

（3）会计政策变更和差错更正的累积影响金额。

（4）所有者投入资本和向所有者分配利润等。

（5）按照规定提取的盈余公积。

（6）实收资本（或股本）、资本公积、盈余公积、未分配利润的期初和期末余额及其调节情况。

当期损益、直接计入所有者权益的利得和损失，以及与所有者的资本交易导致的所有者权益的变动，应当分别列示。

二、所有者权益变动表的编制方法

（一）“上年年末余额”

“上年年末余额”项目，反映企业上年资产负债表中实收资本（或股本）、资本公积、库存股、盈余公积、未分配利润的年末余额。

（二）“会计政策变更”和“前期差错更正”项目

“会计政策变更”和“前期差错更正”项目，分别反映企业采用追溯调整法处理的会计政策变更的累积影响金额和采用追溯重述法处理的会计差错更正的累积影响金额。

（三）“本年增减变动金额”项目

1. “综合收益总额”项目

“综合收益总额”项目，反映企业当年实现的净利润（或净亏损）及其他综合收益的税后净额合计金额。

2. “所有者投入和减少资本”项目

“所有者投入和减少资本”项目，反映企业当年所有者投入的资本和减少的资本。

（1）“所有者投入的普通股”项目，反映企业接受投资者投入形成的实收资本（或普通股股本）和资本溢价或股本溢价。

（2）“股份支付计入所有者权益的金额”项目，反映企业处于等待期中的权益结算的股份支付当年计入资本公积的金额。

3. “利润分配”项目

“利润分配”项目，反映企业当年的利润分配金额。

（1）“提取盈余公积”项目，反映企业按照规定提取的盈余公积。

（2）“对所有者（或股东）的分配”项目，反映对所有者（或股东）分配的利润（或股利）金额。

4. “所有者权益内部结转”项目

“所有者权益内部结转”项目,反映企业构成所有者权益的组成部分之间的增减变动情况。

(1) “资本公积转增资本(或股本)”项目,反映企业以资本公积转增资本或股本的金额。

(2) “盈余公积转增资本(或股本)”项目,反映企业以盈余公积转增资本或股本的金额。

(3) “盈余公积弥补亏损”项目,反映企业以盈余公积弥补亏损的金额。

【例 15-6】 承[例 15-5]资料,假定甲股份有限公司 2007 年提取盈余公积 24 948.12 元,向投资者分配利润 25 772.68 元。其编制的所有者权益变动表(上年金额略)如表 15-4 所示。

表 15-4　　**所有者权益变动表**　　会企 04 表

编制单位:甲股份有限公司　　20×7 年度　　单位:元

项　目	本年金额						
	实收资本(或股本)	资本公积	减:库存股	其他综合收益	盈余公积	未分配利润	所有者权益合计
一、上年年末余额	4 000 000				80 000	40 000	4 120 000
加:会计政策变更							
前期差错更正							
二、本年年初余额	4 000 000				80 000	40 000	4 120 000
三、本年增减变动金额(减少以“—”号填列)							
(一) 综合收益总额						166 320.8	166 320.8
(二) 所有者投入和减少资本							
1. 所有者投入的普通股							
2. 其他权益工具持有者投入资本							
3. 股份支付计入所有者权益的金额							
4. 其他							
(三) 利润分配							

（续表）

项目	本年金额						
	实收资本（或股本）	资本公积	减：库存股	其他综合收益	盈余公积	未分配利润	所有者权益合计
1. 提取盈余公积					24 948.12	−24 948.12	0
2. 对所有者（或股东）的分配						−25 772.68	−25 772.68
3. 其他							
（四）所有者权益内部结转							
1. 资本公积转增资本（或股本）							
2. 盈余公积转增资本（或股本）							
3. 盈余公积弥补亏损							
4. 其他							
四、本年年末余额	4 000 000				104 948.12	155 600	4 260 548.12

第六节 附注

附注是对资产负债表、利润表、现金流量表和所有者权益变动表等报表中列示项目的文字描述或明细资料，以及对未能在这些报表中列示项目的说明等。附注是财务报表的重要组成部分。

企业应当按照规定披露附注信息，主要包括两方面内容。

一、企业的基本情况

下列各项未与财务报表一起公布的其他信息中披露的，企业应当在附注中披露：

（1）企业注册地、组织形式和总部地址。

（2）企业的业务性质和主要经营活动。

（3）母公司以及集团最终母公司的名称。

（4）财务报告的批准报出者和财务报告批准报出日。

二、附注披露内容的一般顺序

（1）财务报表的编制基础。

（2）遵循企业会计准则的声明。企业应当声明编制的财务报表符合企业会计准则的要求，真实、完整地反映了企业的财务状况、经营成果和现金流量等有关信息。

(3) 重要会计政策和会计估计。企业应当披露采用的重要会计政策和会计估计,不重要的会计政策和会计估计可以不披露。在披露重要会计政策和会计估计时,应当披露重要会计政策的确定依据和财务报表项目的计量基础,以及会计估计中所采用的关键假设和不确定因素。

(4) 会计政策和会计估计变更以及差错更正的说明。企业应当按照《企业会计准则第 28 号——会计政策、会计估计变更和差错更正》及其应用指南的规定,披露会计政策和会计估计变更以及差错更正的有关情况。

(5) 报表重要项目的说明。企业对报表重要项目的说明,应当按照资产负债表、利润表、现金流量表、所有者权益变动表及其项目列示的顺序,采用文字和数字描述相结合的方式进行披露。报表重要项目的明细金额合计,应当与报表项目金额相衔接。

(6) 或有和承诺事项、资产负债表日后非调整事项、关联方关系及其交易等需要说明的事项。

复习思考题

一、单项选择题

1. 下列项目中,不属于财务报告内容的是(　　)。

A. 资产负债表　　B. 利润表

C. 现金流量表　　D. 财务情况说明书

2. 下列属于利润表提供的会计信息的是(　　)。

A. 企业的偿债能力　　B. 企业的现金流量

C. 企业的经营成果　　D. 企业股东权益变动情况

3. 企业在财务报表的显著位置不需要披露的内容是(　　)。

A. 编报企业名称　　B. 编制报表的人民币金额单位

C. 编报单位的法人　　D. 利润表的涵盖期间

4. 某企业期末"应收账款"所属明细账户中借方余额为 25 000 元,贷方余额为10 000元;"预收账款"账户所属明细账户中借方余额为1 500元,贷方余额为 5 000 元;"坏账准备"账户贷方余额为 150 元。则资产负债表中"应收账款"项目的期末数应当为(　　)元。

A. 15 000　　B. 26 350

C. 32 500　　D. 26 500

5. 企业支付的在建工程人员的职工薪酬属于(　　)产生的现金流量。

A. 经营活动　　B. 投资活动

C. 筹资活动　　D. 汇率变动

6. 下列各项中，不属于筹资活动产生现金流量的是（　　）。
   A. 偿还短期借款支付的现金
   B. 融资租入固定资产支付的租赁费
   C. 取得国库券利息收入收到的现金
   D. 因发行债券支付的利息
7. 企业购买股票所支付的价款中包含的已宣告但尚未领取的现金股利，在现金流量表中应计入的项目是（　　）。
   A. 支付的其他与经营活动有关的现金　　B. 投资支付的现金
   C. 支付的其他与投资活动有关的现金　　D. 分配股利、利润或偿付利息支付的现金
8. “外币报表折算差额”项目，应当列在（　　）项目之后。
   A. “负债合计”　　B. “未分配利润”
   C. “所有者权益合计”　　D. “净利润”
9. 下列项目中，不属于利润表组成内容的是（　　）。
   A. 营业利润　　B. 利润总额
   C. 净利润　　D. 营业毛利
10. 下列项目中，不属于所有者权益变动表列示内容的是（　　）。
   A. 净利润　　B. 提取的盈余公积
   C. 营业收入　　D. 所有者投入资本

二、多项选择题

1. 在资产负债表中，应当归类为流动负债的条件有（　　）。
   A. 预计在一个正常营业周期中清偿
   B. 主要为交易目的而持有
   C. 预计在资产负债表日起 1 年内变现
   D. 自资产负债表日起 1 年内到期应予清偿
   E. 企业无权自主地将清偿推迟至资产负债表日后 1 年以上
2. 在资产负债表中，下列项目应当根据总账账户和明细账户的余额分析计算填列的有（　　）。
   A. 应付账款　　B. 长期应付款
   C. 长期借款　　D. 应收账款
   E. 长期应收款
3. 下列项目中，在计算营业利润时，应当自营业收入中减去的有（　　）。
   A. 营业成本　　B. 销售费用
   C. 营业外支出　　D. 资产减值损失
   E. 公允价值变动收益
4. 在计算基本每股收益时，（　　）是计算发行在外普通股加权平均数应考虑的要素。
   A. 期初发行在外普通股股数　　B. 当期新发行普通股股数
   C. 当期回购普通股股数　　D. 报告期时间

E. 增加的净利润

5. 下列项目中,符合现金流量表现金含义的项目有(　　)。

A. 库存现金　　B. 可以用于随时支付的银行存款

C. 其他货币资金　　D. 购买的股票

E. 购买的3个月内到期债券

6. 下列项目中,属于筹资活动产生的现金流量的项目有(　　)。

A. 发行股票收到的现金

B. 支付工程成本负担的利息

C. 购买债券收到的利息收入

D. 归还银行借款本金和利息

E. 支付现金股利或利润

7. 在填列"支付的各项税费"项目时,应当包括的内容有(　　)。

A. 支付本期发生的所得税　　B. 支付上期发生的消费税

C. 实际支付的耕地占用税　　D. 收到本期退回的增值税

E. 实际支付的教育费附加

8. 财务报表使用者可以从所有者权益变动表了解的信息主要有(　　)。

A. 当期实际的净利润　　B. 会计政策变更的影响数

C. 会计估计变更的影响数　　D. 提取盈余公积

E. 所有者投入资本数

9. 在计算营业利润时,应考虑的因素有(　　)。

A. 营业收入　　B. 营业外收入

C. 营业外支出　　D. 税金及附加

E. 资产减值损失

10. 通过资产负债表,可以了解的会计信息有(　　)。

A. 企业在某一特定日期的财务状况

B. 企业的支付能力和偿债能力

C. 企业在一定时期的经营成果

D. 企业的财务发展趋势

E. 企业的现金流量情况

三、判断题

1. 财务报表项目的列报应当在各个会计期间保持一致,不得随意变更。即使企业经营上的性质发生重大变化,也是如此。(　　)

2. 在财务报表中,资产项目按扣除减值准备后的净额列示;以及非日常活动产生的损益,以收入扣减费用后的净额列示,均不属于抵销。(　　)

3. 自资产负债表日起1年内,交换其他资产或清偿负债的能力不受限制的现金及现金等价物,应当归类为流动资产。(　　)

4. 企业在编制资产负债表时,对“交易性金融资产”“存货”“长期待摊费用”“应交税费”和“实收资本”等项目,都应当根据相关总账账户的余额直接填列。 (　　)

5. 企业在计算基本每股收益时,分母为归属于普通股股东的当期净利润,即企业当期实现的可供普通股股东分配的净利润或应由普通股股东分担的净亏损金额。 (　　)

6. 现金等价物,是指企业持有的期限短、流动性强、易于转换为已知金额现金、价值变动很小的投资。一般企业购买的为短期获利的股票、债券均属于现金等价物。 (　　)

7. 企业本期实际支付给职工的工资、奖金和为职工支付的各种社会保险,以及支付给离退休人员的各项费用,应当在现金流量表中“支付给职工以及为职工支付的现金”项目反映。 (　　)

8. 企业为购建固定资产而发生的借款利息资本化部分,应当填列在现金流量表中的“购建固定资产、无形资产和其他长期资产支付的现金”项目。 (　　)

9. 所有者权益变动表中“会计政策变更”项目,应当反映企业采用追溯调整法处理的会计政策变更的累积影响金额。 (　　)

10. 合并财务报表是反映企业集团整体财务状况、经营成果和现金流量的财务报表,应当由母公司和子公司分别编制。 (　　)

四、名词解释

财务报告　　资产负债表
利润表　　现金流量表
经营活动　　投资活动
筹资活动　　所有者权益变动表
现金等价物　　附注

五、简答题

1. 简述财务报告的组成内容及财务报告的基本列报要求。
2. 在编制资产负债表时,应当如何对资产、负债的流动性进行区分?
3. 试述现金流量表现金的含义,应如何对现金流量进行分类?
4. 基本每股收益与稀释每股收益有何区别?应如何进行计算?
5. 在所有者权益变动表中,企业至少应当单独列示哪些信息项目?应如何填列?
6. 在采用分析填列法编制现金流量表时,各项目应如何分析计算?
7. 财务报告附注应当披露的主要内容是什么?

六、计算与分析题

习　题　一

(一) 目的　练习财务报表的编制。

(二) 资料　某工业公司 20×7 年发生下列经济业务:

(1) 购入原材料货款 899 280 元,增值税额为 116 906.40 元,货款及增值税款已用银行存款支付,材料已验收入库。

(2) 1 张到期的商业承兑汇票 360 000 元,以银行存款付讫。

(3) 销售 1 批产品,货款为 3 600 000 元,增值税额为 468 000 元,收到货款及增值税款为 2 948 400 元。

(4) 出售交易性金融资产,账面成本减少 54 000 元,出售收入为 59 400 元,存入银行。

(5) 购入 1 台不需安装的设备,购买价为 900 000 元,包装费及运杂费为 3 600 元。全部款项已用银行存款支付,设备已交付使用。

(6) 某工程应负担的长期借款利息 540 000 元,应付税费 360 000 元,款项未付。

(7) 基本生产车间报废设备 1 台,账面原价 720 000 元,已提折旧 648 000 元,以银行存款支付清理费 1 800 元,残料收入 2 880 元存入银行,该设备已清理完毕。

(8) 以银行存款偿还长期借款 3 000 000 元。

(9) 1 张到期的银行承兑汇票 720 000 元,已收到存入银行。

(10) 收到现金股利 180 000 元,存入银行存款(该项投资采用成本法核算)。

(11) 出售 1 台不需用设备,账面原价1 440 000元,已提折旧540 000元,收到价款 1 080 000 元。

(12) 提取短期借款利息 41 400 元,长期借款利息 36 000 元,均计入本期损益。

(13) 分配职工工资共 2 052 000 元,其中,生产工人工资 1 128 600 元,车间管理人员工资 41 040 元,行政管理人员工资 61 560 元,在建工程人员工资 820 800 元。

(14) 用银行存款支付职工工资 1 800 000 元。

(15) 以银行存款归还短期借款本息 945 000 元(其中利息 45 000 元,已预提)。

(16) 产品生产领用原材料2 646 000元,车间领用低值易耗品189 000元(采用一次摊销法摊销)。

(17) 计提固定资产折旧共 360 000 元,其中计入制造费用 288 000 元,计入管理费用 72 000 元。

(18) 摊销长期待摊费用 360 000 元,其中,管理费用负担 36 000 元,制造费用负担 324 000 元;摊销无形资产 216 000 元。

(19) 收到应收账款 183 600 元,存入银行。

(20) 计提坏账准备 3 240 元。

(21) 以银行存款支付广告费、展览费 252 000 元。

(22) 计算并结转本期完工产品成本 4 616 640 元。

(23) 销售产品 1 批,货款为 900 000 元,增值税额为 117 000 元,收到 1 张面值为 1 017 000 元银行承兑汇票。

(24) 将上述银行承兑汇票到银行办理贴现,贴现息 72 000 元。

(25) 本期应缴纳的教育费附加 7 200 元。

(26) 以银行存款缴纳增值税 360 000 元,教育费附加 7 200 元。

(27) 结转本期销售产品成本 2 700 000 元。

(28) 将各损益类账户结转本年利润。

(29) 结转本期应交所得税 368 636.40 元。

(30) 按本期实现净利润,提取法定盈余公积 10%,任意盈余公积 5%。

(31) 结转本年净利润及利润分配各明细账户的余额。

(32) 从银行借入5年期借款1 440 000元，已存入银行账户。

(33) 用银行存款缴纳所得税162 840元。

(三) 要求

(1) 根据上述经济业务编制会计分录。

(2) 编制资产负债表。

(3) 编制利润表。

(4) 编制现金流量表。

(5) 编制所有者权益变动表。

习 题 二

(一) 目的 练习现金流量表的编制

(二) 资料 华茂公司20×7年有关资料如下：

1. 资产、负债类部分账户年初、年末余额和本年发生额资料如表15-25所示。

表15-25 **部分账户资料表** 单位：万元

账户名称	年初余额		本年发生额		年末余额	
	借方	贷方	借方	贷方	借方	贷方
交易性金融资产	100		500	400	200	
应收票据	300			300		
应收账款(总)	500		3 000	2 800	700	
——甲公司	600		2 500	2 200	900	
——乙公司		100	500	600		200
坏账准备		6		3		9
应收股利			10	10		
原材料	300		2 000	2 200	100	
制造费用			800	800		
生产成本	100		4 000	3 800	300	
库存商品	200		3 800	3 500	500	
固定资产	5 000		400	1 000	4 400	
累计折旧		2 000	800	200		1 400
在建工程	1 000		300		1 300	
短期借款			200	250		50
长期借款		1 000				1 000

(续表)

账户名称	年初余额		本年发生额		年末余额	
	借方	贷方	借方	贷方	借方	贷方
应付账款(总)		300	1 300	1 200		200
——丙公司		500	1 200	1 000		300
——丁公司	200		100	200	100	
应付职工薪酬		30	1 160	1 200		70
应交税费(总)		55	1 293	1 299		61
——应交增值税			850	850		
——未交增值税		30	180	200		50
——应交其他税费		25	263	249		11

2. 损益类部分账户本年发生额资料如表15-26所示。

表15-26　**部分账户本年发生额资料表**　单位:万元

账户名称	借方发生额	贷方发生额
主营业务收入		5 000
主营业务成本	3 500	
税金及附加	51	
销售费用	300	
管理费用	500	
财务费用	25	
投资收益		30
资产处置损益	20	
所得税费用	198	

3. 其他有关资料如下:

(1) 上述表内的交易性金融资产在取得及出售期间无公允价值变动,均为现金结算,而且其取得的交易性金融资产均不属于现金等价物。

(2) "制造费用"及"生产成本"账户借方发生额含职工薪酬1 000万元、折旧费180万元,不含其他摊入的费用。

(3) "固定资产"账户借方发生额为现金购入的固定资产400万元;"在建工程"账户借方发生额含用现金支付的资本化利息费用30万元,以及用现金支付的出包工程款270万元。

(4) 应付职工薪酬均为生产经营人员薪酬。

(5)“应交税费——应交增值税”账户借方发生额含增值税进项税额340万元、已交税金310万元、转出未交增值税200万元，贷方发生额为销售商品发生的销项税额850万元；“应交税费——未交增值税”账户借方发生额为缴纳的增值税180万元。

(6)“销售费用”及“管理费用”账户借方发生额含职工薪酬200万元、离退休人员费用80万元、计提坏账准备3万元、折旧费20万元，以及用现金支付的其他费用497万元。

(7)“财务费用”账户借方发生额含现金折扣5万元以及用现金支付的其他利息。

(8)“投资收益”账户贷方发生额含出售交易性金融资产获得的投资收益20万元以及收到的现金股利。

(9)“资产处置损益”账户借方发生额为出售固定资产发生的净损失20万元（出售固定资产的原价1 000万元、累计折旧800万元，支付的清理费用30万元，收到的价款210万元）。

(10)假定“应交税费”账户的余额变动只与“税金及附加”和“所得税费用”账户有关，且与投资和筹资活动均无关。除支付与“税金及附加”和“所得税费用”有关的税费以外，未支付其他税费。

假定该公司本期未发生其他交易或事项。

(三)要求

(1)填列该公司资产负债表所列示项目的年初数和年末数（见表15－27）。

表15－27 **资产负债表**（部分项目）

编制单位：华茂股份有限公司 20×7年12月31日 单位：万元

资　　产	年初数	年末数	负债和股东权益	年初数	年末数
应收账款			应付账款		
预付账款			预收账款		
存　　货					

(2)填列该公司现金流量表所列示项目的金额（见表15－28）。

表15－28 **现金流量表**（部分项目）

编制单位：华茂股份有限公司 20×7年度 单位：万元

项　　目	计算过程	金　额
销售商品、提供劳务收到的现金		
购买商品、接受劳务支付的现金		
支付给职工以及为职工支付的现金		
支付各项税费		
支付其他与经营活动有关的现金		
收回投资收到的现金		

(续表)

项目	计算过程	金额
取得投资收益收到的现金		
处置固定资产收回的现金净额		
购建固定资产支付的现金		
投资支付的现金		
取得借款收到的现金		
偿还债务支付的现金		
偿付利息支付的现金		

复习思考题参考答案

第一章 总 论

一、单项选择题

1. A 2. B 3. D 4. B 5. C 6. D 7. D 8. C 9. C 10. C

二、多项选择题

1. BC 2. AC 3. BC 4. BCE 5. ABD 6. ACDE 7. ABCD 8. ABDE 9. ABCDE 10. ACDE

三、判断题

1. × 2. √ 3. × 4. × 5. √ 6. × 7. × 8. × 9. × 10. √

四、名词解释(略)

五、简答题(略)

第二章 货 币 资 金

一、单项选择题

1. B 2. B 3. B 4. B 5. D 6. C 7. A 8. B 9. D 10. C

二、多项选择题

1. ABDE 2. BD 3. ABCD 4. ACE 5. BCE 6. ABCD 7. AC 8. ACE 9. BCE 10. CD

三、判断题

1. √ 2. × 3. × 4. × 5. √ 6. × 7. × 8. × 9. √ 10. √

四、名词解释(略)

五、简答题(略)

六、计算与分析题

习 题 一

编制“银行存款余额调节表”如表 1 所示。

表 1

银行存款余额调节表

20×7 年 3 月 31 日

项 目	金 额	项 目	金 额
企业银行存款日记账余额	463 500	银行对账单余额	476 050
加：银行已收，企业未收 1. 托收销货款	16 050	加：企业已收，银行未收 1. 送存转账支票	10 000
减：银行已付，企业未付 1. 已付电费	8 500	减：企业已付，银行未付 1. 开出转账支票	15 000
调整后的存款余额	471 050	调整后的存款余额	471 050

习 题 二

(1) 借：其他货币资金——银行本票	60 000	
贷：银行存款		60 000
(2) 借：其他货币资金——外埠存款	40 000	
贷：银行存款		40 000
(3) 借：原材料	50 000	
应交税费——应交增值税(进项税额)	6 500	
库存现金	3 500	
贷：其他货币资金——银行本票		60 000
(4) 借：原材料	30 000	
应交税费——应交增值税(进项税额)	3 900	
贷：其他货币资金——外埠存款		33 900
(5) 借：银行存款	6 100	
贷：其他货币资金——外埠存款		6 100

习 题 三

(1) 借：原材料	10 000	
应交税费——应交增值税(进项税额)	1 300	
贷：应付票据		11 300
(2) 借：应付票据	46 400	
贷：银行存款		46 400
(3) 借：备用金——张灵	2 000	
贷：库存现金		2 000
(4) 借：库存现金	800	
贷：银行存款		800

借：备用金——供应科　800
　贷：库存现金　800

(5) 借：管理费用　960
　　库存现金　40
　贷：备用金——王燕　1 000

(6) 借：其他货币资金——外埠存款　200 000
　贷：银行存款　200 000

(7) 借：管理费用　500
　贷：库存现金　500

(8) 借：银行存款　199 100
　　财务费用　900
　贷：应收票据　200 000

(9) 借：应付职工薪酬——职工福利　1 500
　贷：库存现金　1 500

(10) 借：待处理财产损溢　85
　贷：库存现金　85
借：其他应收款——孙易　85
　贷：待处理财产损溢　85

第三章　存　　货

一、单项选择题

1. D　2. B　3. B　4. C　5. B　6. B　7. B　8. D　9. A　10. B

二、多项选择题

1. BCDE　2. ABC　3. ABCDE　4. ABD　5. BCE　6. ABD　7. ACD　8. BCDE　9. BCDE　10. ABD

三、判断题

1. ×　2. ×　3. √　4. ×　5. ×　6. ×　7. ×　8. ×　9. √　10. √

四、名词解释(略)

五、简答题(略)

六、计算与分析题

习　题　一

(1) 采用先进先出法：

4 月 8 日发出 A 材料的成本＝1 500×10＋3 750×12＝60 000(元)

4 月 24 日发出 A 材料的成本＝(4 500－3 750)×12＋2 250×15＝42 750(元)

本月发出 A 材料的总成本＝60 000＋42 750＝102 750(元)

月末结存 A 材料的成本=(4 000−2 250)×15=26 250(元)

(2) 采用月末一次加权平均法:

加权平均法单位成本=(1 500×10+4 500×12+4 000×15)÷(1 500+4 500+4 000)=

129 000÷10 000=12.9(元)

本月发出 A 材料的成本=(5 250+3 000)×12.9=106 425(元)

月末结存 A 材料的成本=(1 500+4 500+4 000−5 250−3 000)×12.9=22 575(元)

(3) 采用移动加权平均法:

4 月 6 日进货后的平均单位成本=(15 000+4 500×12)÷(1 500+4 500)=11.5(元)

4 月 8 日发出 A 材料的成本=5 250×11.5=60 375(元)

4 月 8 日发货后结存的存货成本=(1 500+4 500−5 250)×11.5=8 625(元)

4 月 18 日进货后的平均单位成本=(8 625+4 000×15)÷(750+4 000)=14.45(元)

4 月 24 日发货的存货成本=3 000×14.45=43 350(元)

4 月 24 日发货后结存的存货成本=(750+4 000−3 000)×14.45=25 287.5(元)

本月发出 A 材料的成本=60 375+43 350=103 725(元)

月末结存 A 材料的成本=25 287.5(元)

习 题 二

1. 根据外购业务编制会计分录。

(1) 3 月 2 日。

借:原材料——甲材料	52 020	
贷:在途物资——甲材料		52 020

(2) 3 月 5 日。

借:在途物资——甲材料	159 000	
应交税费——应交增值税(进项税额)	20 550	
贷:银行存款		179 550

(3) 3 月 8 日。

借:原材料——乙材料	29 200	
应交税费——应交增值税(进项税额)	3 756	
贷:应付账款		32 956

(4) 3 月 16 日。

借:原材料——甲材料	152 760.00	
应收账款	7 051.20	
贷:在途物资——甲材料		159 000.00
应交税费——应交增值税(进项税额)		811.20

(5) 3 月 18 日，暂不作会计分录。

(6) 3 月 20 日。

① 借：原材料——乙材料　28 900
　　应交税费——应交增值税(进项税额)　3 721
　贷：预付账款　32 621

② 借：预付账款　2 621
　贷：银行存款　2 621

(7) 3 月 22 日。

借：在途物资——甲材料　31 800
　　　　　——乙材料　24 000
　应交税费——应交增值税(进项税额)　7 142
　贷：银行存款　62 942

(8) 3 月 25 日。

借：原材料——甲材料　31 800
　　　　——乙材料　24 000
　贷：在途物资——甲材料　31 800
　　　　　　——乙材料　24 000

(9) 3 月 26 日，暂不作会计分录。

(10) 3 月 27 日，暂不作会计分录。

(11) 3 月 31 日。

借：原材料——甲材料　15 000
　贷：应付账款——暂估应付账款　15 000

2. 编制月末一次结转发出材料成本的会计分录。

$$\text{甲材料加权平均法单位成本}=\frac{91\,800+52\,020+152\,760+31\,800}{1\,800+1\,020+2\,880+600}=52.12(\text{元/千克})$$

$$\text{乙材料加权平均法单位成本}=\frac{252\,000+29\,200+28\,900+24\,000}{9\,000+900+1\,000+800}=28.56(\text{元/千克})$$

借：生产成本　287 380
　　制造费用　18 992
　　管理费用　8 568
　贷：原材料——甲材料　140 724
　　　　　——乙材料　174 216

3. 登记“原材料”和“在途物资”总账和明细账(用 T 字形账户表示)，并结出账户期末余额，进行总账和明细账的核对。

在 途 物 资

期初余额	52 020		
(2)	159 000	(1)	52 020
(7)	55 800	(4)	159 000
		(8)	55 800
本期发生额	214 800	本期发生额	266 820

在 途 物 资——甲材料

期初余额	52 020		
(2)	159 000	(1)	52 020
(7)	31 800	(4)	159 000
		(8)	31 800
本期发生额	190 800	本期发生额	242 820

原 材 料

期初余额	343 800		
(1)	52 020		
(3)	29 200		
(4)	152 760		
(6)	28 900		
(8)	55 800		
(11)	15 000	本月发料	314 940
本期发生额	333 680	本期发生额	314 940
期末余额	362 540		

在途物资——乙材料

(7)	24 000	(8)	24 000

原材料——甲材料

期初余额	91 800		
(1)	52 020		
(4)	152 760		
(8)	31 800		
(11)	15 000	本月发料	140 724
本期发生额	251 580	本期发生额	140 724
期末余额	202 656		

原材料——乙材料

期初余额	252 000		
(3)	29 200		
(6)	28 900		
(8)	24 000	本月发料	174 216
本期发生额	82 100	本期发生额	174 216
期末余额	159 884		

习 题 三

1. 根据外购业务编制会计分录。

(1) 3 月 2 日。

借:原材料——甲材料　　51 000

　贷:材料采购——甲材料　　51 000

(2) 3 月 5 日。

借:材料采购——甲材料　　159 000

　　应交税费——应交增值税(进项税额)　　20 550

　贷:银行存款　　179 550

(3) 3月8日。

① 借：材料采购——乙材料　　29 200
　　应交税费——应交增值税(进项税额)　　3 756
　贷：应付账款　　32 956

② 借：原材料——乙材料　　27 000
　贷：材料采购——乙材料　　27 000

(4) 3月16日。

借：原材料——甲材料　　144 000.00
　　应收账款　　7 051.20
　贷：材料采购——甲材料　　150 240.00
　　　应交税费——应交增值税(进项税额)　　811.20

(5) 3月18日，暂不作会计分录。

(6) 3月20日。

① 借：材料采购——乙材料　　28 900
　　应交税费——应交增值税(进项税额)　　3 721
　贷：预付账款　　32 621

② 借：预付账款　　2 621
　贷：银行存款　　2 621

③ 借：原材料——乙材料　　30 000
　贷：材料采购——乙材料　　30 000

(7) 3月22日。

借：材料采购——甲材料　　31 800
　　　　　　——乙材料　　24 000
　　应交税费——应交增值税(进项税额)　　7 142
　贷：银行存款　　62 942

(8) 3月25日。

借：原材料——甲材料　　30 000
　　　　　——乙材料　　24 000
　贷：材料采购——甲材料　　30 000
　　　　　　　——乙材料　　24 000

(9) 3月26日，暂不作会计分录。

(10) 3月27日，暂不作会计分录。

(11) 3月31日。

借：原材料——甲材料　　15 000

　贷：应付账款——暂估应付账款　　15 000

2. 月末，编制结转本月收入材料成本差异的会计分录。

借：材料成本差异　　12 680

　贷：材料采购　　12 680

3. 编制月末一次结转发出材料成本的会计分录，同时计算本月材料成本差异率，再编制本月发出材料应负担的成本差异额的会计分录。

(1) 月末一次结转发出材料成本时。

借：生产成本　　290 000

　　制造费用　　19 000

　　管理费用　　9 000

　贷：原材料——甲材料　　135 000

　　　　　　——乙材料　　183 000

(2) 计算本月发出材料成本差异率。

$$\text{本月材料成本差异率}=\frac{-16\,200+12\,680}{360\,000+51\,000+27\,000+144\,000+30\,000+30\,000+24\,000}\times 100\%=-0.53\%$$

(3) 编制本月发出材料应负担的成本差异额的会计分录。

借：材料成本差异　　1 685.40

　贷：生产成本　　1 537.00

　　　制造费用　　100.70

　　　管理费用　　47.70

4. 登记总账并结出期末余额。

原　材　料

期初余额	360 000		
(1)	51 000		
(3)	27 000		
(4)	144 000		
(6)	30 000		
(8)	54 000		
(11)	15 000	本月发料	318 000
本期发生额	321 000	本期发生额	318 000
期末余额	363 000		

材料成本差异

		期初余额	16 200
月末收料	12 680		
月末发料	1 685.4		
本　期 发生额	14 365.4	期末余额	1 834.6

材料采购

借方		贷方	
期初余额	52 020	(1)	51 000
(2)	159 000	(3)/②	27 000
(3)/①	29 200	(4)	150 240
(6)	28 900	(6)/③	30 000
(7)	55 800	(8)	54 000
		差异额	12 680
本期发生额	272 900	本期发生额	324 920

习 题 四

1. W企业收回加工后的材料直接用于销售。

(1) 发出委托加工材料。

借：委托加工物资　1 900 000
　贷：原材料　1 900 000

(2) 支付加工费及税金。

借：委托加工物资　1 100 000
　　应交税费——应交增值税(进项税额)　104 000
　贷：银行存款　1 204 000

(3) 加工完成收回委托加工材料。

借：原材料　3 000 000
　贷：委托加工物资　3 000 000

2. W企业收回加工后的材料用于继续生产应税消费品。

(1) 发出委托加工材料。

借：委托加工物资　1 900 000
　贷：原材料　1 900 000

(2) 支付加工费及税金。

借：委托加工物资　800 000
　　应交税费——应交增值税(进项税额)　104 000
　　　　　　——应交消费税　300 000
　贷：银行存款　1 204 000

(3) 加工完成收回委托加工材料。

借：原材料　2 700 000
　贷：委托加工物资　2 700 000

习　题　五

(1) 分析。

有合同的 24 台 X 型设备的可变现净值 ＝24×31.5－24×0.6＝741.6(万元)＜成本 744 万元

应提存货跌价准备 2.4 万元。

无合同的 4 台 X 型设备的可变现净值 ＝4×32－4×0.5＝126(万元)＞成本 124 万元

无需计提存货跌价准备。

(2) 编制会计分录。

借：资产减值损失——计提的存货跌价准备	24 000	
贷：存货跌价准备		24 000

习　题　六

(1) 20×4 年年末。

借：资产减值损失——计提的存货跌价准备	25 000	
贷：存货跌价准备		25 000

(2) 20×5 年年末。

借：存货跌价准备	10 000	
贷：资产减值损失——计提的存货跌价准备		10 000

(3) 20×6 年年末。

借：存货跌价准备	15 000	
贷：资产减值损失——计提的存货跌价准备		15 000

第四章　固 定 资 产

一、单项选择题

1. C　2. B　3. B　4. D　5. A　6. D　7. A　8. C　9. D　10. C

二、多项选择题

1. ABD　2. ABCD　3. ACE　4. ABDE　5. ABCD　6. ABD　7. BCD　8. ABD　9. BC　10. ADE

三、判断题

1. ×　2. ×　3. ×　4. ✓　5. ×　6. ×　7. ✓　8. ×　9. ×　10. ✓

四、名词解释(略)

五、简答题(略)

六、计算与分析题

习 题 一

(1) ① 实际成本＝40 000＋1 500＋800＋1 400＝43 700(元)

② 借：固定资产　43 700
　　应交税费——应交增值税(进项税额)　5 533
　贷：银行存款　49 233

(2) ① 借：在建工程　21 500
　　应交税费——应交增值税(进项税额)　2 735
　贷：银行存款　24 235

② 借：在建工程　5 800
　贷：原材料　5 000
　　应付职工薪酬　800

③ 结转实际成本＝21 500＋5 800＝27 300(元)

借：固定资产　27 300
　贷：在建工程　27 300

(3) 借：固定资产　42 000
　贷：实收资本　42 000

(4) 借：银行存款　1 600 000
　贷：长期借款　1 600 000

(5) 借：工程物资　1 160 000
　贷：银行存款　1 160 000

(6) ① 借：在建工程　1 160 000
　贷：工程物资　1 160 000

② 借：在建工程　296 200
　贷：原材料　296 200

③ 借：在建工程　400 500
　贷：应付职工薪酬　400 000
　　库存现金　500

④ 借：在建工程　96 000
　贷：长期借款　96 000

(7) 结转实际成本＝96 000＋1 170 000＋296 200＋400 500＝1 962 700(元)

借：固定资产　　1 962 700
　贷：在建工程　　1 962 700

(8) 借：预付账款　　1 200 000
　　贷：银行存款　　1 200 000

(9) ① 借：在建工程　　1 380 000
　　　贷：银行存款　　180 000
　　　　　预付账款　　1 200 000

　② 借：固定资产　　1 380 000
　　　贷：在建工程　　1 380 000

(10) 借：固定资产　　4 200 000
　　　　未确认融资费用　　900 000
　　　贷：长期应付款　　5 000 000
　　　　　银行存款　　100 000

习　题　二

(1) ① 总价款的现值＝500×0.943＋300×0.89＋200×0.84
＝471.50＋267.00＋168.00＝906.50(万元)

未确认融资费用＝1 000－906.50＝93.50(万元)

② 借：固定资产　　9 065 000
　　　未确认融资费用　　935 000
　　贷：长期应付款　　10 000 000

(2) 未确认融资费用分摊表如表 2 所示。

表 2　**未确认融资费用分摊表**　单位:元

日　期	分期付款额	确认的融资费用	应付本金减少额	应付本金余额
	(1)	(2)＝期初(4)×6%	(3)＝(1)－(2)	期末(4)＝期初(4)－(3)
20×7 年 1 月 1 日				9 065 000
20×7 年 12 月 31 日	5 000 000	543 900	4 456 100	4 608 900
20×8 年 12 月 31 日	3 000 000	276 534	2 723 466	1 885 434
20×9 年 12 月 31 日	2 000 000	114 566	1 885 434	0
合　计	10 000 000	935 000	9 065 000	

(3) 20×8 年 12 月 31 日支付款项、分摊未确认融资费用时。

借：长期应付款　　3 000 000
　贷：银行存款　　3 000 000

借：财务费用　　　　276 534

　贷：未确认融资费用　　　　276 534

习　题　三

(1) 年折旧额 $=\frac{30\ 000-(600-200)}{5}=5\ 920$(元)

月折旧额 $=5\ 920\div 12=493.33$(元)

(2) 双倍余额递减法。

固定资产原值 $=16\ 000+1\ 000+500+2\ 500=20\ 000$(元)

年折旧率 $=\frac{2}{5}\times 100\%=40\%$

每年应计提的折旧额如表 3 所示。

表 3　**双倍余额递减法下每年应计提的折旧额**　单位:元

计算期	期初账面净值	年折旧率(%)	年折旧额	累计折旧额	期末账面净值
1	20 000	40	8 000	8 000	12 000
2	12 000	40	4 800	12 800	7 200
3	7 200	40	2 880	15 680	4 320
4	4 320		1 160 *	16 840	3 160
5	3 160		1 160	18 000	2 000

* 第 4、第 5 年的年折旧额 $=\frac{4\ 320-2\ 000}{2}=1\ 160$(元)

(3) 年数总和法。

固定资产原值 $=600\ 000+120\ 000+8\ 000+12\ 000=740\ 000$(元)

每年应计提的折旧额如表 4 所示。

表 4　**年数总和法下每年应计提的折旧额**　单位:元

计算期	应计提折旧额	年折旧率	年折旧额	累计折旧额	账面净值
					740 000
1	720 000	5/15	240 000	240 000	500 000
2	720 000	4/15	192 000	432 000	308 000
3	720 000	3/15	144 000	576 000	164 000
4	720 000	2/15	96 000	672 000	68 000
5	720 000	1/15	48 000	720 000	20 000

(4) 计算本月份折旧额如表 5 所示。

表 5　　　　折旧额计算表　　　　单位：万元

使用部门	上 月 计 提	上月增加	上月减少	本月计提
基本生产车间	500×1%＋200×0.5%＝6		3×1%＝0.03	5.97
辅助生产车间	30×1%＋10×0.5%＋5×2%＝0.45			0.45
企业管理部门	10×0.5%＋15×2%＝0.35	12×2%＝0.24		0.59
合　计	6.8	0.24	0.03	7.01

借：制造费用　　59 700
　　生产成本——辅助生产成本　　4 500
　　管理费用　　5 900
　贷：累计折旧　　70 100

习　题　四

(1) 借：累计折旧　　10 000 000
　　　固定资产减值准备　　2 000 000
　　　在建工程　　24 000 000
　　贷：固定资产　　36 000 000

(2) ① 借：在建工程　　5 300 000
　　　　贷：工程物资　　3 100 000
　　　　　　应付职工薪酬　　1 000 000
　　　　　　银行存款　　1 200 000
　　② 借：银行存款　　300 000
　　　　贷：在建工程　　300 000
　　③ 借：固定资产　　29 000 000
　　　　贷：在建工程　　29 000 000

(3) 借：管理费用　　4 350
　　贷：原材料　　3 000
　　　　应付职工薪酬　　1 000
　　　　库存现金　　350

习　题　五

(1) ① 转销时：

借：固定资产清理　　125 000
　　累计折旧　　125 000
　贷：固定资产　　250 000

② 收到价款时：

借：银行存款　158 200
　贷：固定资产清理　140 000
　　应交税费——应交增值税(销项税额)　18 200

③ 结转清理净收益时：

借：固定资产清理　15 000
　贷：资产处置损益　15 000

(2) ① 转销时：

借：固定资产清理　100 000
　累计折旧　50 000
　贷：固定资产　150 000

② 出售时：

借：应收账款　70 000
　贷：固定资产清理　70 000

③ 结转清理净损失时：

借：资产处置损益　30 000
　贷：固定资产清理　30 000

(3) ① 报废时：

借：固定资产清理　27 000
　累计折旧　63 000
　贷：固定资产　90 000

② 支付费用时：

借：固定资产清理　2 500
　贷：银行存款　2 500

③ 收到残料收入时：

借：银行存款　5 000
　贷：固定资产清理　5 000

④ 结转清理净损失时：

借：营业外支出——非流动资产报废　24 500
　贷：固定资产清理　24 500

(4) 借：银行存款　70 000
　贷：应收账款　70 000

(5) ① 转销时:

借:固定资产清理　　90 000
　　累计折旧　　180 000
　贷:固定资产　　270 000

② 获得变价收入、赔偿收入时:

借:银行存款　　15 000
　贷:固定资产清理　　15 000

借:其他应收款　　80 000
　贷:固定资产清理　　80 000

③ 支付费用时:

借:固定资产清理　　5 600
　贷:银行存款　　5 600

④ 结转清理净损失时:

借:营业外支出——非常损失　　600
　贷:固定资产清理　　600

习 题 六

(1) ① 20×4 年 12 月 20 日:

借:固定资产　　10 500 000
　贷:银行存款　　10 500 000

② 20×5 年 12 月 31 日:

借:制造费用　　1 000 000
　贷:累计折旧　　1 000 000

③ 20×6 年 12 月 31 日:

借:制造费用　　1 000 000
　贷:累计折旧　　1 000 000

借:资产减值损失　　1 600 000
　贷:固定资产减值准备　　1 600 000

④ 20×7 年 12 月 31 日:

借:制造费用　　800 000
　贷:累计折旧　　800 000

(2) ① 盘盈设备时:

借:固定资产　　35 000 000
　贷:以前年度损益调整　　35 000 000

计算应缴纳的所得税时:

借：以前年度损益调整　8 750 000
　贷：应交税费——应交所得税　8 750 000

结转为留存收益时：

借：以前年度损益调整　26 250 000
　贷：利润分配——未分配利润　26 250 000

调整提取盈余公积时：

借：利润分配——未分配利润　2 625 000
　贷：盈余公积——法定盈余公积　2 625 000

② 盘亏设备时：

借：待处理财产损溢　36 000 000
　累计折旧　18 000 000
　贷：固定资产　54 000 000

经批准转销时：

借：营业外支出——盘亏损失　36 000 000
　贷：待处理财产损溢　36 000 000

第五章　无形资产

一、单项选择题

1. C　2. A　3. C　4. B　5. D　6. B　7. B　8. C　9. A　10. B

二、多项选择题

1. ACD　2. CD　3. AC　4. BCD　5. ABD　6. ACDE　7. CD　8. ABCDE　9. ABCDE　10. BCE

三、判断题

1. ×　2. ×　3. ×　4. ✓　5. ✓　6. ✓　7. ×　8. ×　9. ✓　10. ×

四、名词解释(略)

五、简答题(略)

六、计算与分析题

习　题　一

(1) 20×4 年 6 月 1 日至 12 月 31 日。

借：研发支出——费用化支出　20 000
　　　　——资本化支出　90 000
　贷：原材料　20 000
　　应付职工薪酬　50 000
　　银行存款　40 000

借：管理费用　20 000
　贷：研发支出——费用化支出　20 000

(2) 20×5 年 1 月 1 日。

借：研发支出——资本化支出　6 000
　贷：银行存款　6 000

借：无形资产——专利权　96 000
　贷：研发支出——资本化支出　96 000

(3) 20×5 年 12 月 31 日、20×6 年 12 月 31 日。

借：制造费用　19 200
　贷：累计摊销　19 200

(4) 20×7 年 3 月 1 日。

借：银行存款　60 000
　　累计摊销　41 600
　贷：无形资产——专利权　96 000
　　　资产处置损益　5 600

习 题 二

(1) 20×3 年 12 月 1 日。

借：无形资产　3 000 000
　贷：银行存款　3 000 000

(2) 20×3 年 12 月 31 日。

借：管理费用　25 000
　贷：累计摊销　25 000

(3) 20×7 年 12 月 31 日。

账面价值＝300－(300÷10)×(1÷12)－(300÷10)×4＝177.5(万元)

应计提的无形资产减值准备＝177.5－142＝35.5(万元)

借：资产减值损失　355 000
　贷：无形资产减值准备　355 000

(4) 20×8 年 12 月 31 日。

该无形资产的摊销额＝[142÷(12×5＋11)]×12＝24(万元)

该无形资产的账面价值＝142－24＝118(万元)

可收回金额＝129.8(万元)

按规定，已计提的减值准备不得冲回。

(5) 20×9年1月1日。

借：银行存款　　300 000
　贷：其他业务收入　　300 000

借：其他业务成本　　240 000
　贷：累计摊销　　240 000

习　题　三

(1) 20×6年1月。

借：无形资产——特许经营权　　1 000 000
　贷：银行存款　　1 000 000

(2) 20×6年6月。

借：研发支出——费用化支出　　3 000 000
　贷：银行存款　　3 000 000

借：管理费用　　3 000 000
　贷：研发支出——费用化支出　　3 000 000

(3) 20×6年8月。

借：研发支出——资本化支出　　24 000 000
　贷：原材料　　9 000 000
　　　银行存款　　1 000 000
　　　应付职工薪酬　　10 000 000
　　　累计折旧　　4 000 000

(4) 20×6年10月。

借：无形资产　　24 000 000
　贷：研发支出——资本化支出　　24 000 000

(5) 20×6年12月31日。

借：管理费用　　600 000
　贷：累计摊销　　600 000

(6) 20×7年12月31日。

借：管理费用　　2 400 000
　贷：累计摊销　　2 400 000

借：资产减值损失——无形资产减值损失　　12 000 000
　贷：无形资产减值准备　　12 000 000

(7) 20×8 年 12 月 31 日。

借:管理费用	3 000 000	
贷:累计摊销		3 000 000

(8) 20×9 年 5 月。

借:营业外支出——非流动资产报废	5 000 000	
累计摊销	7 000 000	
无形资产减值准备	12 000 000	
贷:无形资产		24 000 000

第六章　投资性房地产

一、单项选择题

1. A　2. D　3. B　4. C　5. B　6. B　7. D　8. B　9. D　10. B

二、多项选择题

1. CD　2. ABC　3. ABD　4. ABE　5. ACDE　6. ABCE　7. ABCD　8. BCD　9. ABCE

三、判断题

1. ✓　2. ×　3. ×　4. ×　5. ×　6. ✓　7. ×　8. ×　9. ×　10. ×

四、名词解释(略)

五、简答题(略)

六、计算与分析题

习 题 一

(1) 20×6 年 1 月 1 日购入。

借:投资性房地产	10 300 000	
贷:银行存款		10 300 000

(2) 20×6 年 12 月 31 日摊销。

20×6 年度该项土地使用权计提的摊销额=1 030÷25=41.2(万元)

借:其他业务成本	412 000	
贷:投资性房地产累计摊销		412 000

(3) 20×6 年取得租金收入。

借:银行存款	1 000 000	
贷:其他业务收入		1 000 000

(4) 20×9 年 1 月收回自用。

借：无形资产　10 300 000
　　投资性房地产累计摊销　1 236 000
　贷：投资性房地产　10 300 000
　　　累计摊销　1 236 000

习　题　二

(1) 20×7 年 1 月 1 日。

借：投资性房地产　10 000 000
　贷：银行存款　10 000 000

借：银行存款　800 000
　贷：预收账款　800 000

(2) 20×7 年 12 月 31 日。

借：预收账款　800 000
　贷：其他业务收入　800 000

借：其他业务成本　400 000
　贷：投资性房地产累计折旧　400 000

(3) 20×8 年 1 月 1 日。

借：投资性房地产——成本　11 000 000
　　投资性房地产累计折旧　400 000
　贷：投资性房地产　10 000 000
　　　盈余公积　140 000
　　　利润分配——未分配利润　1 260 000

借：银行存款　800 000
　贷：预收账款　800 000

(4) 20×8 年 12 月 31 日。

借：预收账款　800 000
　贷：其他业务收入　800 000

借：投资性房地产——公允价值变动　500 000
　贷：公允价值变动损益　500 000

习　题　三

(1) 20×6 年 1 月至 20×6 年 8 月。

① 借：工程物资　16 380 000
　贷：银行存款　16 380 000

② 借：在建工程　16 380 000
　贷：工程物资　16 380 000

③ 借：在建工程　　5 560 000
　　贷：原材料　　1 940 000
　　　　应付职工薪酬　　3 620 000

④ 借：固定资产　　21 940 000
　　贷：在建工程　　21 940 000

(2) 20×6 年 12 月 31 日。

借：管理费用　　350 000
　贷：累计折旧　　350 000

(3) 20×6 年 12 月 31 日。

借：管理费用　　1 050 000
　贷：累计折旧　　1 050 000

(4) 20×8 年 1 月 1 日。

借：投资性房地产——成本　　22 000 000
　　累计折旧　　1 400 000
　贷：固定资产　　21 940 000
　　　其他综合收益　　1 460 000

(5) 20×8 年 12 月 31 日。

借：投资性房地产——公允价值变动　　2 000 000
　贷：公允价值变动损益　　2 000 000

借：银行存款　　2 400 000
　贷：其他业务收入　　2 400 000

(6) 20×9 年 1 月 1 日。

借：银行存款　　25 000 000
　贷：其他业务收入　　25 000 000

借：其他业务成本　　24 000 000
　贷：投资性房地产——成本　　22 000 000
　　　　　　　　——公允价值变动　　2 000 000

借：公允价值变动损益　　2 000 000
　贷：其他业务成本　　2 000 000

借：其他综合收益　　1 460 000
　贷：其他业务成本　　1 460 000

第七章　金 融 资 产

一、单项选择题

1. D　2. A　3. B　4. A　5. C　6. A　7. C　8. C　9. A　10. B

二、多项选择题

1. ABC　2. ABCDE　3. ACDE　4. ABCDE　5. AC　6. BD　7. ABCE　8. ABC　9. ABCE　10. AB

三、判断题

1. ×　2. √　3. ×　4. √　5. ×　6. √　7. √　8. √　9. √　10. ×

四、名词解释(略)

五、简答题(略)

六、计算与分析题

习　题　一

(1) 20×7 年 1 月 2 日。

借：债权投资——成本	10 000 000	
应收利息	400 000	
贷：银行存款		10 127 700
债权投资——利息调整		272 300

(2) 20×7 年 1 月 5 日。

借：银行存款	400 000	
贷：应收利息		400 000

(3) 20×7 年 12 月 31 日。

应确认的投资收益＝972.77×5%＝48.64(万元)

债权投资——利息调整＝48.64－1 000×4%＝8.64(万元)

借：应收利息	400 000	
债权投资——利息调整	86 400	
贷：投资收益		486 400

(4) 20×8 年 1 月 5 日。

借：银行存款	400 000	
贷：应收利息		400 000

(5) 20×8 年 12 月 31 日。

应确认的投资收益＝(972.77＋8.64)×5%＝49.07(万元)

债权投资——利息调整＝49.07－1 000×4%＝9.07(万元)

借：应收利息　　400 000
　　债权投资——利息调整　　90 700
　贷：投资收益　　490 700

(6) 20×9 年 1 月 5 日。

借：银行存款　　400 000
　贷：应收利息　　400 000

(7) 20×9 年 12 月 31 日。

债权投资——利息调整＝27.23－8.64－9.07＝9.52(万元)

投资收益＝40＋9.52＝49.52(万元)

借：应收利息　　400 000
　　债权投资——利息调整　　95 200
　贷：投资收益　　495 200

(8) 20×0 年 1 月 1 日。

借：银行存款　　10 400 000
　贷：债权投资——成本　　10 000 000
　　　应收利息　　400 000

习 题 二

(1) 20×7 年 1 月 1 日。

借：其他债权投资——成本　　10 000 000
　　应收利息　　500 000
　　其他债权投资——利息调整　　363 000
　贷：银行存款　　10 863 000

(2) 20×7 年 1 月 5 日。

借：银行存款　　500 000
　贷：应收利息　　500 000

(3) 20×7 年 12 月 31 日。

应确认的投资收益＝(1 000＋36.30)×4%＝41.45(万元)

其他债权投资——利息调整＝1 000×5%－41.45＝8.55(万元)

借：应收利息　　500 000
　贷：投资收益　　414 500
　　　其他债权投资——利息调整　　85 500

其他债权投资账面价值＝1 000＋36.30－8.55＝1 027.75(万元)

公允价值＝1 020(万元)

应确认公允价值变动损失＝1 027.75－1020＝7.75(万元)

借：其他综合收益——其他债权投资公允价值变动　　77 500
　贷：其他债权投资——公允价值变动　　77 500

(4) 20×8 年 1 月 5 日。

借：银行存款　　500 000
　贷：应收利息　　500 000

(5) 20×8 年 12 月 31 日。

应确认的投资收益＝(1 000＋36.30－8.55)×4%＝41.11(万元)
其他债权投资——利息调整＝1 000×5%－41.11＝8.89(万元)

借：应收利息　　500 000
　贷：投资收益　　411 100
　　其他债权投资——利息调整　　88 900

其他债权投资账面价值＝1 020－8.89＝1 011.11(万元)
公允价值＝1 000(万元)
应确认公允价值变动损失＝1 011.11－1 000＝11.11(万元)

借：其他综合收益——其他债权投资公允价值变动　　111 100
　贷：其他债权投资——公允价值变动　　111 100

(6) 20×9 年 1 月 5 日。

借：银行存款　　500 000
　贷：应收利息　　500 000

(7) 20×9 年 1 月 20 日。

借：银行存款　　9 950 000
　其他债权投资——公允价值变动　　188 600
　投资收益　　50 000
　贷：其他债权投资——成本　　10 000 000
　　——利息调整　　188 600

借：投资收益　　188 600
　贷：其他综合收益——其他债权投资公允价值变动　　188 600

习　题　三

(1) ① 20×7 年 5 月。

借：交易性金融资产——成本　　9 600 000
　投资收益　　200 000
　贷：银行存款　　9 800 000

② 20×7 年 6 月 30 日。

借：公允价值变动损益　　600 000
　贷：交易性金融资产——公允价值变动　　600 000

③ 20×7 年 8 月 10 日。

借：应收股利　　240 000
　贷：投资收益　　240 000

④ 20×7 年 8 月 20 日。

借：银行存款　　240 000
　贷：应收股利　　240 000

⑤ 20×7 年 12 月 31 日。

借：交易性金融资产——公允价值变动　　1 200 000
　贷：公允价值变动损益　　1 200 000

⑥ 20×8 年 1 月 3 日。

借：银行存款　　10 300 000
　　公允价值变动损益　　600 000
　贷：交易性金融资产——成本　　9 600 000
　　　　　　　　　　——公允价值变动　　600 000
　　投资收益　　700 000

(2) 该金融资产的累计损益＝－20－60＋24＋120－60＋70＝74(万元)

习 题 四

(1) 20×7 年 1 月 2 日。

借：债权投资——成本　　20 000 000
　　应收利息　　1 000 000
　贷：银行存款　　20 307 000
　　债权投资——利息调整　　693 000

(2) 20×7 年 1 月 5 日。

借：银行存款　　1 000 000
　贷：应收利息　　1 000 000

(3) 20×7 年 12 月 31 日。

应确认的投资收益＝(2 000－69.3)×6%＝115.84(万元)

债权投资——利息调整＝115.84－2 000×5%＝15.84(万元)

借：应收利息　　1 000 000
　　债权投资——利息调整　　158 400
　贷：投资收益　　1 158 400

(4) 20×8 年 1 月 5 日。

借：银行存款　　1 000 000
　贷：应收利息　　1 000 000

(5) 20×8 年 12 月 31 日。

应确认的投资收益＝(2 000－69.3＋15.84)×6%＝116.79(万元)

债权投资——利息调整＝116.79－2 000×5%＝16.79(万元)

借：应收利息　　1 000 000
　　债权投资——利息调整　　167 900
　贷：投资收益　　1 167 900

(6) 20×9 年 1 月 1 日。

借：其他债权投资——成本　　20 000 000
　　债权投资——利息调整　　366 700
　贷：债权投资——成本　　20 000 000
　　　其他综合收益　　166 700
　　　其他债权投资——利息调整　　200 000

习　题　五

(1) 借：应收账款——A 公司　　56 900
　　　贷：主营业务收入　　50 000
　　　　　应交税费——应交增值税(销项税额)　　6 500
　　　　　银行存款　　400

(2) 借：应收账款——B 公司　　22 600
　　　贷：主营业务收入　　20 000
　　　　　应交税费——应交增值税(销项税额)　　2 600

(3) 借：银行存款　　56 900
　　　贷：应收账款——A 公司　　56 900

(4) 借：应收票据——B 公司　　22 600
　　　贷：应收账款——B 公司　　22 600

习　题　六

(1) 20×6 年 12 月 31 日。

借：信用减值损失　　20 000
　贷：坏账准备　　20 000

(2) 20×7 年 12 月 31 日。

借：信用减值损失　　30 000
　贷：坏账准备　　30 000

(3) 20×8 年 12 月 31 日。

借：坏账准备 15 000

　贷：信用减值损失 15 000

习 题 七

(1) 20×7 年 3 月 10 日。

借：应收票据 113 000

　贷：主营业务收入 100 000

　　应交税费——应交增值税(销项税额) 13 000

(2) 20×7 年 4 月 20 日。

借：银行存款 110 000

　　财务费用 3 000

　贷：短期借款 113 000

(3) 20×7 年 6 月 10 日。

借：应收账款——乙 113 000

　贷：应收票据——乙 113 000

第八章 长期股权投资

一、单项选择题

1. B 2. C 3. B 4. A 5. D 6. B 7. C 8. C 9. B 10. B

二、多项选择题

1. ABC 2. CD 3. ABCD 4. AB 5. BD 6. ABC 7. ABC 8. ABC 9. ABCD 10. ABCDE

三、判断题

1. × 2. ✓ 3. × 4. × 5. ✓ 6. × 7. × 8. × 9. × 10. ✓

四、名词解释(略)

五、简答题(略)

六、计算与分析题

习 题 一

借：长期股权投资——乙公司 12 000 000

　　资本公积 2 000 000

　　盈余公积 1 000 000

　贷：银行存款 15 000 000

习 题 二

(1) 借：长期股权投资	15 300 000	
贷：短期借款		4 000 000
主营业务收入		10 000 000
应交税费——应交增值税(销项税额)		1 300 000
(2) 借：主营业务成本	8 000 000	
贷：库存商品		8 000 000

习 题 三

(1) 20×7 年 4 月 1 日。

借：长期股权投资——乙公司	609 200	
贷：银行存款		609 200

(2) 20×7 年 5 月 8 日。

借：应收股利	10 000	
贷：投资收益		10 000

(3) 20×7 年 5 月 18 日。

借：银行存款	10 000	
贷：应收股利		10 000

习 题 四

借：长期股权投资——成本	24 200 000	
贷：股本		8 000 000
资本公积		16 000 000
银行存款		200 000

习 题 五

借：长期股权投资——成本	18 300 000	
贷：股本		8 000 000
资本公积		8 000 000
银行存款		200 000
营业外收入		2 100 000

习 题 六

(1) 20×7 年 5 月 1 日。

借：应收股利	200 000	
贷：长期股权投资——损益调整		200 000

(2) 20×7 年 12 月 31 日。

借：长期股权投资——损益调整 600 000

贷：投资收益 600 000

(3) 20×8 年 5 月 2 日。

借：应收股利 200 000

贷：长期股权投资——损益调整 200 000

(4) 20×8 年 12 月 31 日。

借：投资收益 16 000 000

贷:长期股权投资——损益调整 16 000 000

(5) 20×9 年 12 月 31 日。

借：投资收益 2 500 000

贷:长期股权投资——损益调整 2 500 000

(6) 20×0 年 12 月 31 日。

借：长期股权投资——损益调整 500 000

贷：投资收益 500 000

习 题 七

应确认投资收益=(50－40×60%)×20%=52 000(元)

借：长期股权投资——损益调整 52 000

贷：投资收益 52 000

第九章 流 动 负 债

一、单项选择题

1. A 2. B 3. C 4. C 5. C 6. C 7. A 8. A 9. B 10. B

二、多项选择题

1. ABCDE 2. ABDE 3. BCE 4. ABCE 5. BCD 6. ABCE 7. BDE 8. ADE 9. ABCD 10. CE

三、判断题

1. × 2. × 3. √ 4. √ 5. √ 6. × 7. × 8. √ 9. × 10. √

四、名词解释(略)

五、简答题(略)

六、计算与分析题

习 题 一

(1) 决定发放非货币性福利。

借：生产成本　5 378 800
　管理费用　949 200
　贷：应付职工薪酬——非货币性福利　6 328 000

计入生产成本的金额＝170×28 000×(1＋13％)＝5 378 800(元)

计入管理费用的金额＝30×28 000×(1＋13％)＝949 200(元)

(2) 实际发放非货币性福利。

借：应付职工薪酬——非货币性福利　6 328 000
　贷：主营业务收入　5 600 000
　　应交税费——应交增值税(销项税额)　728 000

借：主营业务成本　4 000 000
　贷：库存商品　4 000 000

其中应交增值税销项税额＝170×28 000×13％＋30×28 000×13％
＝618 800＋109 200＝728 000(元)

习　题　二

(1) 借：生产成本　400 000
　在建工程　200 000
　管理费用　150 000
　销售费用　90 000
　贷：应付职工薪酬——工资　840 000

(2) 借：生产成本　56 000
　在建工程　28 000
　管理费用　23 400
　销售费用　12 600
　贷：应付职工薪酬——职工福利　120 000

(3) 借：生产成本　40 000
　在建工程　20 000
　管理费用　15 000
　销售费用　9 000
　贷：应付职工薪酬——住房公积金　84 000

(4) 借：生产成本　14 000
　在建工程　7 000
　管理费用　5 250
　销售费用　3 150
　贷：应付职工薪酬——工会经费　16 800
　　——职工教育经费　12 600

(5) 借：应付职工薪酬——工资　154 400
　　贷：其他应付款——应付住房公积金　42 000
　　　　　　　　——应付工会经费　8 400
　　　　应交税费——应交个人所得税　104 000

习　题　三

(1) 借：原材料　31 800
　　　应交税费——应交增值税(进项税额)　4 062
　　贷：银行存款　35 862

(2) 借：应收账款　311 880
　　贷：主营业务收入　276 000
　　　　应交税费——应交增值税(销项税额)　35 880

(3) 借：在建工程　6 000 000
　　贷：原材料　6 000 000

(4) 借：在建工程　100 000
　　　应交税费——应交增值税(进项税额)　6 000
　　贷：银行存款　106 000

(5) 借：原材料　48 000
　　　应交税费——应交增值税(进项税额)　6 240
　　贷：银行存款　54 240
借：待处理财产损溢　54 240
　贷：原材料　48 000
　　应交税费——应交增值税(进项税额转出)　6 240

(6) 借：原材料　975 600
　　　应交税费——应交增值税(进项税额)　126 828
　　贷：银行存款　291 696
　　　　应付账款　810 732

(7) 借：在建工程　2 000 000
　　　应交税费——应交增值税(进项税额)　180 000
　　贷：银行存款　2 180 000

(8) 借：应收账款　1 228 800
　　贷：主营业务收入　1 080 000
　　　　应交税费——应交增值税(销项税额)　140 400
　　　　银行存款　8 400

借：银行存款　　1 228 800
　贷：应收账款　　1 228 800

(9) 借：主营业务收入　　108 000
　应交税费——应交增值税(销项税额)　　14 040
　贷：银行存款　　122 040

(10) 借：原材料　　360 000
　应交税费——应交增值税(进项税额)　　46 800
　贷：应付账款　　406 800

(11) 借：原材料　　19 200
　贷:银行存款　　19 200

(12) 借：待处理财产损溢　　107 700
　贷：生产成本　　96 000
　　应交税费——应交增值税(进项税额转出)　　11 700

习　题　四

(1) 借：原材料　　149 160
　贷：银行存款　　149 160

(2) 借：在途物资　　89 220
　贷：银行存款　　420
　　应付账款　　88 800

(3) 借：应付账款　　88 800
　贷：应付票据　　88 800

(4) 借：银行存款　　63 600
　贷：主营业务收入　　61 748
　　应交税费——应交增值税　　1 852

(5) 借：应收账款　　114 480
　贷：主营业务收入　　111 146
　　应交税费——应交增值税　　3 334

(6) 借：主营业务收入　　55 573
　应交税费——应交增值税　　1 667
　贷：应收账款　　57 240

(7) 借：银行存款　　57 240
　贷：应收账款　　57 240

习题五

(1) 如甲企业收回的委托加工物资用于继续生产应税消费品。

	借方	贷方
借:委托加工物资	1 200 000	
贷:原材料		1 200 000
借:委托加工物资	240 000	
应交税费——应交消费税	96 000	
贷:应付账款		336 000
借:原材料	1 440 000	
贷:委托加工物资		1 440 000

(2) 如甲企业收回的委托加工物资直接用于对外销售。

	借方	贷方
借:委托加工物资	1 200 000	
贷:原材料		1 200 000
借:委托加工物资	336 000	
贷:应付账款		336 000
借:原材料	1 536 000	
贷:委托加工物资		1 536 000

(3) 乙企业受托加工应税消费品而代收代缴的消费税。

	借方	贷方
借:应收账款	96 000	
贷:应交税费——应交消费税		96 000

习题六

	借方	贷方
(1) 借:固定资产	104 000	
应交税费——应交增值税(进项税额)	13 360	
贷:银行存款		117 360
(2) 借:在建工程	250 000	
贷:原材料		250 000
(3) 借:待处理财产损溢	54 240	
贷:原材料		48 000
应交税费——应交增值税(进项税额转出)		6 240
(4) 借:管理费用	113 000	
贷:应付职工薪酬——非货币性福利		113 000

(5) 借:应付职工薪酬——非货币性福利 113 000
　贷:主营业务收入 100 000
　贷:应交税费——应交增值税(销项税额) 13 000

借:主营业务成本 80 000
　贷:库存商品 80 000

借:税金及附加 5 000
　贷:应交税费——应交消费税 5 000

(6) 借:应付职工薪酬 125 031
　贷:应付账款 125 031

习　题　七

(1) 借:原材料 114 000
　　应交税费——应交增值税(进项税额) 14 820
　贷:应付票据 128 820

(2) 借:应付账款 140 400
　贷:应付票据 140 400
借:财务费用 144
　贷:银行存款 144

(3) 借:应付票据 128 820
　贷:应付账款 128 820

(4) 借:库存商品 10 800
　　应交税费——应交增值税(进项税额) 1 404
　贷:应付票据 12 204

(5) 借:应付票据 140 400
　贷:短期借款 140 400
借:营业外支出 540
　贷:银行存款 540

(6) 借:在途物资 180 000
　　应交税费——应交增值税(进项税额) 23 400
　贷:应付票据 203 400
借:财务费用 204
　贷:银行存款 204

(7) 借:应付票据 12 204
　贷:银行存款 12 204

(8) 借：应付票据　　203 400

　　贷：银行存款　　203 400

第十章　非流动负债

一、单项选择题

1. C　2. A　3. B　4. A　5. C　6. A　7. D　8. A　9. D　10. D

二、多项选择题

1. ABDE　2. ADE　3. ABCE　4. ACE　5. ABDE　6. ABC　7. ABE　8. ABCDE　9. AB　10. ACD

三、判断题

1. √　2. √　3. ×　4. √　5. ×　6. √　7. ×　8. √　9. √　10. √

四、名词解释(略)

五、简答题(略)

六、计算与分析题

习　题　一

(1) 债券发行价格＝5 000 000×0.751＋5 000 000×12%×2.487

＝3 755 000＋1 492 200＝5 247 200(元)

(2) 各期债券溢价摊销额以及利息费用如表 7 所示。

表 7　**债券溢价摊销计算表**(实际利率法)　单位：元

发行时间	利息费用	应计利息	溢价摊销	未摊销溢价	应付债券摊余成本
				247 200	5 247 200
20×7 年 12 月 31 日	524 720	600 000	75 280	171 920	5 171 920
20×8 年 12 月 31 日	517 192	600 000	82 808	89 112	5 089 112
20×9 年 12 月 31 日	510 888	600 000	89 112	0	5 000 000

习　题　二

(1) 20×7 年 1 月 1 日发行可转换公司债券。

借：银行存款　　200 000 000

　　应付债券——可转换公司债券(利息调整)　　31 026 000

　贷：应付债券——可转换公司债券(面值)　　200 000 000

　　　其他权益工具　　31 026 000

可转换公司债券负债成分的公允价值为：

(200 000 000＋200 000 000×6%×5)×0.649 9＝260 000 000×0.649 9＝168 974 000(元)

可转换公司债券权益成分的公允价值为：

200 000 000－168 974 000＝31 026 000(元)

(2) 20×7 年 12 月 31 日确认利息费用：

168 974 000×9%＝15 207 660

借：财务费用	15 207 660	
贷：应付债券——可转换公司债券(应计利息)		12 000 000
——可转换公司债券(利息调整)		3 207 660

(3) 20×8 年 1 月 1 日债券持有人行使转换权。

债券转换为股份数＝(168 974 000＋12 000 000＋3 207 660)÷10＝184 181 66(股)

借：应付债券——可转换公司债券(面值)	200 000 000	
——可转换公司债券(应计利息)	12 000 000	
其他权益工具	31 026 000	
贷：股本		18 418 166
应付债券——可转换公司债券(利息调整)		27 818 340
资本公积——股本溢价		196 789 494

习　题　三

(1) 借：银行存款	500 000	
贷：长期借款——本金		500 000
(2) 借：工程物资	528 000	
贷：银行存款		528 000
(3) 借：在建工程	445 000	
贷：工程物资		445 000
(4) 借：在建工程	50 000	
贷：长期借款——应计利息		50 000
(5) 借：在建工程	55 000	
贷：长期借款——应计利息		55 000
(6) 借：在建工程	50 000	
贷：应付职工薪酬		40 000
银行存款		10 000
(7) 借：固定资产	600 000	
贷：在建工程		600 000
(8) 借：财务费用	60 500	
贷：长期借款——应计利息		60 500
借：长期借款——本金	500 000	
——应计利息	165 500	
贷：银行存款		665 500

习题四

(1) 每年年末付息、到期还本。

① 取得借款时。

借：银行存款　　1 500 000

　贷：长期借款——本金　　1 500 000

② 每年年末计提利息时。

借：财务费用　　90 000

　贷：应付利息　　90 000

③ 每年年末支付利息时。

借：应付利息　　90 000

　贷：银行存款　　90 000

④ 到期归还本金时。

借：长期借款——本金　　1 500 000

　贷：银行存款　　1 500 000

(2) 每年年末计息，到期一次还本付息。

① 取得借款时。

借：银行存款　　1 500 000

　贷：长期借款——本金　　1 500 000

② 每年年末计提利息时。

借：财务费用　　90 000

　贷：长期借款——应计利息　　90 000

③ 还本付息时。

借：长期借款——本金　　1 500 000

　　　　——应计利息　　180 000

　贷：银行存款　　1 680 000

(3) 分两年平均还本付息。

① 取得借款时。

借：银行存款　　1 500 000

　贷：长期借款——本金　　1 500 000

② 第 1 年年末计提利息时。

借：财务费用　　90 000

　贷：应付利息　　90 000

③ 第 1 年年末还本付息时。

借：长期借款——本金　　750 000
　　应付利息　　90 000
　贷：银行存款　　840 000

④ 第2年年末计提利息时。

借：财务费用　　45 000
　贷：应付利息　　45 000

⑤ 第2年年末还本付息时。

借：长期借款——本金　　750 000
　　应付利息　　45 000
　贷：银行存款　　795 000

第十一章　所有者权益

一、单项选择题

1. C　2. C　3. A　4. A　5. C　6. C　7. D　8. D　9. A　10. A

二、多项选择题

1. AD　2. ABC　3. BCE　4. ABCE　5. AD　6. ADE　7. CDE　8. ABCD　9. BC　10. ABCE

三、判断题

1. ✓　2. ×　3. ×　4. ✓　5. ✓　6. ✓　7. ×　8. ✓　9. ×　10. ✓

四、名词解释(略)

五、简答题(略)

六、计算与分析题

习题一

(1) 借：银行存款　　500 000
　　贷：实收资本——A公司　　500 000

(2) 借：原材料　　300 000
　　　应交税费——应交增值税(进项税额)　　39 000
　　　无形资产——土地使用权　　3 600 000
　　贷：实收资本——B公司　　3 939 000

(3) 借：固定资产　　200 000
　　贷：实收资本——C公司　　200 000

(4) 借：无形资产——专利权　　180 000
　　贷：实收资本——外商D公司　　180 000

习题二

(1) 若以每股10元收购：

① 借：库存股	10 000 000	
贷：银行存款		10 000 000
② 借：股本	1 000 000	
资本公积	9 000 000	
贷：库存股		10 000 000

（2）若以每股 15 元收购：

① 借：库存股	15 000 000	
贷：银行存款		15 000 000
② 借：股本	1 000 000	
资本公积	10 000 000	
盈余公积	4 000 000	
贷：库存股		15 000 000

（3）若以每股 20 元收购：

① 借：库存股	20 000 000	
贷：银行存款		20 000 000
② 借：股本	1 000 000	
资本公积	10 000 000	
盈余公积	5 000 000	
利润分配——未分配利润	4 000 000	
贷：库存股		20 000 000

习 题 三

（1）借：利润分配	900 000	
贷：盈余公积——法定盈余公积		600 000
——任意盈余公积		300 000
（2）借：盈余公积	1 200 000	
贷：利润分配——盈余公积补亏		1 200 000
（3）借：盈余公积	300 000	
贷：股本		300 000

习 题 四

（1）借：固定资产	206 000	
贷：实收资本		206 000
（2）借：无形资产	86 000	
贷：实收资本		86 000

(3) 借：原材料　70 000
　　周转材料　30 000
　　应交税费——应交增值税(进项税额)　13 000
　贷：实收资本　113 000

(4) 借：盈余公积　300 000
　贷：利润分配——盈余公积补亏　300 000

(5) 应纳税所得＝350 000＋8 000－200 000＝158 000(元)
应交所得税＝158 000×25%＝39 500(元)
税后利润＝350 000－39 500＝310 500(元)
弥补亏损后余额＝310 500－200 000＝110 500(元)
借：所得税费用　39 500
　贷：应交税费——应交所得税　39 500

借：本年利润　39 500
　贷：所得税费用　39 500

借：利润分配——提取法定盈余公积　11 050
　贷：盈余公积——法定盈余公积　11 050

第十二章　收　　入

一、单项选择题

1. B　2. C　3. D　4. A　5. B　6. B　7. A　8. A　9. A　10. D

二、多项选择题

1. ABC　2. ABCD　3. BDE　4. ABC　5. BCDE　6. ABCD　7. BCE　8. ABCD　9. ABC　10. ABCDE

三、判断题

1. ×　2. √　3. ×　4. √　5. √　6. ×　7. ×　8. ×　9. ×　10. √

四、名词解释(略)

五、简答题(略)

六、计算与分析题

习　题　一

(1) 20×7 年 1 月 1 日确认收入时。

销售大型设备的现值(不含税)$=500\div(1+6\%)+300\div(1+6\%)^2+200\div(1+6\%)^3$

$=471.70+267+167.92=906.62$(万元)

合同价与现值的差额$=1\,000-906.62=93.38$(万元)

借：长期应收款　　10 000 000

　贷：主营业务收入　　9 066 200

　　未实现融资收益　　933 800

(2) 各年分期收款及摊销未实现融资收益如表9所示。

表9　**各年分期收款及摊销未实现融资收益**　单位：元

日　期	分期收款额	摊销未实现融资收益	摊余成本减少额	摊余成本
(1)	(2)	(3)＝期初(5)×6%	(4)＝(2)－(3)	(5)＝期初(5)－(4)
20×7年1月1日				9 066 200
20×7年12月31日	5 000 000	543 972	4 456 028	4 610 172
20×8年12月31日	3 000 000	276 610	2 723 390	1 886 782
20×9年12月31日	2 000 000	113 218	1 886 782	0
合　计	10 000 000	933 800	9 066 200	

① 20×7年12月31日。

借：银行存款　　5 000 000

　贷：长期应收款　　5 000 000

借：未实现融资收益　　543 972

　贷：财务费用　　543 972

② 20×8年12月31日。

借：银行存款　　3 000 000

　贷：长期应收款　　3 000 000

借：未实现融资收益　　276 610

　贷：财务费用　　276 610

③ 20×9年12月31日。

借：银行存款　　2 000 000

　贷：长期应收款　　2 000 000

借：未实现融资收益　　113 218

　贷：财务费用　　113 218

习　题　二

甲公司：

(1) 20×7年5月8日，发出商品时。

借：委托代销商品　　40 000

　贷：库存商品　　40 000

(2) 20×7 年 5 月 28 日,收到代销清单时。

借:应收账款 56 500
　贷:主营业务收入 50 000
　　应交税费——应交增值税(销项税额) 6 500

借:主营业务成本 40 000
　贷:委托代销商品 40 000

借:销售费用 2 500
　贷:应收账款 2 500

(3) 20×7 年 6 月 5 日,收到代销款净额时。

借:银行存款 54 000
　贷:应收账款 54 000

乙公司:

(1) 20×7 年 5 月 8 日,收到商品时。

借:受托代销商品 50 000
　贷:受托代销商品款 50 000

(2) 20×7 年 5 月 25 日,实际销售商品时。

借:银行存款 56 500
　贷:应付账款 50 000
　　应交税费——应交增值税(销项税额) 6 500

(3) 20×7 年 6 月 2 日。

借:应交税费——应交增值税(销项税额) 6 500
　贷:应付账款 6 500

借:受托代销商品款 50 000
　贷:受托代销商品 50 000

(4) 20×7 年 6 月 5 日,支付代销款净额,确认手续费收入时。

借:应付账款 56 500
　贷:主营业务收入或其他业务收入 2 500
　　银行存款 54 000

习　题　三

(1) 4 月 5 日,收到货款时。

借:银行存款 450 000
　贷:预收账款 450 000

(2) 7 月 31 日,收到剩余货款并确认收入时。

借:银行存款　1 245 000
　贷:预收账款　1 245 000

借:预收账款　1 695 000
　贷:主营业务收入　1 500 000
　　应交税费——应交增值税(销项税额)　195 000

借:主营业务成本　1 050 000
　贷:库存商品　1 050 000

习　题　四

(1) 20×7 年 3 月 1 日,销售商品时。

借:银行存款　2 260 000
　贷:其他应付款　2 000 000
　　应交税费——应交增值税(销项税额)　260 000

借:发出商品　1 800 000
　贷:库存商品　1 800 000

(2) 每月末,确认利息支出时。

借:财务费用　100 000
　贷:其他应付款　100 000

(3) 20×7 年 8 月 1 日,回购商品时。

借:其他应付款　2 500 000
　应交税费——应交增值税(进项税额)　325 000
　贷:银行存款　2 825 000

借:库存商品　1 800 000
　贷:发出商品　1 800 000

习　题　五

(1) 20×7 年 4 月 1 日,发出商品时。

借:应收账款　113 000
　贷:主营业务收入　80 000
　　预计负债——应付退货款　20 000
　　应交税费——应交增值税(销项税额)　13 000

借:主营业务成本　64 000
　应收退货成本　16 000
　贷:库存商品　80 000

(2) 20×7 年 5 月 1 日前,收到货款。

借：银行存款　　113 000

　贷：应收账款　　113 000

(3) 实际发生销售退回时。

借：库存商品　　8 000

　　应交税费——应交增值税(销项税额)　　1 300

　　预计负债——应付退货款　　20 000

　　主营业务成本　　8 000

　贷：主营业务收入　　10 000

　　　银行存款　　11 300

　　　应收退货成本　　16 000

习　题　六

(1) 20×7 年收到咨询费时。

借：银行存款　　120 000

　贷：预收账款　　120 000

(2) 实际发生咨询人员工资时。

借：劳务成本　　85 000

　贷：应付职工薪酬　　85 000

(3) 12 月 31 日按履约进度确认收入时。

劳务的履约进度＝9÷24×100%＝37.5%

应确认的劳务收入＝360 000×37.5%＝135 000(元)

应确认的劳务费用＝240 000×37.5%＝90 000(元)

借：预收账款　　135 000

　贷：主营业务收入　　135 000

借：主营业务成本　　90 000

　贷：劳务成本　　90 000

(4) 20×8 年收到咨询费时。

借：银行存款　　120 000

　贷：预收账款　　120 000

(5) 实际发生咨询人员时。

借：劳务成本　　125 000

　贷：应付职业薪酬　　125 000

(6) 12 月 31 日按履约进度确认收入时。

劳务的履约进度＝21÷24×100%＝87.5%

应确认的劳务收入＝360 000×87.5%－135 000＝180 000(元)

应确认的劳务费用＝240 000×87.5%－90 000＝120 000(元)

借：预收账款　　180 000
　贷：主营业务收入　　180 000

借：主营业务成本　　120 000
　贷：劳务成本　　120 000

(7) 2009 年收到咨询费时。

借：银行存款　　120 000
　贷：预收账款　　120 000

(8) 实际发生咨询人员工资时。

借：劳务成本　　30 000
　贷：应付职工薪酬　　30 000

(9) 劳务完成时。

应确认的劳务收入＝360 000－135 000－180 000＝45 000(元)

应确认的劳务费用＝240 000－90 000－120 000＝30 000(元)

借：预收账款　　45 000
　贷：主营业务收入　　45 000

借：主营业务成本　　30 000
　贷：劳务成本　　30 000

习 题 七

(1) 20×0 年履约进度＝180÷(180＋420)×100%＝30%

应确认的合同收入＝800×30%－0＝240(万元)

应确认的合同毛利＝[800－(180＋420)]×30%－0＝60(万元)

应确认的合同费用＝240－60＝180(万元)

① 发生的合同成本。

借：工程施工——成本　　1 800 000
　贷：有关科目　　1 800 000

② 已结算合同价款。

借：应收账款　　1 600 000
　贷：工程结算　　1 600 000

③ 实际收到合同价款。

借：银行存款　　1 200 000
　贷：应收账款　　1 200 000

④ 资产负债表日，确认合同收入、费用、毛利。

借：主营业务成本　　1 800 000
　　工程施工——毛利　　600 000
　贷：主营业务收入　　2 400 000

(2) 20×1 年履约进度＝552.5÷(552.5＋297.5)×100%＝65%
应确认的合同收入＝800×65%－240＝280(万元)
应确认的合同毛利＝[800－(552.5＋297.5)]×65%－60＝－92.5(万元)
应确认的合同费用＝280－(－92.5)＝372.5(万元)
应确认的预计损失＝(850－800)×(1－65%)＝17.5(万元)

① 发生的合同成本。

借：工程施工——成本　　3 725 000
　贷：有关科目　　3 725 000

② 已结算合同价款。

借：应收账款　　3 500 000
　贷：工程结算　　3 500 000

③ 实际收到合同价款。

借：银行存款　　3 000 000
　贷：应收账款　　3 000 000

④ 资产负债表日，确认合同收入、费用、毛利及预计损失。

借：主营业务成本　　3 725 000
　贷：主营业务收入　　2 800 000
　　　工程施工——毛利　　925 000

借：资产减值损失　　175 000
　贷：存货跌价准备　　175 000

(3) 20×2 年应确认的合同收入＝900－240－280＝380(万元)
应确认的合同毛利＝900－800－60－(－92.5)＝132.5(万元)
应确认的合同费用＝380－132.5＝247.5(万元)

① 发生的合同成本。

借：工程施工——成本　　2 475 000
　贷：有关科目　　2 475 000

② 已结算合同价款。

借：应收账款　　3 900 000
　贷：工程结算　　3 900 000

③ 实际收到合同价款。

借：银行存款　　4 800 000
　贷：应收账款　　4 800 000

④ 确认合同收入、费用、毛利。

借：主营业务成本　　2 475 000
　　工程施工——毛利　　1 325 000
　贷：主营业务收入　　3 800 000

⑤ 结转存货跌价准备。

借：存货跌价准备　　175 000
　贷：主营业务成本　　175 000

⑥ 有关科目对冲。

借：工程结算　　9 000 000
　贷：工程施工——成本　　8 000 000
　　　　　　——毛利　　1 000 000

习　题　八

(1) 3月5日,销售A商品时。

借：应收账款　　50 850
　贷：主营业务收入　　45 000
　　应交税费——应交增值税(销项税额)　　5 850

借：主营业务成本　　42 000
　贷：库存商品　　42 000

(2) 3月12日,收到销售款项时。

借：银行存款　　49 950
　　财务费用　　900
　贷：应收账款　　50 850

(3) 3月15日,销售B商品时。

借：应收账款　　33 900
　贷：主营业务收入　　30 000
　　应交税费——应交增值税(销项税额)　　3 900

借：主营业务成本　　25 000
　贷：库存商品　　25 000

(4) 3月20日,发生销售折让时。

借：主营业务收入 3 000
　　应交税费——应交增值税(销项税额) 390
　贷：应收账款 3 390

(5) 3 月 22 日，收到货款时。

借：银行存款 30 510
　贷：应收账款 30 510

(6) 3 月 25 日，收到退回的 C 商品时。

借：主营业务收入 20 000
　　应交税费——应交增值税(销项税额) 2 600
　贷：应收账款 22 600

借：库存商品 16 000
　贷：主营业务成本 16 000

第十三章　费用和利润

一、单项选择题

1. B　2. A　3. C　4. D　5. D　6. A　7. B　8. C　9. A　10. D

二、多项选择题

1. ABC　2. BCDE　3. ABCD　4. BC　5. ABDE　6. AD　7. ABE　8. BE　9. ABCDE　10. AC

三、判断题

1. ×　2. ×　3. √　4. ×　5. √　6. ×　7. ×　8. ×　9. √　10. ×

四、名词解释(略)

五、简答题(略)

六、计算与分析题

习　题　一

(1) 借：销售费用 24 000
　　贷：银行存款 24 000

(2) 借：生产成本 20 000
　　　　制造费用 6 000
　　　　管理费用 8 000
　　　　销售费用 7 000
　　贷：应付职工薪酬 41 000

　借：应付职工薪酬 41 000
　　贷：银行存款 41 000

(3) 借：研发支出——费用化支出　1 500
　贷：银行存款　1 500

借：管理费用　1 500
　贷：研发支出——费用化支出　1 500

借：应交税费——应交车船税　700
　　　　——应交城市维护建设税　5 600
　　　　——应交教育费附加　2 400
　贷：银行存款　8 700

(4) 借：长期应付款　650 000
　贷：银行存款　650 000

借：财务费用　4 500
　贷：未确认融资费用　4 500

(5) 借：银行存款　8 240
　贷：其他业务收入　8 000
　　应交税费——应交增值税　240

借：税金及附加　24.00
　贷：应交税费——应交城市维护建设税　16.80
　　　　——应交教育费附加　7.20

(6) 借：固定资产清理　27 500
　　累计折旧　2 500
　贷：固定资产　30 000
借：固定资产清理　400
　贷：库存现金　400
借：银行存款　28 000
　贷：固定资产清理　28 000
借：固定资产清理　100
　贷：资产处置损益　100

(7) 借：营业外支出　2 000
　贷：银行存款　2 000

(8) 借：长期股权投资　100 000
　贷：投资收益　100 000

(9) 借：交易性金融资产　14 000
　贷：公允价值变动损益　14 000

(10) 借：投资性房地产　200 000
　贷：公允价值变动损益　200 000

(11) 借：资产减值损失　170 000
　贷：存货跌价准备　50 000
　　固定资产减值准备　120 000

习　题　二

(1) ① 借：主营业务收入　800 000
　　其他业务收入　40 000
　　营业外收入　100
　　投资收益　100 000
　　公允价值变动损益　214 000
　贷：本年利润　1 154 100

② 借：本年利润　877 264
　贷：主营业务成本　530 000
　　其他业务成本　32 000
　　管理费用　9 500
　　销售费用　31 000
　　财务费用　4 500
　　税金及附加　264
　　营业外支出　2 000
　　资产减值损失　170 000
　　所得税费用　98 000

(2) 当年净利润＝1 200 000＋1 154 100－877 264＝1 476 836(元)

借：本年利润　1 476 836
　贷：利润分配——未分配利润　1 476 836

(3) 借：利润分配——提取盈余公积　147 683.60
　贷：盈余公积——法定盈余公积　147 683.60

借：利润分配——应付现金股利　800 000
　贷：应付股利　800 000

借：利润分配——转作股本的股利　200 000
　贷：股本　200 000

借：盈余公积　1 500 000
　贷：股本　1 500 000

(4) 借：利润分配——未分配利润　　1 147 683.60
　　贷：利润分配——提取法定盈余公积　　147 683.60
　　　　　　　——应付现金股利　　800 000.00
　　　　　　　——转作股本的股利　　200 000.00

年末未分配利润＝1 476 836－147 683.6－800 000－200 000＝329 152.4(元)

习 题 三

该企业有关所得税的计算如表10所示。

表10　**所得税计算表**　单位：元

项目＼年度	20×8	20×9	20×0
资产的计税基础	5 000 000	4 000 000	3 000 000
资产的账面价值	4 000 000	2 000 000	0
暂时性差异	1 000 000	2 000 000	3 000 000
所得税税率	25%	25%	25%
递延所得税资产年末余额	250 000	500 000	750 000
递延所得税资产年初余额	0	250 000	500 000
递延所得税资产本期发生额	250 000	250 000	250 000
应交所得税	(2 250 000)①	(2 250 000)	(2 250 000)
所得税费用	2 000 000	2 000 000	2 000 000
资产的计税基础	2 000 000	1 000 000	0
资产的账面价值	0	0	0
暂时性差异	2 000 000	1 000 000	0
所得税税率	25%	25%	25%
递延所得税资产年末余额	500 000	250 000	0
递延所得税资产年初余额	750 000	500 000	250 000
递延所得税资产本期发生额	(250 000)	(250 000)	(250 000)
应交所得税	(1 750 000)②	(1 750 000)	(1 750 000)
所得税费用	2 000 000	2 000 000	2 000 000

① 2 250 000＝(8 000 000＋1 000 000)×25%

② 1 750 000＝(8 000 000－1 000 000)×25%

(1) 20×8～20×0年，每年应作会计分录：

借：所得税费用　　2 000 000
　　递延所得税资产　　250 000
　贷：应交税费——应交所得税　　2 250 000

(2) 20×1～20×3 年，每年应作会计分录：

借：所得税费用　　2 000 000
　贷：递延所得税资产　　250 000
　　　应交税费——应交所得税　　1 750 000

习　题　四

该企业 20×8 年暂时性差异的计算如表 11 所示。

表 11　**20×8 年暂时性差异计算表**　单位：元

项　　目	账面价值	计税基础	暂　时　性　差　异	
			应纳税暂时性差异	可抵扣暂时性差异
交易性金融资产	2 100 000	1 800 000	300 000	
长期股权投资	6 900 000	7 200 000		300 000
存货	4 500 000	4 800 000		300 000
固定资产	52 000 000	50 000 000	2 000 000	
无形资产	1 250 000	1 500 000		250 000
预计负债	2 000 000	0		2 000 000
合　　计			2 300 000	2 850 000

(1) 20×8 年递延所得税资产＝2 850 000×25%－52 000＝660 500(元)

(2) 20×8 年递延所得税负债＝2 300 000×25%－35 000＝540 000(元)

(3) 20×8 年应交所得税＝25 000 000×25%＝6 250 000(元)

(4) 20×8 年所得税费用＝6 250 000－660 500＋540 000＝6 129 500(元)

(5) 作 20×8 年会计分录。

借：所得税费用　　6 129 500
　　递延所得税资产　　660 500
　贷：递延所得税负债　　540 000
　　　应交税费——应交所得税　　6 250 000

习　题　五

(1) 应纳税所得额＝10 000 000－50 000＋10 000－1 000 000×50%
　　　　－50 000＋120 000＝9 530 000(元)

应交所得税＝9 530 000×25%＝2 382 500(元)

(2) 该企业 20×8 年暂时性差异的计算如表 12 所示。

表 12　　**20×8 年暂时性差异计算表**　　单位：元

项　　目	账面价值	计税基础	暂 时 性 差 异	
			应纳税暂时性差异	可抵扣暂时性差异
债权投资	105 000	105 000		
其他应付款	10 000	10 000		
固定资产	800 000	750 000	50 000	
存货	1 000 000	1 120 000		120 000
其他权益工具投资	350 000	320 000	30 000	
合　　计			80 000	120 000

当期递延所得税资产＝120 000×25％－29 700＝300(元)

当期递延所得税负债＝80 000×25％－99 000＝－79 000(元)

当期所得税费用＝2 382 500－300＋(－79 000－30 000×25％)＝2 295 700(元)

借：所得税费用　　2 295 700

　递延所得税资产　　300

　递延所得税负债　　79 000

　其他综合收益　　7 500

　贷：应交税费——应交所得税　　2 382 500

第十四章　外 币 折 算

一、单项选择题

1. A　2. B　3. B　4. C　5. D　6. C　7. A　8. A　9. C　10. A

二、多项选择题

1. ABCDE　2. ABC　3. ABC　4. AC　5. ABCDE　6. ABCE　7. ABD　8. BCE　9. ACE　10. BCE

三、判断题

1. ×　2. √　3. √　4. ×　5. √　6. ×　7. ×　8. √　9. ×　10. √

四、名词解释(略)

五、简答题(略)

六、计算与分析题

习　题　一

(1) ① 借：银行存款——美元户(US＄3 000×6.34)　　19 020

　　贷：应收账款——美元户(甲企业)　　19 020

② 借：应收账款——美元户(甲企业)	63 300	
贷：主营业务收入(US＄10 000×6.33)		63 300
③ 借：材料采购(US＄5 000×6.35)	31 750	
贷：应付账款——美元户(乙企业)		31 750
④ 借：应付账款——美元户(乙企业)	12 720	
贷：银行存款——美元户(US＄2 000×6.36)		12 720
⑤ 借：银行存款——美元户(US＄10 000×6.33)	63 300	
贷：实收资本		63 300
⑥ 借：短期借款——美元户(US＄4 000×6.34)	25 360	
贷：银行存款——美元户		25 360
⑦ 借：银行存款——人民币户(US＄5 000×6.32)	31 600	
财务费用	150	
贷：银行存款——美元户(US＄5 000×6.35)		31 750
⑧ 借：银行存款——美元户(US＄10 000×6.35)	63 500	
贷：长期借款——美元户		63 500
⑨ 借：交易性金融资产(US＄1 000×6.36)	6 360	
贷：银行存款——美元户		6 360
⑩ 借：银行存款——港元户(HK＄58 884×0.85)	50 051	
财务费用	909	
贷：银行存款——美元户(US＄8 000×6.37)		50 960
(注：HK＄58 884＝US＄8 000×6.33÷0.86)		
⑪ 借：交易性金融资产	328.50	
贷：公允价值变动损益		328.50
⑫ 借：资产减值损失	1 234	
贷：存货跌价准备		1 234
借：银行存款——美元户	540	
应收账款——美元户(甲企业)	370	
贷：应付账款——美元户(乙企业)		120
短期借款——美元户		40
长期借款——美元户		200
银行存款——港元户		300
财务费用		250

(2) 各外币货币性账户登记情况如表 13 至表 18 所示。

表 13

银行存款——美元户

日期		业务号数	摘要	借方			贷方			余额		
月	日			美元	汇率	人民币元	美元	汇率	人民币元	美元	汇率	人民币元
6	1		月初余额							5 000	6.35	31 750
	2	(1)	收到上月销货欠款	3 000	6.34	19 020				8 000		50 770
	10	(4)	支付上月购货欠款				2 000	6.36	12 720	6 000		38 050
	15	(5)	收到外商投入资本	10 000	6.33	63 300				16 000		101 350
	20	(6)	归还短期借款				4 000	6.34	25 360	12 000		75 990
	23	(7)	美元兑换人民币				5 000	6.35	31 750	7 000		44 240
	25	(8)	借入长期借款	10 000	6.35	63 500				17 000		107 740
	28	(9)	购入股票				1 000	6.36	6 360	16 000		101 380
	30	(10)	美元兑换港元				8 000	6.37	50 960	8 000		50 420
6	30		月末调整			540				8 000	6.37	50 960

表 14

银行存款——港元户

日期		业务号数	摘要	借方			贷方			余额		
月	日			港元	汇率	人民币	港元	汇率	人民币	港元	汇率	人民币
6	1		月初余额							10 000	0.88	8 800
	30	(10)	美元兑换港元	58 884	0.85	50 051				68 884		58 851
6	30		月末调整						300	68 884	0.85	58 551

表 15

应收账款——美元户(甲企业)

日期		业务号数	摘要	借方			贷方			余额		
月	日			美元	汇率	人民币	美元	汇率	人民币	美元	汇率	人民币
6	1		月初余额							3 000	6.35	19 050
	2	(1)	收到上月销货欠款				3 000	6.34	19 020			30
	5	(2)	销售商品	10 000	6.33	63 300				10 000		63 330
6	30		月末调整			370				10 000	6.37	63 700

表 16

应付账款——美元户(乙企业)

日期		业务号数	摘要	借方			贷方			余额		
月	日			美元	汇率	人民币	美元	汇率	人民币	美元	汇率	人民币
6	1		月初余额							2 000	6.35	12 700
	8	(3)	购入材料				5 000	6.35	31 750	7 000		44 450
	10	(4)	支付上月购货欠款	2 000	6.36	12 720				5 000		31 730
6	30		月末调整						120	5 000	6.37	31 850

表 17

短期借款——美元户

日期		业务号数	摘要	借方			贷方			余额		
月	日			美元	汇率	人民币	美元	汇率	人民币	美元	汇率	人民币
6	1		月初余额							8 000	6.35	50 800
	20	(6)	归还借款	4 000	6.34	25 360				4 000		25 440
6	30		月末调整						40	4 000	6.37	25 480

表 18

长期借款——美元户

日期		业务号数	摘要	借方			贷方			余额		
月	日			美元	汇率	人民币	美元	汇率	人民币	美元	汇率	人民币
6	25	(8)	借入借款				10 000	6.35	63 500	10 000		63 500
6	30		月末调整						200	10 000	6.37	63 700

(3) 6月份计入财务费用的汇兑差额=150+909−250=809(元) (损失)

习 题 二

(1) ① 借：应收账款——美元户(US＄200 000×6.3)	1 260 000	
贷：主营业务收入		1 260 000
② 借：交易性金融资产	30 450	
贷：银行存款——港元户(HK＄35 000×0.87)		30 450
③ 借：银行存款——美元户(US＄180 000×6.3)	1 134 000	
贷：短期借款——美元户		1 134 000
④ 借：原材料	101 600	
贷：应付账款——美元户(US＄16 000×6.35)		101 600
⑤ 借：银行存款——美元户(100 000×6.35)	635 000	
贷：应收账款——美元户		635 000
⑥ 借：短期借款——美元户(US＄180 000×6.35)	1 143 000	
贷：银行存款——美元户		1 143 000
⑦ 借：公允价值变动损益(30 450−HK＄32 000×0.86)	2 930	
贷：交易性金融资产		2 930

(2) ① 银行存款——美元户的汇兑差额=(200 000+180 000+100 000−180 000)×6.35

−(1 280 000+1 134 000+635 000−1 143 000)=−1 000(元)

② 银行存款——港元户的汇兑差额=(40 000−35 000)×0.86−(35 200−30 450)=−450(元)

③ 应收账款——美元户的汇兑差额=(100 000+200 000−100 000)×6.35

−(640 000+1 260 000−635 000)=5 000(元)

④ 应付账款——美元户的汇兑差额=(50 000+16 000)×6.35−(320 000+101 600)=−2 500(元)

⑤ 短期借款——美元户的汇兑差额=0×6.35−(1 134 000−1 143 000)=9 000(元)

(3) 借：应收账款——美元户	5 000	
应付账款——美元户	2 500	
财务费用	2 950	
贷：银行存款——美元户		1 000
——港元户		450
短期借款——美元户		9 000

习 题 三

该公司以人民币表示的财务报表如表19至表21所示。

表 19

利　润　表

编制单位：某子公司　　　　20×1 年　　　　单位：万元

项　　目	本期金额(美元)	折算汇率	折算为人民币金额
一、营业收入	6 000	6.50	39 000
减：营业成本	3 600	6.50	23 400
管理费用	400	6.50	2 600
财务费用	200	6.50	1 300
二、营业利润	1 800		11 700
加：营业外收入	200	6.50	1 300
三、利润总额	2 000		13 000
减：所得税费用	600	6.50	3 900
四、净利润	1 400		9 100
五、其他综合收益的税后净额			
其中：外币财务报表折算差额			−4 372
六、综合收益总额	1 400		4 728
七、每股收益			

表 20

所有者权益变动表

编制单位：某子公司　　　　20×1 年　　　　单位：万元

项　　目	实收资本			盈余公积			未分配利润		其他综合收益	股东权益合计
	美元	汇率	人民币	美元	汇率	人民币	美元	人民币		
一、本年年初余额	12 000	6.80	81 600	280		1 862	200	1 336		84 798
二、本年增减变动金额										
(一) 综合收益总额							1 400	9 100	−4 372	4 728
(二) 所有者投入和减少资本										
(三) 利润分配										
1. 提取盈余公积				140	6.45	903	−140	−903		
三、本年年末余额	12 000	6.80	81 600	420		2 765	1 460	9 533	−4 372	89 526

表 21

资产负债表

编制单位：某子公司　　20×1 年 12 月 31 日　　单位：万元

资　　产	期末数（美元）	汇率	人民币金　额	负债和股东权益	期末数（美元）	汇率	人民币金　额
流动资产：				流动负债：			
银行存款	2 000	6.45	12 900	应付账款	720	6.45	4 644
应收账款	3 600	6.45	23 220	应付职工薪酬	1 600	6.45	10 320
存货	3 000	6.45	19 350	流动负债合计	2 320		14 964
流动资产合计	8 600		55 470	非流动负债：			
非流动资产：				长期借款	2 400	6.45	15 480
长期应收款	2 000	6.45	12 900	非流动负债合计	2 400		15 480
固定资产	10 000	6.45	64 500	负债合计	4 720		30 444
减：累计折旧	4 000	6.45	25 800	股东权益：			
无形资产	2 000	6.45	12 900	实收资本	12 000	6.80	81 600
非流动资产合计	10 000		64 500	其他综合收益			−4 372
				盈余公积	420		2 765
				未分配利润	1 460		9 533
				股东权益合计	13 880		89 526
资产总计	18 600		119 970	负债和股东权益合计	18 600		119 970

第十五章　财务报告

一、单项选择题

1. D　2. C　3. C　4. B　5. B　6. C　7. C　8. B　9. D　10. C

二、多项选择题

1. ABDE　2. BCE　3. ABD　4. ABCD　5. ABCE　6. ABDE　7. ABE　8. ABDE　9. ADE　10. ABD

三、判断题

1. ×　2. √　3. √　4. ×　5. ×　6. ×　7. ×　8. ×　9. √　10. ×

四、名词解释(略)

五、简答题(略)

六、计算与分析题

习　题　一

(1) 编制会计分录。

① 借：原材料　899 280.00
　　应交税费——应交增值税(进项税额)　116 906.40
　贷：银行存款　1 016 186.40

② 借：应付票据　360 000
　贷：银行存款　360 000

③ 借：银行存款　2 948 400
　　应收账款　1 119 600
　贷：主营业务收入　3 600 000
　　　应交税费——应交增值税(销项税额)　468 000

④ 借：银行存款　59 400
　贷：交易性金融资产　54 000
　　　投资收益　5 400

⑤ 借：固定资产　903 600
　贷：银行存款　903 600

⑥ 借：在建工程　900 000
　贷：长期借款　540 000
　　　应交税费　360 000

⑦ 借：固定资产清理　72 000
　　累计折旧　648 000
　贷：固定资产　720 000
借：固定资产清理　1 800
　贷：银行存款　1 800
借：银行存款　2 880
　贷：固定资产清理　2 880
借：营业外支出　70 920
　贷：固定资产清理　70 920

⑧ 借：长期借款　3 000 000
　贷：银行存款　3 000 000

⑨ 借：银行存款　720 000
　贷：应收票据　720 000

⑩ 借：银行存款　180 000
　贷：投资收益　180 000

⑪ 借：固定资产清理　900 000
　　累计折旧　540 000
　贷：固定资产　1 440 000

借：银行存款	1 080 000	
贷：固定资产清理		1 080 000
借：固定资产清理	180 000	
贷：资产处置损益		180 000
⑫ 借：财务费用	77 400	
贷：应付利息		41 400
长期借款		36 000
⑬ 借：生产成本	1 128 600	
制造费用	41 040	
管理费用	61 560	
在建工程	820 800	
贷：应付职工薪酬		2 052 000
⑭ 借：应付职工薪酬	1 800 000	
贷：银行存款		1 800 000
⑮ 借：短期借款	900 000	
应付利息	45 000	
贷：银行存款		945 000
⑯ 借：生产成本	2 646 000	
贷：原材料		2 646 000
借：制造费用	189 000	
贷：周转材料		189 000
⑰ 借：制造费用	288 000	
管理费用	72 000	
贷：累计折旧		360 000
⑱ 借：管理费用	36 000	
制造费用	324 000	
贷：长期待摊费用		360 000
借：管理费用	216 000	
贷：累计摊销		216 000
⑲ 借：银行存款	183 600	
贷：应收账款		183 600
⑳ 借：信用减值损失	3 240	
贷：坏账准备		3 240
㉑ 借：销售费用	252 000	
贷：银行存款		252 000

㉒ 借：生产成本	842 040	
贷：制造费用		842 040
借：库存商品	4 616 640	
贷：生产成本		4 616 640
㉓ 借：应收票据	1 017 000	
贷：主营业务收入		900 000
应交税费——应交增值税(销项税额)		117 000
㉔ 借：银行存款	945 000	
财务费用	72 000	
贷：应收票据		1 017 000
㉕ 借：税金及附加	7 200	
贷：应交税费——应交教育费附加		7 200
㉖ 借：应交税费——应交增值税(已交税金)	360 000	
——应交教育费附加	7 200	
贷：银行存款		367 200
㉗ 借：主营业务成本	2 700 000	
贷：库存商品		2 700 000
㉘ 借：主营业务收入	4 500 000	
资产处置损益	180 000	
投资收益	185 400	
贷：本年利润		4 865 400
借：本年利润	3 568 320	
贷：主营业务成本		2 700 000
销售费用		252 000
税金及附加		7 200
管理费用		385 560
财务费用		149 400
信用减值损失		3 240
营业外支出		70 920
㉙ 借：所得税费用	368 636.40	
贷：应交税费——应交所得税		368 636.40
借：本年利润	368 636.40	
贷：所得税费用		368 636.40

㉚ 本期净利润＝4 865 400－3 586 320－368 636.40＝928 443.60(元)

本期提取法定盈余公积＝928 443.60×10％＝92 844.36(元)

本期提取任意盈余公积＝928 443.60×5％＝46 422.18(元)

表 22

编制单位：

资产负债表

20×7 年 12 月 31 日

会企 01 表

单位：元

资　　产	期末余额	上年年末余额	负债和所有者权益（或股东权益）	期末余额	上年年末余额
流动资产：			流动负债：		
货币资金	1 413 333.60	2 662 680	短期借款	180 000	1 080 000
交易性金融资产		54 000	交易性金融负债		
应收票据	165 600	885 600	应付票据		360 000
应收账款	2 009 520	1 076 760	应付账款	1 393 680	1 393 680
预付款项	360 000	360 000	预收款项		
其他应收款	18 000	18 000	应付职工薪酬	648 000	396 000
存货	9 268 920	9 288 000	应交税费	805 650	131 760
一年内到期的非流动资产			其他应付款	780 000	783 600
其他流动资产			一年内到期的非流动负债		3 000 000
流动资产合计	13 235 373.60	14 345 040	其他流动负债		
非流动资产：			流动负债合计	3 807 330	7 145 040
债权投资			非流动负债：		
其他债权投资			长期借款	4 176 000	2 160 000
长期应收款			应付债券		
长期股权投资	900 000	900 000	其中：优先股		
其他权益工具投资			永续债		

其他非流动金融资产			长期应付款		
投资性房地产			预计负债		
固定资产	2 931 600	3 360 000	递延所得税负债		
在建工程	7 120 800	5 400 000	其他非流动负债		
生产性生物资产			非流动负债合计	4 176 000	2 160 000
油气资产			负债合计	7 983 330	9 305 040
无形资产	2 664 000	2 880 000	所有者权益(或股东权益)：		
开发支出			实收资本(或股本)	17 400 000	17 400 000
商誉			其他权益工具		
长期待摊费用		360 000	其中:优先股		
递延所得税资产			永续债		
其他非流动资产			其他综合收益		
非流动资产合计	13 616 400	12 900 000	资本公积		
			减：库存股		
			盈余公积	679 266. 54	540 000
			未分配利润	789 177. 06	
			所有者权益(或股东权益)合计	18 868 443. 60	17 940 000
资　产　总　计	26 851 773. 60	27 245 040	负债和所有者权益(或股东权益)总计	26 851 773. 60	27 245 040

借：利润分配——提取法定盈余公积　　92 844.36
　　　　　——提取任意盈余公积　　46 422.18
　贷：盈余公积——法定盈余公积　　92 844.36
　　　　　——任意盈余公积　　46 422.18

㉛ 借：本年利润　　928 443.60
　贷：利润分配——未分配利润　　928 443.60
借：利润分配——未分配利润　　139 266.54
　贷：利润分配——提取法定盈余公积　　92 844.36
　　　　　——提取任意盈余公积　　46 422.18

㉜ 借：银行存款　　1 440 000
　贷：长期借款　　1 440 000

㉝ 借：应交税费——应交所得税　　162 840
　贷：银行存款　　162 840

(2) 编制资产负债表,如表 22 所示。

(3) 编制利润表,如表 23 所示。

表 23　　**利　润　表**　　会企 02 表

编制单位：　　20×7 年度　　单位：元

项　　目	本期金额	上期金额(略)
一、营业收入	4 500 000	
减：营业成本	2 700 000	
税金及附加	7 200	
销售费用	252 000	
管理费用	385 560	
研发费用		
财务费用	149 400	
其中:利息费用	149 400	
利息收入		
资产减值损失	3 240	
加：其他收益		
投资收益(损失以“—”号填列)	185 400	
其中：对联营企业和合营企业的投资收益		
公允价值变动收益(损失以“—”号填列)		
资产处置收益(损失以“—”号填列)	180 000	
二、营业利润(亏损以“—”号填列)	1 368 000	

（续表）

项目	本期金额	上期金额(略)
加：营业外收入		
减：营业外支出	70 920	
三、利润总额(亏损总额以“－”号填列)	1 297 080	
减：所得税费用	368 636.40	
四、净利润(净亏损以“－”号填列)	928 443.60	
五、其他综合收益		
（一）不能重分类进损益的其他综合收益		
（二）将重分类进损益的其他综合收益		
六、综合收益总额	928 443.60	
七、每股收益：		
（一）基本每股收益		
（二）稀释每股收益		

（4）编制现金流量表，如表24所示。

表24　　**现金流量表**　　会企03表

编制单位：　　20×7年度　　单位：元

项目	本期金额	上期金额(略)
一、经营活动产生的现金流量：		
销售商品、提供劳务收到的现金	4 797 000	
收到的税费返还		
收到其他与经营活动有关的现金		
经营活动现金流入小计	4 797 000	
购买商品、接受劳务支付的现金	1 385 179.20	
支付给职工以及为职工支付的现金	1 080 000	
支付的各项税费	521 047.20	
支付其他与经营活动有关的现金	252 000	
经营活动现金流出小计	3 238 226.40	
经营活动产生的现金流量净额	1 558 773.60	
二、投资活动产生的现金流量：		
收回投资收到的现金	59 400	

(续表)

项　　　　目	本期金额	上期金额(略)
取得投资收益收到的现金	180 000	
处置固定资产、无形资产和其他长期资产收回的现金净额	1 081 080	
处置子公司及其他营业单位收到的现金净额		
收到其他与投资活动有关的现金		
投资活动现金流入小计	1 320 480	
购建固定资产、无形资产和其他长期资产支付的现金	1 623 600	
投资支付的现金		
取得子公司及其他营业单位支付的现金净额		
支付其他与投资活动有关的现金		
投资活动现金流出小计	1 623 600	
投资活动产生的现金流量净额	－303 120	
三、筹资活动产生的现金流量：		
吸收投资收到的现金		
取得借款收到的现金	1 440 000	
收到其他与筹资活动有关的现金		
筹资活动现金流入小计	1 440 000	
偿还债务支付的现金	3 900 000	
分配股利、利润或偿付利息支付的现金	45 000	
支付其他与筹资活动有关的现金		
筹资活动现金流出小计	3 945 000	
筹资活动产生的现金流量净额	－2 505 000	
四、汇率变动对现金及现金等价物的影响		
五、现金及现金等价物净增加额	－1 249 346.40	
加：期初现金及现金等价物余额	2 662 680	
六、期末现金及现金等价物余额	1 413 333.60	

补　充　资　料	本期金额	上期金额
1. 将净利润调节为经营活动现金流量：		
净利润	928 443.60	

（续表）

补　充　资　料	本期金额	上期金额
加：资产减值准备	3 240	
固定资产折旧、油气资产折耗、生产性生物资产折旧	360 000	
无形资产摊销	216 000	
长期待摊费用摊销	360 000	
处置固定资产、无形资产和其他长期资产的损失(收益以"－"号填列)	－180 000	
固定资产报废损失(收益以"－"号填列)	70 920	
公允价值变动损失(收益以"－"号填列)		
财务费用(收益以"－"号填列)	77 400	
投资损失(收益以"－"号填列)	－185 400	
递延所得税资产减少(增加以"－"号填列)		
递延所得税负债增加(减少以"－"号填列)		
存货的减少(增加以"－"号填列)	19 080	
经营性应收项目的减少(增加以"－"号填列)	－216 000	
经营性应付项目的增加(减少以"－"号填列)	105 090	
其他		
经营活动产生的现金流量净额	1 558 773.60	
2. 不涉及现金收支的重大投资和筹资活动：		
债务转为资本		
一年内到期的可转换公司债券		
融资租入固定资产		
3. 现金及现金等价物净变动情况：		
现金的期末余额	1 413 333.60	
减：现金的期初余额	2 662 680	
加：现金等价物的期末余额		
减：现金等价物的期初余额		
现金及现金等价物净增加额	－1 249 346.40	

(5) 编制所有者权益变动表。

所有者权益变动表格式如表 25 所示。

表 25　　**所有者权益变动表**　　会企 04 表

编制单位：　　20×7 年度　　单位：元

项目	本年金额						
	实收资本（或股本）	资本公积	减：库存股	其他综合收益	盈余公积	未分配利润	所有者权益合计
一、上年年末余额	17 400 000				540 000		17 940 000
加：会计政策变更							
前期差错更正							
二、本年年初余额	17 400 000				540 000		17 940 000
三、本年增减变动金额（减少以"一"号填列）							
（一）综合收益总额						928 443.60	928 443.60
（二）所有者投入和减少资本							
1. 所有者投入资本							
2. 股份支付计入所有者权益的金额							
3. 其他							
（三）利润分配							
1. 提取盈余公积					139 266.54	—139 266.54	
2. 对所有者（或股东）的分配							
3. 其他							
（四）所有者权益内部结转							
1. 资本公积转增资本（或股本）							
2. 盈余公积转增资本（或股本）							
3. 盈余公积弥补亏损							
4. 其他							
四、本年年末余额	17 400 000				679 266.54	789 177.06	18 868 443.60

习　题　二

该公司资产负债表部分项目金额如表 26 所示。

表 26　　　　　　　　　　**资 产 负 债 表**(部分项目)

编制单位：华茂股份有限公司　　　　20×7 年 12 月 31 日　　　　单位：万元

资　　产	年初数	年末数	负债和股东权益	年初数	年末数
应收账款	594	891	应付账款	500	300
预付款项	200	100	预收账款	100	200
存　　货	600	900			

该公司现金流量表部分项目金额如表 27 所示。

表 27　　　　　　　　　　**现 金 流 量 表**(部分项目)

编制单位：华茂股份有限公司　　　　20×7 年度　　　　单位：万元

项　　　　目	计　算　过　程	金　额
销售商品、提供劳务收到的现金	5 000＋850＋(300－0)＋(500－700)－5	5 945
购买商品、接受劳务支付的现金	3 500＋340－1 000－180＋(900－600)＋(500－300)＋(100－200)	3 060
支付给职工以及为职工支付的现金	1 000＋200＋(30－70)	1 160
支付各项税费	51＋198＋310＋180＋(25－11)	753
支付其他与经营活动有关的现金	80＋497	577
收回投资收到的现金	400＋20	420
取得投资收益收到的现金	30－20	10
处置固定资产收回的现金净额	210－30	180
购建固定资产支付的现金	400＋270	670
投资支付的现金	500	500
取得借款收到的现金	250	250
偿还债务支付的现金	200	200
偿付利息支付的现金	(25－5)＋30	50

教学课件索取单

敬爱的老师：

感谢您使用我们出版社的教材。为了方便教学，教材配有相关教学课件。如果您需要，请您填写下面表格中的相关信息，并以**电子邮件**的形式发到我社，我们在核对您的信息后，即免费向您提供教学课件。

我社网站上提供电子版的教学课件索取单以及所有课件清单。

我们的联系方式：

地址：上海市中山西路 2230 号　　邮编：200235

立信会计出版社　　电话：(021) 64411197

电子邮件：lixinaph@163. com　　网站：www. lixinaph. com

教材名称			作者姓名		
姓　　名		性别		身份证号	
学　　校		院系		教 研 室	
学校地址				邮　　编	
职　　务		职称		办公电话	
E-mail		手机		宅　　电	
通信地址				邮　　编	
教材用量	册	委托订购单位			

您对本书的意见和建议是：